LES HIVERS DANS L'EUROPE OCCIDENTALE

Divertissements sur la glace devant Anvers, hiver 1564—1565
(D'après une estampe contemporaine)

LES HIVERS
DANS L'EUROPE OCCIDENTALE

ÉTUDE STATISTIQUE ET HISTORIQUE SUR LEUR TEMPÉRATURE: DISCUSSION DES OBSERVATIONS THERMOMÉTRIQUES 1852—1916 ET 1757—1851: TABLEAUX COMPARATIFS: CLASSIFICATION DES HIVERS 1205—1916 : NOTICES HISTORIQUES SUR LES HIVERS REMARQUABLES : BIBLIOGRAPHIE

PAR

C. EASTON
Docteur ès-Sciences,
Membre du conseil de direction de l'Institut Royal Météorologique des Pays-Bas, Président de l'Association Météorologique et Astronomique

LIBRAIRIE ET IMPRIMERIE
CI-DEVANT E. J. BRILL — LEYDE
1928

R.F.

TABLE DES MATIÈRES

INTRODUCTION

En 1917, lorsque ma deuxième étude sur le climat de l'Europe occidentale était sous presse [1]), M. J.-P. van der Stok insista sur la publication des données historiques, dont je m'étais servi pour ces recherches.

Evidemment, une telle publication pouvait avoir quelque utilité. Rassembler ces renseignements qui, depuis l'époque la plus reculée jusqu'en nos jours, se rapportent à une grande partie de l'Europe, n'avait pas été chose facile et avait pris beaucoup de temps; la comparaison et l'examen critique des textes, le triage nécessaire et le classement méthodique des matériaux m'occupèrent pendant des années. L'historique des hivers anormaux est éparpillé dans des volumes ou brochures, qui bien souvent ne sont pas à la portée de ceux qui en ont besoin; en outre, les mentions isolées ont une valeur très restreinte. Bref, il n'existait aucune publication où le caractère des hivers de l'Europe occidentale et centrale fût indiqué en peu de mots, appuyés par les témoignages des chroniqueurs et historiens. On peut dire cela sans diminuer en rien la valeur des travaux si importants des historiens et météorologistes, depuis Pilgram et Pfaff jusqu'à Norlind, Speerschneider et Vanderlinden, qui, le plus souvent, n'ont traité cette matière que partiellement, en se bornant à une période assez courte ou à une partie restreinte d'une province climatérique.

La révision et la discussion des renseignements historiques nécessitèrent un remaniement complet de toute la documentation, bien que je me sois strictement limité à la zone climatérique de l'Europe occidentale, dès qu'il s'agissait de tirer des conclusions [2]) et que je ne me sois occupé que des hivers, laissant de côté

---

1) "Periodicity of Winter Temperatures in Western Europe", Proceedings R. Acad. Sc. Amsterdam XX, 8, 1918. — La première étude sur ce sujet avait paru en 1905, sous le titre: "Oscillations of the Solar Activity and the Climate", Proc. R. Ac. Sc. Amst., Nov. 26, 1904 and May 27, 1905.

2) La grande différence entre le climat surtout maritime de l'Europe occidentale et le climat continental de l'Europe centrale amène cette nécessité, dont on n'a pas toujours tenu compte suffisamment, en étudiant les données météorologiques.

les autres saisons, les récits d'inondations, de famines etc. qui abondent dans les anciennes chroniques. Il me parut bientôt évident qu'il fallait avoir recours à l'inversion de l'ordre chronologique, afin de mettre à profit, autant que possible, les renseignements historiques souvent vagues et peu dignes de foi. Seules, les observations thermométriques modernes constituent une base solide pour étudier méthodiquement les indices météorologiques, tirées des chroniques.

Je résolus donc de commencer par rassembler et par discuter ces observations modernes. Il va sans dire que cela occasionna un accroissement énorme de travail, et afin de ne pas devoir différer indéfiniment la publication que j'avais en vue, je dus me borner aux observations météorologiques faites dans quelques stations représentatives de l'Europe occidentale et de la périphérie immédiate. Le grand avantage de cette méthode consiste en ceci, qu'elle nous permet de compléter considérablement les données historiques à l'aide des resultats infiniment plus précis et moins arbitraires qu'on déduit des observations météorologiques modernes.

Cette comparaison entre les observations modernes et les données historique n'est admissible que quand on part des deux suppositions suivantes: 1⁰ Dans cette partie du monde, le climat n'a pas changé notablement depuis le commencement du moyen-âge, et 2⁰ les variations dans la température ne sont pas causées par des périodicités à amplitude considérable. — Arago, dans son étude „sur l'état thermométrique du globe terrestre", écrit déjà (Oeuvres T. VIII, p. 395): „Tout concourt à prouver que les climats de l'Europe sont en général dans un état d'équilibre stable"; et au cours de cette étude nous n'avons jamais rencontré un argument tendant à rendre probable l'opinion contraire. — De même, Angot conclut ainsi ses remarques sur la variabilité de la température (Ann. Bur. Centr. Mét. Fr. 1897, B. 167): „On voit que, dans toutes les stations, le nombre des écarts d'une grandeur donnée satisfait très exactement à la théorie des erreurs, ce qui permet de considérer ces écarts comme dus à des causes fortuites... Ces conclusions, bien entendu, doivent être restreintes à la région étudiée dans ce travail". (Cette région occupe la plus grande partie de notre „province climatérique" — E.) De même, J. von Hann ne voit aucune indication d'un changement progressif dans la température en Europe: „In keiner der kritisch bearbeiteten langjährigen Reihe von Temperaturaufzeichnungen hat sich eine fortschreitende (nicht zyklische) Aenderung der Jahrestemperatur konstatieren lassen" (Hdb. d. Klimatologie, Bd. I, 3e Aufl. p. 348). Voy. encore Ekholm sur les observations de Tyge Brahe 1582—1597 comparées au climat contemporain (v. Hann, ibid. p. 347.) — Les données historiques qui suivent ne supportent nullement l'hypothèse de quelques météorologistes modernes, que le climat de l'Europe occidentale serait devenu plus rude et plus froid depuis l'an mille environ.

Quant aux périodicités souvent soupçonnées [1]), il est presque certain qu'elles ne peuvent pas avoir l'effet de bouleverser la distribution supposée ici; toutefois, afin de parer autant que possible à une influence pareille, nous avous pris la précaution de ne considérer que des multiples d'une période de 89 ans (1205 — 1916 = 8 × 89) la plus longue qu'on puisse prendre en considération (Voy. Easton loc. cit.; W. Köppen, Ann. d. Hydrogr. u. marit. Meteor. XXV, 11, 1917 et Met. Zeits. XXXV, 3, 4; J.-P. van der Stok, Het Klimaat van Nederland. Tijds. K. N. Aardrijksk. Genootschap XXXV, p. 348).

La méthode indiquée plus haut comportait la division de notre publication en trois parties.

La première comprend les observations thermométriques modernes, relativement homogènes entre elles et ayant un degré suffisant d'exactitude, c'est-à-dire depuis le milieu du XIXe siècle. Pour la raison donnée plus haut, j'ai fait terminer cette série par l'hiver de 1916 (1915—16).

La deuxième partie embrasse les observations thermométriques anciennes, faites entre le milieu du XVIIIe et le milieu du XIXe siècle; elles sont de beaucoup inférieures aux observations modernes, mais peuvent encore servir.

La troisième partie comprend tous les renseignements historiques, des temps les plus reculés jusqu'à notre époque. Cependant, les informations avant l'année 760 et celles après 1851 ne doivent être regardées que comme supplémentaires, elles n'ont qu'un intérêt secondaire; en revanche, la période comprise entre le commencement du XIIIe siècle et le milieu du XVIIIe siècle a été traitée avec soin, afin de pouvoir la comparer aux observations scientifiques.

1) Le travail présent permettra de contrôler ces périodicités, mais on devra être très prudent en faisant usage des données historiques antérieures au XVIIe ou XVIe siècle, en tenant toujours compte des deux suppositions indiquées ici.

Il va de soi que les trois époques indiquées ici ne sont pas *rigoureusement* comparables entre elles.

Ainsi, dans la troisième partie de ce travail nous avons reproduit, à titre d'information, ne fût ce qu'en extraits, tout le matériel historique dont on dispose, trié et arrangé méthodiquement, mais nos conclusions principales ne se rapportent qu'aux trois périodes suivantes:

a) 1205—1756 *Informations historiques*
b) 1757—1851 *Observ. thermométriques anciennes*
c) 1852—1916 *Observ. thermométriques modernes*

Pour chaque hiver de ces sept siècles, nous avons pu calculer un coefficient (*souvent approximatif!*), indiquant la température de l'hiver météorologique (Europe occidentale), d'où l'on déduit facilement des termes généraux tels que: „hiver rigoureux", „hiver tiède", etc. qui auront désormais une valeur moins subjective, leur classification se basant sur les résultats obtenus pour les hivers depuis 1852 à l'aide d'observations scientifiques relativement exactes. Ces hivers ont pu être rangés dans l'ordre décroissant ou croissant de leur température, de sorte que la rigueur ou la douceur de chaque hiver pourra être jugée immédiatement d'après sa place sur cette liste. La simple inspection d'un autre tableau suffit pour savoir si un hiver donné, après 1204, fut à peu près normal, ou bien plus doux ou plus froid qu'à l'ordinaire. Inutile d'insister sur le caractère provisoire de ces indications, au moins pour les hivers dont la température était assez près de la normale, mais il y a lieu de croire qu'elles ne s'écartent pas trop de la vérité.

L'arrangement du „Registre des hivers remarquables" est expliqué plus bas.

Ainsi l'examen critique de ces données historiques et leur comparaison avec les observations scientifiques nous a mis en état d'attribuer aux hivers des siècles antérieurs un „coefficient de température", bien que les données historiques ne se rapportent pas seulement à la température, mais encore à l'humidité, la neige, etc. d'un hiver; mais il s'ensuit que la signification des termes „hiver doux", „hiver rigoureux" etc., ainsi que nous les employons, ne pourra jamais coïncider exactement avec les termes populaires, qui du reste sont toujours vagues, arbitraires et impossibles à définir.

Tandis que les „coefficients" ne se rapportent qu'à la province de l'Europe occidentale, les passages des vieux auteurs sur *toute* l'Europe (exception faite des régions orientales et méridionales) ont été réunis ici. — La bibliographie, qui embrasse plus de 500 publications, mentionne le lieu où une chronique a été composée ou la région sur laquelle s'étendent les informations, ce qui est indispensable pour pouvoir juger de leur portée et de leur valeur.

* *
*

Les résultats obtenus n'ont rien de définitif. Au cours de ce travail de longue haleine, nous avons eu maintes fois l'occasion de constater le manque de précision de certaines informations historiques et même de certaines observations scientifiques. Par contre, nous avons aussi acquis la conviction que ces données historiques, s'étendant sur plus de dix siècles, sont souvent — pour les hivers *anormaux* — d'une exactitude remarquable; elles constituent une source unique et précieuse pour la climatologie.

PREMIÈRE PARTIE

Observations thermométriques modernes

I. Limitation quant à la région et à l'époque

L'homogénéité est la première condition que les séries météorologiques doivent remplir, quand on veut s'en servir pour le but que nous proposons. Homogénéité sous le point de vue de la région tout aussi bien que par rapport au temps.

Il en est de même des données historiques. Les résultats qu'on peut tirer de ces sources tendent à s'annuler mutuellement lorsqu'on entremêle les renseignements notés dans les régions centrales de l'Europe avec ceux qui se rapportent aux régions occidentales avec leur climat maritime. La même considération s'applique avec plus de force encore aux observations thermométriques. La région à laquelle se rapportent nos conclusions principales doit être aussi homogène que possible sous le point de vue du climat; elle doit former une „province climatérique" et les stations météorologiques doivent y être distribuées de telle sorte qu'elles représentent bien les différences climatologiques qui restent toujours dans les limites d'une zone pareille, même restreinte. Afin de pouvoir mettre en rapport les observations scientifiques et les observations populaires, il faut encore qu'on puisse disposer de séries très longues des deux genres d'observations qui se rapportent à cette zone, et que ces séries soient faciles à contrôler.

Pour toutes ces raisons, nous avons limité notre étude des observations météorologiques modernes à la „province climatérique" de l'Europe occidentale, une des régions les mieux documentées du monde, abstraction faite des zones qui s'étendent le long des côtes scandinaves dans le nord, et le long de la péninsule ibérique dans le sud [1]).

1) Pour la délimitation de la prov. climatérique, comp. J. von Hann, *Handbuch d. Klimatologie*, I, *Allg. Klimalehre*; Köppen, *Versuch einer Klassifikation der Klimate*, G. Zeits. VI; Rob. de C. Ward, *The Classification of Climates*, Bull. Amer. Geogr. Soc., July 1905, Aug. 1906; Angot, *Climat de la France*.

II. Choix des stations

Même pour cette partie restreinte de l'Europe — qui comprend la plus grande partie de la France, une partie de la Suisse et de l'Allemagne occidentale, la Belgique et la Hollande et le coin sud-est de la Grande-Bretagne — il n'est pas aisé de trouver un nombre assez grand de stations pour lesquelles il

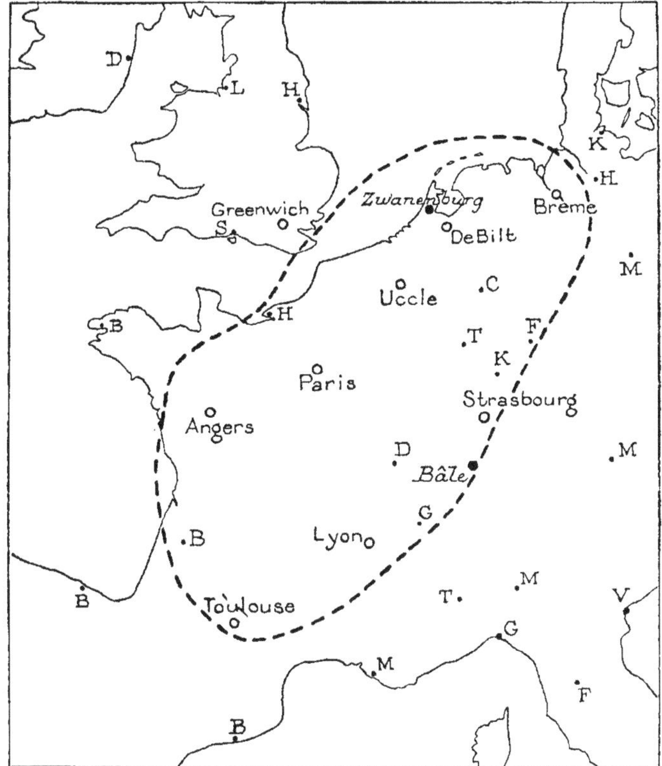

PROVINCE CLIMATÉRIQUE DE L'EUROPE OCCIDENTALE

existe des séries d'observations suffisamment exactes et homogènes. Des interpolations furent souvent nécessaires, pour lesquelles nous avons fait usage, soit des observations de la série elle-même, soit d'observations faites dans des stations environnantes. Le travail magistral de feu M. Angot sur le climat de France nous a été d'une grande utilité. Nous y avons ajouté quelques stations, en complétant la série depuis l'année 1900; les moyennes ont dû être recalculées. Les limites de la région pour laquelle nos coefficients sont valables, ont été indiquées sur la carte ci-jointe avec les neuf stations météorologiques que nous avons choisis pour la période comprise entre 1852 et 1916.

Ces stations sont:

Paris (St. Maur) qui se trouve à peu au centre de la région, et qui fournit des séries d'observations presque complètes et minutieusement discutées;

Brème pour la limite septentrionale et

Toulouse pour la limite méridionale;

De Bilt-Utrecht et

Uccle-Bruxelles, stations intermédiaires avec de bonnes séries;

Greenwich et

Angers, qui représentent la zone située à la limite maritime de notre province climatérique;

Strasbourg et

Lyon, représentant la zone où le climat se rapproche des conditions continentales.

III. Choix des éléments météorologiques

On peut citer parmi les éléments météorologiques qui sont caractéristiques pour le climat d'un lieu déterminé:

1. Les moyennes mensuelles (*Moy. mens.*). Elles constituent, à notre avis, la meilleure base pour déterminer le caractère de l'hiver, à condition d'avoir été déterminées avec beaucoup de soin. En elles-mêmes elles sont cependant insuffisantes, car, dans un hiver anormal, par exemple avec un mois de décembre bien au-dessous et un mois de février considérablement au-dessus de la normale, il arrive souvent que ces anomalies s'effacent dans le chiffre final.

2. Les jours de gelée (*J. d. g.*) constituent un élément météorologique noté depuis des siècles, mais qui est très variable selon les conditions locales;

3. Les jours sans dégel (*J. s. d.*) sont importants pour les hivers très froids, mais inutiles pour la classification des hivers tièdes ou doux;

4. Les jours à maximum $\overline{\leq}$ — 10° C., où dans les 24 heures la température ne s'élève pas à dix degrés centigrades au-dessous de zéro. Ces „Jours très froids" complètent les indications données sous (3). Même remarque;

5. Le minimum absolu d'un hiver se rencontre souvent dans les anciennes publications, mais ne donne aucune idée du caractère plus ou moins froid de cette saison et ne satisfait point aux exigences des méthodes modernes.

Exemple: au commencement du mois de février 1912, on a observé à De Bilt la température la plus basse, dans ce mois, depuis plus d'un demi-siècle. Cependant, l'hiver 1911—12 fut plutôt doux, et, ce qui est plus remarquable encore, la moyenne du mois de février 1912 a été au-dessus de la normale!

6. $^1/_2\ (a+b)$, a figurant la somme des minima, b celle des maxima de température dans une série d'au moins 14 jours où la température la plus basse est descendue au-dessous de zéro (van Everdingen);

7. La somme des moyennes négatives pour tous les jours depuis novembre jusqu'au mois d'avril (Hellmann); etcetera.

Tous ces éléments, seuls ou combinés, peuvent avoir une certaine utilité; pour le but particulier que nous nous proposons, nous avons cru utile de nous servir des Nos. 1, 2, 3, 4, en complétant ces données par:

8. La moyenne des 3 minima extrêmes dans des mois différents d'un même hiver, novembre-mars.

Cet élément est certainement préférable au „minimum absolu", qu'on peut souvent utiliser de la sorte; et puis, novembre et mars contribuent ainsi au résultat général, bien que dans une mesure très restreinte. Du reste il a paru au cours de cette discussion, qu'il serait plutôt dangereux d'employer les moyennes mensuelles en dehors de „l'hiver météorologique", c'est-à-dire des mois de décembre, janvier et février.

Ainsi, dans le présent travail, on n'a fait usage que des *Moyennes mensuelles, Jours de gelée, Jours sans dégel, Jours très froids (— 10° C.), Moyenne de 3 minima.*

IV. Discussion des observations — A: Hivers 1852—1916

En appliquant et en amplifiant la méthode suivie déjà par Alfred Angot („Etudes sur le climat de la France"), nous avons d'abord fait la statistique de toutes les données disponibles pour les cinq éléments mentionnés plus haut concernant les hivers 1852—1916. Pour tous ces hivers et pour les neuf stations choisis dans notre province climatérique, on a calculé les déviations à la normale (d); puis, pour chaque série, l'erreur probable (e), et enfin la valeur $\frac{d}{e}$, c. a. d. la déviation exprimée en fractions ou multiples de l'erreur probable. Le surcroît de travail nécessité par cette méthode est bien compensé par la possibilité de comparer, sans aucun biais individuel, toutes les séries et toutes les stations, et de pouvoir en tirer des conclusions — dans la forme de „coefficients" — à peu près exemptes de toute influence subjective.

Faute de place, nous ne pouvons reproduire ici qu'un exemple de l'application de cette méthode. Ainsi, les moyennes mensuelles observées à Uccle-Bruxelles, de 1852 jusqu'à 1861 fournissent ce qu'on peut appeler les „coefficients moyens" qui résultent du tableau suivant:

Uccle 1852—1861 (Hiver 1852 = 1851—52)

$M_{65} = 2.24, E = \frac{\Sigma d}{n} = \pm 1.32, e = \pm 1.12$

Hiver	moy. mens.	+ d —		+ d/e —		coeff. moy.
1852	3.2	1.0		0.9		58
53	3.7	1.5		1.4		67
54	0.2		—2.0		—1.8	24
1855	—0.5		—2.7		—2.5	15
56	2.2		—0.0		—0.0	49
57	2.0		—0.2		—0.2	48
58	1.3		—0.9		—0.8	42
59	3.4	1.2		1.1		60
1860	1.1		—1.1		—1.0	40
1861	0.6		—1.6		—1.5	30

Ces „coefficients moyens" (échelle de 0—100) ont été déduits des valeurs $\frac{d}{e}$ en groupant celles-ci de la façon suivante:

d/e		co. moyen [1])
	> 3.0	99—90
3.0 . . .	2.1	89—80
2.0 . . .	1.6	79—70
1.5 . . .	1.1	69—60
1.0 . . .	0.0	59—50
0.0 . . .	—1.0	49—40
—1.1 . . .	—1.5	39—30
—1.6 . . .	—2.0	29—20
—2.1 . . .	—3.0	19—10
	< —3.0	9— 0

1) Les valeurs 95—99 et 0—4 n'ont pas été employées ici, parce qu'il est probable que des écarts plus considérables que ceux de la série 1852—1916 sont advenus au cours des siècles. Quant aux détails de cette classification, on a pris: + 0.1 et + 0.0 = 50; — 0.0 et — 0.1 = 49, + 0.2 = 51; + 0.3 = 52, + 1.0 = 59, etc.

Ce groupement a été choisi sur l'avis de M. van Everdingen afin de donner moins de poids 1⁰ aux déviations incertaines et peu importantes des hivers à peu près normaux, et 2⁰ aux écarts excessifs de température dans les hivers exceptionnellement froids ou doux, ces écarts dépendant souvent de circonstances fortuites et variant beaucoup selon la localité.

Les autres éléments météorologiques ont été combinés pour en déduire un „coefficient d'intensité." Exception faite pour la série des 3 minima, il n'a pas été possible d'appliquer ici la methode rigoureuse suivie pour les moyennes mensuelles; cela ressort de la simple inspection, par exemple, de la série des Jours sans dégel à Toulouse ou à Angers. On a encore dû grouper les hivers d'après le nombre plus ou moins grand de leurs Jours de glace, Jours sans dégel, etc., de façon que les hivers considérés comme à peu près normaux (suivant d'autres éléments météorologiques) occupent environ la moitié des places, et que les écarts excessifs des hivers rigoureux n'exercent pas d'influence prépondérante. Du reste, une partie de ces séries n'a pas été employée pour les hivers doux.

Exemples:

Paris (S. Maur), Jours de gelée

Hivers n = 43	Nombre d. J. d. g.	Coeff.
1	22—30	99—90
0	31—35	89—80
3	36—41	79—70
4	42—49	69—60
13	50—64	59—50
12	65—72	49—40
5	73—77	39—30
0	78—81	29—20
2	82—86	19—10
3	87—96	09—00

Toulouse, Jours sans dégel

Hivers n = 45	Nombre d. J. s. d.	Coeff.
14	0— 1	—
12	2— 4	59—51
9	5—10	50—37
7	11—15	36—26
1	16—20	25—18
0	21—26	17—10
2	27—35	09—00

Nous n'avons pas jugé nécessaire de donner ici tous ces petits tableaux *in extenso*.

Il va sans dire que ce procédé est assez arbitraire, mais nous n'avons pu trouver une méthode meilleure et on ne saurait pourtant se dispenser d'un „coefficient d'intensité". Les divers éléments météorologiques n'ont pas la même importance pour toutes les stations. Ainsi, un simple coup d'oeil nous dit que les séries „Jours sans dégel" et „Jours très froids" ont peu de valeur pour les stations où la temp. hivernale est assez élevée, en général, comme Toulouse et Angers. Dans ces cas, il faut se servir de ces données avec une prudence extrême, afin de ne pas troubler le résultat dérivé d'autres éléments. Dans le cas de Toulouse et d'Angers, avec leur climat tiède, presqu'un tiers des hivers passe sans, ou avec un seul „Jour sans dégel"; ainsi l'absence de ces jours froids dans un hiver quelconque n'indique pas même qu'un tel hiver a été doux ou assez doux relativement à la normale *pour cette station*. Le mieux est de laisser de côté cette série pour les hivers tièdes ou doux. En revanche, un nombre de 34 ou de 35 jours sans dégel (Toulouse 1880 et 1891) prouve que ces hivers ont été d'une rigueur exceptionnelle dans cette région.

Du reste, un élément comme J. s. d. ou J.—10° n'entre que pour un dixième dans la somme qui détermine le coefficient final (Voy-ci-après); encore Toulouse n'est pas une station qui exerce une influence notable sur le résultat général pour la province climatérique.

Après avoir calculé de cette manière un coefficient pour chaque élément météorologique, il fallait combiner ces coefficients d'une façon propre à faire ressortir l'intensité plus ou moins grande du froid d'un hiver déterminé. En général, nous avons accordé le poids 2 à la série des 3 minima, parce qu'elle nous paraît offrir la meilleure mesure du plus ou moins d'intensité du froid pendant toute la saison depuis novembre jusqu'en mars et parce que cet élément a pu être dérivé presque sans lacunes pour toutes les stations; les autres coefficients (Jours de gelée, Jours sans dégel, Jours très froids (-10° C.) reçoivent le poids 1; dans les cas où un ou plusieurs éléments manquent, nous nous sommes contentés d'employer les autres. La combinaison des éléments nommés ici forme le coefficient d'intensité; celui-ci combiné à poids égaux avec le coefficient moyen, constitue le coefficient de température, que nous regardons comme le meilleur caractéristique de la température hivernale. (Ces coefficients sont comptés de 1 jusqu'à 100. Comp. les tableaux ci-après).

Les 9 stations qui ont servi pour la série 1852—1916 ont été combinées avec les poids suivants: Paris 4, De Bilt 4, Uccle 4, Brème 2, Toulouse 2, Strasbourg 2, Lyon 1, Greenwich 1.

Les remarques auxquelles donnent lieu ces séries sont exposées dans les pages suivantes.

Remarques (Série 1852—1916)

Dans cette série, le coefficient le plus élevé (hiv. 1869) n'atteint pas 80, le coefficient le plus faible (hiv. 1891) ne descend pas plus bas que 8.5 sur l'échelle 0—100. Cela tient à notre méthode de dérivation, par laquelle les extrêmes tendent à s'effacer (Voir aussi la note p. 10).

BRÈME

Moy. mens.: $(M_{65}) = 1.44$; $\frac{\Sigma d}{n} = 1.35$; $e = \pm 1.15$; 3 *minima* $(M_{65}) = -9.9$; $\frac{\Sigma d}{n} = 2.78$; $e = \pm 2.36$.

Les données ont été empruntées à: Angot, *Cl. d. l. France*; Bergholz, *Ergebnisse Met. Beob.* 1803—1894; Buys Ballot, *Met. Jaarboek*, Utrecht 1871; etc.

Avant 1875, la série 3 minima (C) a été déduite des minima absolus (D) à l'aide des corrections suivantes: pour $D < 10.0$, $C = D - 1.2$; pour $D = 10 - 20$, $C = D - 2.8$; pour $D > 20.0$, $C = D - 8.3$. Les D eux-mêmes sont incertains avant 1875, les minima mensuels n'étant pas donnés.

Pour remédier à l'absence d'observations sur les Jours sans dégel entre 1878 et 1890, nous avons fait usage d'une série „le Wéser fut pris pendant.... jours" [1]), en employant la formule (empirique): J. s. d. = $\frac{1}{4}$ (J. d. g. + W. pr.) en ajoutant 10 quand la rivière fut prise pendant plus de 10 jours. De même, on a adopté pour les jours très froids 0.5 fois le nombre de j. W. pr. quand la rivière fut prise pendant au moins 40 jours; 0.3 fois (pour 30—39 j.); 0.2 fois (20—29 j.); 0.1 fois (10—19 j.); 0 (< 10 j.). — Il va de soi que ces approximations ont une valeur très restreinte.

Avant 1881, les coefficients des 3 minima ont été pris pour les coefficients d'intensité (poids 0.5). Pour le reste, le C. d'int. a été déduit à l'aide des poids suivants: 3 min. = 2, les autres séries = 1.

DE BILT

Moy. mens.: $(M_{65}) = 2.6$; $\frac{\Sigma d}{n} = 1.26$; $e = \pm 1.07$; 3 *minima*: $(M_{65} = -9.0$, $\frac{\Sigma d}{n} = 2.1$; $e = \pm 1.79$.

Les données ont été empruntées à: Hartman, „Le climat des Pays-Bas" et aux renseignements fournis par la direction de l'Inst. météor. royal des Pays-Bas. — Avant 1898, les observations furent faites à Utrecht. Pour les corrections à cette 1re série, voir Hartmann, pp. 6, 13 (moy. mens.). Nous avons encore apporté les corrections suivantes: 3 minima — 1.0, J. d. g. + 16, J. s. d. — 5; aucune correction n'a été appliquée aux Jours très froids.

Depuis 1904, afin de se conformer à l'usage international, on n'a plus compté 30 jours pour le mois de février, ce qu'on avait fait jusque là à de Bilt (il eût été à désirer que les autres observatoires eussent suivi cette méthode, la meilleure!). — Pour l'hiver moyen (moy. mens. D., J., F.), nous avons fait subir aux valeurs données par Hartman une correction afin de compenser l'inégalité des 3 mois.

UCCLE

Moy. mens.: $(M_{65}) = 2.2$; $\frac{\Sigma d}{n} = 1.32$; $e = \pm 1.12$; 3 *minima*: $(M_{65}) = -8.3$; $\frac{\Sigma d}{n} = 2.2$; $e = \pm 1.84$.

Les données ont été prises dans Angot, 1897 et 1904; les J. d. g., J. s. d., J. très froids dans Lancaster, „Ann. Mét. Obs. R. de Belgique 1905"; après 1904: renseignements fournis par M. Vanderlinden, météorologiste à Uccle. — Avant 1887, les observations furent faites à Bruxelles.

1) Bergholz, loc. cit.

La série des jours de gelée paraît assez peu homogène. Moy. 1852—1877: 45; 1878—1916: 58 (Pour de Bilt nous trouvons 67 et 73). La première série a probablement des valeurs trop petites, mais les données manquent pour y appliquer des corrections.

PARIS

Moy. mens.: $(M_{65}) = 3.0$; $\frac{\Sigma d}{n} = 1.21$; $e = \pm 1.03$; 3 *minima*: $(M_{65}) = -8.0$; $\frac{\Sigma d}{n} = 1.94$; $e = \pm 1.65$.

Les données ont été empruntées à Angot; pour les dernières années aux publications mensuelles et annuelles. Comp. E. Renou, „Et. s. l. climat de Paris".

Avant 1887, les observations furent faites à l'Observatoire et à Montsouris; depuis 1887 elles sont faites au Parc Saint-Maur, près de Paris. Tous les nombres de la série des minima antérieurs au mois de décembre 1872 ont été interpolés: Observatoire et Versailles (note d'Angot). Les minima de 1872 et 1876 étant probablement erronés, j'ai adopté respectivement les valeurs: d — 1.7 et d — 1.4.

Les J. d. g., J. s. d. et J. très froids n'ont été comptés que depuis 1874.

GREENWICH

Moy. mens.: $(M_{65}) = 4.2$; $\frac{\Sigma d}{n} = 1.05$; $e = \pm 0.89$; 3 *minima*: $(M_{65}) = 5.7$; $\frac{\Sigma d}{n} = 1.43$; $e = \pm 1.21$.

Les données ont été empruntées à Angot et aux publications annuelles de l'Observatoire (Toutes les valeurs ont dû être transformées en degrés centigrades). Les Jours sans dégel manquent; en revanche, nous disposons du nombre de jours où la température ne s'élève pas au-dessus de 20° Fahr. et de ceux où une température de 14° Fahr. n'est pas atteinte, mais ces données ne peuvent pas servir à nos recherches, 70 % des hivers ou plus n'offrant aucun jour à température extrême.

Ainsi, malheureusement, ces séries de Greenwich, qui comptent parmi les meilleures, nous sont de peu d'utilité, surtout à cause du manque d'uniformité avec le système d'observation suivi sur le continent de l'Europe. Il est vrai que Greenwich est situé à la limite de notre province climatérique ou même un peu en dehors.

ANGERS

Moy. mens.: $(M_{65}) = 4.6$; $\frac{\Sigma d}{n} = 1.1$; $e = \pm 0.92$; 3 *minima*: $(M_{65}) = 5.45$; $\frac{\Sigma d}{n} = 1.50$; $e = \pm 1.27$.

Données empruntées principalement à Angot. Les circonstances locales ont beaucoup d'influence sur les observations faites à cette station, ainsi qu'il résulte de la comparaison d'Angers Ecole Normale avec Angers Observatoire munic. et Angers La Baumette. Du reste, „excellente série" (Angot).

Pour calculer les 3 minima de la série 1852—1871, nous avons fait usage des observations faites à Vendôme (Angot 1904) en leur appliquant la correction $A = V + 1.2$ dans les hivers à peu près normaux, $A = V + 2.0$ dans les hivers froids de 1854, '55, '58, '61, '65, '71. Les Jours de gelée n'ont été comptés qu'à partir de 1872. Après 1900, nous avons complété ces données à l'aide de la série de Bordeaux en augmentant toutes les valeurs de 50%. — Cependant, les J. s. d. n'ont pas été employés quand il n'y en avait eu que 2 ou moins dans le cours d'un hiver; les J. très froids dans quelques cas extrêmes seulement.

Jusqu'à 1871, on a pris le coefficient „3 minima" pour le coefficient d'intensité; plus tard les autres séries ont été employées mais les 3 minima ont reçu un poids double. — Coefficient de température 1852—1871 : $\frac{1}{3}$ (2 C. moy. + C. 3 minima).

LYON

Moy. mens.: $(M_{65}) = 2.3$; $\frac{\Sigma d}{n} = 1.36$; $e = \pm 1.15$; 3 *minima*: $(M_{65}) = 8.1$; $\frac{\Sigma d}{n} = 2.00$, $e = \pm 1.70$.

Données empruntées à Angot et aux publications annuelles.

Les J. d. g., J. s. d., J. très froids manquent avant 1881; pour la période 1881—1900 ils ont été empruntés à Genève (Angot 1897, 1904), en appliquant les corrections suivantes: J. d. g.: L = 65% G.; J. s. d. 80% G; J.—10: 80% G. Les J. d. g. ont été comptés selon la méthode d'Angot: „jours où le therm. à min. est descendu à 0° ou au-dessous" (Ann. 1904, p. 283); les publications de Genève comptent: „au-dessous de 0°", ce qui fait une différence de 3 jours par hiver, en moyenne. Cette série comprend aussi le mois d'avril. — Les Jours très froids n'ont pas été employés pour les hivers doux.

Avant 1881, coefficient d'intensité = coeff. 3 minima.

STRASBOURG

Moy. mens.: $(M_{65}) = 1.1$; $\frac{\Sigma d}{n} = 1.44$; $e = \pm 1.22$; 3 *minima*: $(M_{65}) = 9.8$; $\frac{\Sigma d}{n} = 2.28$; $e = \pm 1.94$.

Données empruntées à Angot et aux publications officielles. Avant 1891, les observations de Trèves ont été employées, sans correction, pour les minima. Les J. d. g., J. s. d. et J. très froids (1881—1890) ont été empruntés à Kaiserslautern (Voy. Angot) avec les corrections suivantes: J. d. g.: S = K — 30; J. s. d.: S = K + 3; J. — 10: S = K — 5.

Les J. — 10 n'ont pas été employes quand leur nombre était < 2, c. à. d. en 40% de tous les cas.

Coefficient d'intensité avant 1881 = coefficient des 3 minima; après 1880, le coefficient de température = 1/3 (2 fois Co. moy. + Co. 3 min.); après 1880: 1/2 (Co. d'int. + Co. moy.)

TOULOUSE

Moy. mens.: $(M_{65}) = 5.0$; $\frac{\Sigma d}{n} = 1.06$; $e = \pm 0.9$; 3 *minima*: $(M_{65}) = 5.6$; $\frac{\Sigma d}{n} = 1.53$; $e = \pm 1.3$.

Cette station a une certaine importance pour le climat de la région qui nous occupe, elle est la seule dans le sud-ouest de la France pour laquelle on dispose de séries d'observations (publiées) assez longues: malheureusement, ces séries sont bien inférieures aux autres qui nous ont servi pour cette étude. S'il existe des observations qui n'ont pas été publiées, nos efforts pour nous les procurer sont restés sans résultat.

Pour reconstruire ce qui manque, nous avons d'abord essayé: 1/2 (Greenwich + Milan) + C, où C serait une constante qu'on devrait déterminer empiriquement; puis Milan + C; ensuite une extrapolation des séries Zwanenburg et Paris, mais ces essais n'eurent aucun succès. Nous avons dû nous résigner à apporter des corrections assez compliquées aux séries de *Paris*.

En comparent les min. moy. abs. des deux stations (Angot) pour les cinq mois (nov.-mars) on trouve: (Toul. = Paris + C):

C = 2.0 (N), 2.7 (D), 2.2 (J), 2.9 (F), 2.9 (M); Moy. = + 2.6.

Des moyennes mensuelles on déduit:

C = 2.28, 1.94, 2.14, 2.17, 2.05; Moy. = + 2.1.

Pour la série 1852—1900 nous avons adopté en général une correction + 2.1 des moy. mens., exception faite pour les hivers très froids (1855, '65, '71, '80, '88, '91, '95), où + 3.1, et pour les hivers doux (1867, '69, '73, '77, '84, '99) où + 1.3 a été choisi. Pour la corrélation entre les deux séries Paris et Toulouse on trouve alors: + 0.83 ± 0.03, mais ce chiffre a peu de valeur, les observations qui constituent les séries n'étant pas indépendantes. En général pourtant, les variations de la température à Paris et à Toulouse s'accordent assez bien. Le nombre des déviations positives est de 35 pour la série calculée, de 32 pour les observations; celui des déviations négatives est de 31 et de 35 respectivement. Dans quelques parties de la série, les écarts sont considérables. A Toulouse, l'influence de l'obliquité de la courbe des déviations à la normale est presque insignifiante.

Les lacunes de la série de Toulouse (moy. mens. et 3 minima) ont été comblées de cette manière.

Les séries qui font défaut: J. d. g. etc., ont été empruntées à Angers, en augmentant le nombre des J. d. g. de 20%, celui des J. s. d. de 10%; les J. très froids n'ont pas été corrigés.

Les Jours s. d. n'ont pas été employés quand l'hiver en comptait moins de deux; les J. très froids n'ont été employés que dans quelques cas. Avant 1872, on a pris le coefficient des minima pour le coefficient d'intensité.

En conséquence de la méthode suivie dans la reconstruction des séries principales de Toulouse, les chiffres, adoptés pour chaque hiver, individuellement, ont peu de valeur, et la prépondérance de Paris est très forte, mais cette dernière circonstance n'est pas un grand désavantage, à cause de la position centrale de Paris, dont on possède de bonnes observations.

V. Discussion des observations — B: Hivers 1757—1851

Pour la seconde série (1757—1851) on a suivi la même méthode que pour la série A, toutefois avec les modifications prescrites par les matériaux beaucoup moins exacts et complets que ceux que nous possédons pour la période moderne.

Aucune des séries disponibles n'est homogène, même pour les moyennes mensuelles, et dans presque tous les cas les données manquent pour les porter au degré d'exactitude des observations thermométriques faites depuis le milieu du XIXe siècle. Ces séries 1757—1851 constituent néanmoins un témoignage unique et précieux pour la climatologie historique, et les principales ont été déjà l'objet d'études sérieuses. Ainsi, E. Renou a fait une étude raisonnée des observations thermométriques faites à Paris depuis la fin de XVIIe siècle jusqu'à nos jours; MM. Riggenbach et Walter Strub ont reconstitué autant que possible les variations dans la température de Bâle depuis 1826; Ch. Hartman a publié un examen critique des observations faites à Zwanenburg (à mi-chemin entre Haarlem et Amsterdam) 1743—1860. Les observations de Greenwich paraissent avoir été faites avec beaucoup de soin et d'assiduité; J. Glaisher les a réunies et commentées dès 1850. La série de Toulouse est fort peu satisfaisante, mais c'est la seule dont on dispose pour la partie méridionale de la province climatérique [1]) et on ne saurait la passer sous silence. Le

1) Feu M. Angot a fait une enquête sur les observations météorologiques disséminées dans les bibliothèques et les archives ou appartenant à des propriétaires divers („Prem. catal. des observ. météor. faites en France depuis l'origine jusqu'en

travail important de Buys Ballot sur les observations de température en Europe (Ned. Meteor. Jaarb., Utrecht, paru en 1871) peut très bien servir pour le contrôle et l'interpolation des séries.

Le choix des cinq stations pour la période 1757—1851 a été déterminé en premier lieu par le nombre et la qualité des observations météorologiques, ensuite par leur situation dans la zone dont nous nous occupons. Elles contribuent au résultat final avec les poids suivants: Paris 3, Toulouse 1, Bâle 2, Zwanenburg 3, Greenwich 1. Les séries ci-dessous sont plus ou moins complètes:

Paris	Moy. mens.	(poids 3)
	3 minima	(„ 2)
	Jours de gelée	(„ 1)
Toulouse	Moy. mensuelles	
Bâle	Moy. mensuelles	
	Moy. mens., écarts négatifs	
Zwanenburg	Moy. mensuelles	
	Moy. mens., écarts négatifs	
Greenwich	Moy. mensuelles	
	Moy. mens., écarts négatifs	

Afin de remédier à l'absence des éléments „3 min[a]." et „J. d. g." pour les stations Bâle, Zwanenburg et Greenwich, nous avons fait usage des *écarts négatifs* (seuls) parmi les moy. mensuelles; ces valeurs peuvent être substituées utilement aux séries qui servent à dériver un coefficient d'intensité. Les valeurs extrêmes pour les hivers doux ont été omises de cette série, car elles n'ont aucune signification pour la classification dans les cas où aucun mois de l'hiver météorologique ne présente un écart négatif à la température normale.

1850." — Ann. d. Bureau centr. météor. 1895 —I). Pas moins de 241 notices, dont la grande majorité n'avait pas été publiée jusque là, figurent sur sa liste. On y trouvera sans doute des données d'une certaine valeur (je doute qu'on y découvre des séries d'une grande importance), mais rien n'a encore été publié de tout cela depuis cet inventaire d'Angot... Les observations faites par Réaumur à Paris vers le milieu du XVIIIe siècle ne valent rien, selon Renou; pour Bâle, le lieu d'observation a varié plusieurs fois sans qu'on connaisse les conditions exactes dans lesquelles les observations ont été faites. Les observations originales de Zwanenburg ont été malheureusement détruites par mégarde dans la deuxième partie du XIXe siècle; Buys Ballot a fourni les matériaux pour la reconstruction de cette série dans le Ned. Meteor. Jaarb. (Utrecht) pour 1873, XXV, II.

Pour la détermination des coefficients, nous avons fait usage de tableaux sinon identiques, du moins semblables à celles mentionnées p. 11. Ces tableaux ne sont pas les mêmes pour Bâle, Zwanenburg et Greenwich, l'amplitude des écarts négatifs étant très différente. Ainsi pour Greenwich l'hiver de 1795 atteindrait — 6.3 e! Nous croyons pouvoir nous borner à reproduire ici le tableau de Zwanenburg:

Zwanenburg; moy. mens., écarts négatifs seuls

Les écarts concernant 35 hivers n'ont pas été employés. Les groupes qu'on ne trouve pas ici sont conformes à celles des tables données p. 13.

— 0.0 à — 1.5	49 à 40
— 1.6 à — 2.0	39 à 30
— 2.1 à — 3.0	29 à 20
— 3.1 à — 4.5	19 à 10
> — 4.5	09 à 00

La classification à l'intérieur de ces groupes doit être assez arbitraire. On n'a pas fait ici la restriction pour la rubrique 01 — 04 appliquée à la période moderne.

Afin de faciliter la division en groupes pour ces diverses séries, nous avons construit un diagramme où tous les hivers 1757—1851 ont leur place marquée, à une distance de la ligne médiane, correspondant à l'écart d'un ou de plusieurs éléments météorologiques exprimés en d/e. Ce diagramme n'est pas reproduit ici.

Remarques (Série 1757—1851)

ZWANENBURG

Moy. mens.: $(M_{118}) = 2.47$; $\frac{\Sigma d}{n} = 1.56$; $e = \pm 1.32$ [Comp. De Bilt, $(M_{65} = 2.62]$.

Données empruntées à Hartman pp. 31 et 57 (Comp. „Ned. Met. Jaarboek" 1873, 11). L'auteur ajoute: „Nous ne pouvons pas assumer l'entière responsabilité de ces données, parce que les observations originales n'étaient plus à notre disposition".

C'est une série complète et relativement homogène, mais les minima sont en général trop bas, ainsi qu'il ressort d'une comparaison avec la série Utrecht—de Bilt. Les données manquent cependant pour appliquer une correction systématique. Comme les minima *extrêmes* ne sont pas trop bas, nous nous sommes contentés d'apporter une correction générale de + 0.5 aux moy. mens. — 1.5 à 2.4, et de + 0.3 aux valeurs > + 2.0. Du reste, nous avons ajouté — 0.35 aux moy. pour les hivers 1744—1780; on obtient alors pour 37 hivers au commencement de la série: 19 écarts pos. (— 24.40) et 18 écarts négatifs (+ 24.95). — Une correction pour février a été appliquée partout.

Aucune correction n'a été appliquée à la série des *déviations négatives* (en remplacement des 3 minima) parce qu'il paraissait préférable de former, pour les hivers froids, des groupes où les valeurs extrêmes seraient fortement „condensées".

La série de Zwanenburg, qui fournit les moyennes mensuelles, sans interruption, de 1743 à 1860, a pu être complétée par une courte série 1735—1742. Nous avons emprunté ces données à Duyn, qui observait à Haarlem, situé à une dizaine de kilomètres de Zwanenburg. La comparaison de quelques jours à temp. extrême (Duyn pp. 112, 113) montre que les thermomètres de Duyn (Haarlem) et de Noppe (Zwanenburg) donnaient à peu près les mêmes valeurs; cependant, nous avons cru devoir corriger de 0.6 les moy. mens. de Haarlem, mais pour les *déviations négatives* seules, les chiffres pour les hivers froids à Zwanenburg paraissant plutôt trop bas. (Voir *Ned. Met. Jb.* 1871 pp. 187 et 205. — Les séries 1791—1840 sont à peu près comparables entre elles). La série complète comprend ainsi 126 hivers consécutifs.

Nous faisons suivre ici cette courte série de Haarlem (moy. mens.). Duyn a donné les moy. m. pour les mois de décembre, janvier et février en degrés Fahrenheit; dans la dernière colonne nous avons ajouté la moy. de l'hiver météorologique en degrés centigrades.

Haarlem, moy. mens. 1735—1742

(d'après Duyn)

Hiver	Décembre	Janvier	Février	Hiv. météor. (°C.)
1735	(40.0)	40.2	39.2	3.60
1736	41.5	38.5	35.9	3.01
1737	43.0	43.7	45.0	6.37
1738	37.7	34.1	38.7	2.55
1739	43.5	38.3	42.9	5.12
1740	40.0	24.4	26.1	— 0.91
1741	36.8	35.0	38.6	2.50
1742	37.7	31.3	38.8	2.05

PARIS

Moy. mens.: (M_{95} P. Observ.) = 2.94 (M_{65} P. St. Maur = 3.03) $\frac{\Sigma d}{n}$ = 1.34; e = ± 1.14.

Ayant déjà appliqué une correction de 0.5 aux données de Renou („Et. s. l. climat de Paris", Ann. B. C. M. 1887) aucune correction *générale* nous a paru nécessaire, mais les températures *extrêmes* (basses) pour la période ancienne sont certainement trop élevées, comparativement, c'est pourquoi nous avons cru ajouter — 0.3 au coefficienl moy. pour les quatre hivers 1784, 1789, 1795 et 1830. Selon la série moderne de 65 ans, on s'attendrait à trouver 6 déviations > — 2.0 e, dont 3 > — 3.0 e et 1.5 > — 4.0 e dans la série précédente de 95 ans; cependant, comme la période froide du dernier quart du XVIIIe siècle fait partie de cette dernière série, nous avons adopté plutôt: 4 déviations > — 3.0, 2 > — 4.0.

Le coefficient d'intensité a été déduit des 3 minima (poids 2) et des Jours de gelée (Ann. Obs. Montsouris 1883). Pour les 3 minima une correction de — 0.7 est indiquée par la comparaison avec la série moderne. Les Jours de gelée ne paraissent pas assez nombreux, en général, mais cet élément n'entre que pour 1/3 dans le coefficient d'intensité et il est surtout très variable dans les hivers qui s'écartent peu de la normale; ainsi, nous avons cru devoir appliquer seulement une correction de + 5 J. d. g. quand le coefficient de cette série était > 0.9, de + 2 quand le coefficient était < 1.0. Pour le coefficient d'intensité, une telle correction n'est pas indiquée; excepté dans 3 cas extrêmes où ce coefficient a été diminué par 0.2 à 0.5.

TOULOUSE

Moy. mens.: (M_{95}) env. 5.0; $\frac{\Sigma d}{n}$ = 1.16, e = ± 0.99.

Données empruntées à Buys Ballot (Ned. Met. Jb. 1871, II pour 1785-87, 1819—24, 1839—51; les séries qui manquent ont été reconstruites à l'aide des observations faites à Paris (Obs.) corr. + 2.1, moyennant exceptions (voir page 17).

BÂLE

Moy. mens.: (M_{95}) = 0.85; $\frac{\Sigma d}{n}$ = 1.40, e = ± 1.19.

Données empruntées à Buys Ballot (Ned. Met. Jb. 1871) et à W. Mörikofer (Verh. Naturf. Ges. in B. XXVII), Comp. W. Strub, Die Temperaturverhältnisse von Basel, 1910.

Série très peu homogène. Nous avons diminué les valeurs pour la période 1757—1804 de 0.57; la période 1805—1826, qui manque, a été interpolée à l'aide de Paris (poids 1) et Munich (poids 2); à la période 1827—1851 aucune correction n'a été appliquée. Strub (M_{80}) trouve 0.72

pour la moy. mens., mais sans la série 1895—1916, dans laquelle la température hivernale fut en général beaucoup plus élevée que la moyenne.

Le lieu d'observation a été déplacé 7 fois, mais est toujours resté à l'intérieur de la ville.

GREENWICH

Moy. mens.: (M_{146} 1771—1916) = 4.1; $\frac{\Sigma d}{n}$ = 1.18; e = ± 1.00.

Glaisher (Phil. Trans. 1850, II) trouve (M_{79} 1771—1849) = 37°6 Fahr. = 3.11 C. Contrairement à de Bilt, Uccle et Paris, où l'observatoire a été transféré hors de la ville, ce qui a ponr conséquence un nombre plus grand de J. d. g. et un nombre moins grand de J. s. d., Greenwich, au cours des siècles, a été entouré de plus en plus par les constructions de la métropole; on peut ainsi s'attendre à une augmentation progressive de la température moyenne. En effet Glaisher (p. 593) donne, pour des périodes de 10 ans, respectivement 36.9, 36.3, 37.0, 38.3, 37.2, 38.0, 38.5, 38.5. Pour 1852—1901 Angot trouve 39.3, pour 1852—1916 nous avons trouvé 39.5.

Ainsi une correction des données anciennes de + 1° (C.) paraît indiquée. La t. moy. pour 144 ans devient alors 39.5 Fahr. = 4.1 C., à peu près la même que celle déduite des observations modernes: (M_{52}) = 4.18.

En général, ceci n'a pas d'influence sur le coefficient moyen. Les écarts entrêmes positifs n'ont pas été corrigés, les écarts négatifs > — 2.0 ont été corrigés par — 0.5. On n'a pas appliqué de correction au coefficient d'intensité, qui n'a reçu que le poids 1/2.

VI — RÉSULTATS

Il prendrait trop de place si nous voulions donner in extenso toutes les séries qui ont servi à établir les résultats, selon la méthode expliquée plus haut, pour les 9 stations 1852—1916 et les 5 stations 1757—1851. Un Appendice contient les séries principales.

En dehors du Registre historique des hivers remarquables, les principaux résultats du travail présent ont été résumés dans six tableaux (qu'on trouve à la suite du Registre):

Tableau I (1852—1916) *Coefficients de température.*

Ce tableau donne, pour les stations Brème, Uccle, De Bilt, Paris (St. M.), Greenwich, Angers, Toulouse, Lyon et Strasbourg: *a*, le coefficient moyen (moy. mens.) pour chaque hiver, *b*, le coefficient d'intensité, *c*, le coefficient de température. — Pour chaque hiver, les coefficients de température de toutes les stations ont servi à déduire un C. de Temp. (général) pour la province climatérique (Poids: Paris 4; Ang., Lyon, d. Bilt 3; Uccle, Brème 2; Strasb., Toul., Greenw. 1). — Le numéro d'ordre de chaque hiver dans la série de 65 ans (température décroissante) a été ajouté.

Tableau II (1852—1916) *Classification des hivers.*

Ce tableau met les 65 hivers dans l'ordre décroissant de leur température, selon le C. d. T. pour la province climatérique (Tabl. I). Il donne encore les indications générales: „hiver doux", „hiver rigoureux" etc. conformément aux principes de notre classification.

Tableau III (1757—1851) *Coefficients de température.*

Ce tableau fournit les mêmes éléments du tabl. I, empruntés aux observations de Zwanenburg (pr. Haarlem), Paris (Obs.), Greenwich, Toulouse et Bâle. Pour les Coefficients de T. généraux les poids 3, 3, 1, 1, 2 ont été employés respectivement.

Tableau IV (1757—1916) *Les hivers 1757—1916 classés selon leur température* (ordre croissant), Numéros d'ordre, Coefficient de température, Caractéristique générale.

Dans cette période de 160 ans, nous comptons 1 „grand hiver", 5 hivers très rigoureux, 12 hivers rigoureux, 23 hivers froids, 17 hivers normaux plutôt froids, 42 hivers normaux, 21 hivers normaux plutôt tièdes, 30 hivers tièdes, 6 hivers doux, 3 hivers très doux.

Tableau V (1265—1756) *Les hivers 1205—1756 classés selon leur température* (ordre croissant).

Classification de ces hivers d'après les renseignements historiques. N'ont été insérés dans cette liste que les hivers considérés comme anormaux. On n'a attribué aux hivers de cette série que les coeff. de temp. (approximatifs) suivants (Comp. p. 10): 4, 10, 17, 21, 25, 28, 31, 34, 36, 38, 42, *54*, 60, 63, 66, 70, 74, 79, 82, 90. — Le coefficient 54 a été donné aux 257 hivers dont on ne trouve pas de mentions d'une certaine valeur et qui ont été tous considérés comme normaux; en effet, la probabilité est très grande que ces hivers ne s'écartent pas beaucoup de la normale; un certain nombre de ces hivers aura été „plutôt tiède".

Dans cette période de 552 ans nous comptons 4 „grands hivers", 13 hivers très rigoureux, 46 hivers rigoureux, 74 hivers froids, 43 hivers normaux plutôt froids, 257 hivers normaux ou plutôt tièdes, 87 hivers tièdes, 24 hivers doux, 4 hivers très doux.

Tableau VI *Liste chronologique des hivers depuis 1205 jusqu'à 1916, et des hivers remarquables avant 1205*, avec leurs coefficients de température (approximatifs jusqu'à 1756), et une caractéristique générale. (Données très incertaines avant 764). Pour les caractéristiques des hivers 1757—1851, la préférence a été donnée aux témoignages historiques (Coeff. entre parenthèses), dans quelques cas où la divergence entre le résultat scientifique et l'impression populaire est importante; après 1851 on s'est tenu aux observations scientifiques.

Cette liste, basée sur les données historiques, mises en rapport avec les observations scientifiques modernes, montre d'un coup d'œil le caractère de tous les hivers remarquables mentionnés dans l'histoire pour l'Europe occidentale, et, pour une période de sept siècles, approximativement le caractère de tous les autres hivers, même de ceux qui ne s'écartent que peu de la normale.

DEUXIÈME PARTIE

Renseignements sur tous les hivers remarquables en Europe.

Il n'est pas nécessaire de limiter à la province climatérique de l'Europe occidentale les renseignements sur les hivers froids ou doux qui se trouvent éparpillés dans les chroniques, ouvrages historiques, journaux et livres de famille. Tous les témoignages qui paraissant dignes de foi, même ceux concernant l'Autriche, la Bohème, l'Italie du nord et les pays Scandinaves ont été réunis dans notre Registre, souvent en extraits; ordinairement dans la langue originale. Les chroniques faites dans une région déterminée sont souvent nombreuses, mais elles présentent toujours des lacunes considérables et celles de l'Europe occidentale peuvent être complétées maintes fois à l'aide d'indications tirées des chroniques compilées dans l'Europe centrale. Il n'est pas rare de ne rencontrer que quelques lignes sur un hiver connu comme très rigoureux, dans une bonne chronique où les saisons qui ne s'écartent que peu de la normale sont mentionnées avec une abondance de détail.

Il est bien entendu, du reste, qu'en accordant à chaque hiver anormal un „coefficient provisoire" nous avons toujours donné plus de poids aux indications provenant de l'Europe occidentale.

En général, nous n'avons pas contrôlé les textes empruntés par les compilateurs aux chroniques du moyen âge. Les chroniques principales ont été transcrites et étudiées plusieurs fois par des historiens compétents et consciencieux; des compilateurs comme Neikter, Barral (Arago) et Vanderlinden n'ont pu commettre que peu d'erreurs, et ces fautes ne peuvent guère échapper à l'attention de celui qui compare les ouvrages de plusieurs auteurs. Un contrôle complet aurait nécessité un surcroît de travail qui aurait retardé indéfiniment la publication de notre travail, et — ce qui est plus important — les erreurs et négligences commises par les chroniqueurs eux-mêmes, surtout dans les dates, sont souvent si grandes qu'elles éclipsent complètement les quelques fautes que les compilateurs ont pu y ajouter.

Le matériel historique a principalement été considéré sous deux points de vue:

Nous nous sommes efforcés de le rendre aussi *complet* que possible. Puis, nous avons comparé et examiné tous les renseignements: une telle *critique* est absolument nécessaire, bien qu'il ne faille pas toujours compter sur des résultats satisfaisants. Du reste, plusieurs auteurs, comme Pilgram, Pfaff, Speerschneider, Norlind, avaient déjà accompagné leur compilation de remarques critiques; la discussion de Pfaff des hivers du XVIIIe siècle est même un modèle en son genre.

Il est difficile de séparer rigoureusement les chroniqueurs des compilateurs et historiens. Quelques chroniqueurs se distinguent par leur véracité et la manière sobre dont ils rapportent les faits, surtout les événements contemporains, mais souvent aussi il est évident qu'un chroniqueur transcrit tout bonnement les phénomènes (souvent incroyables) notés par ses prédécesseurs ou qu'on lui raconte [1]. Dans la bibliographie que le lecteur trouvera à la fin de notre Registre, nous avons fait précéder dans plusieurs cas le titre d'une chronique ou ouvrage historique d'un astérisque ou d'un point d'interrogation, indiquant, selon les historiens, — énumérés dans l'avant-propos de notre bibliographie — le degré plus ou moins grand de véracité de l'auteur; dans quelques cas, nous y avons ajouté l'impression que nous nous étions formée nous-mêmes au cours de ce travail.

Vers le milieu du XIXe siècle, la race des chroniqueurs s'éteint. Schnurrer fut le dernier de ces compilateurs naïfs qui notaient pêle-mêle hivers froids et étés chauds, tremblements de terre, pluies de sang, comètes présageant la colère des dieux. G. Schamp qui, à Gand, a registré avec beaucoup de soin les faits météorologiques contemporains (1791—1834) continuait la tradition des meilleurs annalistes, mais comme eux il juge „extraordinaire" tout ce qui s'écarte sensiblement de la normale, et très souvent, dans son appréciation, le froid le plus récent surpasse tous les autres en rigueur. Depuis 70 ou 80 ans, les observations météorologiques modernes remplacent avantageusement les données historiques,

1) On en trouve des exemples amusants chez Schnurrer, *Chron. d. Seuchen*, Vanderlinden, *Les hivers en Belgique* (Introduction), Hellmann e. a.

plus pittoresques mais infiniment moins exactes; les monographies et les journaux peuvent fournir des renseignements complémentaires, concernant la pluie, la neige, les effets biologiques, etc. Du reste, les compilations et études modernes s'arrêtent vers le milieu du XIXe siècle. Arago-Barral va jusqu'en 1858, Vanderlinden jusqu'en 1834, Speerschneider 1860; la 2e partie du livre de Lowe ("Nat. Phenomena") n'a jamais paru; Baker seul (Angleterre) mentionne les hivers jusqu'en 1883.

Il est vrai que, de nos jours encore, les livres de famille où les événements météorologiques tiennent leur place, ne sont pas rares, et il serait intéressant de pouvoir comparer les déterminations numériques modernes aux indications „populaires", dans lesquelles, comme dans les anciennes chroniques, les hivers ont été envisagés d'autres points de vue encore que de celui de la température. On pourrait certainement trouver, pour chaque hiver depuis 1852 et même depuis le milieu du XVIIIe siècle, et pour des lieux représentant bien les diverses parties de notre province climatérique, des renseignements suffisants pour registrer *tous* les hivers; mais cela nécessiterait un travail énorme, et en attendant une étude spéciale de ce genre, nous nous sommes contentés des hivers remarquables, en omettant ceux dont la température moyenne s'écarte peu de la normale et qui ne se caractérisent pas par des particularités intéressantes. Les observations thermométriques fournissent des données suffisantes pour la classification, qui nous occupe principalement, et ces données deviennent plus exactes à mesure qu'on s'avance dans les temps modernes. Aussi notre Registre donne moins de détails pour l'époque récente que pour les siècles antérieurs. Les minima absolus, qui ont été recueillis avec beaucoup de soin par divers auteurs des XVIIIe et XIXe siècles, ont été omis en général, parce qu'ils ont très peu de valeur pour notre but.

Pour ce qui est de l'époque la plus récente, nous avons choisi, parmi les hivers 1852—1916, tous ceux qui sont désignés dans nos tableaux par „froid", „rigoureux" ... „tiède", „doux" etc., au nombre de 31, en y ajoutant une dizaine d'hivers qui paraissaient assez remarquables: 1852, '58, '61, 70, '74, '75, '78, '81, '86 et 1901. Ainsi, parmi les 65 hivers compris entre ces limites, 41 sont mentionnés dans notre Registre. Enfin, les hivers 1917—1928 — bien qu'ils restent en dehors de cette étude — ont reçu une caractéristique *provisoire*, afin de rendre cet aperçu des hivers historiques dans l'Europe occidentale aussi complet que possible.

Dans la plupart des cas il est impossible de décider si deux chroniques ont été composées indépendamment l'une de l'autre; le *nombre* des chroniques où un même phénomène ou détail a été registré ne fournit ainsi, à notre avis, aucune garantie d'exactitude. En général, les renseignements sont moins dignes de foi à mesure qu'on s'écarte des temps modernes; il est cependant très remarquable que nous avons pu rassembler des données souvent détaillées qui mettent hors de doute le caractère exceptionnel d'un grand nombre d'hivers rigoureux ou doux (surtout la première catégorie), dont les chroniques du moyen-âge conservent le souvenir; les hivers de 1408, 1364, 1205, 764 sont des exemples frappants.

Les principales études et compilations, qui ont servi pour notre Registre, ont été énumérées dans la Bibliographie.

Le Registre comprend tous les hivers sur lesquels on a trouvé des mentions qui paraissaient dignes d'être inséré. Le texte est quelquefois accompagné d'annotations, d'un résumé en français, et toujours d'une courte caractéristique de l'hiver. Nous avons donné d'abord à chaque hiver considéré comme anormal un coefficient *provisoire* (— 5.0 à + 5.0), p. e.: 1205 (— 4.3), 1206 (+ 0.5), 1208 (+ 1.3), 1210 (— 3.7), 1211 (— 2.5), 1212 (— 0.5).... mais comme le jugement qu'on peut se former sur le caractère d'un hiver, selon les témoignages historiques, ne repose souvent que sur une ou deux mentions, d'une valeur douteuse dans un grand nombre de cas, il faut chercher une méthode plus exacte pour mettre les données historiques en rapport avec le résultat des observations modernes, et cette méthode nous est encore une fois fournie par le calcul des probabilités. On n'a qu'à supposer — comme nous l'avons déjà fait pour les temps modernes — que, en ce qui concerne la température des hivers dans l'époque historique, les écarts à la normale soient distribués fortuitement, le nombre des écarts d'une grandeur déterminée satisfaisant à peu près à la théorie des erreurs [1]), et puis: que la liste des hivers anormaux soit à peu près complète, ce qui paraît être le cas à partir du douzième ou treizième siècle.

Tous les hivers 1205—1756, dont il est fait mention dans les chroniques et autres publications, furent d'abord rangés par ordre chronologique, avec leur coefficient *provisoire* (— 5.0 à + 5.0) et une courte notice:

---

1) Comp. p. 2.

1286 : — 1.5, ou un peu moins froid
1300 : + 0.3?
1301 : + 3.0, Europe centrale
1408 : — 4.7 ou plus froid
1740 : — 4.5 ou moins froid
Etcetera . . . . . .

Même avec ces indications sommaires, on n'échappe pas à l'arbitraire et il n'y a souvent aucune raison pour ne pas attribuer à tel hiver doux ou froid le coefficient (±) 3.3 ou 1.7, au lieu de 2.7.

Il reste acquis, cependant, que les nombres des écarts plus ou moins forts (leur *distribution fortuite* étant sous-entendue) peuvent être empruntés tout simplement à la liste des hivers anormaux, quand ceux-ci ont été rangés dans l'ordre de la température décroissante. Ainsi sur les 534 hivers 1205—1738 environ 24 devront présenter un écart à la normale $> \pm$ 3 e, dont quatre $> \pm$ 4 e. Les indications provisoires: „ou plus froid", ?, ! etc., nous mettent à même d'exécuter un triage; en théorie, les 12 hivers à la tête de la liste seraient les hivers $>$ 3 e, c. à. d. les hivers les plus doux, les 12 en bas seraient les hivers d'une température $< -$ 3 e, c. à. d. les hivers les plus rigoureux, et ainsi de suite. La limitation des groupes n'est plus arbitraire, même pour les hivers historiques, et l'écart *moyen* d'un tel groupe d'hivers s'évalue facilement; on peut même procéder à des sous-divisions dans les groupes très nombreux.

On devra cependant corriger les nombres trouvés théoriquement sous deux rapports. D'abord une légère correction sera nécessaire pour rattacher la série „historique" à la série „thermométrique", les hivers 1739—1756 formant la première partie d'une période de 89 ans (Comp. p. 3); on doit supposer que leur température moyenne était au-dessous de la normale.

Une correction plus importante est indiquée par ce qu'on pourrait appeler l'obliquité de la courbe des déviations. Quand on représente graphiquement les fréquences des températures quotidiennes extrêmes — les températures en abscisses et les fréquences en ordonnées — „la courbe coulante réunissant ces points montre quelque ressemblance avec la courbe de probabilité théorique, mais elle présente une obliquité: pour les temp. maximum aussi bien que pour les temp. minimum elle se rapproche beaucoup des temp. basses aux mois d'hiver...." (Hartman, l. c., p. 41).

C'est aussi le cas pour nos moyennes mensuelles, et en général on peut dire que, dans la zone littorale de l'Europe occidentale, on registre beaucoup plus d'hivers doux que d'hivers froids, mais que les écarts négatifs sont plus considérables que les écarts positifs. Ainsi, tandis que, suivant la théorie, même dans une série de 552 ans les hivers „chauds" feraient défaut et que même les hivers très doux (coeff. approx. 90) seraient excessivement rares (4), cette période compte en réalité 5 ou 6 „grands hivers" (coeff. approx. 4) et 12 ou 11 hivers très rigoureux (coeff. approx. 10).

Cette particularité est caractéristique pour le littoral de l'Atlantique et la région qui ne s'en écarte pas trop, mais déjà moins évidente pour Paris, tandis qu'elle disparaît à peu près dans les observations de Toulouse, Strasbourg ou Bâle. Pour l'ensemble des 9 stations réunies de notre province climatérique, l'obliquité est beaucoup moins considérable que pour De Bilt ou Zwanenburg seul. Après avoir comparé les stations sous ce point de vue, nous avons construit le petit tableau suivant, comme correspondant le mieux à nos estimations:

Période 1757—1916

Écarts	Nombres théor.	Nombres adoptés	Caractér. génér.
< e	± 80	37 (—), 43 (+)	Hiv. normal
> e < 2 e	± 52	21 (—), 33 (+)	froid; tiède
> 2 e < 3 e	± 21	13 (—), 7 (+)	rigour.; doux
> 3 e < 4 e	6 à 5	5 (—), 0 (+)	très rig.; très doux
> 4 e	1 à 2	1 (—), 0 (+)	grand hiv.; chaud.

Pour la période antérieure, le nombre des hivers froids a été pris un peu plus grand, à cause des hivers généralement plus froids qu'à l'ordinaire entre 1739 et 1756; nous n'avons pas trouvé d'indications suffisantes qu'un hiver > + 4 e se fût manifesté entre 1200 et 1750; ainsi, 4 hivers „très doux" (> + 3 e) ont été insérés, la temp. moyenne de ces hivers correspondant environ à celle de l'hiver 1834.

Selon la théorie, les 552 ans devraient présenter:

406 écarts > ± ½ e
276 „ > ± e
98 „ > ± 2 e
24 „ > ± 3 e
4 „ > ± 4 e

Nous avons adopté:

1205—1756 (n = 552)

Dév.	froid	doux	désign. générale
$< \frac{1}{2}$ e	146		Hiver normal
$> \frac{1}{2}$ e $<$ e	60	70	H. norm. plutôt froid / plutôt tiède
$>$ e $<$ 2 e	74	112	froid — tiède
$>$ 2 e $<$ 3 e	46	23	rigoureux — doux
$>$ 3 e $<$ 4 e	12	4	très rig. — très doux
$>$ 4 e	5	0	grand hiver — chaud

Il faut encore tenir compte de cette particularité que les renseignements des siècles reculés seront moins complets et moins précis pour les écarts faibles, tandis que les hivers très anormaux, les hivers rigoureux en particulier, auront été presque tous remarqués et registrés.

Une revue superficielle de nos résultats tend à confirmer cette supposition. Entre 1205 et 1471 (n = 267), environ 120 hivers ont été mentionnés, un peu moins que la moitié (anormale) que la théorie ferait attendre. Les 267 ans qui suivent (1472—1738) fournissent environ 170 mentions, ce qui est trop, mais les écarts considérables y sont proportionellement moins bien représentés:

1205—1471 = 9 écarts $\geqq -4.0$ e; 10 $\geqq +3.0$ e
1472—1738 = 8 écarts „ ; 8 „

ce qui veut dire que la période ancienne est complète quant aux écarts forts — chauds ou froids — mais non quant aux hivers anormaux où l'écart de la température moyenne fut *moins* important. La proportion des écarts forts relativement au total des hivers mentionnés est de 16 et de 9 pc. pour les deux périodes. Aussi, en attribuant les numéros d'ordre, les mentions des siècles les plus reculés ont été légèrement privilégiées.

Il n'y a pas de raison, comme on le voit, d'admettre un nombre exceptionnel d'hivers rigoureux ou doux pour la dernière partie du moyen-âge.

* * *

Sans aucun doute, les résultats de cette étude ont bésoin d'être améliorés et amplifiés, surtout dans les détails, mais il nous paraît très probable que les sources *importantes* ont été utilisées toutes, et que les traits principaux de l'image que nous nous sommes formée des variations de la température hivernale dans l'Europe occidentale, au cours des siècles, ne seront pas modifiés par la découverte de manuscrits restés inconnus jusqu'ici.

L'examen critique des anciennes mentions montre qu'elles ne sont pas aussi bonnes qu'on se le figurait jadis, ni aussi mauvaises que plusieurs météorologistes modernes ont cru qu'elles étaient. Pilgram n'avait pas tort quand il écrivit, il y a 140 ans déjà, en tête de la première étude critique sur le climat de l'Europe, qu'il ne faut ni accepter ni rejeter ces témoignages sans les avoir examinés et étudiés: „Zwei, wie in so vielen anderen Dingen, also in der Wetterkunde gerade entgegengesetzte Meynungen veranlassten mich, gegenwärtiges Werk zu unternehmen: eine derjenigen die alles platterdings verwerfen; die andere derer, die alles als ungezweifelt annehmen .... Beyde schaden der Wetterkunde gleich viel. Denn wer wird eine Sache untersuchen, die er für lächerlich, oder für sicher hält?". — Quoi qu'il en soit, il est maintenant avéré que, pris dans leur ensemble, ces témoignages historiques, documents principaux de l'histoire de la météorologie, peuvent servir pour la reconstruction, en grands traits, du climat d'une partie de l'Europe durant cinq ou six cents ans avant le milieu du XVIIIe siècle.

Pour la première fois, tous ces matériaux, comparés et examinés avec soin, sont réunis et publiés ici. Une bibliographie contient à peu près toutes les publications de quelque valeur, au nombre de 500, sur les hivers et leur température, en Europe. Pour la première fois aussi, on a pu mettre en rapport les données historiques et les observations scientifiques modernes. La méthode de classification, adoptée pour ces dernières, exclut virtuellement l'arbitraire dans la formation de groupes et dans l'attribution de coefficients de température; quant à la première catégorie, qui est basée sur les informations historiques, ou peut, moyennant des suppositions très plausibles, la rattacher aux données modernes avec des coefficients au moins approximatifs.

Les coefficients moyens et les coefficients d'intensité concernant la température ont pu être déduits, à l'aide d'observations faites dans plusieurs stations disséminées dans la province climatérique, pour chaque hiver depuis le milieu du dix-huitième siècle; ils donnent une idée assez exacte des variations dans la température hivernale pendant cette période. Les désignations populaires assez vagues: „hiver rigoureux", „hiver normal", „hiver tiède" etc., ont été remplacées par des termes qui ont un caractère scientifique: on peut désormais tracer les lignes de démarcation entre ces groupes à l'aide des coefficients de température. Enfin, une liste chronologique de *tous* les hivers depuis 1205, et des hivers remarquables avant cette époque, nous met en état de juger d'un coup d'œil du caractère d'un hiver quelconque.

* * *

Nous regrettons qu'il serait impossible de remercier ici tous ceux qui, au cours de ce travail qui nous a occupé pendant près de vingt ans, nous ont prêté leur concours précieux. La méthode suivie dans cette étude est basée en grande partie sur l'inestimable travail de feu M. Angot sur le climat de la France. MM. E. Vanderlinden (Bruxelles) et Th. Wieshammer (Bâle) out bien voulu mettre à notre disposition des séries d'observations inédites faites dans ces stations météorologiques; MM. Ch. Brahier à S. Maur près Paris; C. E. P. Brooks, Ernest Gold et J. A. J. de Villiers à Londres; Gosse et Bergholz à Brème, feu M. Julius von Hann à Vienne (Autr.) et G. Hellmann à Berlin; feu M. Hartman et M. C. Braak à De Bilt pr. Utrecht, M. P.-H. Gallé à Amsterdam, M. Burger, ancien directeur de la bibliothèque de l'université d'Amsterdam et M. Van Dokkum, à Wageningen, se sont empressés à fournir les renseignements que nous leur avons demandés. La Société Roy. Néerl. de Géographie a bien voulu prêter son précieux concours à la publication de nos résultats. Mais c'est surtout à M. J.-P. van der Stok, ancien directeur à l'Institut Royal Météor. des Pays-Bas, et à M. E. van Everdingen, directeur en chef de cet Institut, que nous sommes redevables de conseils et d'encouragements que nous ont aidé à surmonter les difficultés qui se présentaient au cours de ces recherches.

L'auteur de ce travail exprime, en terminant, sa reconnaissance à sa femme, pour l'intérêt qu'elle y a pris pendant de longues années, et à sa fille, Mme T. Kamerlingh Onnes née Easton, pour sa collaboration au travail souvent aride de la classification.

Schéveningue, La Haye, Octobre 1927

REGISTRE HISTORIQUE

396 av. J. C. Hiver rigoureux en Italie. Insignis annus hieme gelida ac nivosa fuit, adeo ut viae clausae, Tiberis innavigabilis fuerit (*Titus Livius*, V, 13).

271? av. J. C. Hiver très rigoureux en Italie. L'hiver fut si rigoureux et si long en Italie qu'à Rome la neige dans le Forum resta pendant quarante jours à une hauteur prodigieuse; le Tibre fut glacé à une grande profondeur; les arbres, desséchés jusqu'à la racine, ne portèrent plus des fruits; les bestiaux périrent à la campagne, et le froid produisit la disette du blé. (*Histoire romaine de Catrou et Rouillé*, t.VI, p. 239.) [Comp. 177 av. J. C.] **A.**

210 av. J. C. Hiver très rigoureux en Espagne. [Athanagia] „triginta dies obsidio fuit: per quos raro unquam nix minus quatuor pedes alta jacuit: adeoque pluteos ac vineas Romanorum operuerat, ut ea sola, ignibus aliquoties conjectis ab hoste, etiam tutamentum fuerit" (*Titus Livius*, XXI, 1).

177 av. J. C. Hiver rigoureux en Italie et dans l'Asie Mineure. „Quamvis hieme saeva adeo (du côté de l'Arménie) ut, obducta, glacie nisi effosa humus tentoriis locum non praeberet. Ambusti multorum artus vi frigoris, et quidam inter excubias exanimati sunt". (*Tacitus*, *Annales* III). A Rome la neige fut abondante et les chemins furent obstrués pendant quarante jours; le Tibre fut gelé. (*Saint-Augustin*) [Comp. 271 av. J. C.] **A.**

88 av. J. C. Hiver rigoureux en Italie. Nach einen sehr kalten Winter, in welchem mehrere tausend Soldaten in Italien erfroren..." (*Freinsh. Rom. Hist.* XXXIX) **Schn.**

66 av. J. C. Hiver froid dans la Russie méridionale. Du côté du Bosphore l'hiver fut si âpre, qu'à l'embouchure du Palus Maeotides (mer d'Azov) un des généraux de Mithridate défit sur la glace la cavalerie des Barbares précisément à l'endroit où, en été, ils furent vaincus dans un combat naval (*Strabo* I, II.) **A.**

A. D. **51.** Hiver doux en Gaule (?). „Magnaque deum benignitate et modestia hiemis rebus extremis subventum [1]). *Tacitus Annal.* XII.

221. Hiver très rude en Angleterre. „A great frost in England, lasting five months." **Lo.**

231? (251?) La Tamise fut prise pendant 6 (9) semaines. **231.** The river Thames at London frozen over for six weeks [2]). **Lo.**

292. Hiver rigoureux dans le nord de la France, en Allemagne et en Angleterre. Les grandes rivières sont prises. (Date très incertaine). Most English rivers frozen for six weeks. **Lo.**

296. Hiver froid. De Rijn toegevroren, de Franken overvallen de Bataven (*v. Loon*, *Holl. Hist.*, I, 200). **H.**

[1]) Mais ce qui précède: „Multa eo anno prodigia evenere", n'est pas propre à inspirer beaucoup de confiance dans le fait mentionné par Tacite.

[2]) D'après *Euseb.* Hist. eccles. VII (A. D. 251)? — Comp. 221.

299. Hiver froid. L'hiver fut très-rude dans le nord des Gaules (*Crevier*, *Histoire des empereurs romains*, XXVIII) [Comp. 292 et 296] **A.**

329? Hiver rigoureux en Angleterre. (Comp. 359). „Most British rivers frozen for six weeks. **Lo.**

359: Hiver rigoureux dans la plus grande partie de l'Europe, de l'Écosse jusqu'à la mer Noire. (Comp. 329). La Seine fut prise. (*Chateaubriand*, *Et. hist.* II) **A.** — De Zwarte Zee toegevroren (*Ann. L.*) **Da.** — **360.** Very severe frost in Scotland for fourteen weeks. **Lo.**

375. Hiver long et rigoureux. Der Winter war ungewöhnlich strenge und lange dauernd. (*Zosimus*, Lib. IV). **Schn.**

:401. Beaucoup de glace dans la mer Noire. Hiver rigoureux en Provence. Das ganze schwarze Meer war überfroren; im Frühjahre wurde durch 30 Tage das Eis durch die Prospontis in Stücken wie Berge getrieben. [1]) (*Scaliger ex Marcell. Com.*) **P., Schn.** — L'hiver fut très rigoureux en Provence et sur les bords de la mer Noire. (*Peignot*, *Essai chronologique sur les hivers rigoureux*) **A.**

411. Froid jusqu'en février, en Belgique. En cel an (410) fut une grant galée, qui durat del fieste Sanct Andriex — 30 nov. — jusqu'au douzième jour de février. (*Chr. J. des Preis*) **Vdl.**

419. Beaucoup de neige en Angleterre. — ... und der Winter war durch die Menge des Schnees ausgezeichnet. (*Webster* I, p. 133) **Schn.**

432. Hiver froid. — „Als Bonifacius von Aetius getödtet wurde, war der kalte Winter für Viele äusserst nachtheilig." (*Prosp. Aquit. Chronic.*) **Schn.**

443. Hiver dur. — Ein harter Winter; besonders litt Illyrien durch die Menge des Schnees. **Schn.**

462. Hiver rigoureux dans l'Europe centrale et en Provence. — L'hiver fut très-rude en Souabe et en Provence (*Peignot*) **A.** — Ich halte diesen für einen kalten Winter, weil Theudomer mit seinem Heere über die gefrorene Donau setzte, die Schwaben zu bekriegen und den Tod seines Bruders zu rächen (*Sigeb. Gembl.*). Er setzt diese That zwar A°. 463 an, aber das folgende Jahr als Hilarius Pabst ward. Dieser aber wurde A° 461, wie es am wahrscheinlichsten ist. **P.**

469. Hiver très dur. — Durissimus extra solitum hoc eodem tempore annus hiberni, veris, aestatis, autumni ..... (*Chron. d'Idace*) **Vdl.**

473. Hiver froid. (Date indécise). — Ein sehr kalter Winter ... kam in den nächsten Jahren vor. (*Baronius u. Baglivius*) **Schn.**

509. Hiver très froid en Angleterre. — In winter all the rivers in Britain were frozen up for above two months. **Lo.**

---

1) Une débâcle pendant 30 jours paraît plus probable que la prise complète de la mer Noire. Neikter, citant *Le Beau*, *Histoire du Bas-Empire*, ajoute que Le Beau ne cite pas l'original où il a puisé son information, et que lui-même ne la voit mentionnée nulle part. (Comp. Scaliger).

524. [1]) Hiver rigoureux? — Fames tam validissima tunc fuit, ut in quibusdam locis proprios pueros manducarent matres (!). Hyems gravis fuit, ut aves frigore labefactae manu caperentur. (*Fasc. temp.*, *auct. Rolevink*) **N.**

:545: Hiver très rigoureux? — **545.** Cold so intense in winter, that the birds allowed themselves to be caught. **Lo.** — **545:** Im Jahre, da die heilige Königin Clotild starb, war ein Winter, der so viel Eis und Schnee brachte, dasz man die Vögel und das Wild mit der Hand fangen konnte. (*Sigeb. Gembl.*). Er setzt 554 an, und hat eine grosze Verwirrung in den Jahren, so dasz man die darinnen gemeldten Sachen nicht vereinbaren kann. **P.** — **547.** L'hiver fut très-rude dans les Gaules. „Li oisel furent si destroit de fain et de froidure que on les prenoit sus la noif aus mains sans nul engin". (*Chronique de Saint-Denys*, d'après *Grégoire de Tours*, *Aimoin* et *Sigebert de Gembloux.*) **A.** — **545**... ein sehr strenger Winter (*Procop. De bello goth.* III). **Schn.** — **546**. Anno 19 Justiniani vini et frumenti maxima fuit inopia, et acris hyems Byzantii. (*Cedreni Ann.*) — **548.** „Der Winter dieses Jahrs, des Todesjahrs Theudeberts, war ausgezeichnet durch die Menge des Schnees und die Heftigheit der Kälte, so dasz die Vögel mit der Hand gefangen werden konnten". (*Gregor. Turon.* III [2]).) **Schn.**

:554: Hiver très rigoureux (Comp. 545). — **554.** „The winter was so severe with frost and snow, that the birds and wild beasts could be caught by the hand." (*Matthew of Westminster*). **Ba.** — Gravis eo tempore et solito asperior hyems in Gallia facta est, ita ut torrentes congelati pervium super se iter populis praebuerint. .... [Ici se placent les particularités que *A.* et *P.* empruntent au *Sigeb. Chr.*, mais **A.** 544, **P.** 554 etc.] (*Aimonius Histor. Francarum*). Eadem *Matthaeus Westmonasteriensis*, cum aliis narrant. **N.** — Cet hiver est indiqué comme très-rigoureux dans les recueils hollandais. (*Historisch verhaal van harde winters* Amsterdam, 1741; *Tafereel van harde winters* = Hering, Amsterdam 1784) **A.** — Hyemps nive et glacie ita exasperatur ut volucres et ferae indomitae manu capi possent (*Sigeb. Gembl. Chron.*) [3]). **Vdl.**

559. Hiver froid dans l'Europe centrale. — The Danube was quite frozen over (*Dugdale*). **Ba.** — Les Bulgares, Les Huns en passant le Danube glacé, viennent fondre dans la Thrace et s'approchent des faubourgs de Constantinople. (*Collection bizantine de Du Cange*) **A.**

566. Hiver rigoureux en France. — L'hiver fut très rigoureux en Gaule. La terre resta couverte de neige pendant plus de cinq mois. Un grand nombre d'animaux périrent. (*Marii episcopi Chronicon*) **A.**

584. Hiver très doux [4]). — Hiver d'une douceur si constante qu'on vit des roses au mois de janvier. (*Grégoire de Tours*) **G.-P.**

---

1) Par erreur au lieu de 554?

2) Comp. 554.

3) Il doit y avoir en effet ici „un certain malentendu", ainsi que l'exprime Pilgram l. c. 545 Le récit des oiseaux etc. qui se laissent prendre à la main se trouve chez une douzaine de chroniqueurs, mais pour les hivers 524, 544, 545, 546, 547, 548, 554, 555. Hering parle vaguement d'un hiver très rigoureux vers le milieu du VIe siècle. Peut-être s'agit-il de plus d'un hiver rigoureux vers la même époque; un seul, (554?) paraît certain.

4) Le premier hiver doux mentionné dans l'histoire.

593. Hiver très rude en Provence. — Il fit (dans la Gaule méridionale) un hiver tellement rude que personne ne se souvenait d'en avoir éprouvé un pareil. (*Paul. Diac. De Gestio Longobardorum*) **A., Schn.**

605. Hiver très rude. — .... hyemesque fuerunt ades saeve, ut congelaverit mare et pisces perierint. (*Cedrenus, Tempore Phocae Imperatoris*) **N.** — Un très-rude hiver fait périr une grande partie des vignes en France. (*Hermanni contr. Chronicon*) **A.**

617. Hiver froid? — Ein sehr kalter Winter. (*Toaldo*) **P.**

620. (Information douteuse). — Es dauerte das Eis 300 Tage. (*Toaldo* aus dem *Frysk*). Wann waren denn hernach die übrigen Jahrezeiten? **P.**

642. (Information douteuse). — The cold so intense that the Black Sea was frozen over. Snow in some places drifted to the depth of 90 feet. (*Chambers*) **Ba.**

670. Hiver très froid dans le sud-est de l'Europe. — L'hiver fut très-véhément et très-prolongé du côté de Constantinople, et fit périr un grand nombre d'hommes et d'animaux (*Cedr. Chron., Theophanis Chronol.*) **A., N.** — Der Winter des zweyten Regierungs-Jahrs Constantins war ungewöhnlich strenge. **Schn.**

690. Hiver très long dans le Nord. — Vinteren begyndte paa Alle Guds Helligen Dag (1 nov.) og stadit til Gregori (12 mrs). (*Hans Strelow, Cronica Guthilandorum*) **Sp.**

695. Hiver rigoureux dans l'Europe occidentale. — Ein sehr kalter Winter. Der Weinstock gieng fast überall zu Grunde. (*Lanceloti ex Paulo Diacono*) **P.** — The river Thames frozen over for six weeks (*Webster*) **Lo.** — De Schelde was zes weken toegevroren. Men bouwde hutten op het ijs. **Hk.**

706. Hiver froid. — „Facta est hyems valida". (*Chron. Reginonis*) **N.**

709. Hiver rigoureux. — „Hyems vehementissima hoc anno." (*Heppidani Annales, apud Goldastum*) **N.** — Id. (*Ann. Laur., Ann. Sang. mai.*) **No.**

717. Hiver très froid en Thrace. — L'hiver fut si rigoureux à Constantinople que les chevaux et les chameaux de l'armée des Sarrasins qui l'assiégeaient périrent pour la plupart. (*Calvisius, Opus chronologicum*) **A.** — *Cedrenus* ajoute: „Vehementissima erat in Thracia hyems, ita ut prae nive in glaciem durata, per centum dies terra videri nequit." **N.** — Ein kalter Winter. (*Toaldo, Berlin.*) **P.**

764. Un des „grands hivers" connus dans l'histoire et le premier qui paraisse bien documenté dans ses détails pour l'Europe occidentale. Sa rigueur fut exceptionelle et s'étendit sur toute l'Europe. — Tunc fuit ille gelu pessimus, et coepit 19 Cal. Jan. — 14 déc. — et permansit usque in 17 Cal. Aprilis — 16 mars. (*Ann. S. Amandi*) **Vdl.** — Gelu kalendis octobris tam ferox et asperum grassiabatur, anno Chr. 764, ut pelagus ipsam ad 100 milliarium amplitudinem obrigescens, ferendis et plaustris sese submiserit. (*Ann. Parch.*) **Vdl.** - Id. *Ann. Quedl., Ann. Met., Ann. Fuld.* etc. **No.** — Le froid sévit fortement dans les Gaules, en Illyrie et jusque sur les bords de la mer Noire. Selon les Chroniques des Francs, il ne put être comparé, pour son extrême rigueur, à aucun des froids des hivers précédents. Le Bosphore et le Pont-Euxin gelèrent. Dans plusieurs contrées il tomba jusqu'à 10 mètres de neige. Dans les Gaules la gelée fut intense depuis le 1 octobre 763 jusqu'en février 764. Les oliviers et les figuiers moururent; les semences gelèrent dans le sol, et dans cette dernière année une famine horrible se dechaîna sur cette vaste région et fit perir une multitude d'hommes (*Eginhardi annales*, *Chronicon moissiacense*, *Ann. sangallenses*, etc). **A.** — Es war der Winter so kalt, dasz man ihm an der Kälte keines der vorigen Jahren vergleichen konnte. (*Annal. Laurisheim.*). Von der groszen Kälte bezeugen auch *Alsted.* und *Toaldo.* **P.** — „Id mare a terra ad centum usque milliaria in lapidem redegit .... a Zechia usque Danubium et Cupham fluvium .... reliquumque litus usque ad Mesembriam et Maesiam" .... (*Cedrenus*) **N.** — .... Dieser Eisgang (in der Propontis bei Abydos) beschreibt *Nicephorus* als Augenzeuge [1]). **Schn.** — A mensis Octobris initio frigus ingens et asperrimum, non in hac modo regione (ad Constantinopolin) sed etiam per Orientem, Septentrionem, et Occidentis plagam incubuit; adeo ut in borealibus [2]) Ponti mare... in glaciem concrevit". (*Theophanis Chr^a.*) **N.** — Sehr kalter Winter. (*Herm. contract.*, *A. Lip.*) Das *Chr. Mellic.* setzt zwar 762 an, sagt aber den 4ten Jun. sey eine Sonnenfinsternisz gewesen, eben diese giebt den Ausschlag für das Jahr 764. *Sigebert* sagt, die Kälte habe mit dem Oktober angefangen und bis in den Hornung angehalten. Er setzt das Jahr 763 an, meldet aber 2 Jahre darauf den Tod des berühmten Bischofs Chrodogangas, welcher A. 766 starb. Mithin war dieser kalte Winter A. 764. **P.** — There fell such a marvellous great snow, and therewith so extreme a frost, as the like had not been heard of, continuing from the beginning of the winter almost till the midst of spring, with the rigour whereof trees and fruits withered away, and not only feathered fowls, but also beasts on the land and fishes in the sea died in great numbers. (*Holinshed*; *Roger de Hoveden*) **Ba.**

:**768**: Hiver très rigoureux en France et en Angleterre. (Comp. 764). — **760.** A great frost in England from Oct. 1, 759 — Fe. 26, 760. **Lo.** — **761.** In this year was the great winter. (*Angl. Sax. Chr.*) **Ba.** — **762.** (764?) Un grand froid en France (*Chr. Mois.*) **No.**

:**786**: (Données et date indécises) — Sehr kalter Winter. (*Toaldo, Berlin.*) **P.** — **787.** Im May eine so strenge Kälte und tiefer Schnee, dass die Vögel todt aus der Luft fielen. (*Avent. Chron.*, *Ann. Fuldenses* = 781.) **Schn.**

791. Hiver froid en Provence. — Dans cet hiver les vignes souffrirent beaucoup en Provence et les troupeaux périrent dans les étables. (*Peignot*; *Martins*) **A.**

---

1) Pilgram admet deux hivers rigoureux consécutifs — ce qui doit être extrêmement rare. Il nous paraît plus probable que l'hiver de 760 (761?) fut froid, celui de 764 très rigoureux. Comp.: 1305(07), 1435(32), 1565(63), 1558(56), 1740(42), 1784 et '89.

2) In borealibus [*locis*] Ponti [Euxini]. Ceci explique beaucoup, e.a: „in profundum vero cubitus triginta" (*Theo.*). De même *Aimonius*: „tam valida hyems, ut nulli praeteritorum videretur posse conferri"; *Ann^s. Fuldenses*, *Herm. contr.*, *Zonarae Ann^s.*, *Reginonis et Lamberti Schaffnaburgensis Chr^n*, *Massaei Cameracenatis Chr_n.* etc. **A.**, **P.**, **N.**

800: Hiver froid à Byzance. — L'hiver fut très-rigoureux sur les bords de la mer Noire. (*Annales fuldenses*) **A.** — **800** vel **801** [1]) „A° 32 Car. Magni pelagus Ponti usque ad C milliaria in orientem in glaciem versus est".... (*Mariani Scoti Chr*ⁿ.) „ut P. Eux. glacie obduceretur". **N.**

801. Hiver doux. — Der heil. *Ado* setzt einen gelinden winter um das Jahr 800 herum an, welcher eine grosze Pest nach sich zog. *Toaldo* setzt ihn auf 800; der *An. Saxo* aber setzt die durch den gelinden Winter verursachte Pest auf das Jahr 801. *Regino* setzt ihn nach der Krönung Karl des Groszen an, diese geschah zu Weihnachten A. 800, folglich war der gelinde Winter im Anfange des Jahrs 801, so wie es *Regino* ansetzt. **P.**

802. Hiver froid. — Es setzt *Toaldo* A. 800 einen gelinden, A. 801 aber einen strengen Winter an. Er fand also, dasz um diese Zeit ein strenger Winter unmittelbar auf einen gelinden kam; der gelinde Winter war, wie wir sehen werden A. 801, so war also A. 802 ein strenger [2]). **P.** — Après, l'an 802, fust une galée qui commenchat le jour de St. Martin — 11 Nov. — et durat jusque à la St. Grégoire en marche — 12 mars (*Chron. J. des Preis*) **Vdl.**

808. Hiver très doux. — Hiems mollissima atque pestilens fuit. (*Ann. Lob.*, *Ann. Xant.* etc.) **Vdl.** — Id. (*Vita Caroli Magni*, etc.) **G.-P.**

:811. Hiver rude (dans le Nord?) — L'hiver fut rude et dura jusqu'à la fin de mars. (*Vita Car. Magni*) **A.** — Es wurde zwischen dem Kaiser und den Dänen Friede, wegen der Härte des Winters. Denn es waren die Wege von der Kalte verschlossen. (*An. Laurisheim.*; *Regino*) **P.** *Aimonius* ajoute que la paix fut conclue „in loco ad Eidoram (Eider) qui Clates dicitur". **N.** — **810.** Magna mortalitas boum... et hiemps valde dura (*Ann. Xant.*) **Vdl.**

813. Hiver froid. — Hyems magna nivis. (*Chron. Regionis*) **N.** Hiemps nimis dura (*Ann. Xant.*) **Vdl.**

822. Hiver très rigoureux dans l'Europe centrale et occidentale. — Ein sehr strenger Winter; es überfroren alle Flüsse Teutschlands, und waren einen Monat lang mit den schwersten Fracht-Wägen passirbar. (*Herm. contr.*) **Schn.** — Il y eut en France une si grande abondance de pluies..... „A ces maux succède un hiver prolongé et si rigoureux que non seulement les ruisseaux et les petites rivières, mais les plus grands fleuves, le Rhin, le Danube, l'Elbe, la Seine, sont gelés et que les chariots les traversent comme des ponts". La débâcle produisit de grands dégats dans les métairies situées sur le bord du Rhin. (*Eginhardi Annales*) **A.** — Wenn ich die Chroniken zusammenhalte, so fieng der harte Winter dieses Jahrs den 22 Sept. A. 821 an, und dauerte bis auf den 12ten April 822. Dasz ein groszer Schnee vom 22ten Sept. bis 12ten

---

1) Comp. 801. Il est possible qu'il s'agisse du même hiver, qui dans ce cas aurait été rigoureux en Turquie mais doux dans les parties centrales et occidentales de l'Europe.

2) A moins que Toaldo n'ait mis 802 au lieu de 801!

April liegen blieb, setzt das *Chron. Mellic.* auf 821, *Hermann contr.* auf 822, *Ann. Saxo* auf 823. Die *Ann. Laurish.* sagen, es sey auf den sehr regnerischen Herbst A. 821 ein langer, und so harter Winter gefolget, dasz auch die gröszten Flüsse, die Donau, die Elbe, die Seine und andere Flüsse durch Deutschland und Frankreich so dick überfroren waren, dasz sie durch 30 und mehrere Tage schwere Wägen trugen; das am Rhein endlich aufthauende Eis habe aber sehr groszen Schaden an den damals sogenannten Meyerhöfen verursachet. *Toaldo* macht zwey daraus: A. 821 und 823. **P.** — ... Albis et Sequana, ceteraque per Gallium et Germaniam Oceanum petentia flumina, glacie stringerentur, ut XXX, vel eo amplius, diebus, plaustra huc et illuc commeantia, velut pontibus juncta sustinerent... (*Eginh.*)[1]) **N.**

824? Hiver de très longue durée. (Comp. 822). — **823.** Der Winter begann schon am 22 September und dauerte bis zum 12 April. (*Herm. contr.*) **Schn.** — L'hiver est plus rigoureux que d'ordinaire dans les Gaules et de longue durée. Beaucoup d'animaux et même des hommes succombent sous l'excès du froid. (*Hermann.* et *Eginhard*)[2]) **A.** — **824.** „Hoc anno hyems aspera et valde prolixa facta est... (*Ann. Fuldenses*). De même: *Aymonius.* **N.**

827. Hiver froid en Angleterre? — Great frost for nine weeks. **Lo.**

832. Hiver froid. — Ein sehr kalter Winter. (*Acta Lips.*, *Toaldo*). Weil die Kälte auf eine grosze Nässe folgte, wurden die Pferde so an den Füssen beschädigt, dasz sich sehr wenige zum Fuhrwerk gebrauchen lieszen. (*An. Laurisheim.*) **P.**, **Schn.**

838. Pluie et vent durant tout l'hiver. (Comp. 858). — **837:** Ingens turbo ventorum frequenter crumpebat (*Ann. Xant.*) **Vdl.** — **838:** Hiemps pluvialis et ventosa valde... (*Ann. Xant.*) **Vdl.**, **G.-P.**

843. Hiver froid et long. — Cette année l'hiver fut très-froid et très-long, surtout fécond en maladies et très-funeste à l'agriculture, au bétail et aux abeilles. (*Nithard, Historiae*) **A.**

844. Hiver doux jusqu'en février. — Anno 844 hiems mollimissima usque ad Kalendas februarii — 1 Fe. — quadam temperie modificata. (*Ann. S. Bertiniani*) **Vdl.**

845. Hiver rigoureux en Normandie. (Comp. 846) — Anno DCCCXLV, hiems asperrima. (*Ann. bert.*) **Vdl.**

846. Vent du nord, nuisible aux céréales et aux vignobles. — Anno DCCCXLVI... ventus aquilo per totam hiemem usque ad ipsa fere Maii mensis initia, acerrime segetibus et vineis incumbit. (*Ann. bert.*) **Vdl.**

849. Hiver rude en France et en Italie. — L'hiver fut très-rude dans les Gaules. (*Chron. fontanellense*) **A.**

1) De même les *Ann. Xant.* etc., tous probablement ont puisé dans Eginhard.

2) Toutes ces mentions peuvent se rapporter à l'hiver de 822; mais il est possible qu'un hiver rigoureux fût suivi d'un hiver froid, à quelques années de distance. Comp. 822.

850? The Adriatic entirely (!) frozen over. (*Chambers*) **Ba.**

856. Hiver long et rigoureux. — Hiems asperrima et sicca, pestilentia valida, qua magna pars hominum absumitur. (*Ann. bert.* e. a.) **Vdl.** — **854** et **855.** En chesti an meisme, fut une galée del jour de St. Martin — 11 nov — jusques à 17e jour de marche après. (*Chron. J. de Preis*) **Vdl.**

858. Hiver assez froid. — In het jaar 859 ongewone koude, doch het opmerkelijkste daaromtrent was, dat men toen in geen twintig jaren eenig ijs van belang gezien had[1]). (*Tafereel van harde winters*, p. 10) **H.**

860. Hiver très rude et très long dans toute l'Europe, même en Italie. — Dans les Gaules et en Allemagne, l'hiver fut très-rude et très-long. Il dura, en France, en neige et en fortes gelées depuis novembre jusqu'en avril. En Italie, la gelée fut également intense et prolongée, et la terre fut couverte d'une neige immense. Les semences en terre périrent, les vignes furent desséchées. Le vin gela dans les vases qui le contenaient. Il y eut une grande mortalité des hommes et des animaux, puis la famine se déclara et fut terrible l'année suivante. (*Annales de Saint-Bertin, de Fulde; Chroniques saxonnes, de Saint Gall, de Hermann*, etc.) **A.** — Es fiel ein rother Schnee. Das Ionische Meer[2]) war so überfroren dasz die Kaufmannswaaren auf Wägen von Pferden nach Venedig geführt wurden. (*Herm. contr., Toaldo, Townsend*) **P.**, **Ba.** — Ein sehr langer und harter Winter, der den Erd- und Baumfrüchten sehr schädlich war. (*An. Fuld., An. Saxo*). Vom rothen Schnee, und der Gefrier des Adriatischen Meers melden *Herm. contr.* und die *An. Fuld.* dieses Jahr. *Toaldo* schreibt es von beyden Jahren, es kann sich auch leicht zwey Winter nacheinander ereignet haben. **P.** — Hiems diretina et continuis nivibus ac gelu dura, a mense videlicet Novembri usque ad Aprilem. (*Ann. bert.* etc.) **Vdl.**

863. Hiver doux et pluvieux, beaucoup de vent. — Eodem anno hiemps turbulenta, mutabilis et pluvialis valde, ut pene absque gelu omnino (*Annales Xantenses*) **Vdl.**

864. Hiver long et rude?[3]) — Il y eut un hiver long et rude en Italie et en Allemagne. La mer Adriatique était prise autour de Venise et sa lagune parcourue par les cavaliers et les voitures chargées de marchandsise. (*Frytsch, Catalogus prodigiorum; Toaldo*) **A.** — Es gefror die See um Venedig. (*Toaldo*) **P.** — Im Jahr 864 war der Winter sehr strenge. (*Webster*) **Schn.**

872. Hiver froid dans les Pays-Bas. — Hyems gravissima, aquarum inundatio.... (*Ann. Stabulenses*) **Vdl.**

874: Hiver très long et très froid. — Hiems prolixa et fortis et nix tanta fuit nimietate perfusa, quantam nemo se vidisse memineret. (*Ann. bert.* e. a.) **Vdl.** — **875.** A° DCCCLXXV, hyemi solito asperior et

1) Comp. 838 et 844, mais aussi 843, 845, 846, 849, 856 — Il se peut, toutefois, que, dans la partie septentrionale de la province climatérique, on ait éprouvé plusieurs hivers tièdes entre 838 et 858, comme le dit Hering, qui du reste n'indique pas sa source.

2) Lire plutôt: la lagune de Venise.

3) Ces mentions semblent se rapporter à l'hiver de 860.

prolixior, nix et gelu a Kal. Novembris usque ad vernale aequinoctium. (*Chron. S. Bavonis, Sig. Gembl.* e. a.) **Vdl.** — All the lochs, rivers, and all manners of other waters were frozen in Scotland, from the beginning of November till the latter end of April, and when the frost brake and the snows melted, there was such a flood flowing over all the plains as the like had not been seen. (*Holinshed*) **Ba.** — **874.** (Id. *Aymon.*) **N.** — L'hiver dans la Gaule fut si long et si rempli de gelées et de neige que, disent les *Chroniques de St. Denys*, „nul homs qui lors vesquit n'avait oinques veu si forz". Il dura depuis le commencement de septembre jusqu'à la fin de mars.[1]) La neige tomba en telle quantité que les forêts étaient devenues inaccessibles et que le peuple ne pouvait se procurer du bois. La terre demeura ensevelie pendant cinq mois et les effets de l'hiver furent désastreux. Les animaux domestiques, l'espèce chevaline surtout, succombèrent en grand nombre, et beaucoup de personnes périrent de froid. La famine et l'épidémie qui succédèrent à ces frimas enlevèrent, selon l'annaliste de Fulde, presque le tiers de la population. L'Italie ressentit de pareils effets de la neige et du froid. (*Annales bertiniani, fuldenses, remenses, xantenses, Hermann, Sigebert de Gembloux, Toaldo,* etc.) **A.** — Ein sehr harter und kalter Winter. Es fiel vom ersten November bis zur Tag- und Nachtgleiche des Märzen ein ungemein häufiger Schnee, welcher die Leute in den Wäldern Holz zu sammeln hinderte; daher viele Menschen und Vieh vor Kälte zu Grund giengen. Ueber den Rhein und Mayn konnte man lange Zeit gehen. (*An. Fuld.* und aus ihnen *Lancelloti* und *Toaldo*). *Sigeb.* sagt von dem Winter 875, was die *Ann. Fuld.* von dem vorigen: dasz er nämlich sehr streng war, und vom ersten Nov. bis zur Nachtgleiche anhielt. **P.**

881. Hiver très froid et prolongé. — L'hiver fut très-froid et prolongé en France, en Flandre[2]) et en Allemagne. Il se montra funeste à plusieurs espèces d'animaux domestiques; car la terre, „resserrée au printemps par une gelée très-forte" ne se couvrit pas de pâturages, et le froid et la famine de cette année vinrent mettre le comble aux maux déjà produits par la stérilité de l'année précédente. (*Annales fuldenses* et *Hermanni Chronicon*). **A**, **Schn.** — „Das jar 881 bracht einen treffentlichen und langwirigen Winter, darauf grosse Teure Weins und Korns folget." (*Stumphens Chr.*) **N.** — **880.** Ein rauher und langer Winter. Der Rhein und Mayn waren abermal lange Zeit dick überfroren, so dasz man darüber gehen konnte. (*An Fuld.*) **P.** — **881.** Ein langer und dem Vieh sehr schädlicher Winter, weil selbes im Frühjahre wegen der Kälte keine Weyde fand. Es ging daher der gröszte Teil desselben vor Hunger und Kälte zu Grunde. (*An. Fuld.*) **P.** — „Fel en aanhoudend". **H.**

887. Hiver rigoureux?[3]) — L'hiver fut d'une rigueur et d'une durée insolites. Il fut accompagné d'une épidémie si violente sur les boeufs et les moutons qu'il ne resta plus guère en France d'animaux de cette espèce. (*Annales fuldenses*) **A.**

1) Arago dit „depuis le commencement de septembre", mais les *Ann. Fuld.* et *Sig.* portent: „a Calendis Novembris ad vernale aequinoctium". On peut admettre une erreur de transcription chez Arago.

2) Aucune mention chez Vanderlinden.

3) Il nous paraît assez probable que ces détails se rapportent à 881.

:893. Hiver rude (dans l'Europe centrale?) — **891**. L'hiver fut rigoureux en Flandre et en Hollande. (*Recueils hollandais*) [1]) **A**. — **891:** Es war in diesen Jahren ein rauher und langer Winter, 5 Tage lang war der Schnee im Märzen einen Schuh hoch. Es giengen die Weinstöcke, fast alles Vieh und die Bienen zu Grunde. *Lancelloti* setzt diesen Winter auf 891, und bezieht sich auf die *Annal. Fuld.*, *Toaldo* auf 892. Ich aber fand sie in gemeldten Jahrbüchern A. 893, wo sie noch hinzusetzen, dasz in Bayern ein groszer Weinmangel darauf erfolget ist. **P.** — **893.** „L'hiver fut plus âpre et de plus longue durée que d'ordinaire, et au mois de mars il tomba encore un pied de neige, dans l'espace de cinq jours. Cette saison amena, en Bavière, le manque presque absolu de vin, les moutons et les abeilles succombèrent". (*Annales fuldenses*) **A.** — The wines were killed by frost, and cattle died in their stalls". (*Chambers*) **Ba.**

908. Hiver de longue durée. — **907**. Circa festum Elisabethae, quasi in die ejusdem incepit hyems nimia frigoribus, qualis in C annis non fuisse creditur, et duravit usque ad festum purificationis. (*Compilatio Chronologica ap. Pistorium*) **N.** — **908**. Most of the rivers of England frozen for 2 months. **Lo.**

913. Hiver long et rigoureux, surtout dans l'Europe centrale et dans le nord. — A. D. inc°. DCCCCXIII hyems magna nimis (*Prumensis Annales*) **Vdl.** — L'hiver fut très-rigoureux en Allemagne et dans le nord de l'Europe. (*Chronique saxonne* et *Hering*) **A.** — Ein sehr harter Winter. (*An. Saxo*). *Regino* nennt ihn einen allzu groszen Winter, welches sich sowohl auf seine Strenge als Dauer zu beziehen scheint. **P.** — Nix immanis cadens, Idibus Aprilis hebdomadem Paschae perduravit. (*Heppid.*, *Regino*) **N.** — Acutissimum fuit frigus (*Webster*). **Ba.** — Fel en langdurig. **H.**

916. Hiver long et rigoureux? (Mention douteuse). — En cel an meisme fut si grand yveir qu'il durat toudis sans relingier, de premier jour de novembre jusques a le moiene de marche et plus, assavoir le 17me jour. (*Chron. J. des Preis*) [2]) **Vdl.**

923? Hiver rigoureux dans le nord-ouest de l'Europe? (Comp. 928). — **922.** Cet hiver est indiqué comme ayant été très-rigoureux dans les recueils hollandais [3]). **A.** — **923.** De Schelde bleef 13 weken toegevroren. **Hk.** — **923.** River Thames at Londen frozen for thirteen weeks. **Lo.**

:928. Hiver rude, surtout dans les Pays-Bas et dans l'Europe centrale. — L'hiver fut rigoureux dans le nord de la France et en Flandre (*Chronica Frodoardi*, *augense*, et *Historisch verhaal*) **A.** — Ein allzu groszer Winter. (*Regino*) [Welcher das Jahr gut angesetzt zu haben scheint, nämlich 8 Jahre vor dem Tode des Kaisers Heinrich]. **P.** — **927.** Es musz abermal ein harter Winter gewesen seyn, weil Heinrich der Vogler sein Lager auf das Eis setzte, und die stadt Brandenburg

1) Nous n'avons trouvé rien de pareil, dans ces recueils.

2) Il est bien étrange qu'un hiver si rigoureux ne soit mentionné que dans une seule chronique!

3) Les informations paraissent assez douteuses. Comp. 913.

durch Kälte, Hunger und Waffen bezwang. (*An. Saxo*) *Ursperg.* setzt dieses irrig auf das Jahr 920. **P.** — **927.** Eodem mense (Decembri) grav^{m} fuit frigus, adea ut terra per dies CXX glacie durata fuerit. (*Leonis Grammatici Chronographia, Zonaras, Cedrenus*). **N.** — **928**: „Hyems dura et prolixa". *Regino.* **N.** — **928.** Der Winter war ebenso strenge. (*Crusius*) **Schn.** — In Frankrijk stierven 10.000 menschen. **H.**

934. Hiver froid dans les Pays-Bas? — En chel an meisme fut si grant yvert que Muese fut toute serée de Saint Andrier — 30 nov. — jusqu'en marche. (*Chron. J. des Preis*) **Vdl.**

:**940.** Hiver rigoureux en Allemagne, en Autriche et en France. — **940** L'hiver fut extrêmement rigoureux en France et en Allemagne; les récoltes manquèrent; il y eut épidémie et famine; une grande mortalité sévit sur l'espèce bovine. (*Chron. andegavense, Wichindi, Corbeiensis, Hepidani,* etc.). **A.** — **941.** Sehr kalter Winter und Viehseuche. (*Chron. Mellic., Chron. Auftral.*) [Mithin beydes in Oesterreich. *Herm. contract.* setzt beyde auf 940] **P.** — **938.** Der Winter war sehr kalt. (*Onsorg, Chron. Bavar.*) **Schn.** — **939.** Hiemps valida et mortalitas animalium. (*Annal. Colon. brev.*) **Vdl.**

943 Hiver froid dans l'Europe centrale. — **943.** Ein sehr harter Winter, welchem ein grausamer Hunger folgte. (*Ann. Saxo*). Grosze Kälte. (*Berlin.*) **P.** — **944.** Die Kälte dauerte vom 1 Nov. bis zur Frühlings Tag- und Nachtgleiche [1]). (*Menk.*) **Schn.**

947. Hiver froid. — Ein strenger und überkalter Winter erzeiget sich darin die wasser nit allein von yss überschüssen, sondern vil bis an grund gefroren. Die Mülen stunden stil, davon an vilen orter Galliae und Germaniae grosser mangel entstand an brott. (*Stumphen*) **N.**

952? Hiver de longue durée? — En chesti an fut un grant yvier et lonc de la Saint Martin — 11 nov. — jusqu'à février. (*Chron. J. des Preis*) [2]) **Vdl.**

960. Hiver froid en Allemagne. — „Eodem anno frigus in tantum invaluit, ut ante festum Paschae nec arari, nec fodi, nec seminari potuerit; post haec nimia siccitas". (*Chron. Landtgraviorum Thuringiae* ap. *Pist.*) **N.** — **962.** Der Winter war sehr streng, es herrschte auch eine Theurung. (*Regino*) **Schn.**

964. Hiver froid et long. — L'hiver fut très-long et très-rude jusqu'au commencement de février. (*Frodoardi Chronicon*) **A.**

975. Hiver rude et de très longue durée, surtout en France, dans les Pays-Bas et dans le Nord. — Gelu magnum a Kal. Novembr. usque medium Martium. (*Ann. Leodiens., Sigeb. Gembl. Chron., Ann. Parch.*) **Vdl.** — **974.** Grosze Kälte vom ersten November bis zur Tag- und Nachtgleiche, (*An. Saxo*). [Diese Tag- und Ngl. fand ich im 10ten Jahrhunderte den 18ten Märzen, wie mein Calend. Chronol. weiset.

1) Serait-ce une erreur de transcription: 944 au lieu de 974?

2) Il est à remarquer qu'un certain nombre d'hivers de longue durée ne sont mentionnés, au Xe siècle, que par J. des Preis. Peut-être ne s'agit-il ici que d'observations du commencement et de la fin des gelées.

Rockenbach und *Berlin* setzten den kalten Winter A. 975 an, vielleicht baueten beyde auf den *Sigebert.*, welcher auch der nämlichen Worte, wie der *An. Saxo* gebraucht, aber das Jahr verwirrt bestimmt, weil er eines übersprang] **P.** — **974.** „Narrat Duglossus hyemen acrem et nivosam a principio Novembris ad aequinoctium vernale in Polonia perdurasset." (*Cromeri Hist. Poloniae* LIII). [Les mêmes termes chez Siegbertus et ailleurs]. **P.**, **N.** – **975.** L'hiver fut dans les Gaules, long, sec, et dur; une forte gelée dura depuis le commencement de novembre jusqu'au 22 mars; il tomba beaucoup de neige au milieu du mois de mai. (*Chron. Delmari*, *leodense*, *lobiense*, *remense*, etc.) **A.** — **976.** „Der Winter war äusserst strenge, und es schneite noch am funfzähnten May". (*Paul. Diac.* I). **Schn.** — **976.** In Halogalandia tanto gravior miseria, quod frumentum ibi cresceret nullum propter nivem ... (*Sturleson*) **N.**

981. Hiver rude et très neigeux. — The winter was extremely severe and lasted long. Everything was frozen over, and famine and pestilence closed the year. (*Chambers*) **Ba.** — Sneeuw in heel Europa. (*van Heyst*) **Da.** — „Int selve jaer wart hongher groot, Die snee dede oec grote noot..." (*Jan de Klerck*, *Brab. Yeesten*) **Vdl.**

984. Hiver long en Allemagne? — Harter und langer Winter vom November bis im Mai. (*Berlin.*) **P.**

988: Hiver rude en France et en Angleterre. — L'hiver fut rude. Les semailles d'automne avortèrent par suite du froid combiné à la sécheresse du printemps; une grande famine s'en suivit. (*Sigeberti Chron.* et *dolensis.*) **A.** – **987.** Frost began December 22, and lasted 120 days. **Lo.** — **989.** Nix nimia decidit... (*Sigeb. Gembl. Chron.*) **Vdl.**

991. Hiver rude et long. — Frost extremely severe and long. Crops failed, and famine and pestilence ended the year. **Lo.** — Les vignes souffrirent beaucoup de la rigueur du froid; les troupeaux périrent dans les étables, faute de nourriture; il y eut famine. (*Peignot*) [1]) **A.**

994. Hiver rude dans l'Europe centrale. — L'hiver fut très-rude en Allemagne, et la gelée dura presque sans interruption depuis le 12 novembre jusqu'au milieu de mai; le printemps et l été amenèrent des fléaux de toute sorte, et une épidémie violente sévit sur les hommes et sur les races bovine, ovine, et porcine. En Italie, les rivières furent gelées et les plantes séchèrent. (*Chr. saxonne* et *Toaldo*) **A.** — Der sehr strenge Winter fieng den 11ten Nov. an und dauerte bis halben May, sehr wenige Tage setzte die Kalte aus. (*An. Saxo*). Die Kälte richtete viele Bäume zu Grunde. (*Chronic. August.*) **P.** — Der Winter war äusserst strenge, besonders verderblich waren in demselben die kalten Winde; auch noch im Jul. (!) besonders am 15., froren alle Seeen so dass die Fische zu Grunde giengen, es sah aus, wie mitten im Winter [2]). (*Ann. Saxo*, *Chron. August.*). **Schn.** — Id. (*Ann. Eins.*, *Ann. Corb.*) **No.** — Der indfandt sig i de nordiske Lande en haard og streng Vinter (*Borrebye*, *Raritaet Kamre*) **Sp.**

1) Il y a une grande ressemblance entre les mentions concernant 980, '87, '88, '89 et '91.

2) *Lancelloti* et *Toaldo* mentionnent les mêmes faits pour 991, *Borrebye* pour 995. Aucune mention n'est faite de la France ni de l'Angleterre.

999. Hiver froid. — Kalter Winter (*Berlin.*) **P.** — River Thames frozen over for five weeks. **Lo.**

1003. Hiver froid en France. — L'hiver fut plus rigoureux en France que d'ordinaire et suivi d'inondations désastreuses. (*Chron. floriacense* et *Historiae franciae fragmentum*) **A.**

1009. (Données incertaines). — En Italie, les troupes passèrent sur les fleuves gelés. (*Toaldo*) **A.** — Le mois de janvier fut très pluvieux. (*Ann. Quedlin.*) **No.**

1011. Hiver de longue durée (dans l'Europe centrale). — Hyems fuit gravissima, quae omnes fluvios, paludes et ipsum mare in glaciem coegit. (*Cedrenus*) **N.** — Sehr langer Winter. Die Sonne konnte nur sehr langsam den hartgefrornen Reif, welcher sehr lang hinaus fast täglich fiel, zerschmelzen; es verursachte dieses viele Krankheiten. (*An. Saxo*) **P., Schn.** — Ebenso hart soll der Winter auch in den östlichen Gegenden gewesen seyn, so dass es auf dem Bosporus und Nil (!) Eis gegeben habe. (*Michaud*) **Schn.**

1014. Hiver froid en Allemagne? — Ein kalter Winter. (*Berlin.*) **P.**

1020. Hiver rude et long. — Cet hiver fut très-rude et très-prolongé. Une mortalité terrible s'étendit à sa suite sur tout le continent. (*Annales quedlinburgenses*) **A.** — Sehr langer und so strenger Winter, dasz die meisten Leute (!) erfroren. (*An. Saxo*) **P.** — **1022.** „Rukte een menigte menschen uit het leven". **H.** — **1019** ou **1020.** En chesti an meisme fut jalée si grande de novembre jusques en marche, sans relinguer. (*Jean des Preis*) **Vdl.**

1033 Hiver rigoureux, avec beaucoup de neige. — En cette année fist-ilh si grant yvier, qui durat del Toussains jusqu'al 3 de avrill l'an 1031 (*Jean des Preis*). Nix tanta in Occidente cecidit, ut silvas frangeret. (*Chr. des Ducs de Brabant*) **Vdl.** — L'hiver fut très-rigoureux dans les Gaules. (*Chronicon virdunense*) Le froid fit beaucoup souffrir l'armée de l'empereur Conrad, campée en Suisse. (*Rerum Germanicarum scriptores*, collection Struve) **A.**

1035. Hiver très froid en Allemagne et dans l'Europe orientale. — Der Winter war in Teutschland und im Osten äusserst streng: die Patzinacer setzten über die gefrorene Donau. (*Staind*) **Schn.**

1044. Hiver très rigoureux et neigeux, surtout en Allemagne. — Cet hiver fut très-rude et fort neigeux en France et en Allemagne. La gelée dura depuis le 1er novembre jusqu'au commencement de mars. Les vignes furent tellement endommagées que le vin devint d'une rareté extrême. La perte des récoltes produisit une si grande famine que beaucoup de gens furent réduits à manger des animaux immondes. La mortalité fut considérable. (*Chronicon lobiense*, *Hepidani*, *Annales Glabri Rodulfi historiae*). **A.** — Ein Winter von groszer Kälte, und häufigem Schnee. Viele Weinstöcke giengen zu Grunde, wie auch die Feldfrüchten, so dasz eine grosze Hungersnoth folgte. (*Herm. contr.*). *An. Saxo* setzt diesen Winter auf das Jahr 1045, *Trithem.* aber auf dieses, wie auch *Ursperg.* Dieser letzte setzt zwar im nämlichen Jahre die zweyte

Vermählung Kaisers Heinrich, und den Tod des Markgrafen Leopolds des Tapferen an; da aber jene den 11ten Nov., dieser aber im Dec. erfolgte, und hernach erst des harten schneeichten Winters Meldung geschieht, so scheint dieser im Nov. oder Dec.. A. 1043 kalt angefangen, und so im folgenden Jahre fortgedauert zu haben] **P.** — Ein so harter und grimmiger winter.. (*Stumphen*) **N.** — Id. *Ann. Sang. mai.*, *Ann. Wirzib.* **No.** — **1045.** After Candlemas the winter more severe than ever remembered, with frost, snow and all sorts of bad weather; so was the death of men and cattle, fowls and fish, through much cold and hunger. (*Stigand*) **Ba.**

1047: Beaucoup de neige dans l'Europe occidentale, grand froid dans le Nord. — Il tomba une si grande quantité de neige en Occident que les forêts étaient inabordables. (*Lamberti parvi* et *Sigeberti Chronicae*). **A.** — Ich lese zwar nichts von einer groszen Kälte, sondern *Sigeb.* bezeugt, dasz so eine Menge Schnee fiel, dasz die Wälder borsteten. [Es läszt sich zwar von dem Schnee nicht auf die Kälte schlieszen, aber eine so ungeheure Menge muszte, meines Gedünkens, eine grosze Kälte verursachen] **P.** — Vom Jahr 1047 wird bemerkt, dasz tiefer Schnee bis in März gelegen und den Wäldern sehr nachtheilig gewesen sey (*Sig. Gembl.*) **Schn.** — There fell a marvellous great snow, covering the ground from the beginning of January until the seventeenth day of March. (*Holinshed*) **Ba.** — **1047** ou **1048**: Vinteren var sae streng, at Ulvene lab fra Norges kyst over Isen til Danmark. (*Danmarks Riges Historie*) **Sp.** (Comp. 1049)

1049. Hiver rude (dans l'Europe centrale?) — Annales nostri vetusti Saemundi Frodae auctoritate testantur, mare A°. MXLVIII inter Daniam et Norvegiam adeo congelatum fuisse, ut lupi hinc inde commearent". (*Torfaei Series Regum Daniae*) **N.** — Es musz ein kalter Winter gewesen seyn, weil die Soldaten sich über das Eis wagen dürften den Herzog Theodoricus anzugreifen. (*Herm. contr. Chr.*) **P.** — Here was the severe winter. (*Wulstan's Annals*) **Ba.**

1056. Hiver doux — Im Jahr 1056 war der Winter äusserst gelinde. (*Chron. August.*) **Schn.**

1057. Hiver neigeux. — Die ungeheure Menge Schnee und Reif verderbte einen groszen Theil der Weingärten (*Cont. Herm. contr.*) Grosze Kälte. (*Berlin.*) **P.** — Der Winter 1057 war sehr strenge, und durch die Menge des Schnees ausgezeichnet. (*Add^a. ad Chron. Herm. contr.*) **Schn.**

1060. Hiver de très longue durée, avec beaucoup de neige. — Der Winter war sehr strenge und lange dauernd, schon am 14 September gab es Schnee an der unteren Donau, als Isaac Commenus gegen die Patzinaken zog. (*Stain. Chron.*) — Id. (*Ann. Schaffnab.*) **Schn.** — Un hiver plus dur et plus neigeux que de coutume cause un énorme déficit dans la récolte du froment et du vin. Une famine terrible emporte beaucoup de monde. (*Hermann*). **A.** — Ein rauher, sneeichter, und sehr langer Winter, welcher dem Getreide und Wein sehr schädlich war. (*Cont. Herm. contr.*) **P.** — Id. (*Ann. Aug.*, *Ann Bertin.*) **No.**

1063. Hiver très froid en Angleterre, froid et long sur

le continent. — Der Winter des Jahrs 1063 war sehr kalt, besonders stark war die Kälte und der Schnee gegen Ende des März. (*Chron. Aug.*) Aber noch um die Mitte Aprils trat wieder Kälte mit Schnee ein... (*Crusius*) **Schn.** — Hyems plus solito rigida, quae omnes vites absumsit. (*Hoffmanni Annales Bambergenses* ap. *Ludewig*) **N.** — The Thames frozen for 13—14 weeks. **Lo.** — De Schelde 14 weken toegevroren. **Hk.** — Au milieu d'avril un froid rigoureux, avec vent et neige, les oiseaux périrent. Le froid gela les vignes. **Bi.**

1066. Hiver doux. — Hiver très doux. (*Ann. Aug.*) **No.**

1068. Hiver très rigoureux en France et dans l'Europe centrale. — De winter was zeer koud in Italië, Frankrijk en Duitschland. **Hk.** — L'hiver fut extrêmement rigoureux en France depuis la Saint-Brice jusqu'à la Saint-Grégoire (du 13 novembre au 12 mars). Les vignes et les arbres forestiers ne donnèrent point de fruits. La stérilité amenée par les désastres de cette année et des précédentes produisit l'année suivante, en Angleterre, une famine telle, que les malheureux furent réduits à manger du cheval, du chien et même de la chair humaine. (*Chron. remense*, *lobiense*, et *Rogeri de Hoveden Annales*) **A.** — Es war im Böhmen vom 4ten Jäner bis 20ten März eine so grosze Kälte, dasz die meisten Reisenden auf der Strasze todt gefunden wurden, und sowohl das Zug- als Hornvieh zu Grunde gieng. (*Lupacz*) **P.**

1069. Hiver rude en Allemagne et en Angleterre. — „An extreme hard winter". (*Holinshed*) **Ba.** — L'hiver fut âpre et de longue durée en Allemagne. Il y eut cette année disette de vin et les fruits manquèrent. Les fleuves étant pris par une forte gelée, l'empereur Henri IV pénétra sur les terres de Saxons et en fit un carnage tel que la contrée fut dépeuplée. (*Lamberti Schafnaburgensis* et *Sigeberti Chronicon*) **A.** — Magnitudo hyemis insolita (*Polydorus Virg.*) **N.** — Hiems magna et aspera (*Annales Laubienses*). Anno MLXIX fluminibus glaciali rigori constrictis. (*Chron. Sancta Bavonis*) **Vdl.**

1070. Hiver orageux et pluvieux. — Ein windiger und regenerischer Winter. (*Berthold*) **P.**

1072. Hiver froid. — The cold weather was very severe. (*Roger de Hoveden*) **Ba.** — Gelu magnum. (*Ann. Formoselenses*) **Vdl.**

1074. Hiver très rigoureux dans les Pays-Bas, la France et l'Angleterre. — Facta est hyems gravissima incipiens Id. Novembris (13 nov.) et durans usque Idus Martii (4 mars) (*Breve Chron. Elnonense Sancti Amandi*) **Vdl.** — La gelée fut très-forte depuis le commencement de novembre jusqu'au milieu d'avril. Le froid, rendu plus vif par une bise d'une âpreté et d'une sécheresse inouïes, était si rigoureux que les fleuves étaient pris non seulement à la surface, mais semblaient convertis en un bloc de glace. L'armée de l'empereur Henri IV souffrit cruellement de la disette de pain; le peu de grain qu'on avait pu se procurer ne pouvant être mis en farine par suite de chômage des moulins occasionné par la gelée. (*Lambert de Schafnaburg* et *Martin de Tournai*) **A.** — Alle Flüsze und Sümpfe waren dick gefroren (*An. Saxo*). Ja, sie waren ganz Eis (*L. Schaff.*) **P.** — Les rivières gelèrent jusqu'au fond. **Bi.** — Ein harter Winter. (*Webster*) **Schn.**

1077. Hiver très rigoureux en France, en Angleterre et dans l'Europe centrale. Beaucoup de neige depuis nov. jusqu'en avril. — L'hiver fut si rigoureux en France, en Angleterre et en Allemagne que les personnes les plus avancées en âge ne se souvenaient pas d'avoir été témoins, ou d'avoir entendu parler d'un froid semblable. La neige dura depuis le 1er novembre jusqu'au 26 mars. Le Rhin fut traversé sur la glace depuis la Saint-Martin jusqu'à la fin de mars. Au centre de la France les fortes gelées durèrent quatre mois et demi. Dans plusieurs contrées les vignes, desséchées par la gelée jusque dans la racine, furent entièrement perdues. La disette du blé fut si grande que peu de gens purent se flatter d'avoir vu du froment de la récolte de cette année. *(Annales Elnonenses Maiores, Brunwilarenses, Sanctae Columbae Senonienses, etc.)* **A.** — Factus est generalis terrae motus in Anglia (!). Gelu magnum et glacies validissima, a Calendas Novembris ad medium Aprilis. *(Matthaeus Westmonasteriensis)* **N.** — Ein Winter, so streng, und schneeicht als der vorige, doch ein wenig kürzer; vom 26ten Nov. bis 19ten Märzen starrten alle Flüsse. (*An. Saxo*) Der Apennin war so hoch mit Schnee und Eis bedeckt, dasz man ohne grosze Gefahr nicht durchkommen konnte (*L. Schaff.*) In Polen war eine ungemeine Menge Schnee vom 1ten Nov. bis den 26ten Märzen. (*Berthold*) **P.** — Ein besonders kalter und schneeichter Winter. (*Chr. Ang*). Welcher vom 1ten Nov. bis halben April augehalten, und sehr dickes Eis gemacht. (*Sigeb.*) Kalter Winter. (*Berlin.*) Der Rhein war von Martini bis in April so dick überfroren, dasz man darüber gehen konnte. Die lange strenge Kälte verderbte an die meisten Orten die Weinstöcke, weil die Wurzeln ganz verdorrten „exsiccatis frigore radicibus". (*L. Schaff.*) **P.**, **Schn.** — **1075**? Nix maxima valles implevit, domos et arbores absorbuit... etc. *(Matth. Westmonast.)* **N.** — A. D. **1076** gravissima hyems incubuit, adeo ut in Galliis Rodanum, Renum, Ligorim; in Germania Albam, Viselam et Danubium; in Italiam Eridanum, permaximos fluvios, tanto gelu constringeret, quod mirantibus circummanentibus incolis, quasi per solidam terram pervii fuerunt. (*Ann. Elnonenses maj.*) — **1078**? A. D. MLXXVIII hyems asperrima invaluit atque durissima a Kal. Nov. usque in litaniam majorem; cujus tanta vis erat ut diebus natalis vel quadragesimae divina in ecclesiis non fierent... perieruntque bestiae, volucres et gramina... (*Cron. Balduini Ninovensis*) **Vdl.** — **1076**: Id. *Hugonis Chron.*, *Lambertie Ann.*, *Ann. Colon.*, *Ann. Wirzib.* **No**

1079. Hiver rude en Allemagne et dans les Pays-Bas. — Le froid fut très-vif en Italie. (*Annales beneventani*) **A.** — Ein allzu harter Winter. So spricht das *Chron. Panthal.* und *Trithem.* **P.** — **1080.** De Rijn was toegevroren. Dirk V leverde daar slag tegen de Friezen. (*Scriverius*) **Da.**

1082. Hiver froid en Italie. — Cet hiver fut rigoureux en Italie. Au mois de décembre l'empereur Henri IV traversa le Po, complètement gelé, suivi de ses soldats et d'une grande multitude de citoyens. (*Landulfi historia mediolanensis*) **A.**

1089. Grand froid dans le Sud-Est. — .... hyeme vehementissibus.... Tradunt non alios constantinopoli plus nivis fuisse visum...." (*Anna Commena Alexiados*) **N.**

1093. Hiver froid, surtout en Angleterre. — Anno gratiae

MXCIII... flumina etiam magna ita spisso gelu et dinturno constricte sunt ... (*Matth. Westmonast.*) **N.** — In hebdomade Pasche Calendis Aprilis nix cecidit ingens, et fuit gelu horrendum in Hungaria. (*Cosmas*) **N.** — The Thames and all English rivers heavily loaded with ice. The thawing carried the bridges away. **Lo.**

1095. Hiver assez tiède. — Hiver pluvieux. (*Ann. Bland., Ann. Aug.*) **No.**

1097. Hiver doux. — Hiver très doux et fécond en maladies. Pluies; inondations. (*Sigeb. Chron. Ekkehardi Chr. univ.*) **G.-P.** — Ein gelinder und pesthafter Winter. (*Ann. Saxo*) **P.**

1099? Hiver froid. — Das ganze Jahr hindurch war ein beständiger Winter. (*Chron. August.*) **P.** — Famine, à cause d'un hiver rigoureux. (*Ann. Bl.*) (Comp. 1100) **No.**

1100. Hiver froid. — Vehementissima erat in Thracia hyems. (*Cedr.*) **N.** — Ein groszer Winter, und starker Hunger. (*Cont. L. Schaff.*) **P.** — De même, *Ann. Wirzib.*, *Ann. Magd.*, *Ann. Elw.* **No.** — Der Winter war sehr streng. (*Ann. Sax.*) **Schn.**

1107. Hiver tiède. — Der Winter war gelind und pesthaft. (*Ursperg.*) **P.**

1108. Hiver tardif. — Es fiel im Februar eine grosze Kälte ein. Alle Wasser gefroren. (*An. Saxo.*) **P.** — Der Winter war sehr kalt. (*Sigeb. Gembl.*) (λιμός καὶ λοιμὸς, *Crusius*). **Schn.**

1111. Hiver rude et long, surtout en Angleterre. — Very long winter and vehement and inclement time. (*Wulstan*) **Ba.** — Hiemps durissima et nives dinturnae. (*Ann. Formoselenses*) **Vdl.** — La rivière Trent prise par la glace. (*Ann. Angl.*) **No.**

1113. Hiver froid et neigeux. — Die Grosze der Kälte und die Menge des Schnees waren diesen Winter hindurch auszerordentlich. (*Berlin.*) Den 23ten April fiel um Tournay so häufiger Schnee, dasz die Aeste der Bäume borsteten. (*Cont. Sigeb*). **P.**, **Schn.** — **1114.** Severe frost. Several bridges broke down. **Lo.**

:**1115**: Hiver froid. (Date incertaine). — **1115.** ... Hiemps durissima secuta est. (*Ann. Formos.*) **Vdl.** — **1116.** This year was a very vehement winter-time, both severe and long for cattle and all things. (*Nicholas*) **Ba.** — **1114.** La Tamise fut prise (*Ann. Angl.*) **No.** — **1116.** „Annus qui hunc annum praecesserat — Tanto gelu terram astrinxerat — Vt da festo Sanctorum omnium — Sic duraret ad Maium." (*Ann. Colonienses maximi*). **Vdl.**

1117. Hiver doux. — Millesimo centesimo anno — Iesu Christo septimo decimo — In hieme tanta serenitas — Tante fuit mundo amenitas — Vt December, Aprilis medius — Putaretur esse, vel Maius... (*Canonici Leodiensis chron. rhytmicum*) **Vdl.**

1119. Hiver tardif en Allemagne? — Dieses und das folgende Jahr hielt das Eis in Saxen bis auf den Brachmonat an. (*Toaldo*) **P.**

1121. Hiver doux et venteux. — Der Winter dieses Jahrs war sehr windig, und warm. Es erfolgten grosze Ueberschwemmungen. (*An. Saxo*) **P.**

1123. Hiver très doux. — L'hiver 1122—23 fut chaud; sans glace (*Cosm.*) **No.**

1125. Hiver très rigoureux et trés neigeux, surtout en France et dans les Pays-Bas. Les rigueurs du froid se font sentir jusqu'en mai. — Dont fu une trop grant giclée, Trop piesme et trop demesurée, De nuevembre jusqu'en avril. (*Chron. de Philippe Mouskes*). Hiemps facta est asperrima .... (*Ann. Egmundani*). **Vdl.** — Hyems solito asperior. (*Robert de Monte*) **N.**[1] — Cet hiver fut plus rude que d'ordinaire et extrêmement pénible à supporter, à cause de l'amoncellement de la neige, qui tombait presque sans relâche. Un nombre considérable d'enfants et même de femmes moururent de l'excès du froid. Dans les viviers les poissons périrent, emprisonnés sous la glace, qui était si épaisse et si solide, qu'elle supportait les voitures chargées et que les chevaux circulaient sur le Rhin comme sur la terre ferme. On vit dans le Brabant un fait singulier: les anguilles, chassées en quantité innombrable de leurs marécages par la gelée, se réfugièrent dans les granges, où elles se cachèrent, mais le froid était tel, qu'elles y périrent faute de nourriture et se putréfièrent. Le bétail mourut dans beaucoup de contrées. Les intempéries se prolongèrent tellement, que les arbres ne prirent leurs feuilles qu'en mai et que les céréales et les autres plantes cultivées ne commencèrent à végéter avec vigueur qu'à cette même époque. (*Guilielmi de Nangiaco Chronicon*) **A.** — Ein harter, langer, und sehr schneeichter Winter. Fische und Mensche giengen zu Grunde. Die Bäume fiengen kaum im May zu blühen an, es folgte ein regnerischer Sommer (*Cont. Sigeb.*) Der *An. Saxo.* scheint mir auch auf dieses Jahr zu deuten, *Ann. Gembl.* setzt es deutlich an. **P.** — De même *Chron. Naumb. Cosmae Prag. Chr.*) **Schn.** — Asperrima fuit hyems.... ut vix mense Majo florerent arbores et fata frigore perirent. (*Massaeus Cameracenas*). Ein überkalter winter erfroret die frucht der erden, dazu vil leut und vieh. Darauf folget eine erbermliche teure und elender hunger (*Stumphen*). Hyems solito acerbior. **N.** De même: *Robert de Monte* et *Chronyke v. Vlaenderen.* **Vdl.**

:1126: Hiver très froid et de longue durée, surtout dans l'Europe centrale[2]. — L'hiver fut encore rigoureux cette année, la printemps malsain et il en résulta en France une cruelle famine. En Bohême les arbres éclatèrent par le froid et les fleuves se congelèrent. (*Annales brunwilarenses* et *fossenses*) **A.** — In einem dieser Jahre fiel ein häufiger Schnee mit einer gosze Kälte, vielleicht in allen zweyen. Das *Chron. Anonymi* setzt ihn auf 1125, wo *Toaldo* eine grosze Kälte angiebt. Der *Anon. Leob.* gleichfalls; er sagt zwar 1124, meldet aber zugleich, es sey Adalbert der Sohn des heil. Leopolds mit dem Schwerte

---

1) Ces récits se trouvent dans la *Sigeb. Gembl. Chronogr.*, mais pour 1124.

2) Le Chron. S. Bavonis e. a. indiquent 1127 comme un hiver „acerrima". — Vanderlinden croit qu'il ne s'agit probablement que d'un hiver daté différemment. Un hiver froid est indiqué pour *toutes* les années entre 1123 et 1129!

Nous tenons pour le plus probable que deux hivers très froids se sont succédés (peut-être y eut-il un hiver normal entre les deux).

umgürtet worden, welches A. 1125 geschah. Das *Chron. Zwetl. Chron. Auct. Claust. Paltram.* auf 1126, welches der *Annal. Saxo* nur auf Böhmen beschränket. *Alsted.* meldet, es habe der rauhe Winter die Vögel aufgerieben, wie auch Hunger und Pest verursacht. Im halben Märzen und halben Sept. fiel eine Kälte ein, Gemüse und Weinstöcke verdorben. (*An. Gembl.*) A. 1125 waren drey Nächte nacheinander vor den Tode Heinrichs IV (er starb den 23 May) so kalt, dasz der groszte Theil der Früchte zu Grunde gieng. (*Cont. L Schaff.*) Der *Cont. Sigeb.* entscheidet die Sache. Es waren sowohl A. 1125 als 1126 kalte Winter, die sehr rauh waren, doch der erste dauerte nur 6 Wochen. Es setzt zwar dieser Schriftsteller die Winter von 1124, 1125, 1126, um ein Jahr später an, aber die Gefangenschaft Baldouins, die Eroberung von Tyrus, der Tod Heinrichs des V zeigen, dasz er sich um ein Jahr überzählet hat. Der *Ans. Gembl.* setzt genau die vorgemeldten Jahre an, und setzt hinzu, dasz der Frühling sehr gefährlich gewesen war. Vielleicht den Früchten, welche nicht reif wurden. **P.** — Die Winterkälte dauerte einmal sechs Wochen ohne Unterbrechung. **Schn.** — „Tous les produits de la terre furent détruits par le froid. Les oiseaux en périrent dans les airs". **Bi.**

:**1128**: Hiver très rude, surtout dans les Pays-Bas. — L'an 1129 fist 1 galée qui durat de fieste de Toussaint jusques a mois de marche sans relinguer (*Jean des Preis*) **Vdl.** — **1128.** Auszerordentliche Kälte. (*Toaldo*) **P.** — **1127.** „Hyems acerrima". (*Robert de M.*) — „Hyems solito asperior". (*Mon. Hirsaugensis Chron.* a *Trithemio*) **N.** — **1128.** „Bij menschengeheugenis in Vlaanderen nooit zoo koud". (*Oudegherst*) **Da.** — **1127:** Im Winter 1127 schadete die Kalte den Seidenraupen sehr. (*Chron. Admont.*) **Schn.**

1133. Hiver froid, surtout en Italie et en Hongrie. — Cet hiver fut extrêmement rigoureux en Italie. Le Pô gela depuis Crémone jusqu'à la mer, une quantité immense de neige couvrit les chemins, toutes les rivières et les ruisseaux gelèrent, il n'y eut pas jusqu'au vin qui gela aussi. **A.** — Les chênes et les noyers se fendirent avec bruit et furent déchirés; les oliviers et les ceps séchèrent. Il y eut une disette affreuse, au point que l'année suivante dans le territoire de Padoue les hommes furent obligés de se nourrir d'herbe. (*Toaldo*) **A.** — Hyems in Hungaria saevissima" .... (*Bonfinii Rer. Hung.*, decad. II lib VI.) **N.** — In Italien auszerordentlich kalt. (*Toaldo*) [*Coiro* schreibt, dasz viele in ihren Betten erfroren; welches auch *Bembo* bestättigt. Alle Wege waren vor Menge des Schnees unwandelbar. Die Bäume spalteten sich mit groszen Krachen. (*Lancelloti*) Von Deutschland finde ich nichts angemerkt] **P.** — De même *Ann. Sax.*, *Chron. Pont.*, etc. **Schn.** — Vinteren var meget streng, idet Slien frös til. (*Suhm, Ny Samlinger*). [Dette er nu ikke et Bevis paa Vinteren Strenghed] **Sp.** — Anno 1132, cum hyemps esset valida.... (*Ann. Egmundani*) **Vdl.**

1140. Hiver rude avec beaucoup de neige (en Hollande?) — Nix nimia et hyemps fuit validissima (*Annales Egmundani*) **Vdl.**

1141. Hiver très doux. — Tota hyeme, nec glacies, nec nix, etiam aliquando tenuis pruine visa est". (*Balduini Ninovensis Chron.*) **Vdl.**

1143. Hiver rigoureux, beaucoup de neige, surtout en Allemagne, en France et en Angleterre. — Hyems fuit dura et aspera. (*Mariani Scoti et Hirsaug. Chr*[n].) **N.** — Ein strenger und schneeichter Winter. (*An. Bosov.*) Auch zu Rom hielt er lang an. (*Chron. Pantal.*) **P.** — The Thames was frozen and ground covered with snow before the Feast of the Nativity. (*Roger de Hoveden*) **Ba.** — Hiver rude, beaucoup de neige (*Ann. Leod.*, *Ann. S. Dion.*) **No.** — Hoc anno incipiente, frigus acerbissimum multum prevaluit, ut non solum aves et feras extingueret, sed etiam multas arbores radicitris exsecaret. Nix etiam gravissima ab ante Adventum Domini (29 nov. 1142) usque in Purificationem (2 fe. 1143) cuncta operit... tanta inundatio aquarum facta est... (*Balduini Ninovensis Chron.*) — 14 Kal. Februarii (19 janv.) ventus vehemens [1]) ex dextro latere septentrionalis plagae processit... (*Sigeb. Gembl. Chronogr.*, *Br. Chron. Elnon.*) **Vdl.** — L'hiver fut rigoureux en France et en Allemagne, une neige très-épaisse couvrit la terre du commencement de décembre jusqu'en février, un ouragan terrible renversa des maisons et des églises, le dégel et la fonte des neiges amenèrent des inondations. En Allemagne les arbres se fendirent et les vignes furent desséchées. La famine continua à décimer les hommes. (*Annales laubienses* et *Guillaume de Nangis*) **A.** — **1144.** Hyems valida et ventosa (*Dodechini App. ad Mar. Sc. Chr.*) **N.** — Ein strenger, windiger Winter (*Cont. M. Scoti, Berlin.*) Dieser Winter ist richtig angegeben. Es war das Jahr, wo Lucius Pabst wurde. Es musz aber die Strenge dieses Winters sehr unterbrochen gewesen seyn, weil er, nach dem *Auct. Gembl.* durch die vielen Regen und heftigen Winde den Gebäuden und Wäldern groszen Schaden zufügte. **P.**

1148. Hiver froid en Allemagne. — Hiver froid avec beaucoup de neige (*Ann. Magd.*) **No.** — Kalter Winter. (*Berlin.*) **P.**

1150. Hiver très rigoureux, particulièrement dans les Pays-Bas et en Angleterre. Le froid dura du commencement de décembre jusqu'au milieu de février. — Cet hiver fut plus rude que d'ordinaire dans les Flandres et dura depuis le commencement de décembre jusqu'en mars. Les eaux de la mer étaient complétement gelées dans une distance de plus de trois milles à partir du rivage; les vagues, qui s'étaient solidifiées (?) apparaissaient de loin comme des tours. Il y eut à Tournai une grande disette des produits de la terre. (*Annales blandinienses* et *Sigeberti continuati tornac.*) **A.** — Sehr strenger und anhaltender Winter (*Chr. Pantal.*, *Trithem.*, *An. Bosov.*). Es ist der nämliche, den das *Auct. Gembl.* A°. 1149 ansetzt, denn Konrad kam bevor aus Palestina zurück. **P.** — Der nächste Winter 1150 war streng und lange dauernd... Das Jahr war äusserst ungünstig: „totus annus miseriarium plenus". (*Trith.*) **Schn.** — The river Thames was so bound in frosty chains that from December to March horses and carriages used it as a highway. (*Som. Mag.* vol. XV) **Ba.** — De zee was [tot op?] eenige mijlen van het [Hollandsche] strand toegevroren. Veel menschen en vee kwamen om, ook bijen. **H.** — Hiemps tam valida fuit ut etiam maria quae frigori solet esse immunia, glacie tenerentur... (*Annales Egmundani*). Hiemps solito asperior inhorruit, in tantum ut in mari plus quam tribus a littore milibus super glaciam via preteretur, ut tumescentes fluitus gelu solidati in similitudinem turrium cernerentur. (*Sigeb. Gembl. Chronogr.*) Hiems validissima fuit perdurante glacie a 5 Idus

1) Cette tempête est portée à l'année 1144 dans le Chron. S. Bavonis e. a.

Decembris (9 déc.) usque Kal. Martii (16 févr.) (*Ann. Laubiensis, Ann. Colon. max.*) **Vdl.**

1151? Hiver froid? — Ein Winter, durch dessen Kälte die Erde so hart und tief gefror, dasz sich bey der Aufthauung grosze lange und breite Stücke losmachten und anderst wohin übertragen wurden. (*Contr. Sigeb.*) **P.** (= 1150?)

1155. Hiver rude, avec beaucoup de neige, en Allemagne et dans le Nord. — Abermal ein rauher Winter. (*Trithem.*) **P.** — Der Winter 1154 war kalt. (*Webster*) **Schn.** — En meget streng Kulde (*Danm. Riges Hist.*) **Sp.** — L'an del incarnation 1154, en cel an meisme fut si grant yvier et jaleez (gelée) que tos li arbres et vengnes enjalerent en Allemagne, vers les rachines et les bleis en terre. (*Chron. Jean des Preis*) **Vdl.** — Il neigea à partir d'octobre jusqu'en avril (*Ann. Palid.*) **No.**

1157. Hiver tardif, avec beaucoup de neige. — L'immensité de la neige et la violence de la gelée détruisirent une grande partie des vignes. (*Hermann, Frytsch*) **A.** — Um das Leiden des Herren, folglich im Märzen, fiel ein Schnee, und eine ungewöhnliche Kälte ein. (*Ursperg*) **P.** — ... um Ostern fiel grosser Schnee, darauf folget eine grausamme ungewöhnliche Kälte. (*Stumphen*) **N.** — I Februar sejlede Esbern Snare til Jylland og tilbage igen[1]). (*Hans Olrik*) **Sp.** — Nix magna et frigus insolitum fuit, pestis et sicca estas sequitae sunt[2]). (*Frytsch*) **Vdl.**

1162. Hiver froid? — ... Hyemps gravis extitit, et mors pecudum valida subsecuta est. (*Annales Cameracenses*) **Vdl.**

1164. Hiver froid. — Nicht minder Kalt. (*Toaldo*) **P.** — Der Winter war äusserst kalt und lange dauernd. (*Annal. Bosov.*) **Schn.** — Vinteren omtales i *Isl. Ann.* som meget streng. **Sp.** — Hyems longa et acerrima usque in Martio mense perduravit. (*Ann. Camerac.*) **Vdl.**

1166. Hiver froid en Allemagne et dans les Pays-Bas. — **1165.** Ein sehr harter Winter (*Trithem*) **P.** — **1166.** Hiems gravis extitit, incipiens a decimo Kal. Januarii (23 déc.) et usque ad dec. sept. Kal. Aprilis (16 mars) perseveravit, infra quod terminis nec seminare nec arare homines quippam valuerunt[3]) (*Ann. Cameracenses*) **Vdl.**

1170. Hiver très pluvieux. — Il a plu jusqu'en février de l'année suivante. (*Ann Camer.*) **No.**

1172. Hiver extraordinairement doux. — Hiver doux. Les oiseaux nichèrent vers la fin de janvier et ils eurent des petits en février. Tempêtes et pluies. (*Chron. Magdeburg.*) **G.-P.** — Hyemps mollis et ventosa, procellis et ymbribus tediosa et in medio Januarii mense, choruscationes et tonitrua. (*Sigeb. Gemblac. Chronogr.*) **Vdl.** — De même, *Cont. Torn.*, *Ann. Egm.* **No.**

1173: Hiver rude et assez froid. — Hyemps subito asperior, hyemi accedit intemperies aeris. Nam corrupto aere mense decembri

1) Par conséquent: peu de glace dans les mers Scandinaves.

2) Les Annales Cameracenses portent cet „hiems longa" en 1159. Ce fut probablement un hiver tardif.

3) Les *Ann. Colon. max.* indiquent un hiver rigoureux pour 1166—67.

homines succumbunt infirmitatibus diversis... *(Sigeb. Gembl. Chronogr.)* Hyemps validissima et pene nivis expers extitit. *(Ann. Egmund.)* **Vdl.** — **1174.** Der Winter war sehr rauh und kalt, fieng schon im December an, und verursachte viele Catarrhe und Krankheiten. *(Ann. Gembl.)* **P.** — Es war ein strenger Winter, doch erst in December.[1] *(Godefr.)* **Schn.**

1177. La seconde partie de l'hiver fut très rude, surtout en France et en Angleterre. — Nix et gelu duraverunt a Nativitate Domini usque ad Purificationem beatae Mariae (*Sigeb. Gemblac. Chronogr.*) **Vdl.** — Also a great snow fell this year, which by reason of the frost that chanced therewith continued long without wasting away, so that fishes, both in the sea and fresh water, died through sharpness and vehemency of that frost, neither could husbandmen till the ground. (*Holinshed*) **Ba.** — I December 1176 fros Skibe inde i Ulvsund... (*Hans Olrik*) **Sp.**

:1179. Hiver rigoureux à partir du milieu de janvier, surtout en France[2]) — Hiver rigoureux et long. (*Ann. Palid.*) **No.** — Secunda ebdomada mensis Januarii nives copiose ceciderunt, subsequitur gelu maximum usque in medium mensem Februarium... (*Sigeb. Gemblac. Chronogr.; Goethals, Jaarboek Kortrijk*) **Vdl.** — Dans la seconde semaine de janvier la neige tomba en abondance; une gelée très-forte et très-pénible à supporter vint ensuite et dura jusqu'au milieu de février; pendant le reste de ce mois, en mars et en avril, une bise de l'est soufflant sans interruption rendit le froid encore très-sensible. Une disette très-grande et une mortalité considérable des espèces bovine et ovine furent la conséquence de ces frimas. (*Sigeberti continuatio aquacincta*) **A.** — Hyems facta est maxima et duravit nix ad purificationem beatae Mariae, quae incepit infra octo dies post nativitatem Domini. (*Rob. de Monte*). Annus hyemis et nivis asperitate et multitudine insignis, quibus sese exundantia flunima satu prope corruperunt. (*Annales Babenbergenses*) **N.** — Grosze Viehseuche wegen des all zu lang zuhaltenden Winters. Zu Oster (welches den 11ten April war) hielt der Schee noch an. Die Vögel seufzten mit uns (schrieben die *Annal. Bosovienses*) und wir waren kaum in stande vor starrender und anhaltender Kälte das fröhliche Alleluja anzustimmen. Die Erndte wurde sehr verspätet. Der Wein gieng zu Grunde. *Ricobald.* meldet, der Schnee sey 1 und mehr Schuh hoch gewesen. Der *Cont. Sig.*, ein Augenzeug, bekräftiget auch die Kälte, und den anhaltenden Schnee des Winters. Das *A. Gembl.* sagt, dasz ein anhaltender Ostwind den Märzen und April sehr kalt gemacht habe. **P.** — Eodem anno factum est gelu grave, durans ab Id. Novembris (13 nov.) usque circiter Kal. Maii (*Ann. Elnonenses mai.*) **Vdl.**

1182. Hiver doux. — Hiver mou, les arbres portèrent des fruits à la fête de la Purification — 2 févr. — (?) (*Berlin.*) **P.** — Hiemps mollis. (*Annales Egmundani*) **Vdl.**

1185. (Informations en apparance contradictoires). — L'hiver fut rigoureux. (*Chronicon andrensis monasterii*) **A.** — Hac anno (1185) media hiems florent arbores[3]) (*Annales Fossenses*) **Vdl.**

---

1) Il paraît que l'hiver de 1174 fut plutôt rude que rigoureux.

2) Plusieurs chroniqueurs renseignent cet hiver rigoureux à 1178: *Ann. Camer.*, *Chron. Eln. S. Am.*, etc.

3) Il se peut que cette communication des A. Foss. se rapportent à 1187.

:**1187.** Hiver exceptionnellement doux (jusqu'en mars?)[1] — En Allemagne, hiver chaud. La végétation fut de beaucoup en avance, la moisson se fit en mai, les vendanges avant lieu en août. En France les arbres fleurirent au milieu de l'hiver. (*Chron. Magdeb.*) **G.-P.** — De même aux bords de la Baltique (*Ann. Foss.*) **A.** — Usaedvanlig varm: i Januar knoppedes Traeerne (*Borreb.*) **Sp.** — An den meisten Orten blüheten die Bäume im Jäner und Hornung (janv. et févr.) Die Vögel brütheten (*Trithem.*) **P.** — Hiver tellement doux en Alsace, qu'en décembre les arbres fleurirent et que l'on vit les fruits des poiriers atteindre bientôt la grosseur d'une noisette. **Bi.** — Ein gelinder Winter. (*Toaldo*) **P.** — Hyems anni 1186 erat calida, ita quod Decembri et Januario multae arbores florerent, in quibus circa Feb. pyra, quantitate ad modum avellanae conspiciebantur sed proxime insequenti anno 1187. [Ici se placent les détails mentionnés par *Trithem*, Voy ci-dessous] (*Auctoris incerti fragm.* ap. *Urstisium.* Scr. R.G. II, 86.) **N.** — Im Märzen war eine erschreckliche Kälte, welche fast bis auf den Junius dauerte; zu Pfingsten, welche mitten in May war, (den 17ten) fiel ein tiefer Schnee. Die Weingärten giengen zu Grunde (*Trithem.*) **P.** — Le froid se prolongea du mois de mai jusqu'en juin. **Bi.** — En streng og langvarig Winter (*Borrebye*) **Sp.**

1190. Hiver doux. — Winter trocken und warm (*Godefr. Chron.*) **P.** — Hyems sicca et calida... (*Chron. Reg. Coloniae*) **Vdl.**

1192. Hiver tiède dans le Nord. — Vinteren var mild. (*Script. rer. Dan.* III) **Sp.**

:**1197.** Menses Jan., Febr., Martius quoque et Aprilis hoc anno fuerunt naturales et hominibus gratissimi. Vernalis temporis temperies gratiosa... (*Sigeb. Gembl. Chronogr.*) **Vdl.** — Id. (*Rein. Ann.*) **No.** — **1195:**[2] Menses Januarius, Feb. et Aprilis nimis fuerunt pluviales. (*Sig. Gembl. Chronogr.*) **Vdl.**

1198. Hiver doux et pluvieux? — Hiems mollissima, Jan., Febr. et Martius tranquilli et gratissimi fuerunt, porro Aprilis et Majus pluviales et frigidi extiterunt. (*Sigeb. Gembl. Chronogr.*) **P.** [Comp. 1197]

1199. Hiver rude dans le Nord. — „Tanta fuit (in Scotia) hyemis asperitas, ut nemo ante Maji dimidium terram aratro proscindere valeret. Cerevisia congelata pondere venderetur et nix continua nonnullos dies caderet". (*Hector Boethius Hist. Scot.*) **N.** — Vinteren var streng i Nordtyskland, fordi Vandet mellem Rygen og Fastlandet fros til. (*Hans Olrik*) **Sp.**

1201. Hiver long (milieu de nov. jusqu'à la fin de février) mais pas sévère en général; peut-être assez rude dans le nord et en Allemagne. — Hyems frigidissima praeter naturam locorum (*Polidor Virgilius*) **N.** — The winter was extremely cold. (*Holinshed*) **Ba.** — Hyemps longa a festo S. Martini (11 nov.) usque ad Kal. Martii (1 mars) (*Reineri Annales*). — Hyemps nec mollis nec nimis aspera, sed

---

1) Il paraîtrait que toutes les mentions se rapportent à la saison 1186—87; l'hiver étant d'une douceur extrême jusqu'au mois de mars, suivi d'un printemps très froid.

2) Erreur de transcription pour 1198?

inter utrumque fuit temperata. (*Sigeb. Gembl. Chronogr.*) **Vdl.** — Hiver assez tiède. (*Sig. Chron. Cont. Aquicinctina*) **No.**

1203. Hiver rigoureux dans le nord, le nord-ouest et le sud-est de l'Europe; moins sévère probablement dans l'Europe occidentale, bien que d'une durée assez longue. Beaucoup de neige en décembre[1]). — The sore winter, which passed any other that had been heard of in many years before, both for continuance in length and extrême coldness of frosts... Ale was frozen within houses and cellars and sold by weight. Such a great snow fell also therewith, that beasts died in many places in great numbers. (*Holinshed*) **Ba.** — „Hyems asperrima Venetiis et in Istria fuit". (*Annales Flandr.*) **N.** — L'hiver fut très froid et dura juqu'au milieu de mars. **Wo.** — Vinteren var meget kold. (*Script. rer. Dan.* III). **Sp.** — Apres, cel an meisme, XIIII jours de décembre, nagat teile planteit de nage, que ons ne seit parleir devant ne après qu'ilh chaiist onques tant de nage par I seule nuit... (*Chron. Jean des Preis*) **Vdl.**

1204. Très doux depuis la fin de janvier[2]) — Depuis la fin de janvier jusqu'en mai il régna une sécheresse continuelle et une chaleur ardente comme celle de l'été. Le famine et la mortalité furent très grands. (*Baker's chron.; Chronol. Roberti altissidorensis; G. de Nangis*) **G.-P.**

1205. Hiver intermittent, mais très long et très-rude, surtout dans la seconde moitié de la saison. Il paraît que le maximum du froid se fit sentir dans le nord-ouest, où la période du plus grand froid dura de la mi-janvier jusqu'au 22 mars. Grande mortalité sur le continent de l'Europe. — L'hiver fut très-rude en France, en Flandre et en Angleterre; dans cette dernière contrée le froid dura depuis la Nativité jusqu'à l'équinoxe du printemps. La récolte des fruits y fut néanmoins abondante. Mais sur le continent une grande mortalité frappa les animaux, les moutons en particulier et les oiseaux; la famine suivit ce temps rigoureux. (*Annales waverleiensis monasterii; Chronicon coenobii mortuimaris; Annales fossenses*) **A.** — „Eodem anno gelu gravissimum coepit Nonis Decembris, et perduravit continuum usque 12 Calend. Aprilis, fuitque hyems maxima et impedita est ista parte satio, tam hybernalis tam vernalis. (*Rob. del Monte*) **N.** — Stowe writes that on St. Hilary's day (Jan. 15) began a frost which continued till 22.nd day of March, so that the ground could not be tilled. (*Holinshed*) **Ba.** — Facta est hyemps asperrima, per tres menses et amplius continuata. Unde et nimia mortalitas animalium... (*Sigeb. Gembl. Chronogr.*) — Hyemps longissima et nimis asperrima. (*Ann. Colon. max.; Ann. Egmund.* etc.) — Hyemps aspera et longa... Hyems hoc anno quinquies respiravit, graviorque fuit semper subsequens respiratio priore; prima respiratio in festo S. Martini (11 nov.), secunda in festo S. Andree (30 nov.), tercia in festo S. Marcelli (16 janv.), quarta in festo purificationis (2 févr.), quinta in pascha (10 avr.). Per totum Februarium et totum Martium aratra non exierunt ad colendum... Silvestres fere ad villas veniebant, quaerentes pascua tamquam domesticae, multae tamen fame periere... (*Reineri Ann.*) **Vdl.**

1) Une partie des faits mentionnés ici pourrait se rapporter à l'hiver 1204—05.

2) Ni Pilgram ni Vanderlinden ne font mention de cet hiver doux. — Du reste l'hiver peut même avoir été rigoureux jusqu'à la fin de janvier!

1206. Dans l'Europe occ., pas d'hiver avant le 1 janvier, puis 2 semaines de froid, suivies d'un temps si tiède qu'il ressemblait à l'été. — l'Hiver fut peut-être rigoureux en Allemagne et dans le Nord. [1]) — „Cold so intense that most (!) of the travellers in Germany were frozen to death on the roads". (*Chambers*) [1]) **Ba.** — De qualitate temporis huius anni dicimus, quod usque ad circoncisionem Domini (1 janv.) nulla fuerunt signá hiemis, nec in gelu, nec in nive, set a circumcisione Dom. in 15 sequentes dies et non amplius hyemps desevit, reliquum tempus usque in paschata (2 avril) non quasi ver, set quasi estas fuit.... (*Reineri Annales*) **Vdl.** — De brandewijn bevriest. **H.** — Vinteren war meget streng. Valdemar Sejr gik med sin Krigshaer over den tilfrosne Elben. (*Script. rer. Dan.* I 165) **Sp.**

1208. Hiver normal. — Hyemps temperata, sine magno gelu et continuo. (*Rein. Ann.*) **Vdl.**

1210. Rude hiver, depuis Noël jusqu'au 24 février. Printemps tardif. — Au 1er janvier commença en France une gelée très-forte qui dura pendant deux mois environ, les semailles d'hiver furent en grande partie perdues, et le peu qu'on avait semé de froment dans un grand nombre de lieux ne rendit pas la quantité de la semence. Cet hiver fut aussi très-funeste au bétail. (*Anonymi continuatio appendicis Roberti de Monte*) **A.** — Die grosze Kälte verderbte die Bäume bis auf die Wurzeln (*Berlin.*) — Dieser Winter war sehr streng, und ungewöhnlich lang. Es mangelte daher dem Vieh das Futter, und es entstand ein lang anhaltender allgemeiner Mangel, besonders fur Arme (*Trithem.*) **P.**, **Schn.** — Anno 1210 ab incarnatione Domini... hiems longa, aspera et continua a Kal. Januarii (1 janv.) usque ad festum S. Mathei apostoli (24 janv.); pestilentia murium in agris, in satis et domibus, in villis.... Flores praeter solitum tarde apparuerunt... (*Reineri Ann.*) — Hyemps nimis asperrima (*Ann. Colonienses max.*) **Vdl.**

1211. Hiver assez rude; même sévère dans l'Europe centrale, beaucoup de neige. — Um Wien herum eine sehr starke Kälte, und sehr häufiger Schnee (*Fischer*). Niemand erinnerte sich eines so tiefen Schnees. (*Chron. Mellic.*) Grosze Kälte. (*Toaldo*) **Schn.**, **P.** — Hiemis asperitas... (*Reineri Ann.*) **Vdl.**

1212. Hiver tempéré; Quelques jours froids en mars. Inondations en février. — Anno 1212 hiems temperata... Februarius plurimum ventosus cum aquarum inundationibus... In parasceve (23 mars) per octo dies hiems fuit asperrima, que omnes nuces abstulit. (*Rein. Ann.*) **Vdl.**

1214. Hiver long, mais tempéré et non continu. — A°. 1213, hiems longa set temperata a Kal. Nov. (1 nov.) usque in Pasca (14 avril). Nivis modicum set glaciei plurimum [2]) — Hiems longa a Kal. Nov. usque ad octavas pasce, set non continua (26 avr. 1214). (*Reineri Ann.*; *Ann. abb. S. Pet. Bland.*) **Vdl.** — Sehr kalt. (*Toaldo*) **P.**

1215. Hiver tardif; froid en février. — Iems in Februario aspera et sicca... Motus florum et cantus avium tardissimus. (*Rein. Ann.*) **Vdl.**

1) Les faits mentionnés peuvent se rapporter à l'hiver 1204—05, qui fut très rude.

2) J'ai supposé, contrairement à l'opinion de M. Vanderlinden, que ces deux communications se rapportent au seul hiver 1113—14.

1216. Hiver rigoureux en Italie, peut-être aussi dans le midi de la France. — Le Pô gela *(Ann Parm. mai.)*, ainsi que l'Elbe. *(Ann. Wald.)* **No.** — De winter was streng in Italië en zuidelijk Frankrijk. **Da.** — Cet hiver fut très-rigoureux en Italie. Le Pô gela à une profondeur de 15 brasses. Le vin, dans les caves faisait, en se solidifiant, éclater les tonneaux. (*Toaldo*, *Peignot*) **A., P.** [1])

1217. La seconde moitié de l'hiver fut rude. Période de froid du 8 janv. jusqu'à la fin de février[2]). De la neige jusqu'en mai. — Hiems longa in fine Januarii et Februarii, aspera a feste S. Severini (8 janv.) usque ad Kal. Martii (1 mars). (*Rein. Ann.*) **Vdl.** — Hiver long et rude (*Ann. Pruv.*) **No.**

1218. Hiver sans gelées et sans neige. — Yemps sine yeme et sine nive. *(Rein. Ann.)* **Vdl.**

1219. Hiver très précoce et très long, froid intermittent. Gelées très apres en février et jusqu'au milieu de mars. Les blés ont beaucoup à souffrir. — „Cette année, dès le 27 septembre, une gelée très-âpre qui dura sept jours consécutifs détériora les raisins, qu'on avait déjà récoltés en grande partie. Le 27 du mois suivant, il commença à geler de continue et si fort, avec de la neige par intervalles jusqu'à la fête de Saint-Nicolas (6 décembre), que tout était gelé: la terre, les étangs, les ruisseaux comme les fleuves et surtout la Seine et la Loire. Après une intermittence du froid, amenée par le vent d'ouest, le vent du nord nous ramena tout à coup une gelée très-âpre, accompagnée de neige, qui dura jusqu'au milieu de mars. Des vents glacés continuèrent a souffler même après le dégel, aussi vit on à peine en mai sortir quelques rares tiges de blé dans les champs ou de frêles bourgeons à la vigne. J'ai vu dans beaucoup d'endroits des terres, qu'on labourait et qu'on ensemençait de nouveau, les premières semences ayant péri". (*Guillaume de Bretagne*, *De gestis Philippi Augusti*)[3]) **A.** — Yemps asperrima a festo omnium Sanctorum usque ad Kalendas Martii (1 Mars). (*Rein. Annales*) **Vdl.**

1220. Hiver tiède. — L'hiver fut tiède et pluvieux; pas de gelée avant Noël. (*Rein. Ann.*) **No.**

1221. Hiver assez tiède et humide, exception faite d'une période de froid en janvier. — Ante Natale Domini nulla fuerunt hyemis signa, sed quasi veris tempora. (*Rein. Ann.*) — Hyemps aspera a circumcisione Domini usque ad purificationem Sanctae Mariae (*Rein. Ann.*) — 6 Kal. Marcii (24 févr.) cum hiems, secundum naturam piscium, versus finem suum magis humida... (*Emonis Chron.*) **Vdl.**

1225. Hiver rigoureux depuis octobre ou novembre jusqu'en avril, avec quelques courtes périodes de dégel. Le froid se fit sentir en Scandinavie, en Allemagne, en Angle-

1) Je ne trouve rien mentionné pour l'Eur. occidentale. Rien chez Vanderlinden.

2) Les hivers de 1210, 1211, 1212, 1214, 1215, 1216, 1217, 1219 paraissent avoir été tous plus froids qu'à l'ordinaire.

3) Arago met 1218, mais ce récit se rapporte probablement à l'hiver de 1219.

t e r r e e t e n F r a n c e.[1]) — Cet hiver s'étendit depuis la Saint-Denys (9 octobre) jusqu'à la fête de saint-Marc l'évangéliste, (25 avril) et fut très-pénible. Un vent violent coucha les moissons et renversa en plusieurs lieux de France et de Normandie les tours des églises. Il régna une famine très-forte sur tout le continent et surtout en Flandre, mais grâce à Dieu, nous n'avons pas entendu dire que personne ait succombé. (*Chronica rothomagensis*) **A.** — Hoc anno fuit hiemps continua a festo Dyonisii (9 oct.) usque ad festum Marci evangelisti (25 avril) (*Ann. Fossenses*). A festo beati Martini (11 nov.) gelu forte constrinxit lutum et lacus ad meandum, exceptis paucis et brevibus intersticiis, per totam hiemem et ultra (*Enonis Chron.*) Hoc anno fuit hiemps asperrima a festo omnium Sanctorum usque medium Aprilem. (*Reineri Annales*) **Vdl.** — Inauditi rigoris hyems non longa minus quam aspera. (*Mutii Chron*. ap. Pist.) „Hyems dura". (*Chr. Hirsaugiense*) **N.** — Ein sehr langer und rauher Winter (*Chron. Aust.*) **P.** — Der Winter war ausserordentlich hart und lange dauernd, es herrschte damals auch zwey Jahre lang eine unerhörte Hungersnoth. (*Godefr. Annal.*) **Schn.** — Gleichfalls ein sehr langer und rauher Winter. (*Trithem.*) [Wenn es nicht der nämliche ist, den das *Chr. Aust.* erst angezeigt hat.] **P.** — Auch der Winter 1225 war in Teutschland und England streng und von langer Dauer; die Krankheit verbreitete sich nun auch unter die Schaafe . . . (*Webster*) **Schn.** — Sehr harte Winter. **Wo.** — Stärk Kulde i Norge. Naar man stod paa et Fjeld og saa ud over Havet, kunde man ej opdage andet end Is. . . (*Suhm, Ny Samlinger*) **Sp.**

1227. H i v e r t r è s p l u v i e u x. Hiemps nimis erat pluviosa. (*Ann. Colon. Max*). **Vdl.** — Sehr regnerischer Winter. (*Godefr.*) **P.** — Il neigea en Italie sur toute la terre. (*Ann. S. Just. Patav.*) **No.**

:1230. H i v e r p r o b a b l e m e n t a s s e z f r o i d, s u r t o u t d a n s s a p r e m i è r e p a r t i e. — Hiver rigoureux depuis nov. jusqu'à Pâques (*Ann. Colb.*) **No.** — Der Winter des Jahrs 1229 war strenge und dauerte lange. (*Godefr.*) **P., Schn.** — **1228?** Anfangs sehr strenge harte Kälte. **Wo.** — **1229.** Hoc anno hiemps erat longa et aspera. (*Ann. Colon. max.*) **Vdl.**

1234. H i v e r f r o i d d a n s l'E u r o p e c e n t r a l e e t e n I t a l i e. — Eodem anno hyems solito asperior inhorruit (*Ann. Colon. max.*) **Vdl.** — Die Flüsse frieren zu, beim Eisbruch schwemmt die Donau über. (*Cont. Sancr.*) **No.** — Cet hiver remarquable[2]) sévit sur toute la France, l'Angleterre et l'Italie. Dans la nuit de la Circoncision (1er janvier) survint une gelée si forte et si continue, que les semences furent en majeure partie radicalement gelées. Cette saison funeste fit peser à la fois sur les malheureux les angoisses du froid et les tortures de la faim. En Allemagne la débâcle des fleuves amena la rupture des ponts et la chûte de nombre de maisons, de murailles et d'arbres. (*Guillielmi de Podis Laurentii historia Albigensium*; *Vincent de Beauvais*; *Frytsch*) **A.** — Es gefror abermal der Po, und der Wein in den Fäszern. (*Lancell.*) Zu Ravenna verdorrte der Fichtenwald. (*Ricobald*) Man fuhr mit beladenen Wägen über die See bis nach Venedig, ganz Italien litt durch die Kälte, an dem Weinstocke, Oelwachs und Vieh groszer Schaden. (*Cont. L. Schaff.*) Auch im Elsasz giengen die Weingärten zu Grunde. (*An. Colmar.*) Die

1) Je n'ai adopté qu'un seul hiver rigoureux: celui de 1224—1225.
2) Comp. la note A°. 1236.

Kälte war sehr grosz. (*Toaldo*) **P.** — Id. (*Ann. Parm. mai.*) **No.** — Hoc anno (circa Ravennam) ob hyemis magnitudinem tempestatemque perfrigidum pinetum exaruit totum, et vites etiam et ficus, adeo ut plurimi anno, qui secutus est, vine defectu aquam biberent. (*Hieronymi Ravennatis Histor. Ravennat.* L VI) **N.** — The growth of all things was much hindered by the extreme cold weather... (*Holinshed*) Trees split by frost, excessively cold in Italy. (*Chambers*) **Ba.** — Alle Wasser überfroren. **Wo.**

1236. Hiver très rigoureux, qui sévit sur toute l'Europe occidentale et centrale. „Toutes les rivières sont prises". Inondations terribles au commencement de l'année. — Hyems asperrima. (*Chron. S. Bertini*) In hac hyeme, in principio hujus anni, inundatio aquarum post liquefactionem nivium enormia dampna multis intulit. (*Chron. Alberici*) **Vdl.** — L'hiver fut très fort en France et jusque sur les bords du Danube. Il y eut du côté de la Loire des désastres produits par des inondations, des gelées très fortes et plus tard des gelées blanches. Les ponts de Saumur et de Tours furent rompus par la débâcle des glaces. A la suite de ces fléaux la famine s'étendit sur toute l'Europe. (*Chronica sancti Florentii salmuriensis*) [Comp. 1234] **A.** — Grosze Kälte, und dickes Eis. (*An. Claustron*). Den ganzen Winter hindurch war die Kälte sehr grosz, alle Wässer gefroren. (*Paltram*) Viele Flüsse gefroren bis in Grund, das Eis der Donau, auch da es schon zertrümmert war, hielt durch eine lange Zeit des Jahrs an. (*Chron. Aust.*) **P.** — The Cattegat was a bridge between Norway and Jutland (*Chambers*)[1]) **Ba.**

1237. Hiver doux et pluvieux. — Anno vero Dom. 1237, precessit hiems humida et calida et in hoc distemperata... (*Menkonis Chron.*) **Vdl.** — Hiver chaud, avec peu de jours de gelée. (*Ann. Erph.*) **No.** — Ein gelinder Winter, den Winde, Regen und Schnee immer unterbrachen (*Godefr.*) **P.** — Vinteren var mild. (*Mansa*) **Sp.**

1238. Hiver froid? — Es folgte nun wieder im Jahr 1238 ein sehr strenger Winter. in welchem die Kälte und die Menge des Schnees Weinstöke verdarb.... (*Trithem.*)[2]) **Schn.**

1239. Hiver doux. — Hiver doux. La glace et la neige ne se trouvèrent que dans les montagnes. (*Ann. Erph.*) **No.**

1241? Beaucoup de neige en Bohème. — In den meisten Orten Böhmens fiel eine solche Menge Schee, dasz sich Niemand eines gleichen erinnern konnte. (*Lupacz*)[3]) **P.**

1242. Hiver long en Frise. (seule mention de cet hiver) — Langdurig; vooral in Friesland geen veldarbeid. (*An. Frisior.*) **Da.**

1249. Hiver très doux. — Eodem anno a festo Luce evangeliste (18 oct.) usque ad diem beati Valentini (14 févr.) per totam hiem nix

---

1) Speerschneider ne mentionne pas cet hiver. L'information de Chambers doit être erronnée. Il paraît qu'il y a eu deux hivers anormaux: celui de 1234, qui sévit surtout sur l'Eur. centrale et l'Italie septentrionale, et celui de 1236 (1235?), qui se fit sentir en France et en Belgique. — Une partie des faits mentionnés par Arago se rapporte sans doute à un seul et même hiver.

2) C'est la seule indication d'un hiver „très froid" 1238 que j'aie pu trouver.

3) Se rapporte peut-être à l'année 1242.

visa et glacies non fuerent, nisi unius noctis aut duarum ad maius noctium. Ventus vero ex plago occidentali ita continue flabat... (*Ann. Egmundani*) **Vdl.** — Hiver doux et pluvieux (*Ann. S. Pant. Col.*) — Hiver chaud (*Menkon. Chron.*) **No.**

1250. Hiver rigoureux en Allemagne (?) — Der Winter dieses Jahrs war sehr lang und streng, voll des Eises und Schnees, deren Aufthauung grosze Ueberschwemmungen verursachte. (*Trithem.*) **P.**

1251. Hiver tiède? — Hiver assez tiède. (*Ann. Prag.*) **No.**

1253. Beaucoup de neige en Autriche. Hiver probablement froid dans l'Europe centrale, peut-être aussi en Angleterre. — Ungewöhnlich tiefer Schnee lag im Winter 1253. (*Chron. Claustroneob.*) **Schn.** — Beaucoup de glace. (*Ann. Prag.*) — Hiver froid (*Ann. S. Rudb.*) — Inondation en Angleterre. (*Ann. Angl. exc.*) **No.**

1255. Hiver tardif dans l'Europe centrale, en Angleterre et dans les pays du nord. — There followed a mervellous sore later end of a winter through cold and oversharp weather, which continued till the Feast of St. Gregory in March. (*Holinshed*) **Ba.** — Guillaume II, comte de Hollande, périt dans la glace près de Hoogwoud, dans la Hollande du Nord [1]). **Da.** — In den Donau-Gegenden ging auch der Wein durch einen heftigen Frost am 25 April... zu Grunde. (*Oefel., Script. rer. Boic.* II, 505) **Schn.**

1257. Hiver rude en Hollande (?) et en France. — L'hiver fut rude en Hollande, selon les recueils hollandais (? — E.). Les chroniqueurs français porteut seulement ces mots: „Fist trop durement fort yvier au royaume de France". (*Chr. anonyme*) **A.** — Sehr harter Winter. (*Lupacz*) **P.**

1258. Hiver tiède en Allemagne, en Angleterre et surtout en France. — Der Winter war sehr gelinde. (*Berlin.*) — Nach eine ungemeine Trockene, im Anfang des Jahres, folgte in Engelland regen. (*Lancell.*) **P.** — En cest an fut le temps si doulz et souef que en tout l'iver ne gela que deux jours. Ou mois de janvier trouvoit-on les violettes et les fleurs de frasiers et estoient les pommiers tous blans flouris. (*Chron. anonyme*, dans *Dom Bouquet*) **G.-P.**

1259. Hiver assez rude en Allemagne. — Ein sehr harter, windiger, aber (welches ein natürliche Folge der Winde ist) unterbrochener Winter. (*Lupacz*) **P.** — Sehr harter Winter von Martini bis Ostern. **Wo.**

1262. La première partie de l'hiver fut très douce (en Angleterre). — **1261.** About Christmas there was such unbroken fine weather and softness in the air, that you would have said it was the pleasant time of summer rather than winter". (*Mat. of Westm.*) **Ba.**

1265. Hiver très doux en Allemagne. — In Preuszen war ein so gelinder Winter, dass die vereinigten Fürsten dorten ihr Vorhaben nicht ausführen konnten. (*Cont. L. Schaff.*) **P.** — Hiver doux en Thuringe (*Cr. S. Petr. Erf.*) **No.**

1267. Hiver dur en Allemagne. Strenger, trockener Winter. (*Cr. S. Petr. Erf.*) **No.**

1) H. n'a pas trouvé cet hiver dans la Grande Chronique de la Hollande, XVII.

1268. Hiver très doux en Allemagne et vers le Rhin. Hiver chaud et sec. A Colmar, il ne tomba aucune pluie pendant 19 semaines. (*Ann. Colmar.; Anon. Leob.*) **P.** — Die Zeiche waren nicht überfroren, welches den König Ottocar zurückzukehren zwang. (*Anon. Leob.*) **P.**

1269. Hiver très rigoureux dans le nord de l'Europe, en Allemagne et en Angleterre. (Pour le centre et le sud de notre province climatérique, les données sont douteuses). — Hevige koude in Nederland, de Schelde geheel bevroren. **Hk.** — l'Hiver en Alsace se prolongea jusqu'à la St. Urbain. (25 mai) **Bi.** — Winter so intense in Scotland, that the ground was bound up. **Lo.** — An exceeding great frost began at St. Andrew's tide, and continued till near Candlemas. The Thames, from the bridge upwards, was so hard frozen that men and beasts passed over. Ships could not enter the Thames, so merchandise was brought to London from Sandwich and other places by land. (*Holinshed*) **Ba.** — Cet hiver fut rigoureux dans le nord de l'Europe. (*Peignot*) **A.** — Auch von der Insel Gothland bis sur schwedischen Küste war die See gefroren und passirbar. [1]) (*Forster, Dän. Jahrbücher*) **P., Schn.**

1270. Hiver froid dans l'Europe centrale. — Es musz ein sehr harter Winter gewesen seyn; denn der König aus Böhmen, weil er wegen der zu grosze Strenge des Winters nichts unternehmen konnte, war gezwungen seinen vorhabenden Krieg bis nach Ostern zu verschieben. Es wollte damals eine Menge böhmischer Edelleute in Ungarn einfallen, alldorten zu rauben; sie setzten über einen gefrornen See, das Eis war aber, obschon die Kälte sehr grosz war, nicht dick genug eine so grosze Menge bewaffneter mit ihren Pferden zu tragen; es brach, und es ersauften 340. (*Chron. Aust. Anon Leob.* [2]) **P.** — Strenger winter. (*Cont. Vind.*) **No.**

1273. Le mois de décembre 1272 fut très froid; beaucoup de neige durant le reste de l'hiver. (Pas de informations pour l'Europe occidentale.) — Zu Ende des Jahrs durch 3 Wochen eine sehr grosze Kälte, besonders um Weinachten, wo sie sich aber brach. Der Wein gefror im Kelche noch vor der Verwandlung: ingleichen gefroren die Brünne und Quellen. (*An. Colmar.*) Dieses wäre ein sehr kurzer Winter, und gehörete vielmehr für 1273 weil wir immer den December zum Winter des folgenden Jahrs zählen, womit er ein Ganzes macht. [3]) Es musz aber auch in den ersten Monaten dieses Jahrs häufiger Schnee gefallen seyn; denn da er im März zerschmolz, und öftere Regen darzu kamen, erfolgte zu Prag so eine Ueberschwemmung, dasz die herrliche von der Königinn Gutta erbaute steinerne Brücke sich spaltete. (*Lupacz*) **P.** — Le vendredi qui précéda la Nativité (fin de décembre) il fit un si grand froid que peu de gens se souvenaient d'en avoir ressenti un semblable. (*Anonymum Sancti Martialis Chronicon*) **A.** — „Der Winter war so ungewöhnlich kalt, dass der Bodensee ganz zugefroren." **Wo.**

1) L'information recueillie par Pfaff: que la mer entre la Suède *et Jutland* (Danemarc) a été prise en 1269, repose, selon Speerschneider, sur une méprise (Julland = Gothland) — Pour la France centrale et méridionale, les chroniques ne mentionnent rien.

2) Pilgram n'a trouvé qu'une seule communication (Forster) sur un hiver rigoureux 1269—70, mais je crois que les faits mentionnés dans le Chron. Anon. Leob. se rapportent à cet hiver, et non à 1270—71. Du reste, les chroniques françaises et belges ne le mentionnent pas.

3) Suivant les Ann. de Colmar l'hiver de 1273 aurait été „très chaud". Est-ce qu'il faudrait lire 1274 pour 1273?

1274. Hiver doux dans l'Europe centrale (?) — Sehr warmer. Winter. [Comp. 1273] (*Ann. Colmar*) **P.** — Hiver doux. (*Ann. Bas.*) **No.**

1276. Hiver rude, mais court (jusqu'au milieu de janvier) dans l'Europe centrale; très sévère dans le nord de l'Italie. — Hiver rude, beaucoup de neige (*Ann. Parm. mai.*) **No.** — Cet hiver fut très rude et très prolongé en Italie. Il tomba, à Parme, à partir du 29 novembre, une neige abondante, qui couvrit la terre jusqu'au commencement d'avril. On ne put semer de légumes cette année et les semences des blés avortèrent presque entièrement; les troupeaux périrent presque totalement dans le diocèse de Parme. (*Chronicon Parmae* dans la collection de *Muratori*, t. II) **A.** — Kurzer, aber strenger Winter. Der Rhein gefror zu Rheinfelden, so dasz man darüber gehen konnte; um Hilarii (dasz ist den 13ten Jäner) liesz aber die Kälte nach. (*An. Colmar.*) **P.** — **1277?**: Er scheint dieses Jahr ein starker Winter gewesen zu seyn, weil man in den Thälern der Elsasz am 25ten Märzen vor der Menge Schnee nicht in die Kirchen gehen konnte, so melden es die *An. Colmar.* **P.**

1278. Hiver tiède. — Sehr warmer Winter (*Ann. Colmar.*) **P.** — Id. (*Ann. Prag.*) **No.**

1282. Beaucoup de neige dans l'Europe centrale, en Italie et en France. Inondations. La seconde moitié de l'hiver fut très rude en Angleterre. — Ein sehr rauher Winter. Er musz frühe angefangen haben, denn da Hartmann, der dritte Sohn Kaisers Rudolph, bey Coblenz in der Schweiz über den Rhein, der damals eben Grundeis trieb, setzen wollte, wurde er durch Zerschmetterung des Schiffes mit vielen vornehmen Herrn den 20ten Dec. 1281 ersäufet (*Tschud. Chron. Helv.*) Um das Ende des Hornungs fiel ein so häufiger Schnee in Oesterreich, dasz man viele Höfe kaum sehen konnte (*An. Claustron.*, *Hist. Aust. Paltram.*) In Elsasz fiel er den 1ten Hornung, und blieb bis auf Georgen liegen. (*An. Colmar.*) Nach H. 3 König fiel in Elsasz ein so tiefer Schnee, dasz man sich in 30 Jahren keines der gleichen erinnerte. Viele Menschen giengen vor Kälte zu Grunde. (*An. Colmar.*) **P.** — En Boheme la gelée dura jusqu'au 23 mars et le dégel et la fonte des neiges produisirent de fortes inondations et la disette. (*Chronici Pragenses continuatores Cosmae*). La Seine déborda à Paris et occasionna une inondation très-grave. (*Peignot*) **A.** — Et vint celle eawe le 20 jour de janvier, et fut cel an sy grandes neisges que ban fut fait de les mener hors de la ville [de Valenciennes]. (*Récits Valenc.*) **Vdl.** — The Thames frozen and used as a highway, and, on the breaking up of the ice, five of the arches of old London bridge were carried away. (*Matt. of W.*) — From the time of the nativity of the Lord almost up to the Feast of the Purification there was such an abundance of frost, cold, and snow as the oldest and most decrepit people at that time alive in England had never felt before (*Matt. of W.*) — Frost at Christmas with great snow. Rochester and other bridges wholly destroyed at the same time as London bridge was injured (*Stow.*) **Ba.** — Au commencement de l'année des gelées avec de la neige, dans l'Italie septentrionale. (*Ann Parm. mai.*) **No.**

1283. Hiver doux. — Hiver chaud, printemps précoce. (*Ann. Colm. mai.*) **No.**

1285. Hiver doux et pluvieux. Courte période de gelée vers Noël. — Gelinder und feuchter Winter, voll der Ueberschwemmungen. (*Toaldo*) **P.** — Der Herbst und der anfangende Winter war äusserst gelinde. (*Ann. Colmar.*) **Schn.**

1286. Hiver froid en Belgique, en Allemagne et dans le nord. — Anno Dom. 1285 pluvialis aqua valde terram implevit circa festum Martini hyemalis (11 nov.)... Poste a die nativitatis Christi, cum frigore intolerabile, congelatio aquarum subsecuta est, cum nive et grandine intermixta. (*Menkon. Chron.*) Nec fuit mirum, quia ad festum Petri cathedrae (22 févr.) gelavit, et pluvialis aqua est subsecuta usque ad festum Gregorii (12 mars)... et hyemis frigiditatem... (*Récits Valenc.*) **Vdl.** — Es scheint ein kalter Winter gewesen zu seyn, weil das auf dem Rhein schwimmende Eis 15 Schiffe versenkete, und einige Höfe erwüstete. (*An. Colmar.*) **P.** — Østersøen frøs til. (*Script. rer. Dan.* I) **Sp.**

1287. Hiver doux en Suisse.?[1]) — Sehr warmer Winter; zu Constanz blühten die Bäume und man pflückte Rosen, Veilchen und andere Blumen zu Weihnachten. Die Mädchen kamen in die Kirchen mit Blumenkranzen geputzt. Die Knaben badeten sich im Bodensee. (*Fugger*) **P.**

1288. Hiver tardif en Suisse, en Hollande et en Italie. — Overstroomingen in Holland, Zeeland en Friesland in Jan. (Dec.?), daarna felle vorst, zoodat vele menschen omkwamen. (*M Stoke*) **H.** — Den ersten Märzen war die Kälte so gross, dass der Rhein unter Basel, und der Wein in den Kelchen gefror. (*An. Colmar.*) **P.** — Hiver froid en Italie (*Ann. Parm. mai.*) **No.**

1289. Hiver d'une douceur exceptionelle — A Cologne, les jeunes filles, le jour de Noël et le jour des Rois, portèrent des couronnes de violettes, de bleuets et de primevères. En Alsace, il y avait des fleurs avant Noël, la vigne fleurissait avant le 13 janvier. A la fin de décembre, les garçons se baignèrent dans le lac de Constance. (*Fugger* mentionne ce fait pour *1287*) **A.** — Hiver très doux en Autriche.[1]) (*Paltram*) **P.** — Einer der gelindsten W., welchen die Geschichte kennt. (*Hist. Austr.; Fugger*) **Schn.** — Abermals sehr warmer Winter. Noch vor Weihnachten blühten im Elsasz die Blumen; die Elstern und Hühner brüheten vor H. 3 König; der Weinstock blühte vor Hilarius (13 janv.), die Bäume behielten ihre alten Blätter bis sie neue bekamen. (*Ann. Colmar.* etc.) **P.**

1292. Hiver tardif, assez tiède jusqu'en février. — Häufiger Schnee in Oesterreich und Steyermark, so dasz 600 Bauern dem oesterreichischen Kriegsheere einen Weg durch den Schnee oeffnen mussten. (*An. Claustron.*, *Paltram*). In Elsass war der Winter bis in Februar gelind, hernach aber so streng, dass der Rhein bey Breysach gefror, und Wägen trug. (*An. Colmar.*) Forster führt aus des *Strehlow Chr. Juthland.* an, dass A°. *1294* das Catagat zwischen Norwegen und Dänemark so dick überfror, dass men darauf von Norwegen nach Jütland reisen konnte. Weil ich von diesem Jahre übrigens nichts finde, vermuthe ich, diese Kälte habe entweder nur die Nordländer überfallen, oder das Jahr sey nicht richtig angesetzt.[2]) **P.**

---

1) Comp. 1289. On trouve encore mentionné l'hiver doux de 1290, probablement par erreur. Comp. Pilgram.

2) Schnurrer mentionne ces faits pour 1292, mais probablement sur l'autorité de Pilgram. — Comp. 1294.

1294. L'hiver de 1294 fut peut-être très sévère dans le nord de l'Europe; les faits mentionnés pour l'Europe centrale se rapportent probablement à celui de 1292, exception faite pour la chronique alsacienne. — Froid intense en janvier (*Ann. Colm.*) **No.** — „Aar 1294 var en haard winter." (*Strelow*) „A° MCCXCIIII congelatum est mare Cimbricum, ut e Juthia in Aslagiam [1]) equitaretur." (*Olaus Magnus Hist. Gent. Sept.* L. I 26.) **N.** — Le 17 février le froid devint si intense que les vignes se perdirent, les tilleuls et autres arbres se fendirent; les poissons moururent dans l'eau, les oiseaux dans l'air, les hommes dans les bois. [2]) **Bi.**

1295. Hiver très doux jusqu'en avril (en Autriche). — 1295 war hier (en Autriche) den ganzen Winter hindurch eine so warme Luft, dasz die Leute gar leicht der Zimmer hätten entbehren können ... (*Hist. Austr.*) **P.** — Hiver sans glace ni neige en Italie (*Ann. Parm. Mai.*) **No.**

1296. Hiver peut-être rigoureux dans les pays du nord; tempéré dans l'Europe centrale. — „Congelatum est mare tanto rigore, ut equitaretur de Opslo [3]) ad Juthiam." (*Chron. Anonymi* ap. *Benzelium: Mon. Hist. Eccles. Vet.* 88) „Aar 1296 var en förfärdelig winter" (*Strelow*) **N.** — Ein sehr kalter Winter. (*Acta Lips.; Toaldo; Berlin.*) **P.** — Au milieu de décembre les rosiers étaient en fleurs; ensuite beaucoup de neige, hiver tempéré. (*An. Colmar?*) **Bi.** — „Congelatum est... ut equitari potarat..." (*Svensk Aarbog* I [4]) **Sp.**

1300? (Informations vagues et contradictoires) — 1300. Tempore Regis (Angliae) Wilhelmi, anno ejus sexto diluvium ex abundantia imbrium fuit, quantum nullus meminerat. Mox accedente hyeme fluvii congelabantur, ut pervii essent equis, quadrigis et plaustris. Gelu resoluto ex impetu glacialium frustorum pontes effracti sunt. (*Vicentii Speculum Hist^m^.*) **N.** — 1301? Der Winter was sehr stürmisch; die Luft war aber so warm dass im Januar die Bäume anschlugen. (*Rockenbach*) **P., Schn.**

1301. Hiver très doux dans l'Europe centrale. — Warmer Winter. (*Toaldo*) Die Luft was sehr heiter, und eine ungewöhnliche Wärme. Die Bäume hatten im Jäner grüne Aeste. (*Rockenbach*) **P.** (Comp. 1300)

1302. Hiver tiède; très courte période de froid en janvier) — Der winter dieses Jahres hatte nur 2 kalte Tage, den 24 und 25sten Jäner, wo aber die Kälte so grosz war, das die Weingarten und ein groszer Teil des Getraides zu Grunde gieng. (*An. Colmar.*) **P.**

1303. Hiver très long dans l'Europe occidentale. Froid très vif entre le 26 déc. et le 6 janvier. — L'hiver fut rigoureux

---

1) = Oslo. — Comp. 1296.

2) Comp. 1292.

3) = Oslo. Suivant Sp. „le diocèse d'Oslo" — qui s'étendait alors jusqu'à Göteborg.

4) Speerschneider, après une discussion minutieuse des informations vagues et incertaines sur les hivers 1269, 1292, 1294 en 1296, est mené à la conclusion (p. 63) que tout cela se rapporte à l'hiver de 1296, mais que la rigueur de cet hiver reste douteuse même pour les pays scandinaves: „Det hele henhører altsaa til Vinteren 1296; hvor streng denne Vinter har vaeret er derimod tvivlsomt, da der kun tales om, at man kunde ride fra Opslo til Julland, og Efterretningen er vist overdreven". — Quoi qu'il en soit, il me paraît probable que l'hiver de 1296 ne peut avoir été rigoureux que dans les pays du nord.

en Provence. (*Martins*) **A.** — Langer Winter, man musste das Vieh mit Stroh futtern, am Stephani Tag (26 déc.) gefror der Rhein und Doubs. (*An. Colmar*) **P.** — On passait par la rivière comme sur un chemin. Le froid fut surtout rigoureux de la S. Thomas (29 déc.) jusqu'à l'Epiphanie (6 Jan.) **Bi.** — 1304? Anno illo, in hyeme fuit tantum gelu ubique, quod audivi a multis, in Hollandia mare [1]) fuisse captum de gelu in longitudine septem leucarum, et quod erant homines et bestiae supra mare et super gelu maris euntes (*Chron. Aegidii*) **Vdl.** — Le 26 déc., on passait le Doubs à Montbéliard sur la glace. Le Rhin fut pris près de Brixen. **Wi.**

1304. Hiver doux. — Hiver doux; toute l'année fut tiède ou chaude (*Ann. Colmar.*) Pas de froid durant tout l'hiver. (*Ann. Mog.*) **No.**

1306. Hiver très rigoureux en Angleterre, dans les Pays-Bas, la France et l'Allemagne. Un froid très vif sévit de la mi-décembre jusque vers le 25 janvier; puis, il gela de nouveau fortement du milieu de février jusqu'en avril. Tous les grands fleuves furent pris, ainsi que la mer le long des côtes de la Flandre. [2]) — Inde eodem anno, post nativitatem Domi., tanta fuit asperitas hyemis, quod aqua Hoyulphi in Hoyo (Huy, Belgique) currentis, constricta frigore torrido congelatur, et magna fortique glacie diu tegitur, quod nunquam aut vix antea visum fuerat. (*Chron. liégeoise 1402*; aussi: *Vinchant*, *Ann. Hainaut*, *Chron. v. Vlaenderen*, etc.) — **1307.** Il commencha le jour Saint-Nycaise (14 déc.) a geller sy fort et sy asprement que la gellée dura bien sept sepmaines sy fort qu'on ne pooit riens faire; et fut le grand Escault engellé bien VII sepmaines entre Condé et Valenchiennes... (*Récits Valenciennes*) **Vdl.** — La gelée fut très-forte en France dans cet hiver. (*Papon*, *Histoire de Provence*, t. III). La mer fut prise sur les côtes de Flandre et de Hollande sur une largeur de trois lieues. (*Abbé Mann*, *Mémoire sur les grandes gelées*, *1792*) **A.** — Alle rivieren in Frankrijk waren toegevroren. **Da.** — **1305.** Ein harter und sehr langer Winter. Alle Flüsse Deutschlands warer so dick überfroren, dass man darüber reisen konnte. An vielen Orten gebrach es, wegen der Länge des Winters, an Lebensmitteln, Viehfutter und Holz. Den ersten May fiel noch dicker Schnee. (*Trithem.*) **Schn.**, **P.** — Der Winter war streng aber nicht lang anhaltend. Es gefror der Mayn, gieng aber den 1ten Februar auf, stürzte zu Maynz den grössten Theil der Brücke um, und ersaufte viele Menschen. (*An. Francof.*). **P.** — **1307.** L'hiver fut très-rude en Flandre (*Meyeri Annales*). Les rivières en France furent prises par la gelée avant que les hautes eaux, résultant d'une forte inondation dans l'automne, aient pu diminuer notablement. Lors de la débâcle l'impétuosité des glaces fut telle que les ponts, les moulins et les maisons voisines des rivières s'écroulèrent. A Paris, au port de la Grève, un grand nombre de bateaux marchands s'abimèrent avec les personnes et les approvisionnements qu'ils contenaient (*Gerardi de Francheto Chronica*) **A.** — Toutes les rivières de Italie septentrionale gelèrent, même le Pô (*Ann. Parm. mai.*) **No.** — And there followed after this a winter of extreme cold oppressing mankind much, the frost and snow and ice lasting from

1) La Zuyderzée? — Il n'est pas invraisemblable que cette information se rapporte à l'hiver 1305—06.

2) Les données pour les années 1305—1308 sout difficiles à débrouiller. Il y a eu peut-être deux hivers rigoureux très voisins l'un de l'autre; je n'en ai adopté qu'un.

Dec. 15 to Jan. 25, and the fish died in the ponds, the birds in the woods, and the cattle in the fields, and many of the birds of heaven were so wasted away that they were caught without any net or snare by the hand of man. But this terrible frost was put an and to by a breeze of the south wind which lasted three days; and when men thought the winter was past, again the sky was collected into clouds, and the east wind set in and lasted, and the frost returned and lasted from February 13 tot the same day in April. (*Matt. of W.*) **Ba.** — Et tanta fuit hyems, quod inter omnes insulas Daniae et Sveciae omnes portus per XIV septimanas et ultra, quasi in solidos pontos conversi sint. (*Ludewig, Reliquiae Manuscr.^m* IX 170). „Anno MCCCVI fuit hyems maxima, ita quod mare inter Ölandiam et Gothlandiam et Estoniam existitit congelatum et une foca fuit viva inventa apud ecclessiam Eskolen." (*Diar. Minor. Visbyens.* ap. *Lang, Scr. Dan.* I. 256). „Magnum gelu et frigus, ut omnia mare inter insulas Dan^m. et Svec^m., Norveciamque congelarentur. Tunc usus capucciorum in Dania coepit. (*Hamsfort Chron. Sec.* ap. *Lang* I 296) **N.**

1310. Hiver assez dur en Allemagne, dans le nord et le nord-ouest de l'Europe. — Hiver rigoureux. (*Ann. S. Jac. Leod.*) **No.** — Sehr kalter Winter. (*Acta Lips.; Toaldo*) In Bayern und Salzburg erfolgte aus der grossen Kälte und Hunger ein grosses Sterben. (*Chr. Salisb.*) **P., Schn.** — A sudden thaw after a great frost caused the waters so fast to rise, that Salisbury Cathedral was flooded. (*Holinshed*) — Hard Winter. (*Rogers*) **Ba.** — Kold Vinter. (*Mansa*) **Sp.**

1314. Froid sévère dans l'Europe centrale? — Sehr kalter Winter. (*Berlin.*) **P.** — All the rivers in Italy were frozen. (*Chambers*) **Ba.**

1316. Hiver rigoureux et très long (de novembre jusqu'à la fin de mars) dans l'Europe occidentale et centrale. — L'hiver fut très-rigoureux et presque continu en France, depuis la Saint-André (30 novembre) jusqu'aux approches de Pâques. En Allemagne les récoltes manquèrent entièrement, le froid ayant fait périr toutes les semences, confiées à la terre. La famine se fit sentir et causa beaucoup de maladies mortelles par la mauvaise qualité des aliments, que l'on se procurait avec beaucoup de peine. (*Gérard de Frachet, le Continuateur de Nangis, Pilgram, Peignot*) **A.** — Ein sehr harter Winter, der in Böhmen bis auf dem 28ten Märzen anhielt. (*Lupacz*) Der tiefe und lang liegende Schnee verderbte in Oesterreich alle Saaten. (*An. Claustron.*) **P.** — Der Winter war durch tiefen und lange dauernden Schnee ausgezeichnet. (*Chron. Salisb.*) **Schn.**

1318. Hiver froid, surtout en Italie (?) — Gelu acutum, hiems asperrima. (*M. Frytsch*) **Vdl.** — Cet hiver fut rigoureux, en Allemagne et en Italie. Les voitures passèrent sur le Pô. (*Frytsch, Mann, Peignot*) **A.** — Grosse Kälte in Italien; der Po gefror und das Brod durchfror so stark, dasz man es nicht genieszen konnte, wenn es nicht am Feuer geröstet wurde. (*Lancell.*) **P.** — **1319?** Grosze Kälte. (*Toaldo*) **P.**

1323. Il y a eu probablement un hiver rigoureux dans le nord, vers 1323; les données pour l'Europe occidentale et centrale sont très douteuses. — Résumé des chroniques scandinaves: L'hiver fut rigoureux et se fit sentir assez tôt dans la saison. Il y eut de la glace dans le Kattegat, la Belt, et la partie occid.

de la mer Baltique à partir du 2 févr. jusqu'après le milieu de mars; on a passé à pied la Grande Belt et la Femerbelt, peut-être le Sond; la glace s'étendait le long du littoral allemand. **Sp.** p. 64 — Das Adriat. Meer zugefroren (?) **Hn.** — Le froid dura du 30 nov. jusqu'au 6 mars (*Ann. Lub.*) **No.** — Cet hiver fut rigoureux en France et en Allemagne. Il tomba beaucoup de neige au mois de février. (*Chronique anonyme*) **A.** — Ein sehr kalter und merkwürdiger Winter (*Acta Lips.*, *Toaldo*) Das Gotische Meer gefror so stark, dasz man darauf Wirtshäuser errichtete, und darinnen übernachtete. (*Lancell.*) **P.** — Id. *Wolf*, *Lect. memor. Cent. XIV.* **Schn.** — War ein so grosse Kälte um S. Matthiae Tag, dass man von den Teutschen seiten an bis gen Dennemarken über den Eyss gehen und reiten könnte. (*Trazig. Chr. Ham.* ap. *v. Westph. M. In*[a]. *Cim.* 1298) — Hyems saevissima in Martio fuit, quod mare equitaverunt (*Incert. Auct. Chron.* ap. *Ludewig* I.) — Es fiel so eine grosse ungewöhnliche Kälte ein, dass das gemeine und unbekleidete Kriegsvolk mit Haufen durch die grimmige Kälte erfroren. Derowegen die Kreuzherren und ihro Geste nothalben das Land und Feld für diesmahl zu räumen müsten; und war dieselbige Winter so grimm und haeftig, dass das Korn in der Erde durch Kälte verdarb, und ins gemeine alle fruchtbare Bäume in Liefland und in den Lithawischen und Preusischen Gräntsen deromassen erfroren, dass... (*Schüz*, *Chron. d. Lande Preussen*). — Via communis erat ambulantibus et equitantibus super glaciem per passagium Maris Baltici eundo et redeundo, circa passionem Mariae Virginis. Similiter passagia inter Saelandiam et maximas partes Scaniae. (*Incert. Auct. Ann. Dan.* ap. *v. Westph.* I.) — ... cum gelidissimo frigore mare constringeretur, ut pedestri per glaciam itinere, de litore nostro in Daniam inque Prussiam transiretur, dispositis per loca opportuna in mare hospitiis, si quid commeantibus intervenisset[1]. (*Cranzii Wandalia* VIII, 5.) — „Dy zyd der winter war so groz — Das man des Eysses so genoz — Das man darüber möchte gan — Gen Telemarken synden wan". (*Kirkberg Chron*[n]. *Melkelbergense* ap. *v. W.* IV, 820) **N.**

1325. Hiver froid en France. — Pendant cet hiver le froid fut très rigoureux. Il est mentionné dans les registres du parlement de Dijon. A Paris la débâcle de la Seine fut si forte que les deux ponts de bois furent emportés. (Le continuateur de *Guillaume de Nangis*, *Félibien*, *Peignot*) **A.**

1328. Hiver tiède? — Hiver tiède selon une chronique allemande anonyme. **Hk.**

1329. Hiver tardif, beaucoup de neige. — Ipso anno, in die beati Gregorii (17 nov.) cecidit nix in tanta abundantia, et toto mense Martio (1329) fuit tantum gelu, quod antiqui dicebant se non recolere, toto cursu vitae suae, tantum gelu et frigus Marti fecisse. (*Chron. Jac. Muevin*) **Vdl.** — Des gelées en février, un peu de neige, beaucoup de pluie (*Ann. Parm. mai.*) **No.**

1331. Après un automne rude et froid, un hiver presque sans gelée (Eur. centrale). — Der Winter fieng voriges Jahr streng an. (*Ann. Zwetl.*) Er war aber nachher so gelind, dasz die Bauern, auch in Böhmen, täglich ackern konnten. (*Lupacz*) **P.**

---

1) Comp. 1423 — Il est bien singulier de voir mentionner ces particularités, à peu près dans les mêmes termes, pour les années 1323 et 1423!

1332. Hiver probablement normal. — Periode de froid vers la fin de décembre. (*Ann. Zwetl.*) **No.**

1334. Hiver probablement froid dans le nord et l'Europe centrale (informations douteuses quant à l'Europe occidentale) — A la St. Georges (23 avril) les vignes périrent (en Alsace). **Bi.** — De samme Vinterforhold som in 1323 gentog sig, men i kort Tid (*v. Etzel, Die Ostsee*) [1]) **Sp.** — L'hiver fut très rigoureux en Italie et en Provence. La neige à Padoue dura de novembre jusqu'en mars. (*Toaldo*) **A.** — Nix profundissª. hoc anno d. XXIII April cecidit, quo plurimae arbores perierunt... (*Hist. Polon. ap. Calvisium*) **N.** — Kalter Winter. (*Toaldo, Berlin.*) **P.** — Great frost. It lasted at Paris two months and twenty days. (*Chambers*) [2]) **Ba.**

1337. Hiver pluvieux en Belgique? —... En janvier, le 25ᵉ jour, plovit si très fort entour la citeit de Liége, que la rivière de Mouse cressit si festinamment... et cressit toudis dedens 8 jours.... (*Chron. Jean des Preis*) **Vdl.**

1339. La première partie de l'hiver assez froide? — Ein sehr langer und rauher Winter. (*An. Claustron.*) **P.** — Et erat tunc (6 décembre) temporis gelu et frigus validum. (*Chron. Aegidii*) **Vdl.**

1340. La première partie de l'hiver ne fut rude qu'en Angleterre (?), tiède dans l'Europe centrale; période de froid intense commençant vers le 22 février, dans le nord et les pays centraux. — Ein später aber strenger Winter. Um Weihnachten war es in Oesterreich so warm und heiter, wie um Johannis in der Sonnenwende. Aber um Petri Stuhlfeyer (den 22ten Febr.) kam eine so strenge Kälte, dasz Menschen und Vieh sie kaum ausdauern konnten. Sie hielt 5 Wochen an, nach welche grosze Ueberschwemmungen folgten. (*An. Claustron.*) **P.** — „In the beginning of December came such a vehement frost, continuing the space of twelve weeks, that it destroyed almost all the seed that was sown..." (*Holinshed*) **Ba.** — Mild Vinter i 1339 og ind i Januar 1340, derefter haeftig Kulde i 5 Uger. (*Mansa*) **Sp.**

1341. Hiver doux dans l'Europe centrale. — Ein gelinder Winter bis in April. (*Ann. Claustr.*) **P.**

1342. Hiver froid mais de courte durée dans l'Europe centrale, le nord et l'est. (Rien n'est mentionné pour l'Europe occidentale) — Stärk og vedholdende Kulde om Vinteren og Foraaret. (*Mansa*) **Sp.** — Gegen das Ende des Winters trat noch sehr strenge Kälte ein. (*Anon. Leob. Chron.*) **Schn.** — Le froid de cet hiver fut si rude en Livonie, que beaucoup de soldats de l'armée des croisés eurent le nez, les doigts ou les membres gelés. (*Frytsch*) **A.** — Ein kurzer aber starker Winter. Denn da es aufthaute, und der hohe Schnee schmolz, ergosz sich die Moldau und Donau den 2ten und 3ten Febr. gewaltig. (*Lupacz*). Der Winter war so gewaltig, dasz alle Heuschrecken vor Kälte zu Grunde giengen. (*An. Francof.*) Grosze Kälte. (*Toaldo*) **P.**

1343? Hiver tiède, selon une chronique allemande. — Gelinder Winter (*Anon. D. Chron.*) **Hk.**

---

1) La critique de Sp. sur cette information ne me paraît pas fondée.

2) Aucune mention dans les chroniques françaises et belges.

1344. Hiver froid et long, surtout dans le nord et en Italie(?) — Vinteren var kold. (*Mansa, Folkesygdomme*) **Sp.** — Es war vom November bis in Märzen immer heiter, und so kalt, dasz alle Flüsse Italiens überfroren, der Anfangs gefallene Schnee blieb immer liegen. Endlich den 8ten Märzen schmolz er durch einen angenehmen Regen. (*Lancelloti, Toaldo*). [Der erste fügt noch hinzu, dasz die Kälte ohne Winde entstanden sey, vielleicht ohne heftige. *Forster* meldet aus dem *Ludwig*, dasz man A. 1349 von Stralsund nach Dänemark über das Eis gieng. Diese Kälte scheint nur in den Nordländern grosz gewesen zu seyn, oder es soll statt 49: 42 oder 44 heiszen. Denn A°. 1349 fand ich nirgendswo etwas von einer groszen Kälte.] **P.** — (Comp. 1346).

1346? (Renseignements douteux) — Var en saa stor winter, at mange mennisker frös ihjäl. (*Strelow*) — „Tantum erat frigus in diebus conversionis Pauli, ut multi in silvis et campis mortui sint". [1] (*Chron.* ap. *Ludewig.* l.c. 108.) **N.**

1349. Hiver doux et pluvieux. — Anno 1349 fuit tota hyems pluviosa et parum fuit de gelu. (*Chron. Aegidii*) **Vdl.**

1351. Peu de gelée avant le 1 janv.; forte gelée et neige en février; le commencement de l'hiver assez pluvieux. — Sciendum est de gelu, quod nondum fuerat grande gelu, nisi per duos dies usque ad circoncisionem Domini, sed erat tempus modo pluviale, modo amoenum, modo frigidum. Fuit autem in mense Februario grande gelu et de niva magna copia, quae diu duravit. Mensis Martii sequens fuit multum incompositus frigoribus, ventis et etiam de nive, et pluvialis pro majori parte. (*Chron. Aegidii*) **Vdl.** — Der Winter war sehr streng (en Italie?). (*Toaldo*) [2] **Schn.**

1353? Hiver froid? — **1352** et **1354.** Straeng Vinter i Norden. (*Mansa*) **Sp.** — **1353.** „Cum in Polonia mensis Martius, Aprilis et Majus ultra medium, verno calore ad calamos et aristas segetes produxissent, ingens nix cecidit quae ad sextum usque diem duravit cum frigore"... (*Hist. Pol.* ap. *Calv.*) **N.**

1356. (Renseignements discordants) — Hyems suavis facta est valde et modicum frigus est inventum.... (*Chron. Moguntianum*) **Vdl.** — Kalter Winter. Im Hornung kamen doch schräkbare Donnerwetter, obschon eine sehr starke Kälte war. (*An. Francof.*) **P.**

1358. Hiver rude en Italie, dans le nord, en Angleterre et en Belgique. (La France n'est pas mentionnée particulièrement). — Fuitque hyems magna a festo beati Thome (21 déc.) usque ad Purificationem (2 févr.) (*Chron. B. Mar. Virginis*) **Vdl.** — Man gik over Isen fra Lybaek til Lolland. (*Rhode*) **Sp.** — Der Winter des Jahrs 1358 war sehr streng. (*Webster*) **Schn.** — Il tomba cette année jusqu'à dix brasses de neige en Italie. (*Villani*, cité par *Papon, Histoire de Provence*, t. III, p. 210) **A.** — Hiver dur du 21 déc. jusqu'à la Purification. (*Ann. Foss.*) **No.**

---

1) D'après *Script. rer. Dan.* cet hiver rigoureux fut en 1356 (Sp.)

2) Il me semble qu'un ou plusieurs hivers entre 1351-54 ont été plus froids que d'ordinaire, sinon très froids, mais les informations sont vagues. L'information de *l'Hist. Pol.*, 1353, pourrait ne se rapporter qu'à des „saints de glace" assez froids. Comp. 1356.

1361. La seconde partie de l'hiver très froide; le 13 février fut appelé „le jour froid" en Zélande. — In Zeeland veel schade aan de dijken in Januari; in Februari felle vorst, „zoodanig weinigen geheugden": 13 Fe. was „de koude dag." (*Kron. v. Zeeland* II, 162, *Chr. v. Vlaend.* II, 21) **H.** — Grosze Kälte. (*Toaldo*) **P.** — **1362**, selon P.: Auf das Nordlicht, welches das vorige Jahr in December erschien, folgte ein durchaus sehr kalter Winter, ohne Schee. (*Chron. Zwetl.*) **P.**

1363. — Hiver froid du commencement de décembre jusqu'en mars(?) — Hyems aspero et Mosa ingelidatus fuit ab adventu (1 déc.) usque ad pasca (*Ann. S. Jac. Leodienses;* aussi dans *Chron. d. Pays-Bas et de Tournai*, *Brabantsche Chronyk*, *Chron. v. Strassburg*, *Chron. Merchtem*, etc.) [1]) **Vdl.**

1364. Hiver très sévère et long, dans l'Europe centrale et occidentale. A Paris, la gelée persista (sans interruption?) du commencement de décembre jusqu'en mars. Les lacs suisses furent pris, ainsi que les grands fleuves. Beaucoup de neige. — Rhenus est congelatus a vigilia Epiphanie Domini (5 janv.) usque ad festum Palmarum (17 mars) (*Chron. Moguntianum*). Et in hoc anno cepit hyems ad festum Nicolai (6 déc.), duravit per quatuordecim septimanas, nive existente semper super terram (*Ann. Foss.*) Donec venit magnum gelu, quod incepit in medio jan. 1363 et duravit fere usque ad finem marcii... arbores furerunt ingelate. (*Chron. liégeoise de 1402*) **Vdl.** — Cet hiver fut très-rude dans le nord et surtout dans le midi de la France, où les arbres fruitiers périrent. La gelée commença à Paris le 6 décembre et persista pendant quatorze semaines. La neige demeura sur le sol durant tout ce temps. Il y eut à la suite de ces frimas une disette extrême de viande. En Angleterre la gelée dura depuis le milieu de septembre jusqu'en avril. (*Annales Fossenses; Villani; Chronique de Baker*). **A.** — Van Lübeck tot Arles; ongemeen lang. **Da.** — Lacus Tigurinus prae nimio frigore glacie concrevit, ut anates et aliae aves aquatiles Tiguri per vias publicas incederent, et in aquae fontanae receptaculis cibum quaererent. (*Suiceri Chronologia Helvetiae*) Jar 1363 war ein kalter winter und der Zürichsee bis an die stat gefroren, dass er schwere last trug.... (*Stumphen* et *Wirz.*) **N.** — On pouvait traverser le Rhin sur la glace. En plusieurs lieux il géla encore à la Pentecôte. **Bi.** — Von Weihnachten eine starke, und so anhaltende Kälte, dasz man noch um Mittfasten (welche den 9ten Märzen war) mit Wägen über die Flüsse fuhr. (*Chraft*) Eine ungemeine Menge Heuschrecken, die eine halbe Hand lang waren, gieng durch die Kälte zu Grunde. (*An. Francof.*) **P.** — Der kalte lange Winter dieses Jahrs rieb viele Leute ab. Der Rhein war 3 Monat lang so dick überfroren, dasz man mit beladenen Wägen darüber fahren konnte. (*Trithem.*) Es war die Kälte dieses Jahrs weit härter, als sonst gewöhnlich ist (*Lubenietz Polydorus*) **P.** — An extreme sore frost from te 7th day of December till the 19th day of March, as *Walsingham* and other old writers do report. (*Holinshed*) **Ba.** — „Hyems fuit tam aspera et nivosa, ut feras quoque in sylvis et volucres exstinxerit." (*Cromeri Hist. Poloniae*) **N.**

1365. Hiver très doux, selon la chronique de Mayence. —

1) On a l'impression qu'il y a eu deux hivers consécutifs, dont le second a été le plus rigoureux, mais il est difficile de décider.

Hyems sequens (1364—65) suavissima facta est, ita quod pene nullum frigus apparuit neque congelatio glaciei reperta est nisi duabus noctibus et modice usque ad festum Marci (25 avril). (*Chron. Mogunt.*) **Vdl.**

1367. Hiver doux — ... fuitque hiemps quasi nullus et fuerunt multa blada et vina hoc anno. (*Annales Fossenses*) **Vdl.** (Comp. 1368)

1368. Hiver très doux. — Hiemps precedens et instans preteriit sine omni frigore et glacie, et fuit suavis valde. (*Chron. Moguntianum*) **Vdl.**

1372. Hiver très froid, selon la chronique de Mayence. — Hyemps fuit asperrima cum multis nivibus durans pene usque festum Gregorii (12 mars). (*Chron. Mogunt.*) **Vdl.**

1378. Hiver rude dans l'Europe centrale? — Der lange und rauhe Winter dieses Jahrs hat die Felder und Weinstöcke sehr beschädigt, und es entstand eine Hungersnoth hierauf. (*Trithem.*) **P.** — Erfror der Bodensee. (*Stumph.*) [1]) **N.**

1381. Période de froid durant quelques semaines en janvier et février, du reste probablement hiver assez doux. — Circa octavas Epiph. Dom. (13 janv.) instetit frigus valde forte, durans usque ad Kal. Februarii, cum anteo a festo Michaelis usque ad predictas octavas continue fuerit aura pluviales et tepida, absque frigoribus durant. *Chron. Mogunt.*) [2]) **Vdl.**

1383. Hiver très doux selon un chroniqueur allemand. — Der Winter war so mild, dass man ihn für keinen Winter gelten lassen konnte. (*Gassar*) **Schn.**

1385. Hiver assez froid et neigeux au commencement; plus tard assez doux (dans l'Europe centrale?) — Es war zu Anfang des Winters sehr kalt (*Chron. breve Aug.*) aber gegen die Fasten hin wurde es warm (*Chron. germ. Austr., Matth. Hagen Chron.*) **Schn.** — Winter very severe. Sea frozen at Venice (*Chambers*) **Ba.** — Cet hiver fut très froid dans le nord de l'Europe. (*Hering*) ? [3]) **A.** — Kalter Winter, und warme Fasten. Es musz dieser Winter sehr frühe, und mit einem häufigen Schnee angefangen haben. Denn in ganz Böhmen war den 5 December aus dem zerschmolzenen Schnee eine grosze Ueberschwemmung. (*Lupacz*) **P.**

1389. Hiver froid et long? — Hyemps istius anni duravit usque ad medium mensem Aprilis... Circa Omnium Sanctorum institit hyemps cum magna acerbitate nivibus et glacie ... (*Chron. Mogunt.*) **Vdl.** — Kalter Winter. (*Berlin.*) **P.**

1394. Hiver précoce; rigoureux dans le nord. Beaucoup de neige, assez froid jusqu'en avril. — L'hiver fut rude en France. Les arbres éclatèrent par l'effet du froid (*Mém. p. servir à l'hist. de France, Par. 1729*) **A.** — Strenger Winter, welcher dem Weinwachs sehr schädlich war, wie auch den Baumfrüchten. Nuss-, pfersisch-, und andere Obstbäume

1) Ce fait n'est pas confirmé par les autres chroniques.
2) Schnurrer 1381: „hiver très doux".
3) Speerschneider n'en dit rien.

verdorrten ganz (*Hagen*). Auch dieser Winter hat abermahl früh und mit vielem Schnee angefangen. (*Lupacz*) **P.** — Memoriae proditum est a scriptoribus, tam asperam hujus anni MCCCXCIII hyemen fuisse, ut ex Pomerania reliquoque Germaniae litore recta in Daniam perdites per glaciem mare transmitterent. (*Ubbo Emm. R. Fris.* LXVI) Hujus anni initium, algoris vi et hyeme longe asperiore, insigne fuit, ut per mare glacie concretum iter pateret omnibus pedestre, ex Henetorum (Venedorum) oris in Daniam et Sueciam. (*Hamsfort Chron. Sec.*) 318. **N.** — Grosze Kälte. (*Toaldo*) Es gefror das gotische Meer. (*Lancell.*) **P.** — De Noël jusqu'en mars froid, avec beaucoup de neige. **Wo.** — Tercia die ante Andree Apostoli (27 nov.) tanta nix cecidit quod homines ambulare non poterant... item cira festum Nicolai episcopi (6 déc.) et per tres dies expost, tam magnum erat frigus, quod Rhenus congelabatur et ante civitatem Moguntinam vix stetit per tres dies. (*Poederlé*) [1]) **Vdl.**

1397. Hiver tiède dans l'Allemagne du Nord. — Abermal ein gelinder Winter. An der Ostsee wurde in Mai gerudtet. (*Berlin.*) **P.**

1399: Hiver rigoureux, surtout en Hollande et dans les pays du nord. Chute de neige extraordinaire en janvier. — **1399.** Vicesima nona januarii ceciderunt nives in tanta abundantia in diocesi Leodiensi, quanta nunquam a memoria hominum visa fuit unica die cecidisse (*Chron. Jean de Stavelot, Mag. Chronicon belg. rer.*; aussi dans *Chr. Mog.*, *Kron. v. Vlaenderen 580—1467; Goethals* e. a.) **Vdl.** — **1399.** Die Fastenzeit und die Ostern kalt, zu Ostern auch Schnee (*Wien. Ann.*) **No.** — **1399.** Man kunde gaa, ride og køre paa Isen fra Lybaek til Stralsund og derfra til Danmark. Vinteren var meget lang. (*Suhm*) **Sp.** — **1399.** Cet hiver fut mémorable en Hollande et surtout dans le nord de l'Europe. A Paris il y eut au dégel une forte inondation. (*Hering, Peignot*) **A.** — **1400.** Cet hiver fut très-rigoureux dans le nord: les mers congelées livrèrent passage à plusieurs armées. (*Annales fuldenses*) **A.** — **1400.** In Vlaanderen de rivieren toegevroren. (*Chr. v. Vlaend.* II, 127, *v. Heyst* 183) **Da.** — **1399.** Ingens rigor brumae et a multo tempore incompertum frigus, ut pedestri via per mare in urbem Sundensem et inde in Daniam perveniretur. (*Chron. Vetus* ap. *Ludewig*, 117) De même: *Alb. Cranzius Wandaliae.* IX, 13. **N., P., A.** — **1400.** Hyems ingruit frigidissima et maria glacie concreta sunt, qua occasione usi cruciferi Muschowitis bellum inferunt. (*Ann. Flandrici*) **A.** (Comp. P., L.) — **1399.** Grosze Kälte. (*An. Lips.*, *Toaldo*, *Berlin.*) Es gefror die Nordsee. (*Lancell.*) **1440.** Das *Berlin.* setzt zwey Winter nacheinander an. [2]) **P.**

1403. Hiver neigeux, froid dans le nord. — En ce meisme an fut le yver moult grand et plein de neiges... en ce meisme yver, au mois de janvier, furent les eaues merveilleusement grandes... (*Chr. d. Pays-Bas et de Tournai*) **Vdl.** — Der Winter war sehr kalt, man konnte das Baltische Meer [3]) zu Pferd passiren. (*Paltram*) **Schn.** — Østersøen [3]) lagde til. (*Mansa*) **Sp.**

---

1) Il s'agit probablement d'un seul hiver précoce.

2) Il a peut-être raison.

3) Speerschneider a démontré que „Østersøen" ne désigne pas la mer Baltique, mais la partie de la mer à l'est et au nord de Copenhague.

1404. Hiver froid? — In Frankreich und der Schweiz ein strenger Winter. Der Bodensee zugefroren 2 Fe.[1]). **Hn.**

1405. Hiver doux. — .... Hyemps (1404—05) mollis et sicca, ubertas autem frumenti fuit. (*Chron. Jean Brandon*) **Vdl.** — Bis zu Weihnachten unaufhörlicher Regen, der Winter aber gelinde. (*Chr. An. Vet.*) **No.**

1408. Cet hiver fut, avec celui de 1608, de 1709 et de 1830, un des „grands hivers" dont la rigueur a été établie historiquement. Les grands fleuves de l'Europe occidentale et centrale, les lacs suisses, restèrent pris pendant 2 mois ou plus. „L'hiver de 1408 sévit du nord de l'Europe jusqu'aux bords du Danube, il fut le plus cruel depuis cinq cent ans" (Arago). „L'hiver dura du 11 novembre jusqu'au 30 janvier; après une courte période de dégel, la gelée reprit le 15 février pour ne se terminer qu'au 7 avril''. (Pfaff) En Thuringe, le froid dura du 11 nov. jusqu'au 2 février. Dans les pays du nord, le froid ne paraît pas avoir été exceptionnel. — L'hiver de 1408, qui sévit sur le nord de l'Europe et jusqu'aux bords du Danube, fut le plus cruel qui eust esté depuis cinq cens ans; il fut si long qu'il dura depuis la Saint-Martin jusqu'à la fin de janvier, et si aspre que les racines des vignes et des arbres fruitiers gelèrent. (*Félibien*, *Hist. d. Paris*). Puis la Saint-Martin dernière passée a esté telle froidure, que nul ne pouvoit besogner; le greffier même, combien qu'il eut pris feu de lez lui en une pelette pour garder l'encre de son cornet en sa plume de geler, toutes voyes l'encre geloit en sa plume, de deux en trois mots, en tant que enregistrer ne pouvoit. (*Régistres du Parlement*). La disette du bois et du pain se fit cruellement sentir, les moulins situés sur la rivière étaient tous arrêtés par la gelée. Le dégel causa en France de terribles ravages... La débâcle se produisit à Paris, le 30 janvier, pendant la matinée: les premiers chocs des glaçons contre les arches des ponts avertirent les habitants des nombreuses maisons construites dessus de pourvoir à leur sûreté... (*Enguerrand de Monstrelet*, *Félibien*, *Velly et Villaret*, *Peignot*) **A.** — „De groote winter". De ergste winter sedert vijf eeuwen. De Maas toegevroren, bleef twee maanden lang dichtliggen, en de Luikenaars, van het beleg van Maastricht terugkeerende, trokken met hun wagens over het ijs. (*v. Dixmunde*) **Da.** — Die Kälte war so anhaltend, dasz von Martini bis Lichtmesz kein Schnee schmolz. Es musz aber eine plötzliche Wärme gekommen seyn, weil sich die Wässer um dieses Fest gäh und gewaltig ergossen. Das Eis war mannsdick. (*Craft*) Ein so kalter Winter, dasz sich Niemand eines ähnlichen erinnerte. (*An. Doroth.*) Die grosze Nordsee war zwischen Dänemark und Norwegen gefroren; die Wölfe liefen vom einem Königreiche in das andere. (*Saemond Frode*) Es war auch die ganze See zwischen Gothland und Oeland überfroren. (*Forster* aus dem *Ludwig*). Wie auch die ganze Donau. Man besorgte, dasz nicht die Kälte alle Früchte und Saaten verdorben habe; es folgte aber ein sehr fruchtbahres Jahr. (*An. Zwetl.*) **P.** — ... Und war ein kalter Winter wäret ein vierdtl. ains Jars. (*Cron. brev. Oef.*) **Schn.** — L'hiver commença à la St. Martin, les lacs furent pris, le Rhin et le lac de

1) Cette information doit être erronnée. Aucun auteur français ou suisse ne mentionne cet hiver.

Constance traversés partout avec 30 mesures de vin. Le vin se gela dans les caves. Lors du dégel la plupart des ponts furent détruits. **Bi.** — Von XI Nov. an, 12 Wochen sehr kalt. Die Zürichsee zugefroren. **Wo.** — Et non est etiam sub silentio pretermittendam, quod, in eadem hyeme, gelu et frigus fuit ita intensum, quod glacies inceperunt in die Martini (11 nov.) perdurantes et augmentantes continue usque ad vicesimam octavam diem mensis januarii. (*Chron. Jean de Bavière*; aussi *Chr. de J. Brandon*, *Chr. Westhoff*, *Cölner Jahrb.* etc.) **Vdl.** — **1407.** This year the winter was exceeding sharp through frost and snow that continued and covered the ground by all the months of Dec., Jan., Febr. and March, insomuch that thrushes, blackbirds, and many thousand birds of the like smaller size perished with very cold and hunger (*Holinshed*). — Frost of 15 week's duration (*Norwich Register*) 1) **Ba.** — Circa festum S^tae^ Elisabethae, quasi in die ejusdem, coepit hyems intensa frigoribus, qualis in centum annis non fuisse creditur et duravit usque ad festum Purificationis (19 nov.—2 fév.) (*Anon. Herfordensis de Landtgravis Thuringiae*). — Fuit maxima hyems, ita ut mare congelatum fuerit inter Gothlandiam et Ölandiam, inter Rostock et Gezör (Gjedser) (*Diar. Min. Wisby.*) Hyems admodum aspera fuit (*Hamsfort*). — Ein schrecklicher winter. (*Stumphen*) 1) **N.**

1409. Hiver très doux, presque sans gelée, on pouvait labourer les champs dès le commencement de janvier. Hujus anni menses januarius et februarius satis temperati erant, sed molles et absque gelu, ito quod tota hyeme non gelaret. (*Chr. Jean Brandon*) **Vdl.** — Den 1sten Jäner und die folgende Tage war es so warm, dass man säen und die Erde bauen konnte. (*Lupacz*) **P.** — Vinteren var mild. (*Mansa*) **Sp.**

1416. Hiver neigeux dans l'Europe centrale. — Kalter Winter (*Berlin.*) **P.** — Tiefer Schnee, ein vulkanischer Ausbruch auf Island, und am ein und zwanzigsten Julius ein Erdbeben in Basel characterisiren das Jahr. **Schn.**

1420. Hiver rude en France, beaucoup de neige. — L'hiver rigoureux de cette année vint ajouter aux malheurs de la France déchirée par la guerre civile et dont la capitale était aux mains des Anglais. La famine fut telle à Paris, que les malheureux passaient leurs journées à la recherche des plus vils aliments, et les loups pénétraient jusque dans les faubourgs de la ville, qui était devenue comme une vaste solitude. (*Velly et Villaret*) **A.** — „Am Zinstag vor S. Martini tag fil so vil schnee in dieser landen, dass er an vilen ender di tächer und gebew darnider trucket". (*Stumphen*) **P.**

1421. Hiver très doux, dans l'Europe centrale et en France. — Ein Winter der sich durch seine sanfte Witterung besonders ausgezeignet hat. Einige Bäume trugen zweymal obst. Das getraid hatte zu Ostern (den 7 April) vollkommene Aehren. Rosen gab es um Philippi, Kirschen den 15 May. (*Chron. Mellic.*) **P.** — L'hiver fut si doux que l'on eut des cerises en avril et des raisins en mai. **G-P.**

---

1) Tout cela se rapporte sans doute au grand hiver de 1408 (que Neikter ne mentionne même pas!); Comp. A., P.., — bien que P. et Schn. fassent mention de deux hivers.

1423. Hiver très froid, surtout dans le nord de l'Europe. En France et en Hollande hiver rigoureux durant la plus grande partie des mois de janvier et février. Température extraordinairement basse en France vers le milieu de janvier. (Aucune information sur l'Angleterre.) — Sehr grosze Kälte. Es gefror die Nord- und Ostsee. (*Lancell.*) Viele Menschen, und Vieh, Fischen, Getraider und Weinstöcke giengen vor Kälte zu Grunde. Man konnte von Lübeck auf Dantzig zu Fusz über das Meer kommen. (*Berlin.*) Forster schreibt diesz, in den auf seiner Reise um die Welt gesammelten Bemerkungen, vom Jahre 1426. **P.** — Dans cet hiver très-rude les bords de la mer Baltique furent gelés de Lubeck à Dantzig. (*Berneggeri observ.*) **A.** — Anno D' MCDXXIII gelu fuit per brumam ingens et inauditum, ut equites Gedano Lybecam per viam navigantium transierunt (inquiunt annales Sleswigii) incolumes. Deinde a Megapoli in Danicam hospitia habentes in mare). (*Diar. Minor. Wisby.* et *Olaus Magnus, Hist. Gent. Sept.* 26 ....) Le même récit dans le *Chron. Vetus* ap. *Ludewig* I, 135. comp. *Schütz* 114 et *Alb. Cranzius*, 40)[1]) **N** — In Nederland nawinter. Van 6 Jan. tot 25 Fe. vorst, in Maart ijsgang. De Dollart toegevroren. (*Zwolsche Kron.*) **Da.** — Ved Vintersolhoerv 1423 indfandt en af de saedvanlige straenge Vintre sig. (*Mansa*) **Sp.** — **1422?** Janvier, douziesme jour, fit le plus aspre froid que homme eust eu faire; car il gela si terriblement qu'en moins de trois jours le vinaigre, le verjus, geloient dedans les celiers et pendoient les glaçons ès voultes des caves, et fut la rivière de Saine, qui grande estoit, toute prinse, et les puiz gelez en moins de quatre jours, et dura celle aspre gelée dixhuit jours entiers; et si avoit tant negé avant que celle aspre gelée commençast environ ung jour ou deux devant, comme on avait veu trente ans devant (1394?) et pour l'aspreté de celle gelée et de la neige, il faisoit si très froit, que personne ne faisoit quelque labour, que soulter, crocer, jouer à la pelote ou aultres jeux pour soy eschauffer, et vray est qu'elle fut si forte, qu'elle dura en glaçons, en cours, en rues, près des fontaines, jusque la Notre-Dame en mars (le 25). Et vray est que les coqs et gelines avoient les crestes gelées jusques à la teste. (*Journal de Paris, dans Mémoires pour servir à l'Histoire de France et de Bourgogne*, Paris, 1729, p. 91.)[2]) **A.** — **1421?** Im nächsten Winter gefror die See wieder zwischen Lübek und den dänischen Inseln. (*Mackenzie*) **Schn.** — **1422.** Et en le hyver de ce meisme an furent plusieurs neiges et gella très fort. (*Chron. des Pays-Bas et de Tournai*) **Vdl.**

1427. Hiver très doux, surtout dans sa première partie. — Vaar oc en Vinter uden Kuld. (*Arrild Huitfelds Kronike*) **Sp.** — Les arbres fruitiers bourgeonnaient le 6 décembre. **A.** — L'hiver était chaud. Vers Noël on voyait des fleurs partout. **Bi.** — Memoria dignum, anno Christi 1427 omnis glaciei et frigores expertem hyemem permansisse. Circa festum Nicolai, secundo passim arbores floruerunt, quin et fructum protulisse adjiciunt. (*Ann. Parchenses*; aussi *Frytsch* et *Lib. Fromond*) **Vdl.** — In Deutschland war ein so leichter Winter, dasz um Nikolai (6 Dec.) die Bäume blüheten, und die Felder und Gärten voll Blumen waren. (*Fugger*) **P.** — Hiver chaud en Italie (*Toaldo*) **G.-P.**

---

1) Date incertaine: 1422, 1423 ou 1424.

2) Les particularités, mentionnées dans le Journal de Paris, correspondent aux faits données par Daring pour les Pays-Bas. Tout cela se rapporte à 1422—23.

1428. Hiver normal, probablement. — Vers la St. André — 30 nov. — le froid devint très sévère, il dura jusqu'à la mi-carême. Les vignes et les noisiers périrent. Il neigea 32 [jours] de suite. A la St. Georges — 23 avril — une gelée détruisit tout ce que les précédentes avaient épargné. [1]) **Bi.**

1430: Hiver tiède (en Allemagne?) — Der Winter dieses Jahres war warm und feucht, der Frühling sehr gemässigt. (*Trithem.*) **P.**

:**1431**: Hiver froid dans le nord de l'Europe, assez froid en Allemagne. (Date incertaine: 1429, '30 ou '31.) — 1431: Frosten var saa streng, at man kunde ride og köre mellem Skaane og Sjaelland. (*Script. rer. Dan.* I) **Sp.** — 1430: L'hiver de cette année fut très rigoureux dans le Nord; les vignes souffrirent extrêmement en Allemagne. (*Peignot, Crusius*) **A.** — 1429: Kalter Winter. (*Berlin.*) **P.** — 1430: Les vignes, arbres et fruits gelèrent. **Bi.**

1432: Hiver long et très froid, particulièrement en janvier et surtout dans l'Europe centrale. — 1433: Do was ein uffermaissen lank winter, dat der Rin so ervroir... (*Cölner Jahrbücher XIV und XV Jahrh.*) **Vdl.** — 1433: Cet hiver fut encore rude en Allemagne. (*Peignot*) **P.** — 1432: Im ersten monat Januario war so kalt, dass viel menschen, auch wilde thiere erfrüren. Di räben und fruchtbaren böm gefroren an vielen orter. das man sy anshauen muss" (*Stum.*) (De même *Suiceri Chronologia Helvetiae*) **N.** — 1432: En utaalelig Vinter (*Script. rer. Dan.* I) **Sp.** — 1432: Schon im December war die Kälte in Böhmen so grosz, wobey es auch gewaltig schnie, dasz man Vögel und Hasen auf den Wegen sehr häufig fieng; viele giengen vor Kälte zu Grunde. Im Jäner war häufiger Schnee, und besonders den 5ten und 28ten eine so strenge Kälte, dasz mehrere Leute umkamen. (*Lupacz*) Die Kälte war vom 19ten November, wo häufiger Schnee fiel, bis den 25ten Jäner sehr stark. Fast alle Flüsse Deutschlands waren überfroren. Man konnte sich kaum einer Mühle gebrauchen. Es gab auch diesen Winter hindurch sehr hohen Schnee. (*Trithem.*) **P.** — 1432: „Le 1 janv. le froid tua des hommes, des animaux sauvages, et détruisit les vignes et arbres." **Bi.** — Januar sehr kalt. **Wo.** — Strenger Winter. Beim Eisbruch Ueberschwemmung der Donau (*Not. Dies*) **No.** — Severe frost in England. **Lo.** — Hiver mentionné aussi dans le *Magnum Chronicon... belgicae res..., Vinchant Ann. Hainaut, Chron. Dietrich Westhoff.* **Vdl.**

1435. Hiver très long et très rigoureux, surtout durant les mois de janvier et février. Le froid sévit de l'Ecosse jusqu'en Espagne, et se prolongea jusqu'en avril ou mai. En Hollande et en Angleterre les fleuves restèrent pris pendant 2 ou 3 mois; on passait la Zuyderzée avec des camions. Cet hiver fut longtemps appelé „l'hiver long". — La gelée commença le dernier jour de novembre et continua pendant trois mois moins neuf jours; ella recommença vers la fin de mars et dura jusqu'à Pâques,

---

1) Suivant Hennig, l'hiver 1427—'28 a été doux (= 1427?) Le témoignage d'une seule chronique alsacienne ne suffit pas, du reste, pour classer cette saison parmi les hivers rigoureux.

qui tomboit cette année au 17 avril. (*Félibien*) En Hollande, il neigea pendant quarante jours consécutifs. (*Van Swinden*) Le 25 avril et la nuit suivante, il y eut une gelée si âpre accompagnée de neige, que la majeure partie des vignes périrent en Autriche, en Souabe et en Hongrie. (*Chronicon elwacense*) Cet hiver fut appelé en Angleterre celui de la *grande gelée*; le froid dura du 24 novembre 1433 au 10 février 1434[1]. (*Trusler's Chronology*) **A.** — „De lange winter". De koude duurde van begin December tot 22 Maart; vervolgens nog in Frankrijk tot 17 April, in Nederland tot half Mei. De Nederl. rivieren lagen 10 weken vast; de Zuiderzee was toegevroren. Van Nieuwjaar tot in Juni 40 dagen sneeuw. De Schelde was van Antwerpen tot Bath bevroren. Op St. Markusdag hevige hagelstormen in Friesland (*Kron. v. Friesland*). Het ijs lag in sommige rivieren „een els hoogte." (*Chron. Vlaen.*) „De Zuiderzee lag zoo vast, dat zekere Pieter Haringh, een Hoorns burger, 4 of 5 dagen voor M. Ligtmisse een drift van 12 ossen van Stavoren over het ijs naar Enkhuizen voerde". (*Velius*) **H., Da.** — Jan. Fe. en Mrt. in Frankr., Holl. en Duitschl. **Pf.** — „Anno Dom. 1433 fuit hyems nimis dura et longa, incoepit enim congelatio in festo Sct^{ae} Elisabethae viduae, et duravit usque in crastinum Scholasticae virginis, ut modicum vel nihil remitteret"[2] (*Magnum Chron. Belgicum.*) **N.** — 1433? Es schnie im Anfang des Jahrs durch 40 Tage so häufig, dasz sich Vögel und Wild in die Städte haufenweis flüchteten, und sich lieber fangen, als abtreiben liesz. (*Fugger*) Diesz geschah in Schwaben, aber am Rhein fieng der rauhe Winter später an. Den 3ten Jäner waren die Flüsse so hoch angelaufen, dasz der Rhein zu Worms, der Mayn zu Würzburg bis auf den Platz gieng. Den 12ten fiel ungemein viel Schnee, darauf kam Regen, und den 14ten so eine Kälte, dasz alle Flüsse überfroren. Der Winter war hernach sehr rauh und kalt. (*Trithem.*) **P.** — 1434? Da die Kälte und Strenge des Winters allzu lang anhielt, muszten Menschen und Vieh viel Ungemach ertragen. Obschon aber die Kälte so grosz und anhaltend war, fiel doch den 25ten April eine neue ein, und verderbte die Weingärten in Franken. (*Trithem.*) **P.** — 1435. Langer strenger Winter. Viele Jahre schnie es nicht so häufig. (*An. Doroth.*) Sie hielt drey Monat hindurch grimmig an, mit groszem Schaden an den Feldern, Bäumen, und Weinstöcken. (*Trithem.*) **P.** — „Zürichsee und Bodensee zugefroren" (*Stumphen*) **Wo.** — In Castilien gab es vom 29 October bis 7 Januar 1435 ununterbrochen Regen und Schnee. (*Villalba*) **Schn.** — L'hiver de cette année fut remarquable par la durée et la rigueur du froid. Il dura en Flandre depuis le commencement de décembre jusqu'an mois de mars, et l'épaisseur de la glace fut de plus d'une aune. (*Annalis Meyeri*) En Allemagne beaucoup de personnes moururent de froid. (*Chronicon elwacense*) **A.** — In 't jaar MIIIICXXXV doen wast eynen der groetsten calsten wynter den ye mensche leven mochte oft geleefd had. Dan bevroren alle wateren te gronde. (*Chron. der stadt Maestricht*; aussi dans: *Chron. Ville de Bruxelles*, *Haverlant-Tournai* etc.) **Vdl.** — 1434. Hyems acerrima a divi

---

1) S'il y avait eu deux hivers très rigoureux consécutifs, ce fait exceptionnel aurait été mentionné au moins par un des chroniqueurs très nombreux, ce qui n'est pas le cas. Il me paraît plus logique d'adopter deux hivers rigoureux séparés par deux ou trois saisons temperées: 1432 ('33?) et 1435. Tous les hivers de 1432—1436 sont mentionnés comme rigoureux! Plusieurs particularités peuvent se rapporter aussi bien à l'hiver de 1432 qu'au second hiver 1435, qui paraît avoir été le plus long.

2) Cette information se rapporte peut-être à l'hiver de 1432.

Martini ad Purificationem Deiparae ingenti fame et pestilentia consequente. (*Annales Thuringiae* ap. Bucelinum). Memorabilis hujus anni hyems ob diuturnitatem et magnitudinem frigoris, quod a Calendis Decembris usque in mensem Martii perseveraverit, adeo ut spissitudo glaciei ulnae mensuram excederet. (*An. Flandr.*) Glaciei quoque spissitudo ea fuisse additur, ut in Rheni et Mosae decurrentibus per Geldriae ora fluminibus, ulnae propemodum mensuram excesserit. (*Pontani Hist. Geldriae*, L IX.) **N.** — 1436? Hyeme deinceps tantum gelu fuit, ut vinum multis in locis concresceret. Cerevissa vero adeo ubique congelata, ut fractis vasis conjectaque glacie in cupis, pondere in tabernis venderetur, ac mox liquefacta ad carbones biberetur. (*Hect. Boëthius Hist. Scot.* LXVII) **N.** — The Thames frozen from 24th Nov. 1434 to 10th Fe. 1435, so that it bore heavy waggons on its surface as far as Gravesend.... The ships with merchandise arriving at the Thames mouth could not come up the river, so their lading was brought to the city by land. In Scotland the frost was so vehement, that ale and wine were sold by the pound weight, and then melted against the fire. (*Holinshed*) **Ba.** — 1435. Dit jaer was merkwaerdig: omtrent half February was de wind veel oost, ofte noordoost, en des naghts was 't klaer weer tot ses of seven uuren toe, en des daags was 't donker graauw weer tot 's avonds seer koud tot ses of seven uuren toe, ende 't regende niet nog 't doude niet in de maenden Maert, April nog in Mey. En op Sint Pancrasdag den 12 Mei (oude stijl) hadt 't hard ys gemaekt, dat er een kraay op staan kon, en daer wies lover nog gras nog koren nog pruimen, en de boomen en bloeiden niet, nog kerssen, nog appelen, nog peeren, nog geen wijngaard en was ontlaten. Ende daer waren menschen die geen betrouwen op God hadden ende keerden heur lant anderwerf om, en zij hadden geen vrugten. Ende andere seyde met Job: God gaff, God nam, en daer sy een hoet tarwe af plegen te hebben, daer hadden sy vier hoet af in die Somer. Ende op St. Jansdag den 24 Juny saten de oude vrouwen met groote lollepotten in de kerk, ende 't volk kon haer niet verwarmen die by de straten gingen. (*Extrait d'un ancien manuscrit hollandais*) **E.**

1438? (Information douteuse). — Ein langer Winter. Es war bis in May meistentheils kalt. (*Lupacz*) 1) **P.**

1439. Hiver pluvieux? — Item de janvier, le 9e jour, fut Mouse très grant, car ilh alloit jusqu'à Juredrie par devant le Mère-Dieu. (*Chron. de Jean de Stavelot*) **Vdl.** — Cet hiver est mentionné parmi les hivers tièdes dans une chronique allemande. **Hk.**

1443. Hiver assez rigoureux, très long, avec plusieurs périodes de froid intense entre la fin d'octobre et la fin d'avril. Beaucoup de neige vers la fin de l'hiver. — A°. 1442 was eenen couwen winter, dat veele boomen en vruchten vervrosen. (*J. de Weerdt, Chr. v. Nederl., besond. Antwerpen;* aussi: *Memorieboek Gent, Chron. v. Vlaenderen*). — Dins vurs jaers was die winter lang und kalt, bestont yrst am dage Michaelis vergangen jaers (29 Sept.) to drogen und to vreisen bis ungeveerlich tom halve mei... Es vel die nacht

1) Peut-être par erreur pour 1443. Cet hiver n'est pas mentionné dans les chroniques de l'Europe occidentale.

Purificationis Mariae (2—3 févr.) so geweldigen groten snee... (*Chr. Westhoff*) **Vdl.** Le roy passa l'hyver à Montauban, qui fut si rude qu'il glaça toutes les rivières de ce pays-là et retint les troupes dans leurs quartiers sans pouvoir sortir. (*Mézeray*). Quantité d'arbres et de fruits de la terre gelèrent. (*Chronique flamande* de *De Werdt*) **A.** — Cet hiver fut très-dur en Allemagne: la gelée commença à la fête de Simon et Jude (28 octobre) et dura jusqu'à la Chaire de Saint-Pierre (22 février); elle reprit ensuite et ne cessa qu'à la Saint-Georges (23 avril). On n'avait pas vu dans l'espace de soixante ans un pareil hiver [1]), car on eut troid jusqu'à la Saint-Urbain. (25 mai) (*Continuatio claustroneoburgensis quinta*) **A.** — **1441.** Grosze Kälte von Martini bis Lichtmesz. (*Trithem.*) **P.** — Sehr harter Winter. Es schnie 26 mal hintereinander. (*Alsted*). Langer und harter Winter. Den 21ten Oktober vorigen Jahrs fiel schon in Oesterreich ein häufiger Schnee, der lang anhielt, so dasz man die Weinlese bis Martini verschieben muszte, die aber reich war... es war bis den 25ten May kalt. (*Paltram.*) In Franken dauerte sie von Martini bis im halben May. Die Bauern nahmen ihre Strohdächer, das Vieh zu füttern. Andere trieben es in die Wälder, sich Speise zu suchen, wo es den Wölfen zur Speise wurde. (*Trithem.*) **P.** — An der Herren fastnacht fil so grosser schnee, dergleichen nit vil mer gesehen war... Er zuging uns schaden, und ward darauf so ein volkommenes jahr desgleichen in 50 keins erschinen ward. (*Stumphen.*) **N.** — „In de Nederlanden vele wortelen en boomen uitgevrozen". (*v Heyst*) In Zeeland en Vlaanderen vele rivieren en vijvers tot den bodem bevroren. 1 en 3 Mei veel sneeuw. (*Kr. Zeel.* II 213, *Chr. Vlaend.* III 276, *Velius* I, 135) **Da.** — L'hiver dura du 25 nov. jusqu'au 4 april; il y eut quatre périodes de froid. Le Rhin était couvert de glace **Bi.** — Kalter Winter. Noch 3 Mei schneit es den den ganzen Tag. **Wo.** — [A. admet 2 hivers consécutifs, Köppen: 1442 et 1443; P. même 3! Dans les chroniques je ne trouve pas d'indications suffisantes pour conclure à plus d'un hiver, assez rigoureux, mais de longue durée. — Ea.]

1445. Hiver doux en Allemagne. — Der Winter war mild. (*Chron. Winterthur*) **Wo.**

1450. Hiver très doux, du moins dans le nord. — I Januar gik flere Skibe til Gotland og flere fulgte efter (*Danm. Riges Hist.*) **Sp.** — Warmer Winter. **Schn.**

1452. (Information douteuse). — ...Carolus Rex, Christierni praesidia ex reliqua parte Daniae prohibente glacie, et mare Balticum adeo replente, ut nusquam haberetur in Scaniam trajectus. (*Chron.* ap. *Ludewig* 44) [2]) **N.**

1456. Hiver probablement assez tiède dans l'Europe occidentale. — Der Winter war sehr feucht. (*Lupacz*) **P.** — Man konnte über die gefrorene Ostsee setzen zwischen Danzig und Hela [3]). (*Hennig*) **Sp.** — Verna huius anni temperies adeo praecox fuit.... (*Papebroeck*, *Ann. Antverpienses*) **Vdl.**

1) Aurait-on déjà oublié l'hiver terrible de 1408 et celui de 1435?

2) Cette information parait se rapporter à 1457. Comp. Sp. 69.

3) Même si le „Kurische Haff" était pris, l'hiver a pu être plutôt doux en Allemagne et en France; les indications de Hennig sont du reste peu précises.

1458. Hiver rigoureux. Froid d'octobre jusqu'en février, dans l'Europe occidentale et centrale, beaucoup de neige vers le 16 janvier, suivie d'une température exceptionnellement basse le 24 janvier. Inondations vers la fin de février. — Item als men screef dusent IIIICLVII op Sinter Anthonys avont (16 janv.) in loymaent, viel den groeten snee datmen dies ghelyc nye en sach. (*Kron. v. Merchtem*). In dit scependom vroes 't bij den drie maenden tijts, het viel groote snee; den cauden Maendach was den XXIIII dach in lauwe, dat men 't nyet vele zo caut te voren gheweten hadde (*Dagboek v Gent;* aussi: *Goethals*, *Vinchant*, *Kron. Vlaenderen*, etc.) **Vdl.** — Cet hiver fut très rigoureux à Paris. (*Chroniques de Saint-Denys*, Paris, 1514, t. III): „On dit au cinquantesept, dit un contemporain, il fust sy fort et grand hyver et long que depuis le Saint-Martin d'hyver jusqu'en dix huictiesme de fébvrier, il gela si fort qu'on passoit la rivière d'Oise et plusieurs autres rivières à chariost et à cheval; et se feit en la fin moult grandes neiges, et sy grande multitude en quiet (tomba) que quand il desgella il fit si grande lavasse, qu'il n'estoit point mémoire d'homme, que on les euist veu si grandes, et feirent moult dommaiges." (*Mémoires de Jacques du Clerq*) En Allemagne le froid fut si vif que sur le Danube congelé campa une armée de 40.000 hommes. (*Guillaume Marcel*, *Histoire de l'origine et des progrès de la monarchie française*, t. III, p. 624) **A.**[1]) — Van 11 Oct. tot Februari waren alle rivieren toegevroren, zij waren met vrachten te berijden. Den 22sten Fe. storm, overstroomingen en dijkbreuk. (*Chr. Vlaend.* II, 347) **Da.** — Der Winter 1458 scheint sehr streng, wenigstens sehr schneereich gewesen zu sein ... Ueberschwemmungen des Nekars, Mayns, Rheins und der Mosel. (*Trithem.*) **Schn.**

1460. Hiver rigoureux en Allemagne, en Autriche et dans le nord; hiver froid dans l'ouest et jusqu'en Provence, printemps tardif. — Int jaer ons Heeren 1460 doen viel groeten sneeuw in April op St. Joris dach (23 avril) ... van grooten vorste, die geschiede in den Maerte en in den April (*Chron. v. Nederland .... Roode Clooster*) **Vdl.** — Van 2 of 10 Febr. af strenge vorst, die vijf weken duurde (*Zwol. Kron.*) **Da.** — L'hiver de cette année fut très froid dans le nord, ainsi qu'en Provence. La Seine déborda à Paris et causa beaucoup de dégâts. Les vignes souffrirent extrêmement en Allemagne. (*Annales Meyeri*, *Papon*, *Pilgram*, *Peignot.*) **A.** — Sehr harter Winter. Die Donau war vom 13ten Jäner bis 11ten Märzen so hart gefroren, dasz sie schwere Wägen trug. (*Haselbach*). Die Mühlen blieben des Eises wegen steken. Die Weingärten giengen zu Grunde (*Fugger*) Die Kälte hielt so lang an, dasz man vor Ostern (den 13 April) und auch einige Tagen hernach weder ackern noch graben konnte (*Chr. Aegid.*) Die Ostsee war so hart gefroren, dasz man zu Fusz und Pferd von Dänemark nach den Hanseestädten und nach Schweden reisen konnte. (*Forster*) [Er schreibt zwar diesz von 1459, ich glaube aber, es gehöre hieher. *Nicol. Marschal.* schreibt 1461.] **P.** — Die Kälte nam auch so heftig zu, dass man noch auf Gertrudis zu Füsse und Pferde aus Denemarken über den Eyss in die Wendische Städte, gen Lübeck, Wissmar, Rostock und Stralsund hat fahren; welches für diesen kein Mensch bedachte. Dessgleichen aus Liefland, von Rewel und andern Städten zog man über Eyss in Dennemarcken und Schweden, und wieder herüber ohne

1) La *Chronique d'Enguerand de Montrelet* mentionne les mêmes faits que J. du Clerq pour l'hiver de 1457, sans doute par erreur.

Gefahr und Schade. (*Schütz*) Ut concreto gelu Occano plaustris millia passuum supra trecenta, merces ad ultimam usque Thylen et Orcadas (Orkneys) egerint (?) (*Nic Maresk. Thurii Annalis Herulorum* ap. v. *West.*) Frigus in tantum invaluit, ante festum Paschae nec arari fodi aut seminare quis poterit. (*Anon. Herfordensis de Landgraviis Thuringiae.*) Erat hyems tam gelida, ut ex Norvegia Lybecam per glaciem pateret iter. (*Annales Flandr.*) **N.** — I denne Vinter har selve Østersøen vaaret tilfrosset og befaerdet tvaers over. **Sp.**

1461. Hiver assez doux. — Dieser Winter war wie sonst der Herbst zu seyn pflegt. (*Haselbach*) **P.**

1462. La seconde partie de l'hiver, à partir du 6 janvier, fut assez froide. — Vorst na 6 Januari, tot Paschen (*Zwol. Kron.*) **Da.** — Der Winter 1462 war sehr kalt. [1]) **Schn.**

:**1465.** Hiver rigoureux dans l'Europe occidentale, surtout en Belgique, où les gelées continuèrent du 10 déc. jusqu'au 15 février. On traversait l'Escaut près d'Anvers sur la glace pendant un mois. — Anno 1464 doen was 't so couwen winter, dat men tot Antwerpen ginck een maent lanck over Schelt (*Chron. v. Ned. besond. Antwerp.;* aussi dans *Goethals*, *G. v. Loon*, *Papebroeck* etc.) Int zelve jaer was de winter zo groot dat de wijn ende 't broot vervroos up de tafele ende in de kelders ende in de steenputten. Ende gheduerde van den X van december totten XV februario. Ende was de vorst van zeven daeghen zo groot, dat de lieden storven van coude achter lande. (*Vlaemsche Kronyk 1416—1598.* **Vdl.** — 1464: Cet hiver fut très-rude dans le Nord, en Flandre on n'en avait pas ressenti de semblable depuis 1408. Il gela sans discontinuer du 10 décembre au 15 février. On traversa l'Escaut sur la glace pendant un mois. (*Annales Meyeri; Chronique de De Werdt*) **A.** — 1464: A decimo die Decembris usque ad 15 d[m] Februarii. (*Annales Flandr.*) ... Et diserent les anciens que depuis le grand hiver qui fut l'an sept, il n'avoient vu si fort geler. Il n'y avoit riviere de Seine et d'Oise. qui ne fussent engelées si qu'on charioit dessus les rivieres et si furent beaucoup de neiges en cet hiver. (*Chron. d'Eng. de Mons.*) — 1465: „Hyems hoc anno prolixa fuit asperrima, Rheno fero per menses tres congelato. Fames quoque pestilentia magna. En Allemania multi quoque homines, alii frigore, alii fame perierunt." (*Chron. Hirsaugiense*) **N.** — 1465: Van 10 Dec. tot 15 Fe. vorst. De menschen vielen dood op de wegen, zelfs was de wijn in de kannen gestold. De Schelde voor Antwerpen bleef vijf weken toegevroren. (*Chr. Vlaend.* II 370) [2]) **Da.**

1467. Hiver pluvieux. — Magne fuit aquarum alluvies in Flandria, pluente circiter VI vel VII hebdomadas integras, in hyeme (*Chron. Evershamende, Bruges;* aussi dans *die excell. Chron. v. Vlaenderen*) **Vdl.**

1469. Hiver très froid dans les Pays-Bas et jusqu'en Provence, période de froid intense vers le milieu de novembre. — Cet hiver rigoureux est mentionné par Philippe de Commines; le plus grand froid eut lieu entre le 14 et le 17 novembre: „A cause des grandes

---

1) L'information de Hennig, que l'Allemagne eut un hiver tiède, paraît erronée.
2) L'hiver de 1465 ou 1464 a été certainement rigoureux dans le nord de la France et dans les Pays-Bas, sinon dans les pays environnants.

gelées et froidure fut force que la plupart des gens du duc (de Bourgogne) allassent à pied au pays de Franchemont. (près de Liége). J'y vis choses incroyables du froid. Il y eut un gentilhomme qui perdit un pied dout oncques puis ne s'ayda. Et y eut un page, à qui il tomba deux doigts de la main. Par trois fois fut départy le vin qu'on donnoit chez le duc, pour les gens qui en demandoient, à coups de cognée, car il étoit gelée dedans les pipes et failloit rompre le glaçon, qui étoit entier et en faire des pièces, que les gens mettoient en un chapeau ou en un panier, ainsi qu'ils vouloient. J'en dirois assez d'estranges choses, longues à escrire; mais la faim nous fist fuir à grande haste après y avoir séjourné huit jours." (*Mémoires de Philippe de Comynes*). La rigueur du froid s'étendit jusqu'en Provence, où les vignes souffrirent beaucoup (*Martins.*) **A.** — In dit selve jaer 1469, so wast eenen swaren couden wintere, het vroos biden vijf maenden lanc, waeyende, sneeuwende en stormende vander maent van December tot den 13^den^ van April anno 69 (*Die excell. Chronyke van Vlaenderen;* aussi: *Memorieboek van Gent*, *Goethals*) **Vdl.**

1471. Hiver assez doux en Allemagne? — Gelinder Winter (*Chron. allem.*) **Hk.**

1473. Informations contradictoires. Probablement un printemps précoce, suivi d'un été très chaud. — Im Februar grünete die Erde, und die Bäume blühten wir sonst im May. Es folgte ein sehr heiszer Sommer. (*Fugger*) **P.** — Ein kalter Winter. (*Berlin.*) **P.**

1476. (Information dontense) — Kalter Winter (*Berlin.*) **P.**

1478. Hiver très doux. On vit des rosiers en fleurs, dans un jardin à Liége, dès le 5 février; quelques jours plus tard les pensées se montrèrent partout dans les bois; les cerises étaient mures le 4 mai. — Inden selven jaer van LXXVIII due waest also weyck weynter, inde sonder snee inde vorst, dat men schoen blodende fiolen sach inde vant onser Vrouwe Lychtmysse. Mer opp synte Appolonyenavent (9 févr.) . . . due sach men sy ghemeynlyck overal in 't ghemeyn bloden (*Chron. d. l. v. Overmaes*). Et 5 Februario erant Leodii, in horte Aegidii Jamsin, albe rose. Et fuit ad dies prescriptos hiems valde dulcis . ., 28 Aprilis fuerunt terre fraga venalia in foro Leodiensi et cerasa matura ac venalia 4 maii . . . . (*Chron. Gilles Jamsin*) **Vdl.** — Der Winter war üdrigens gelinde (*Chron. Aeg.*) **Schn.** — Von Weihnachten bis H. Drei Koningen war fast alle Nächte Donnerwetter, mit Hagelen und einem sehr warmen Winde. Alles bewunderte die grosze Hitze einer Zeit wo sonst die gröszte Kälte zu seyn pflegt (*Chron. Salisb.*) — Von einer nachgefolgten Kälte habe ich nichts gefunden. Es bezeugt einen gelinden Winter das *Chron. Aegid.* **P.** — 1478: Hyems fuit horrida in Hispania . . . Ingens variusque serpentum numerus, actus frigoribus e proximis silvis montibus egressus . . . . Lupi quoque [2]). (*Chronicon Chronicorum Politicum* Fref. 1614) **N.**

---

1) Hennig dit qu'en 1470 la Zuiderzée fut prise, mais les recueils hollandais n'en font pas mention.

2) Plusieurs témoignages indépendantes les unes des autres indiquent — ce qui est rare au moyen-âge — pour l'Europe occidentale et centrale un hiver d'une douceur exceptionelle. Il est fort probable que les faits cités par Neikter ont été attribués par erreur à l'hiver de 1478.

1480. Hiver doux, dans l'Europe centrale. — Durch den November, December, Jäner und Februar war in Böhmen (und viel mehr in Oesterreich) eine so milde Witterung, dasz viele Kräuter blühten. (*Lupacz*) **P.**

1481. Hiver très froid, surtout entre le 26 déc. et le 13 janvier. On traversait l'Escaut sur la glace jusqu'en mars. Le froid sévit aussi dans l'Europe centrale. — Anno 1480, decembris 26, de nocte, incepit unum gelu continuum, quod duravit usque ad sextam Februarii anni sequentis, cum maximis nivibus... (*Chron. G. Jamsin*, aussi dans *Chr. Overmaes*, *Die exc. chron. Vlaenderen* e. a.) **Vdl.** — L'hiver fut rigoureux et remarquable par une grande inondation à Paris. (*Peignot*) **A.** — Grosze Kälte, welcher im Hornung ein feuchtes, windiges Wetter folgte. Viele Leute auf den Wegen, ja die Kinder in den Wiegen starben vor Kälte. (*Fugger*) Von 40 000 Türken, welche in Polen eingefallen waren, giengen die meisten durch die Kälte dieses Winters zu Grunde. (*P. Lang*) **P.**, **Schn.** — De winter begon 25 Dec., 13 Jan. was de Schelde voor Antwerpen toegevroren. Tot half Maart ging men er te voet over. (*v. Heyst*, *Chron. Vlaend.*) **Da.**, **H.** — In Zeeland veel armoede, tien weken duurte. „Lanck, stranck vorst, diesen tijdt, koude, snee — Deden den menschen bedrijven wee." (*Kron. v. Zeeland*) **H.** — Sehr kalter Winter. **Wo.** — Der Winter des Jahrs 1480 war sehr kalt. **Schn.**

1482. Hiver humide, printemps précoce. — 1483 Ist ein unlustiger natter winter ohne schnee gewesen (*Chron. Westhoff, Koelhoffsche Chron., Cöln.*) — Anno 1482, 15 Junii fuerunt fotra non matura (vulgariter dicta aigret) venalia in foro Leodiensi... (*Chron. G. Jamsin*) **Vdl.** — Cet hiver est placé parmi les hivers rigoureux par les recueils hollandais (*Historisch verhaal van harde winters*; *Tafereel van harde winters* de Hering;[1]) *Historia frisica Winsemii*) **A.**

1487. Hiver assez long et froid, cependant le commencement du printemps fut très doux. — Des selven jare was eyn redelich kalt wynter und froissz, dat et woll sees weeken un leuck overdroch. Dorna wort et so lustich und so warm dat ale bome utleifen un bloyeden; doch quam des mandages na Oculi (19 mars) eyn vorst und froissz wol dage.... (*Soester Stadtbücher*; aussi dans le *Chron. Adr. de But*) **Vdl.**

1491. Hiver rigoureux, surtout dans l'Europe centrale. — Erat hoc anno hyems rigidissima ita ut segetes, arbores et vincae fortissimo gelu penitus emorerentur. (*Chron. de Jean de Horne*, e.a.) **Vdl.** — Un froid très-piquant dura six mois en Bourgogne, et fut suivi de chaleurs excessives. (*Peignot*) **A.** — Mannhoher und so dicker Schnee fiel diesen Winter, dasz man weder zu Pferde, noch mit Wägen durchkommen konnte. (*An. S. Petr.*) Die zu grosze Kälte verwüstete die Weinstöcke. (*Trithem.*) **P.** — Fuit hyems hujus anni citra omnem hominum memoriam rigida nivalis; jacuerunt insolubiles nives usque ad initium aestatis in quibusdam locus urbanis [Venetiis][2]) Concretum est circa urbem stagnum quam longe lateque patet, usque in mare, tam alta glacie, ut ex Magaria vico circumjectis locis pedibus curruque in urbem iretur... (*Coccii Sabellici Eneadum*

1) Erreur. Selon Hering (p. 26): en 1482 il est fait mention, „*pour la première fois depuis 30 ans*, d'un hiver rigoureux". La notice d'Arago doit se rapporter à 1480—81.
1) Comp. 1492 et 1494.

L. VIII. — 1491: Ab initio hujus anni usque in Martium mensem acerrima hyems per totam trane regionem (Sueviam et Bavariam) tam continenter saeviit, ut altissimae frequentissimaeque nives itinera peregrinantibus impedirent. (*Achillis Pirminii Gassari Annales Augstburgenses* ap. Menkenium I, 1713) **N.** — War gar ein kalter winter. Viel Schnee. Die Zürcher See dreimal zugefroren. **Wo.** — Der winter 1491 war äusserst strenge, es lag ungewöhnlich tiefer Schnee; noch in May schneyte es drei Tage lang. — Die Wagen der Nürnberger Kaufleute fuhren über den gefrorenen Genfer See. (*Gassar* u. *Crusius*) **Schn.**

1492. Hiver froid? Fortes gelées en février et mars. (*Herzog, Die Weinjahre*) **Vdl.** — Te Genua lag de haven op Kerstdag toegevroren. (*Papon, Hist. gén. de Provence*) **Da.** — Auch wird der Winter von einigen als sehr streng geschildert. [1]) **Schn.**

1493. Hiver assez doux. — In dit jaer was 't zoeten wintere, dat de beesten niet vele ofte niet op 't stal stonden. (*Memorieboek van Gent*) **Vdl.**

1494. Hiver probablement assez froid dans l'Europe centrale et dans le nord; la dernière partie de l'hiver plus froid qu'à l'ordinaire dans l'Europe occidentale. [2]) — Le 9 mars, grand froid comme en hiver... (*Hertzog, Die Weinjahre*) **Vdl.** — Streng Vinter i Danmark (*Mansa*) **Sp.** — Cet hiver fut remarquable par l'intensité du froid, qui fut extrême dans le Midi. (*Papon*). La lagune et tous les canaux de Venise gelèrent; les gens à pied, les chevaux et les voitures passaient dessus. (*Toaldo*) **A.**

:**1496.** Hiver long et rigoureux dans les pays du nord. Les chroniques belges font mention de beaucoup de vent et d'une période de froid vers la fin de mars. — Streng og lang Vinter. Begyndte Martensdag 1494 og varede til ind i Maj. (*Mansa, Folkesygdomme*). Streng Vinter og meget Sne. (*Borrebye*) **Sp.** — Ab isto die (20 martii) usque ad primum diem aprilis, viguit frigus intolerabile et fuit tempus nivale... (*Chron. Jean de Horne*). In dit selve jaer wast een coude wintere van reyn ende van grooten storme van winden. (*Die excell. chron. v. Vlaenderen*) **Vdl.**

1497. Hiver très doux (en Suisse). — Winter so warm dass nit ein glas mit Wasser hätte mögen gefrieren. (*Chron. Winterthur*) **Wo.**

1499. Beaucoup de neige vers Noël et vers Pâques. — Les frimas de cet hiver se présentèrent dans le Hainaut sous une forme tout à fait insolite. Il tomba dans la nuit de Noël une grêle très-forte mêlée de pluie qui fut immédiatement saisie par la gelée et forma une rivière de glace polie. Vint ensuite une neige abondante.... Cette singulière gelée dura douze jours, et quand vint le dégel, des pièces de glace énormes tombèrent des clochers et endommagèrent les nefs et les chapelles

---

1) L'information de Schnurrer est très-vague; quant à celle de Papon, elle se rapporte probablement à 1491 ou 1494: on ne saurait admettre que la mer devant Gênes ou Venise (c. à. d. le port ou la lagune) ait porté des glaçons pendant deux ou trois hivers presque consécutifs, sans qu'il soit fait mention expressément d'un phénomène si extraordinaire.

2) Les informations concernant cet hiver et ceux de 1491 et 1492 sont sujettes à caution. Pilgram indique l'hiver de 1494 (1493?) comme tiède (en Autriche?).

des églises.... (*Chronique de Jean Molinet*) **A.** — Abermals ein kalter Winter. (*Berlin.*) **P.** — La nuit de Noël commença une horrible gelée et s'ensuivit un horrible tombement de neige.... (*Vinchant, Annales de Hainaut*). In profesto Pascae atque ipso die Pascalis festi, ultra modum inclementia aeris facta est cum multa grandinis et nivis copia. (*Chron Jean de Los* 1440—1514) **Vdl.**

1500. La seconde partie de l'hiver fut probablement très douce. — Der Winter fieng kalt an, wurde aber gar bald sanft: den 21 Dec. gieng das Eis der Moldau auf. (*Lupacz*) — In Ferrara war vom 23 Dec. bis 18 März weder Schnee noch Regen. (*Toaldo*) **P.** — Ejus anni ver aestatemque adeo effertuisse ut praematurae frugus omnes fructusque fuerunt. (*Foullon, Hist. Leodienses*) **Vdl.**

1503. Dans l'Europe occidentale, la première partie de l'hiver fut très douce, vers le mois de mars beaucoup de neige et une gelée assez forte. Du reste, informations discordantes. En Allemagne et le nord de l'Italie, l'hiver paraît avoir été rigoureux. — **1502?** A° D. 1502, due waert eyn alte ser vuylen off weycken weynter... in die die sporckylle waes ser warm... **1503.**.. Inde het waes eyn ser weyck off warm vuerwynter, mer noemaels als der Mert quam, due vyelle eyn groette sne, inde twaes doerby ser kalt inde vroer sterck. — ... Woedde de pest zeer fel, voornamentlijk in Duitsland, waarop een harde winter volgde. **H. V.** — Il y eut un hiver rude en Hollande et une inondation à Paris. (*Peignot*) **A.** — L'hiver fut rude en Italie. Le Pô fut gelé et soutint le poids de l'armée du pape Jules II. (*Toaldo*) **A.** — Es war ein langer und harter Winter. (*Trithem.*) Auch in Italien war grosze Kälte. Der Po trug die Feldstücke Julius des zweyten (*Lancell.*) Strenger und langer Winter in Siebenbürg. (*Würgengel, Toaldo*) **P.** — **1503.** Quatriduo post Januarii Calendas A°. MDIII tam asperum gelu incepit, a levi initio profectum ut omnia flumina, stagna, lacus paludes glacie strata, hominibus jumentis curribus, etiam onustis pervia, ad extrema usque hyemis jacerent. (*Ubbo Emmius Rer. Frisic.* XL) [1]) Asperrima eaque diuturna fuit hyems. (*Laurentii Surii Carthusiani Comm^s. rer^m. in orbe gest^m.*) Im anfang dis jar 1503 war der winter so kalt... (*Stumphen*) **N.** — **1502.** A la Pentecôte beaucoup d'hirondelles et autres oiseaux tombèrent morts de froid. **Bi.** — **1503.** Winter sehr kalt. **Wo.** — **1504.** Fuit hyems ferventissima cum frigori diu durante. (*Linturii appendix ap. Rolewinkii Fasciculum temporum*) **N.**

1504. Hiver tiède dans l'Europe centrale? — En Italie, l'hiver fut aussi doux que le printemps. (*Toaldo*) **G.-P.**

1505. Hiver extraordinairement doux, sans gelée ni neige, dans l'Europe occidentale et centrale, jusqu'au 20 janvier 1505. A partir du 20 janv. jusqu'au 5 février, période de froid assez intense. — **1504.** Item al in diesem jaer off tyde vurs so waert eyn ser warme vuerwinter, als men ye gesyen off geleyfft hadde. Inde het en hadde nyt gevroeren, noch kalt geweyst, noch gesnyt al tot int ander jaer van XVC ende V, in den loemont, op Synte Sebastianus avent (20 janv.) due waert erstwerff ys gevroren... (*Chron.*

1) Ce récit d'Ubbo Emmius paraît exagéré.

d. landen van Overmaes) — Ipso die Natali Domini visa sunt folia arboribus ac flores, scilicet flores lini, fabarum et cet. herbarum. (*Soester Stadtbüchern*) — Vicesima Januarii, in die S. Sebastiani (20 janvier) incepit rigidissimum gelu, quod duravit usque ad festum Ste Agathe (5 févr.). (*Chron. Jean de Horne*) **Vdl.** — Es war bis in Mitte Jäners die Luft wider alle Gewohnheit angenehm. Es erfolgte zwar darauf ein, aber nicht häufiger, Schnee. (*Lupacz*) **P.** — [Pilgram et la Chron. de Winterthur indiquent aussi l'hiver de 1505 comme tiède; en France et en Belgique, il y eut une période de forte gelée de 2 semaines en janv. et févr. 1505; comp. *Ambrison*, chez Flammarion. **Ea.**]

1506. Hiver assez froid en Allemagne, très froid en Angleterre dès le commencement de janvier. — River Thames, Londen, bore carriages throughout January. **Lo.** — Winter kalt. **Wo.** — Les vignes et les arbres périrent. **Bi.** — Der winter wird von Webster als sehr strenge angegeben. Noch an Johannes des Täufers Tag fiel ein schuhhoher Schnee. (*Webster*) **Schn.** — Item in diessem selven jaer van XV^{c}. inde VI, inden beggyne van Januario, doe dat also ser kalt waes inde hart gevroeren. (*Chron. d. landen v. Overmaes*) **Vdl.**

1507. Hiver doux sans neige et sans gelée, même en janvier. — Item in diessem jaere soe waert eyn ser weyck of warm winter sonder sne sonder voerst. Der loemont waes so suyt inde warm al daergons, offt inden Apryl hadde geweyst, ser warm sonder eynigen voerste off kalde ... (*Chron. d. landen v. Overmaes*) **Vdl.** — (De même dans la chronique de *Joh. Wasserberch* (Duisburg) et dans une *chron. de Danzig*) **Hk.**

1508. Hiver assez rigoureux, surtout dans le Midi, où il tomba beaucoup de neige le 1 janvier. — Anno 1508, asperrima hyems extitit. (*Chron. Roode Klooster*, Bruxelles) **Vdl.** — Cet hiver fut extraordinairement rigoureux dans le Midi. Le jour de l'Epiphanie il tomba trois pieds de neige (1 mètre environ) dans la ville de Marseille. Les arbres fruitiers périrent. (*Papon*) **A.** — L'hiver commença d'une façon très rigoureuse. Le froid était excessif. **Bi.**

1511: L'hiver de 1511 ('12?) fut froid dans toute l'Europe centrale et rigoureux en Italie et dans les Pays-Bas. La Meuse et l'Escaut auraient été pris du milieu de novembre jusqu'en février. (Les chroniqueurs français n'en font pas mention.) — In dit jaer vroor het soo sterck wel XIV weken lanck, dat men t' Antwerpen over de Schelde met wagen ende peerden reedt van XIV Nov. tot XVIIII Febr. (*Memorieboek van Gent*) — Waes 't ein kalt winter ende vroir van omtrent St Merten (11 nov.) hint toe Lichtmisse... In denselven jaer was 't so kalde, Mert, April ende Mei mit noerden ende oesten winde... (*Chron. J. Wassenberch*) **Vdl.** — **1512.** Entre Liége et Maestricht on passa avec des chariots sur la Meuse. (*Galliot, Histoire de Namur*) **Da.** — **1512 (1514?).** La Meuse devant Rotterdam fut prise du 11 novembre jusqu'à la fin de février. „Zekere hoefsmid te Rotterdam stelde voor het Oude Hoofd zijne smidse op 't ijs en besloeg er paarden." (*G. v. Spaan, Beschrijving van Rotterdam*) [1]). Dan 't verhaal van een proces-

1) Plusieurs milliers de personnes se seraient noyés, suivant Spaen, en traversant la Meuse sur la glace entre Rotterdam et le village de Charlois. — Il me semble qu'il y a erreur dans quelques dates: j'ai adopté un hiver rigoureux 1511, un hiver tiède 1513. un hiver très rigoureux 1514.

sie naar Charlois, door 5000 menschen gevolgd, die in weerwil der waarschuwing van de overheid het ijs overstaken, maar er door vielen en verdronken. (Volg. v. d. Aa: 8000!) **Ea.** — Cet hiver est cité comme rigoureux dans les recueils hollandais. En Italie, le froid fut très-intense; la neige tomba abondamment et la gelée fut assez forte pour qu'au siège de la Mirandole les soldats du pape Jules pussent traverser les fossés sur la glace. (*Guicciardini, Histoire d'Italie*) **A.** — „Il tomba en janvier, à Bologne en Italie, de la neige si espaisse, qu'elle empeschoit la veue." (*Mézeray*). Cette neige dura jusqu'en mai. (*Toaldo*) **P.**

1513. Hiver pluvieux et tiède. — Der Winter dieses Jahrs war sehr feucht und gelind. (*Trithem.*) **P.**

1514. Hiver très rigoureux depuis nov. jusqu'à la fin de janvier. Les fleuves de l'Europe occidentale et les lacs suisses furent pris fortement. Le froid se fit sentir de l'Angleterre jusqu'en Autriche et dans les pays scandinaves[1]). — Cet hiver se montra très-rigoureux dans les Flandres. (*Van Swinden, Quételet*). Les chariots allaient de Gorcum à Cologne sans décharger, passant les rivières sur la glace. (*Chronique manuscrite de Bois-le-Duc*) **A.** — 1513 ou '14. „Hyems asperrima longissimo gelu, qualem haud ulla hominum memoria norat." (*Ubbo Emmius*) **N.** — Was het ook zo fel koud, dat verscheide menschen langs de weg gaande de tenen van de voeten dood vrooren... (*Historiesch Verhaal*) **N.** — **1513.** Grosze Kälte. (*Berlin.*) Sie fieng mit dem Nov. an, und dauerte bis den 25 Jäner. Alle Flüsse waren überfroren. Die Mühlen muszten stillstehen, es mangelte dahero vielen an Brode (*Trithem.*) Die Cisterne zu Melk (bei Wien) gab kein Wasser, weil sie überfroren war. (*Chr. Mellic.*) **P.** — **1514.** Vom 2 bis 23 Jäner bey sehr heiteren Nachten eine so grosze Kälte, dasz sich die Leute keiner gleichen erinnerten. (*Lupacz*) **P.** — Jan. 10: Zürichsee etc. zugefroren. Jan. 25 plötzliches Thauwetter. **Wo.** — An Martini (11 Nov.) dieses Jahrs (1513) fieng nun schon der strenge Winter an, von welchem noch lange nachher gesprochen wurde.... Aus Mangel an Mehl kochte man Weizen, dessen ungeachtet wurden am 14 Jan. (1514) von Basel aus unter Trommeln und Pfeifen auf den Rhein gezogen, und daselbst banquetirt. (*Wurstissen*) **Schn.** — **1515.** Thames frozen and used as a highway. Carriages passed over on the ice from Lambeth to Westminster. (*W. Thornbury*) **Ba.** — **1514.** Kold Vinter, Frosten varede til 2 Fe. (*Mansa, Folkesygdomme*) **Sp.**

1515. Tout l'hiver fut tiède, avec peu de glace et peu de neige. — **1516**? Der Winter was gelinde in Deutschland. **Hn.** — **1515.** In denselven jair was 't eyn seyr warm wynter, als in mynschen gedenken gewest was, vur Mydwinter ende na Midwynter, myt wenich vorst ende snee... (*Chron. Wassenberch*) **Vdl.** — De koude Winter 1513—14 wierd gevolgd van een ongewone heete. **H. V.**

1517. Probablement un hiver normal. — „In dem nun folgenden Winter (1517) herrschte strenge Kälte"... (*Crusius*) **Schn.** —

1) On serait tenté de croire qu'il ne s'agit dans tout cela que d'un seul hiver rigoureux, entre 1511 et 1514 ou '15. Mais les faits mentionnés par divers chroniqueurs pour cette dernière année sont si nombreux, que j'ai cru devoir admettre deux hivers très froids: 1511 ou '12 et 1514.

1517. „Winter kalt". **Wo.** — **1516.** „Thames frozen". **Ba.** — **1517.** „Les vignes et les fruits ont péri". **Bi.** — Alle ovetbome weren up Paischen (12 avril) al uyt gelaiten ind bloieden gans fijn. (*Soester Stadtbüchern*) **Vdl.**

1519. Hiver assez froid en Allemagne et en Angleterre(?) — L'hiver fut très-sec et très-froid. (Short, *A general chronological history of the air*) **A.** — Die Kälte fieng im August des vorigen Jährs an, und dauerte bis zur Fastnacht. (*Berlin.*) [Diese war den 8ten Märzen] **P.**

1521. Courte période de froid et de neige au commencement de janvier. Printemps précoce. — In Februar 1521 blühten die Fruchtbäume. **Hn.** — Es war ein kurzer und gelinder Winter. Der Schnee hielt nicht über 8 Tage an. (*Chron. Mellic.*) **P.** — **1520.** Das Vieh war auf die Wiese am S. Catherina. (*Chron. Wint.*) **Wo.** — **1521.** In 't beginsel van January begonst het soodanig te sneeuwen, dat die lag ses weken lang twee voet dik (?) (*Chron. de F. J. de Castro*). — ... mit dem yrsten in dem mert standen dis jaers alle bome overvlodig vul mit blomen, want es hat den vergangen winter averal geen vorst, sunder grote watervlode. (*Chron. D. Westhoff*) **Vdl.**

1522. L'hiver ne fut pas rigoureux, mais le froid dura depuis novembre jusqu'en juin. — De winter was niet streng, maar langdurig: van Nov. tot Juni. Veel schade aan het gewas. (*Galliot*) **Da.** — L'hiver fut rigoureux. (*Peignot*) **A.** — Strenger Winter. (*Webster*) **Schn.**

1524. Hiver froid en France, en Angleterre, en Allemagne et dans le nord. — Le froid se fit sentir dès l'automne. (*Peignot, Quételet*). L'hiver fut violent et la gelée commença dès le 12 de novembre. Elle fit périr les bleds et les légumes et il fallut au commencement de l'année labourer les terres de nouveau et les ensemencer.... (*Félibien, Histoire de Paris*) **A.** — **1525.** Sehr kalter Winter. (*Acta Lips., Toaldo*) **P.** — **1525.** Koud in de Nederlanden (?) **Hk.** — **1523.** „Great rains and wind in the beginning of November, followed by a sore frost, which was so extreme that men died of cold, and some lost fingers, some lost toes", etc. (*Holinshed*) **Ba.** — **1524.** ... „med Sund og Kallebod tillaget af Is, var Kjøbenhavn langt mere afspaerret". (*Troels Lund, Peder Oxe*) **Sp.** — Item in 't eerste van desen jare anno 1524, so warent in dese landen vele duyster wolcken en nevelinghe. Oock so quamer veel waters uyt die gheberchte ... (*Die exc. chron. v. Vlaenderen*) **Vdl.**

1525. La première moitié de l'hiver fut très douce en Allemagne. — Les violettes se montrèrent vers Noël (1524). (*Chron. all.*) **Hk.**

1528. Hiver tiède. Voy. 1529.

1529. En France et en Hollande, tous les hivers 1528—1531 (ou 34?) ont été tièdes: „les saisons paraissaient avoir été changées". Cependant il y eut de courtes périodes de froid assez intense en 1530 et 1533, du moins en Flandre. — „A°. 1534. Van het jaar 1528 tot dit jaar toe, schenen de saisoenen des jaars geheel verandert te zijn; of liever, het was een geduurige Zomer zonder Winter, zo dat men vijf jaaren achter een geen twee dagen vorst had..." (*Historiesch Verhaal* p. 84) **H. V.** — Depuis 1528 jusqu'en 1531 tous les hivers ont été chauds, en France il n'y a eu que deux jours très froids jusqu'en 1534. (*Mézeray*). De même, *Nederl. Jaarboeken 1756*, et *Plemper*. **H., Schn.** — **1529.** Hiver très doux. (*Renou*).

1530. Hiver doux, avec une courte période de gelée au commencement d'avril. — **1529** (?) Cette année l'hiver fut un des plus extraordinaires qu'on eût jamais vus, car non-seulement il n'y eut nulle gelée, mais il fit aussi chaud au mois de mars qu'il fait d'ordinaire à la St. Jean. Mais le temps changea et le 4 avril il gela si fort que.... (*Félibien, Histoire de Paris*) **A.** — En 't en was ooc gheenen winter voor kersmisse. (*Die excell. chron. v. Vlaenderen*) **Vdl.** — Winter warm bis 29 Mrt, dann Regen, Schnee und Reif. **Wo.** — **1530.** Notat *Grimersheimius*, ad diem VIII Cal^{m}. Februarii, hyemem fuisse pluviis foedam, inde ad Feb^{ii}. finem gelu asperrimo rigentem, ut circiter IX Cal^{m}. Martii, Amasus inter Emdam et insulum vicinam hominibus equis, trahis curribus patuerit.[1] (*Ubbo Emmius*, LIII) **N.** — **1530.** Dit jaer, beghinnende te Kersmisse, wast eenen slappen winter, anders dant recht te Kersmisse vroos 10 of 12 dagen so dat men 2 of 4 dagen op die veste van der stede (Antwerpen) ginc; voort soe en vroost noch en sneeudet noch hagheldet niet meer so dat in 't eerste van den Meerte alle pruymboome en krieckboome wit stonden ghebloesemt en den brem hadde bloemen in den Meerte en voort alle boomen. Maar den April.... was seer hart en cout.... (*Die excell. chron. v. Vlaenderen*) **Vdl.**

1531. Hiver tiède. Voy. 1528.

1532. Hiver tiède dans l'Europe centrale et occidentale. Voy. 1528. — Winteranfang gelinde, Jan. gelinde, Febr. 2—15 Schnee, 27 Thauwetter. **Wo.**

1533. Hiver assez rude en décembre et janvier dans les Flandres, probablement assez doux en France. — Van acht dagen voor Kersmisse (1532) tot den 25 January was het ys so dick dat men de Schelde voor Antwerpen, Rupelmonde en Themsche bewandelde. (*Chron. de F. J. de Castro*, aussi dans la *Chr. v. Nederlandt besond. Antwerpen*)[2] **Vdl.**

1534. Hiver probablement assez rude dans l'Europe centrale et en Angleterre; pas d'informations décisives pour la France et les Pays-Bas. — Im anvanck des winters hebben sich ser grusaame und ungestume west- und sued wint erhaven. (*Chron. D. Westhof*) **Vdl.** — Frost lasting from November till February. The River Thames frozen some miles below Gravesend. **Lo.** — **1533.** Quae secuta est hyems tam aspera gelu fuit, ut paludes, rivi... equis curribusque transmitti possent. — (*Ubbo Em.* L. LVII) **N.** — Sehr kalter winter. (*Toaldo*) **P.** — Winter sehr kalt. **Wo.**

1536. Période de froid, du moins dans le nord et le nord-ouest de l'Europe. — **1536.** In December the Thames frozen over; insomuch that the King and Queen rode through London to Greenwich. (*Holinshed*) **Ba.** — I Marts blev Frosten saa haard, at Sundet blev

1) Je ne trouve aucune indication que l'hiver de 1530 ait été rigoureux dans les Pays-Bas; au-contraire. Voy. 1529. — Amasus = Ems.

2) Ces chroniques ne comptent pas parmi les meilleures, mais les dates sont données avec tant de précision, que j'ai admis que l'hiver a eu une période de froid assez longue en Flandre, sinon en France.

tillagt, og først 25/3 kunde Flaaden komme ud. (*O. Nielsen, Københavns Historie*) **Sp.**

1537. Hiver doux dans les Pays-Bas. — In dit jaer was 't zo zoet eenen winter dat noyt man dierghelyck en sach. (*Memorieboek v. Gent*) **Vdl.**

1538. Hiver tiède? (Informations contradictoires). — En décembre et en janvier il fit un grand froid et la Tamise fut gelée [1]). (*Short*) **A.** — **1539.** Winter sehr kalt. (*Toaldo, Berlin.*) **P.** — Sehr milder Winter. (*Hennig*). — *Mansa* siger, der var ingen Vinter. **Sp.**

1539. Hiver tiède en France. — En décembre et en janvier les jardins furent émaillés de fleurs. **G.-P.**

1541. Hiver froid? (Informations peu décisives.) — „Notat Grimersheimius aquas gelu coepisse stringi... III Non. Janu^ii^., idque sine intermissione durasse ad diem usque secundam Non. Martii, quo die adhuc pedibus trajici Amasus ad arcem Orthanam potuerit". (*Ubbo Em.* L. LVIII) **N.** — „Winter kalt aber wenig Schnee". **Wo.** — **1540.** „Very cold winter. The Zuyderzee entirely frozen over". [2]) (*Chambers*) **Ba.**

1543. Hiver doux et pluvieux dans l'Allemagne du Nord. — Desen winter was soo warm, dat het nooyt en vroos nog ÿs en maakte in het water. Maar al den winter door waeyde het gemeynlick een sterken wind. (*Aufz. Hilbrant Suderman, Köln*). — Feuchter Winter. (*Chron. D. Westhoff*) **Vdl.**

1544. Hiver très rude, surtout en décembre et dans le commencement de janvier; en France, dans les Pays-Bas et dans les pays du nord. — „La froidure étoit si extrême qu'elle glaçoit le vin dans les muids; il le failloit couper à coups de hache, et les pièces s'en vendoient à la livre." (*Mézeray, Histoire de France*) **A.** — **1543.** „Vroor het ook zoo fel, beginnend in de maand Jan^ii^, zo dat men in vijff weeken de zee nauwelijks kon gebruiken. Van Arnemuyden in Zeeland liep men over het ijs naa St. Joostland"... (*Hist. Verh. h. W.*) *De Serres*, vel *Serrani* (Inventar. Hist. Gall.) dit: „Nec tristor saeviorque in illa terre (Gall.) per totos viguiti annos fuerat hyems"... **N.** — **1544.** „Eo anno incepit hyems ante natalia Dominie, atque continue tam acre... ut totum illud vastum mare inter Rostockium & Daniam, inter Fioniam & Saelandiam congelatum sit"... alii bobus et equis ambulare possent [3]). (*An. rer. Dan. C.* ap. *Ludewig*). — „Vinteren hade varit mycket sträng och förordsakat manga sjukdomar." (*v. Dalins Sver. Rig. Hist.*, III. 393) **N.** — **1543.** Ook raakten, voor de Nieuwe Haven van Middelburg, eenige schepen in 't ijs vast, die op dit bevroren Element ontladen, en over het zelve met wagens in de Stad gebracht wierden. (*Reigersberg Kron. v. Zeeland*, II. 476) **H.**

---

1) Comp. 1536!

2) Comp. 1530, 1544 et 1555. L'information de Chambers doit être erronée.

3) Ces particularités se rapportent probablement à 1546. Voy. Sp. 72. — J'ai adopté un hiver doux pour 1543, un hiver froid pour 1544, mais les dates sont incertaines.

1546. Dans les Pays-Bas le froid commença vers le 28 décembre et sévit jusqu'au commencement de mars, mais l'hiver ne paraît pas avoir été très rigoureux. Dans les pays du nord, les bras de mer dans les eaux danoises restèrent prises jusque vers le milieu de mars. – Allerede før Jul (avant Noël) begyndte Froster, og var staerk til 17/3 (ny Stil) at Havet mellem Rostock og Danmark, saavel mellem Fyen og Sjaelland var tilfrosset, saa at man kunde gaa over Isen; Slaeder, til Fods aller med Heste og Okser. (*Anon. in Ludewigs Reliquiae*) [1]) **Sp.** — ... 't Was oyck eenen seer sachten winter tot Kersavont, sonder ÿs te maecken. Maer dry daghen daer na begonst te vriesen ende duerde sonder ophouden tottet eersten maerte (1546), dan begonst te doyen... d'ÿs was binnen vier daghen al uyte te waters. (*Chron. v. Nederlandt, besond. Antwerpen*). — Umb Antonii (17 janvier) viel ein groet deil snehe in twee nechten so haft, das sich das idermann verwunderte... was een ser strenge winter von der gebort Christi an, bis in den April. (*Chron. D. Westhoff*) **Vdl.**

1548. L'hiver paraît avoir été rigoureux en France et en Allemagne; moins dur (plutôt un hiver tardif) dans les Pays-Bas et en Angleterre. — ....Op den derden ende vierden dach nae Paeschen soo sterck vrose dat men te Pinxen daer nae noch sneeuw vont (*Chron. v. Ned., bes. Antwerpen*) **Vdl.** — **1547** The winter intense in England, especially in London, after Edward VI was proclaimed (at the end of the year). **Lo.** — **1549** (?). Gelée blanche le 11 mai. Les vignes périrent. **Bi.** — **1548.** Cet hiver fut très-rigoureux dans toute la France. Toutes les rivières furent gelées de manière à porter les voitures les plus pesammant chargées. (*Peignot*) **A.** — Ein strenger und langer Winter, er fieng in Böhmen den 8ten Oktober an. (*Lupacz*) **P.** – Grosze Kälte. (*Berlin.*)

1551. Hiver probablement assez tiède. — Warmer und trockener Winter. (*Toaldo*) **P.**, aussi *Chron. de Danzig*, **Hk.** — In dit jaer (1551) den 8, 9, 10 en 11 in Januarie was 't sulc ongheweerte van winde... (*Memorieboek van Gent*) **Vdl.**

1553. Données très incertaines. — [Quoi qu'en disent tous les compilateurs, il me paraît fort douteux que l'hiver 1552—53 ait été beaucoup plus rigoureux qu'à l'ordinaire, en France et particulièrement en Hollande. Excepté une vague notice de journal du XIXe siècle, je ne trouve rien dans les meilleurs recueils hollandais ni dans Vanderlinden: Hk. exagère souvent. Voy. 1555.] Cet hiver est cité parmi les hivers rigoureux dans les recueils hollandais. C'est pendant cet hiver qu'eut lieu le fameux siège de Metz par Charles-Quint et la retraite de l'armée impériale après l'héroïque défense de ses habitants. Le froid fit beaucoup souffrir les soldats. „Dès lors, tant pour les grandes et merveilleuses froidures qui les empeschoient, que pour les nécessités et défault de diverses choses à tous leurs soldats défalloit le courage... les aultres en grand nombre estoient trouvés roides et transis dedans les tranchées." (*Commentaires de François de Rabutin, Histoire du siège de Metz*) „Nous trouvions des soldats

---

1) Speerschneider résume de la manière suivante les particularités qu'il trouve chez *Schouw*, *Borrebye* et *Mansa*: „La Grande Belt, la Femer Belt et le Sund ont été pris du commencement de février jusque vers le milieu de mars".

assis sur de grosses pierres ayant les jambes dans les fanges gelées jusqu'aux genoux... A la plupart il falloit couper les jambes, car elles étaient gelées". (*Mémoires de Vieilleville*) **A.** — **1552.** De Zuiderzee geheel dichtgevroren. **Hk.** — **1554.** Relatio de oppugnat urbis Metensis (Metz) inter *Schardii Script*s. II 557, donne les mêmes particularités que Rabutin et Vieilleville chez. **A.** i. v. 1552—'53. **N.**

:**1555.** Il semble qu'un des hivers 1553—54 ou 1554—55 fut plus froid qu'à l'ordinaire, surtout en janvier et février, mais le récit du *Verh. v. h. W.*, (le Dollart et la Zuyderzée pris entièrement) me semble être très exagéré; peut-être il se rapporte à un autre hiver. — 1554. Meget kold Vinter. (*Mansa*) **Sp.** — 1555. Der Januar und Februar waren sehr kalt; es gab auch Spätfrost und Hagel. (*Lycosthenes*) **Schn.** — **1555** was de vorst zo sterk, dat een burger van Embden, kommende van Groningen, tusschen het dorp Oterdum en Knock de Eems te voet overging, dat in eenige honderd Jaaren niet geschiet was(?) 1) Over de Zuiderzee toog men met geladene wagens na Campen, en men gong te voet van Medemblik naa Stavoren, van daar naa Enkhuizen, en van ter Schelling naa Vriesland; dog het duurde niet lang, want half January voer men overal met schuiten als te vooren. Maar kort hier op begon het wederom zo fel te vriezen als voorheen... (*Hist. Verh. v. h. W.*) **N.** — 1554... Ende mitsdien het wel hert gegevrosen was ... (Eyndhoven en Brabant). (*Chron. v. Nederl. besond. Antwerpen*) **Vdl.**

1558. Hiver „assez froid" en Hollande. — ... zu Delft, ... während des ziemlich kalten Winters ... (*Petr. Forest, VI, Observ.* II) **Schn.**

1561. Hiver assez froid jusqu'en février, en Allemagne et Suisse. — Der Winter war kalt bis 6 Februar, dann plötzliches Thauwetter. **Wo.** — Au mois de décembre A°. 1560 il fit si froid que presque tous les vignes périrent dans la plaine et sur la montagne. Le froid dura jusqu'en mars 1561. **Bi.** — Der Winter war sehr streng, am neunzehnten Januar gefror der Rhein bey Basel. (*Wurstissen*) **Schn.**

1565. Un „grand hiver", rigoureux dans l'Europe entière, mais surtout dans les Pays-Bas, en Angleterre, en France et même en Provence, La Zuyderzée et tous les grands fleuves de l'Europe occidentale furent pris. En Angleterre, le grand froid cessa le 3 janvier, mais la gelée recommença bientôt, et partout la saison froide se prolongea jusqu'en mai. „A Paris cet hiver dura depuis le 20 décembre 1564 jusqu'au 24 mars 1565" (*Arago*). „Un des hivers les plus rudes, tant par la forte gelée que par la grande quantité de neige. l'Escaut et tous les autres cours d'eau fermés. A Anvers, on organisa des fêtes sur la glace. Beaucoup d'hommes moururent de froid; les arbres fruitiers gelèrent" (*Darings*). — „Een der strengste winters in de geschiedenis". Van half Dec. tot einde Februari zonder tusschenpoozen. De Zuiderzee, alle rivieren in Noord- en Zuid-Nederland, en in heel Europa bevroren. Volgens de *Kr. v. Friesland* duurde de winter van 5 Dec. tot na St. Matthijs. Niet voor den zomer werd de plantengroei weer normaal. In alle Nederlandsche rivieren was

1) Comp. *Ubbo Emmius* 1530, 1541. — Ici et ailleurs plusieurs fautes d'impression, dans N., ont été corrigées.

het ijs twee voet dik. Van Rupelmonde tot S. Bernards bleef de Schelde 6 weken dichtgevroren, te Antwerpen 13 dagen. Voor Antwerpen stonden tenten op het ijs. **Da.** — „T' Antwerpen heeft men dies tijds te peerde ende te voet over de Schelde gevaren, stellende tenten uit niewicheyt op de riviere, alwaer men spijse en dranck met andere coopmanschappen vercocht". (*v. Met., Hist. d. Ned.; v. Meerbach, Chron.; Velius III 159; Kr. v. Friesland* XII, 471) **H.**, **Hk.** — La gelée dura à Liége du 14 novembre 1564 à la fin d'avril 1565. On tint boutique sur la glace dont était couvert l'Escaut. (*Quételet*). En décembre la Tamise fut prise au point qu'on la traversait sur la glace. (*Short*) En Provence, le Rhône fut pris dans toute sa largeur à Arles et les oliviers périrent. (*Martins*). — En van den 14 Nov. (Dec.?) —18 Fe. reed men van Antwerpen met geladene wagens en paarden naa Tergoes in Zeeland over het ijs... Ook was de aarde wel een voet diep zo hart als een steen bevrooren, bovendien was het reeds in Juny, dat het gras in Vriesland begon te ontspruiten, zo dat het scheen of er geen Zomer zoude komen... **H.V.** — Den winter van dit jaer was soo fel en koudt als oyt mensch hadde gevoelt, het vroos tien weken langh soo dat men t' Antwerpen van den tweeden Kersdag tot op Dry Koninghendach van 't jaer 1565 over de Schelde te voet en te peerd rysde, ende uyt nieuwicheyt stelde men daer tenten ende kramen op... ende alle andere rivieren waren straeten geworden. (*Chr. de Castro*) — Decembri mense A°. 1564 gelu admodum acre extitit per quod non modo omnia reliqua flumina ubique, sed et ipse Scaldis in portu Antverpiae (quod admodum raro contingit) abstrictus fuit, dicidit per id temporis nix admodum crebra. Post Cal. Jan. anni 1565 frigoris remissio sex autem septem dierum successit, sed exigua admodum sic ut neque nix necque glacies dissolverentur. (*R. Dodonaeus* — Aussi: *Dagboek Jan de Potter, 1549—1620; C. Gemma 1575; Le livre... d'Abbeville 1543—1613; Mem. v. Gent; Chron. v. Ned.; G. v. Loon; Chron. ville de Bruxelles; Foullon; Vinchant; Kron. Clooster te Weert*, e. a. **Vdl.** — A Paris cet hiver dura depuis le 20 décembre 1564 jusqu'au 24 mars 1565, ainsi que nous l'apprennent les vers suivants: „L'an mil cinq cent soixante quatre, — La veille de la sainct Thomas — Le grand hyver nous vint combattre — Tuant les vieux noiers à tas — Cent ans à qu'on ne vit tel cas — Il dura trois mois sans lascher — Un mois outre sainct Mathias — Qui fit beaucoup de gens fascher." (*Pierre de l'Estoile*) **A.** — Presque pas de vin aux environs de Colmar. **Bi.** — Dieses und das folgende Jahr waren so harte Winter in Oesterreich, dasz der Weinstock und die Bäume an vielen Orten zu Grunde giengen. (*An. Zwetl.*) **P.** — Great frost. The surface of river Thames solid as a rock. The population left the streets to walk the whole distance from Westminster to Londen over the ice. Queen Elisabeth was daily on the river. The frost broke up suddenly. At Chester the river in December frozen over. **Lo.** — On New Year's Eve people went over and along the Thames on the ice from London Bridge to Westminster. Football and divers games played on the ice. Jan. 3[d] it began to thaw, and on 5th no ice to be seen between London Bridge and Lambeth, which sudden thaw caused great floods and high waters that bare down bridges and houses and drowned many people, especially in Yorkshire. (*Holinshed*) **Ba.** — Es liess die Kälte im Januar acht Tage lang nach, doch schmolz der Schnee und das Eis nicht. **Schn.**

1569. Hiver rude et long, beaucoup de neige, dans l'Europe centrale et les pays du nord, en Angleterre, les

Pays-Bas et la France. Période de froid en décembre; février, mars et avril très froids. — Mézeray rapporte que cet hiver fut remarquable à Châtellerault par les glaces et les neiges. Le 19 décembre le froid excessif força le duc d'Anjou de décamper de devant Loudun. (*Pinard*, *Chronologie militaire*) **A.** — Wanneer het zodanig een felle en langduurige Winter was, dat het in Grasmaand nog sterk vroor, en schoon het in de voorige maand sterk gedooit had, zoo begon het op den 2 van die maand (April) wederom zo sterk te vriezen .... **H. V.** — Den 15 December ende naervolghende daghen was een groote ende excessive vorst ende cauwe, ghelyck was over [vóór] 4 jaeren (1564—65), want de rivieren die vervrosen zo dat men die moest open houden jeghens 't vervriesen. (*Dagboek C. en P. van Campene*). — Den 11 February en de volgende dagen maekte het eene uiterlijke koude met veel sneeuw. Den 17 April droeg men processie met het H. Sacrament om de groote onmatigheid van weder, want het eene groote droogte met koude en fellen wind maekte, zoo dat vele vruchten vervrozen en verdorden ..... (*Vlaemsche Kronyk 1566--1585*) **Vdl.** — Der Winter war unerhört kalt und lange dauernd, noch im Brachmonat giengen an der Ostsee die Pferde vor Kälte zu Grund. (*Hecker*, *Berliner Lehrbuch*) **Schn.** — Gelinde bis nach Neujahr. Ende Jan. sehr kalt, Schnee bis im März. **Wo.** — After a dry summer followed an extreme sharp winter, namely the latter part thereof with such scarcity of fodder and hay. (*Holinshed*) **Ba.** — Fred. II kunde ikke i Julen komme over Store Baelt. (*Troels Lund*) **Sp.**

1571. Hiver très long et rigoureux, mais intermittent; le froid commença (en France) vers le 6 décembre; le 10 mars les grands fleuves de l'Europe occidentale étaient encore pris (ou: pris de nouveau). Beaucoup de neige. Dans l'Europe centrale, la 1re partie de l'hiver paraît avoir été la plus rigoureuse. — In de winter (December) so vielder soe groeten swaeren sneu als datter in 30 jaeren soe veele sneu niet ghevallen en heeft, ... en oock groote vorst als dat ook wel 2 maenden zeer vroes. (*Dagboek Jan de Potter, 1549—1620*: aussi: *Vl. Kronyk*) **Vdl.** — L'hiver fut si rude depuis la fin de novembre de 1570 jusqu'à la fin du mois de février en suivant que durant ces trois mois entiers il tint les rivières gelées à passer les charrois et brûla les arbres fruitiers, même en Languedoc et en France, jusque dans les racines. (*Mézeray*). La gelée commença en Flandre la veille de saint Nicolas (5 décembre) et dura jusqu'au 10 mars; ce dernier jour, la Meuse, la Wahal, le Rhin étaient encore pris. (*Abbé Mann*) **A.** — Ein kalter Winter. (*Toaldo*). Er musz aber sehr unterbrochen, oder von einer kurzen Dauer gewesen seyn; denn die Donau ergosz sich im Anfang des Jahrs, und warf eine grosze Menge Eises auf das Gestatt aus. (*An. Zwetl.*) Es war also die Kälte zu Ende des vorigen Jahrs grosz, dieses bestätigt der häufige Schnee, der vom December bis in Jäner durch 40 Tage fiel. (*Rockenb.*) **P.** — Im Winter 1570—71 viel Schnee bis im Februar. **Wo.** — In België waren van November tot Januari de rivieren toegevroren. Evenzoo in Zuid-Frankrijk. (*Gall.* V. 59, *Méz.* VI) **Da.** — I December 1570 var der Drivis mellem Gjedser og Rostock. (*Troels Lund*) **Sp.** — Den 18 Januari ... de sneeuw lag seer hoog ... Den 6 Febr. was het door het smelten van den sneeuw zulke groote watervloet ... (*Dagboek Jan de Potter*; aussi: *Gentsche Geschiedenis door Pr. B. de Jonghe*) **Vdl.**

1573. Hiver extraordinairement long (octobre—avril), mais avec des périodes de dégel, très rigoureux seulement vers la fin de novembre. Très froid jusqu'en février. Beaucoup de neige. — Naer den vorst van dezen winter volgde op den 9 Januarius eenen watervloed... Den 1 Nov. 1572 begonst het te vriesen en den vorst nam dagelycx zoodanig toe, dat men den 25[en] tot Ghendt, in Leye, in de Schelde op het ijs liep. Dit duerde meer als twee maenden en de langdurige felle koude en menigvuldige sneeuw... (*Gentsche Gesch. B. de Jonghe*) **Vdl.** — Ein kalter Winter. (*Toaldo*). Es musz aber dieser Winter sehr kurz, oder aber sehr unterbrochen gewesen seyn. Denn den 13ten Jäner ergosz sich die Donau so gewaltig, dasz man durch Krems auf Schiffen fuhr, und auch nach 10 Tagen in die ausserhalb gelegene Höfe nicht anderst kommen konnte. Die Höhe des Wassers wird man noch an den Stadsthören angemerkt finden. (*An. Zwetl.*) **P.** — „Is solch hart Winter in Lyffland gewesen, dass des Donnerdages vor Pingester noch Lüde åver yhs uth Schveden to Reval angekamen sint".... (*Balthassar Rüssowens Lyffland. Chron.*) **N.** — Van 10 October tot 2 Februari in Friesland veel sneeuw. (*K. Fr.*) **Hk.** — „Von Martini 1572 an grösse Kälte und viel Schnee". **Wo.** „A great and sharp frost almost continually lasted from before the Feast of All Saints' 1572 till after the Feast of the Epiphany of our Lord, with sometimes rains, which freezed as fast as the same fell to the ground..." (*Holinshed*) **Ba.** — „In dem Winter 1573, so ungestüm in demselben auch die Winde und der Regen waren, herrschte doch eine Zeit lang solche Kälte, dass ein Theil des Bodensees überfror". (*Gemma Fris.*) **Schn.** — Man kunde komme over Isen fra Lifland til Danmark. (*Nyström, Handbok*) **Sp.** — Den 17 en 20 derselve maent van April 1573 was zo zeer ende dick sneeuwende ende zo caut... alzook al de wijntere duere anders niet en dede dan sneeuwen ende vriesen. (*Vlaemsche Kron. 1416—1598*; aussi *J. de Potter, A. Hertzog* et autres) **Vdl.** — **1572** (= **1573**). L'hiver fut rigoureux en Flandre. Il y eut un débordement de la Meuse causé par la fonte des neiges vers la fin de février. (*Quételet*) **A.** — **1572**? „Mense Febr. insolita nivium copia inferioris Saxoniae terras implet, tamque intensum frigus etiam flumina navigabilia Salam, Albim et Visergem constringit". (Saale, Elbe et Wéser). (*Schard. Script.* I. 176) **N.** — **1572**? Midt i Marts var Beltet islagt. (*Magasin for Adelshistorie*) **Sp.**

1575. Hiver assez doux et humide jusqu'en janvier, tempêtes en janv. et févr.; période de froid (surtout dans le nord) en février, gelées en mars. Les canaux de la Hollande pris par la glace en février. — In de maendt Lauwe (janvier) zoo waeyden zeer afgryselycke ende zeer schadelicke winden. (*Memorieb. Gent*) **Vdl.** — Anno 1575 het in ons Vaderland meede zeer sterk, zodat de Noordhollanders tot hunner bevijliging genoodzaakt waren het ijs op te bijten van Hetten (Petten) af... tot Monnikendam toe..." (*Verh. v. h. W.*) **N.** — **1574.** Vóórwinter slap; half Februari opereerden de Spanjaarden over het ijs in Noord-Holland. (*Saanl. Arkadie V.* 485). — Eenige vorst in Januari, waarschijnlijk slappe winter. (*Eikelenberg, Beschr. van Alkmaar* 354, *Bor, Ned. Oorlogen*) **H.** — Le 1, 2 et 3 Mars les vignes gelèrent. **Bi.** — „Der Winter war zwar bis im Merz kalt..." **Schn.**

1576. „Hiver très doux". — Hiver de 1575—76 très doux. Au mois de mars, pluie continuelle. (*Hertzog, Die Weinjahre*) **Vdl.**

1578. Probablement un hiver normal dans l'Europe occidentale. — Harter Winter. (*Toaldo*) **P.** — Von Danzig konnte man in Februar nach Hela gehen. (*Hennig*) **Sp.**

1579. Hiver assez doux, pluvieux; beaucoup de neige en février. (*Hertzog, Die Weinjahre*) **Vdl.**

1580. Assez froid dans les pays du nord et du centre, probablement normal dans l'ouest de l'Europe. — The frost was very intense in England and Danmark. (*Chambers*) **Ba.** — Harter Winter. (*Berlin*) **P.** — Der Winter war sehr kalt, alle Flüsse waren mit Eis bedekt. **Schn.**

1584. Assez rigoureux dans le nord de l'Europe peut-être aussi dans l'Allemagne du Nord et dans les Pays-Bas. — **1585 ?** Dit jaer zoo was 't eenen zeer couden winter, zulcx dat in veel jaren niet ghesien en heeft geweest, langhe durende; het sneeude continuele weken, niet eenen dach noch nacht falende. (*Memor. Gent*) **Vdl.** — **1584.** Cet hiver est placé parmi les hivers rigoureux dans la *Chronique de Jonston Zopf*, imprimée en allemand à Jena vers 1687. **A.** — Hiver rigoureux (*Renou*) — La mer autour de l'île de Hveen (Kattegat) est gelée du 6 au 17 janvier (*Tyge Brahe, Met. Dagbog* 1582—97) **Sp.**

1585: Hiver doux en Allemagne, 1585 ou 1586. — Der Winter 1586 war durchaus warm. Die Bäume blühten zweymal. (*Siebenb. Würgengel*) — **1585.** Das Getraid reifte um Ostern. (*Berlin.*) **P.** — L'hiver fut si doux que le blé fut en épis à Pâques. **G.-P.**

1587. Hiver froid, de novembre jusqu'en mars. Périodes de froid rigoureux en nov.-déc. et du 12 jusqu'au 24 février. Beaucoup de pluie et de neige. On passe les rivières de la Hollande et de l'Angleterre avec des camions; les lacs suisses sont pris. — Die Kälte fing schon im November des vorigen Jahrs an, und setzte bis zur Fastnacht (10 Fe.) fort. (*Berlin.*) **P.** — November 29. In Suffolk a severe frost. The River hard frozen. **Lo.** — **1587.** „Winter sehr kalt und Zürichsee zugefroren". **Wo.** — Le froid dura de la St. Martin jusqu'à la St. Mathieu (11 novembre—24 février), la plupart des vignes périrent. **Bi.** — **1586 ?** Het begon den 12 Febr. sterk te vriezen. (*Velius, Kronyk van Hoorn*, IV) **H.** — **1586 ?** ... een zeer coude winter ende veel sneu ... ende het was oock een zeer langhe winter van coude en groote natycheit. (*Jaarb. v. Veurne*). In December (1586) was de Maese soo hart toegefrosen, dat men daer met waegen ende wijnkarren overghevaeren heeft. (*Kron. d. stad Roermond* — Limbourg holl.) **Vdl.** — Le 6 mars (1587) il neigea toute la journée ... la gelée donnant âprement comme si ce fut été au mois de décembre. (*Hertzog, Die Weinjahre*) **Vdl.**

1589 ? Informations vagues et douteuses. Hiver peut-être assez froid en Allemagne et dans les pays du nord. — **1589.** Die Kälte fing abermal in November an, und liesz erst in April nach. (*Berlin*) [Obschon *Toaldo* zwischen diesen zweyen langen Winter einen strenger, A° 1588, angiebt, habe ich doch kein Bedenken, jene unverändert anzusetzen, weil sie das *Berlin.* mit Umständen begleitet, anführt]

P. — **1588**. Strenger Winter. (*Toaldo*) **P.**, — **1589**. Fra Slutninger af Januar Frost — Begyndelsen af April, da Söen blev aaben. (*Slange, Christ. IV Historie*) **Sp.**

1590: Seconde partie de l'hiver assez rigoureux dans le nord de l'Europe. — Haard vinter i Februar og Marts (*Borrebye*) — Hveen: 17 Fe. Kystis overalt, 20—22 Fe. Stranden tillagt. (*Tyge Brahe*) **Sp.**

1591. Hiver froid de novembre jusqu'au milieu de janvier; beaucoup de neige en Provence; en janvier on passe les rivières de la Flandre avec des chevaux et des carosses. — Comparez 1590. — In Novembre soe waert een grooten vorst voerts tot lange nae Kersmesse, alsoe dat een zeer groote winter was... alsoe dat men reet op de vaert met peerden inne gespannen... dat ik hebbe ghesien den X ende XII Januario ... (*Dagboek J. de Potter*) **Vdl.** — Il y eut en Provence des neiges abondantes et les arbres fruitiers souffrirent. (*Martins, Patria*). Les Ligueurs faisant une tentative sur Saint-Denis, il y eut un grand froid, et les fossés où il y avait de l'eau étaient le 3 janvier glacés jusqu'au fond: (*le P. Daniel, Histoire de France*) **A.** — **1592?** A severe winter. Starved wolves entered Vienna (?) and attacked both man and beast.[1]) (*Chambers*) **Ba.** — **1591.** Hveen: 26 Febr. hele Sundet fros til; 10 Marts hele Sundet fros til igen. (*Tyge Brahe*) **Sp.**

1595. La saison froide commença dans les Pays-Bas le 11 novembre et ne finit qu'en avril. Gelées presque ininterrompues du 6 décembre jusqu'au milieu de février. Toutes les rivières de l'Europe occidentale et centrale furent prises fortement; même les lagunes de Venise; dans le nord, le Sont fut pris à plusieurs reprises après le commencement de janvier. — Le grand froid de cet hiver commença le 23 décembre 1594; il reprit le 13 avril 1595, et il gela aussi fortement en ce jour là qu'à Noël de 1594. Cette saison amena beaucoup de morts subites à Paris, surtout aux petits enfants et aux femmes. (*Journal de Henri IV, 1741*) — Le Rhin, le Pô, les lagunes de Venise furent gelés. (*Toaldo*) **A.** — Den vorst in desen winter begost den 6 December en was soo groot dat men sedert 1564 soodanige koude niet en had gevoelt. De Schelde voor Antwerpen was negen weken als een straat. (*Chron. F. J. de Castro*) — In het jaar 1595 hadden wij soe swaren couwen winter als men ooyt ghehadt mag hebben, want het vroes III weken voer Kersmisse ende het duerde wel een maent; ende doen doede II of III daeghen ende begonst wederomme te vriesen wel VI weeken lanck ende de wint uten oosten... tot den 26 April duerde al dat quaet weer. (*Dagboek J. de Potter*) **Vdl.** — Van 11 November af tien weken vorst. De Schelde somtijds dicht, ijsgang einde Februari. (*v. Reyd, Ned. Hist.* I, 253, *v. Meerbeck, Chron.* 789) **Da.** — Le 8 et le 9 avril, les hirondelles tombèrent mortes de froid. **Bi.** — Hveen: Sundet blev tillagt 3 Jan., 24 Jan., 5 Fe.—6 Mr. N. V. drev. Isen bort. (*Tyge Brahe*) **Sp.** — „quod illa hyeme nullae nives ceciderunt, sed frigoribus intensioribus glacies crassior solito conservata, repentino veris tapore in tantam aquarum vim resoluta est". (*Piasecii Chr.*) **N.** — **1594, 1595.** Sowohl der Winter 1594 als der von

1) Hiver tiède en Allemagne, selon Pilgram!

1595 war sehr streng [1]; im ersteren überfror der Rhein, die Schelde und die See um Venedig. (*Lancell.*, *Toaldo*). In dem darauf folgenden waren auch die meisten übrigen Flüsse Teutschlands gefroren, es folgte nun einer der furchbarsten Eisgänge und Ueberschwemmungen, die vom 25 Februar bis zum 8sten Merz dauerten, in den Rhein- und Mosel-Gegenden; ebenso auch in den Elbe-Gegenden wurden die stärksten steinernen Brüken zerstört. (*Thuan*, Lit. CXII, 126) **Schn.**

1596. Hiver très doux, du moins en Suisse et en France. — Winter gelinde, nur driemal Schnee. In Januar Violen, und Märzenblümchen. (*Chron. Winterthur*) **Wo.** — La constitution du temps estoit vaine, maussade et pluvieuse, car on eust ceste année l'esté en avril, l'automne en may et l'hiver en juin. (*Piere de l'Estoile*) **A.**

1599. Rien de remarquable pour l'Europe occidentale. — Zopf, dans sa *Chronique*, cite cet hiver parmi les hivers remarquables de l'Allemagne. **A.** — Vers Pâques les vignes souffrirent. **Bi.** — Is fra Tyskland til Danmark. (*Slange*). **Sp.**

1600. De toutes les informations diverses sur les années 1599, 1600 et 1601, je ne retiens pour l'Europe occid. que ceci que, selon toute probabilité, l'hiver de 1599—1600 a été plus froid qu'à l'ordinaire, avec abondance de neige.— *Zopf* cite encore cet hiver (de 1600) comme rigoureux. Depuis la fin de novembre jusqu'à la fin de mai, le froid fut si vif par intervalles dans les provinces méridionales de la France, que presque tous les arbres fruitiers et un grand nombre d'animaux périrent. (*Papon*) **A.** — **1599.** Kalter Winter. (*Berlin.*) **P.** — **1600.** „Alle helgens dag begynte der en snau sne oc kield paa Guthiland, oc stod saa til Palme-Søndag 1601 .... Saaden winter hade føre icke waret i mange aar." (*Strelow* l. c. confer. *Dalins Sver. R. Hist.* IV. 489.) **N.** — Begin December vorst, die vrij lang aanhield. (*Velius*, *Kr. v. Hoorn*, IV. 275) **H.** — Le commencement de l'hiver de cette année fut caractérisé par un froid rigoureux, qui dura trois semaines. Beaucoup de vignes périrent. **Bi.** — Der Winter 1601 war äusserst kalt. (*Acta Lipsiens.*) **Schn.** — **1601.** Grosze Kälte. (*Toaldo*) **P.** — Tous les oliviers périrent en Provence. (*Martins*, *Patria*) **A.** — In't jaer van gratiën zestien honderd was een seer couwen herden winter, ten diverschen tijden vallende veel sneeuw... (*Note du greffier P. v. Ghinderachter*, *Bruxelles*) **Vdl.** — Le 23 février il y avoit alors sur la terre un pied et demy de neige.... (*Vinchant*, *Ann. de Hainaut*) **Vdl.** — Den winter van 1598—1599 was seer strench, (*Jaarboeken van Veurne*) **Vdl.**

1602. Hiver tiède (en Suisse). — Winter gelinde. (*Chron. Winterthur*) **Wo.**

1603. Hiver froid dans le midi de la France, en Allemagne et en Italie. — Cet hiver fut encore très-rigoureux dans le midi de la France. Des charrettes passèrent sur le Rhône congelé. (*Martins*) **A.** — Es war eine grosze Kälte. (*Act. Lips.*) **P.** — **1604.** Langer

1) Aucun auteur n'indique *deux* hivers consécutifs, aussi ne vois-je pas de raison suffisante pour noter deux hivers rigoureux, comme le font Schn. et Köppen: toutes les informations peuvent se rapporter à la saison 1594—95.

und strenger Winter. (*Toaldo*) **P.** — **1603.** „Nach einen kalten Winter..." **Schn.**, **R.**

1604. Hiver doux en Alsace. — Vers le 11 novembre (1603) quatre jours de gelée. Vers Noël, il faisait doux comme en été. **Bi.**

1606. 1605 ou 1606. Hiver assez froid. — **1605.** Gedurende den winter deses jaers vroos het wonderlick seer. (*Jaarb. v. Veurne*) **Vdl.** — **1606.** Kalter Winter. (*Berlin.*) **P.**

1607. Hiver tiède en Hollande et en France. — Zachte winter. (*Chron. holl.*, *Coll. Hk.*). — *N.B.*: Les hivers de 1607, 1609, 1617, 1619 sont signalés comme s'étant passés sans aucune gelée notable. **G.-P.**

1608. „Le grand hiver", ou „l'année durant l'hiver." — En France „le froid sévit presque sans intermittence depuis le 20 déc. jusque vers le milieu de mars 1608" (A.). En Hollande, une période de gelée très âpre commença le 19 déc. et dura jusqu'au 26; dégel pendant 3 ou 4 jours; le froid reprit le 1 janv., sévit jusqu'au 25; nouvelle période de dégel durant 3 ou 4 jours; troisième période de froid durant le mois de février; mars fut encore très froid. En Angleterre du 5 déc. au 14 févr.; dans l'Allemagne du Sud la gelée commença le 13 déc. — L'intensité du froid, pendant ces trois mois, fut extrême, surtout dans le nord-ouest, mais l'hiver rigoureux s'étendit des pays scandinaves jusqu'en France et en Italie. Tous les grands fleuves furent „pétrifiés", comme dit Mézeray; on alluma des feux sur la glace de la Tamise dès le 5 déc., on croisa la Zuyderzée d'Harlingue à Amsterdam, et l'Oeresund près de Malmö; le Rhin fut pris de son embouchure jusqu'en amont de Cologne. — L'hiver de 1608 fut longtemps appelé „le grand hiver". Le froid sévit presque sans intermittence depuis le 20 décembre 1607 jusque vers le milieu de mars 1608, en France, en Angleterre, en Hollande, en Allemagne, en Italie. Les historiens abondent en détails sur les effets de la gelée. Le 10 janvier, à Paris, dans l'église Saint-André-des-Arcs, le vin gela dans le calice; „il fallut, dit *l'Estoile*, chercher un réchaux pour le fondre." Le 20 janvier, cinq hommes qui amenaient des provisions aux halles, furent trouvés morts de froid au coin de la rue Tirechappe. Le pain qu'on servit à Henri IV, le 23 janvier, était gelé. Dans la partie septentrionale de l'Europe tous les fleuves furent pris. La glace était si épaisse en Flandre, que, dit *Mathieu*, l'historien, „ceux d'Anvers voyant la rivière de l'Escaut aussi glacée qu'elle l'avoit été en 1565, y dressèrent plusieurs tentes sous lesquelles ils alloient banqueter." „Plusieurs personnes, dit *Mézeray*, moururent de cette froidure et dans les villes et dans les campagnes; d'autres demeurèrent percluses; un grand nombre eurent les pieds et les mains gelés." La plupart des jeunes arbres périrent; le froid gela une partie des vignes jusqu'à la racine; les cyprès et grand nombre de noyers furent gravement atteints. L'Angleterre vit presque tout son bétail détruit. A Londres, la Tamise était gelée au point que les chariots chargés la traversèrent; beaucoup d'oiseaux périrent, et un grand nombre de plantes furent détruites. Le dégel occasionna à son tour de grands ravages. „Les glaces des rivières, dit *Mézeray*, rompirent les bateaux, les chaussées et les ponts; les eaux grossies par les neiges fondues inondèrent toutes les vallées et la Loire bouleversant ses digues en plusieurs endroits, fit un second déluge dans les campagnes voisines. En Italie, il survint du commencement un si grand débordement de rivières que Rome se vit presque en un déluge par les eaux du Tibre, qui descendirent avec une telle violence des monts Apennins, que plusieurs maisons en furent renversées." Il tomba à Padoue une immense quantité de neige. (*Mercure françois de 1608; Piere Mathieu Histoire de France; Aubert Le Mire Chronique; Baker; Mézeray; Calvisius; Van Swinden; Toaldo*) **A.** — „Nous nous voyons à l'année 1608 que l'on nomme encore aujourd'hui (± 1650) „*l'année durant l'hiver*", à cause que la froidure, qui avoit commencé à devenir très grand apre le jour du Saint Thomas, dura plus de deux mois sans relacher qu'un jour ou demi, et glaça, ou pour ainsi dire pétrifia, toutes les rivières." (*Mézeray* VI, 355). — Ambusti multorum artus vi frigoris, arbores pleracque radicitus emortuae, perrupta saxa, aër intra cubicula glacie concretus ad parietes haesit. (*J. Caes. Bulingeri, Hist. sui temporis;* 381) **N.** — In de Nederlanden vooral was de koude zeer streng. In Jan. en Fe. was de Zuiderzee toegevroren, de Maas lag dicht van Namen tot Rotterdam. (*Galliot*). — In Noord-Holland van 19 tot 26 Dec., en van 1 Jan. tot in Maart vorst, hevig vooral van 1—25 Jan. (*Velius*) Boomen waren bij vijftigtallen gespleten of doodgevroren, onder de visschen was groote sterfte. **H. V.** — Op 9 Febr. reed burgher Adriaen Wierdtsz van Harlingen met paard en slede naar Amsterdam. (*Kron. Friesl.*). — . . . „toen de markies van Spinola en andere onderhandelaars voor het 12-jarig bestand, verhinderd waren, zich te water naar hunne bestemming te begeven en de reis naar den Haag over land aannamen, trekkende met een gevolg van 200 sleden over den vastgevroren Biesbosch, in 't begin van Sprokkelmaand". (*v. d. Vynckt, Hist. des troubles des Pays-Bas* III, 266; *v. Meteren* XXIX, 541; aussi: *Wagenaar, Vaderl. Historie* IX, 319) **Da., N.** — „Het begon op den 19 Dec. van het voorgaande jaar te vriezen, en dat so sterk als nooit bij menschen geheugen geschied was. Deze vorst bleef tot den 26 van die maand aanhouden, wanneer het 3 of 4 dagen na den anderen dooiden, dog op den 1en Jan. 1608 begon het wederom zeer sterk te vriezen en de koude bleef altoos even fel tot 25 Jan., wanneer het 3 of 4 d. dooiden, beginnende op nieuw al zo fel te vriezen als te vooren, gedurende de gantsche maand February waardoor alle de Binnenwateren en Rivieren van Nederland tot de maand Maart met een ijskorst bedekt bleeven, en de Buitenwateren geraakten in Jan. meede zo sterk toe, dat men zulks nooit voorheen gezien had, bij voorbeeld de Waal en Rijn was geheel toegevrooren tot boven Keulen toe; de Schelde voor Antwerpe, Lillo en Rimmerswale was geheel toegevrooren, en het ijs nog veel sterker als het in de Jaaren 1564 en 1565 was. De Hont tusschen Zeeland en Vlaanderen vroos meede zeer sterk toe, ja alle de havenen van Zeeland zelfs van Vlissingen en ter Veere wierden geslooten, door de meenigte van het drijvende ijs, schoon de scheepen bij wijlen daar nog in en uit konden komen . . . . De Zuiderzee was meede zo sterk toegevrosen, dat men met sleden en wagens van Harlingen op Enkhuizen, regt toe regt aan, ja het diep langs op Amsterdam en andere plaatsen aan de zee gelegen toog. En van Texel gong men te voet naa het eiland Wieringen niet tegenstaande de snelle stroom die daar altoos is. **H. V.** — Een essenboom te Bennenbroek, 200 jaaren oud, spleet van onderen tot boven, gelijk ik zelfs, zegt de schrijver, gezien hebbe; meest alle wyngaarden bedorven. De weiden hadden op vele plaatsen zodanig geleden, dat zij den geheelen Zoomer niet konden groenen.... Verscheiden kelders en regenbakken van ciment vrooren aan stukken.... Veele luiden vrooren, hier en daar, op de wegen dood. (*Velius*, IV. 288) **H.** — Grosze Kälte. (*Act. Lips.; Berlin.*) **P.** — Au mois de déc. 1607 commencha une grande gelée, qui continua aspre et véhémente jusques en fin du mois de janvier 1608... On commencha à pouvoir labourer la terre environ le 22 ou 23 du mois de février. (*Le livre d'Abbeville;* aussi: *Essener Stadtchronik* etc.) **Vdl.** — „Annus 1608, qui saevissima se inadsueta frigoris vi adeo inhorruit, ut hominum memoriam superaverit... Supra tres menses eo modo civitas (à Venise) elanguit." (*Andreae Mauroceni Hist. Venet. XVIII*) **N.** — A la Ste Lucie (13 déc.) il devint froid... Le jour de l'an il fit tellement froid que de mémoire d'homme... Quinze jours après des journaliers eurent les oreilles etc. gelées. **Bi.** — In London fires on the Thames in the first week in December. (*Stow*) — A great frost and snow, which began the 5th day of December and so continued until the 14th day of Februari 1608, all which time all our rivers were frozen, and in most parts that they would bear horse and man loaded and carts loaden; the most part of the mills were frozen up. (*Whittock*). — At York the horses crossed the river Ouse. **Lo.** — 3 Jan. Kristian IV drog over Isen fra Landskrona til Malmø. (*Nyt hist. Tidssk.*) Aaret begyndte med en skraekkelig haard Vinter. (*Slange*) **Sp.**

1609. Hiver doux en France et en Suisse. — Janvier très doux en Alsace. — Der Winter war warm: Anfang Febr. reife Erdbeeren. (*Chron. Winterthur*) **Wo.** — [Pour la France, Voy. 1607].

1610. (Une seule information très suspecte) — Hiver normal, selon toute probabilité. — Le temps fut très froid en Angleterre de décembre à avril; la Tamise fut prise de manière à former un chemin. Les oiseaux et les plantes périrent. (*Clark's Exam.*) A. — [Le chroniqueur a peut-être pris 1610 pour 1608.]

1611. Hiver tiède? — ...hat es den Winter viel geschneiet und geregnet. (*Essener Stadtchr.*) **Vdl.** — Kalter Winter. (*Berlin.*) **P.** — [Comp. 1610 et 1612. Je regarde les trois hivers mentionnés comme normaux, celui de 1611 plutôt tiède. — Ea.]

1612. Peut-être un peu froid en Allemagne. Aucune mention concernant l'Eur. occidentale. — Kalter Winter. (*Berlin.*) **P.**

1613. Hiver plutôt tiède, en Allemagne et dans les Pays-Bas. — Sehr milder Winter mit wenig Schnee. (*C. Kronfeld*, cité par G. Hellmann, dans Ber. K. Preus. Met. Inst. 1912). De même dans une *Chron. holl.* **Hk.**

1614. Saison assez froide, avec beaucoup de neige et des pluies. Printemps tardif. — La grande quantité de neige qui tomba sur la fin de l'année et les pluies qui succédèrent, occasionnèrent un grand débordement de la Meuse et de la Sambre. (*Galliot, Histoire de Namur*)

Vdl. — Le froid commença à la S. Martin, 11 nov. et dura 20 semaines. Bi. — At York a heavy snow and eleven weeks frost. Winter severe at Boston.[1]) Lo. — Der Winter war streng und lang. Noch am 14 bis 17 Merz war es so kalt, dass die Enlach grundeis führte und 28 April viel Schnee. Wo.

1615. (Informations douteuses) Hiver probablement froid dans l'Europe centrale et dans le nord, normal dans l'Eur. occidentale. — **1615.** „January 16th (= 1616, probablement) began the greatest snow which ever fell upon the earth within man's memorye. It covered the earth fyve quarters deep uppon the playne. There fell also ten less snows („no less snows"?) in Aprill, some a foote deep, some lesse, but none continued long"... (*Youlgrave Register*, Derbyshire), .. „it continued daily increasing till March 12, upon which day it began to decrease." (*Youlg. R.*) Ba. — L'Allemagne, la Hongrie et les provinces voisines souffrirent le 20 janvier un froid si rude, que nombre de ceps de vigne et une grande quantité d'arbres fruitiers furent gelés. (*Mercure françois*) A. — Kalter Winter. (*Acta. Lips.; Toaldo*) P. — Fra Aarets Begyndelse streng Vinter, som koldt ved til Faaremaaned (April). (*Slange*) Sp.

1616. Hiver plus froid qu'à l'ordinaire en France, en Allemagne et dans les pays scandinaves. — 16 Jan. Kristian IV drog fra Kronborg til Helsingborg og maatte bryde gennem Isen. (*Nyt Hist. Tidsskrift*) Sp. — 1615 (= 1616) Baker, Voy. 1615. — Le froid fut très vif en France pendant cet hiver; il sévit sur l'armée royale, qui accompagnait la reine, de Poitiers à Tours. A Paris, la débâcle de la Seine renversa un côté du pont Saint-Michel. (*Mercure françois; Félibien*) A. — Kalter Winter. (*A. Lips.; Toaldo; Berlin.*) P.

1617. Hiver doux, en Hollande, en France, et en Allemagne. — En janvier, les alouettes et d'autres oiseaux chantaient. (*Chron. holl. anon.*) Hk. — Gelinder Winter. (*Berlin*) P. — A° 1617 was de winter zo zagt, dat het bynaar niets vroor, en op den eerste van lentemaant was het zo warm, dat de jongens zig in de rievieren en stadsgragten gingen baden... H. V. [Pour la France, Voy. 1607].

1619. Hiver normal? Un peu froid dans le nord, plutôt tiède selon un ou deux auteurs; du reste pas d'informations précises. — [Pour la France, Voy. 1607] — 7 Januar fros Sundet til... 16 Jan. drog Kristian IV over Sundets Is, 13 Fe. korte han over Sundet. (*Nyt. Hist. Tidsskrift*) Sp.[2])

1621. Hiver très rigoureux; froid du commencement de décembre jusqu'en mars; la période de gelée très forte dura puis la fin de décembre jusque vers le milieu de janvier et (surtout) depuis la fin de janvier jusqu'à la fin de février. La Zuyderzée fut prise entièrement et très fortement, sur les côtes de la Hollande la mer du Nord était

1) Bien qu'il puisse y avoir erreur dans les notices anglais, il me paraît probable que les 2 hivers de 1614 et de 1616 ont été assez froids.

2) Hiver tiède selon Peignot et selon une chronique hollandaise dans la collection Hartkamp.

pleine de glace; tous les grands fleuves furent pris; là rigueur de l'hiver s'étendit de la Suède jusqu'en Italie, de la Provence jusqu'en Angleterre. — Cet hiver fut très rigoureux au Nord et au Midi. Le Zuyderzée gela entièrement; une partie de la mer Baltique fut couverte d'une glace très-épaisse; les glaces des lagunes de l'Adriatique emprisonnèrent la flotte vénitienne. Le froid fut aussi très-intense en Provence. (*Calvisius*) **A.** — De winter was van het laatst van Januari tot 12 Febr. zeer fel, en duurde tot Maart. (*Velius*) Begin van den winter: 5 December 1620. **H.** — „Langs het strand der Noordzee was alles mede dicht, en volgens het getuigenis der zeeluyden vond men op 38 vadem diepte (uit de kust?) stroken ijs van eenige mijlen lengte, welke zonder gevaar konden bewandeld worden, zijnde van iets dergelijks bij menschenheugenis nergens eenig voorbeeld te vinden... In de anders warme kelders, ja zelfs in de vertrekken waar gestookt wiert, kon men niets ontdooid houden; verscheiden vreemde gewassen, die in den winter des jaars 1608 gespaard gebleven waren, storven". (*Velius*) — Jan Hansz. (Jansz.?) van Harlingen, die op 't Vlielandt met zijn schip bevrosen lach, is met een kleyn sleedjen ende een stockjen in syn hant hebbende te voet over de Vliestroom gegaan, ende is tot Harlingen binnenghekomen den 2 Fe. 1621. (*K. v. Friesl.*) **Hk.** — En... lag de Zuiderzee so sterk bevroosen, dat men van Campen over het ijs naar Amsterdam reed en de Noordzee was zoo vast toegevrosen, dat men mede met paard en slede van de eylanden ter Schelling en Ameland overal naa toe konde reiden. **H. V.** — In December begon den Winter soo hard te worden, dat men in 17 dagen alom ijsgang hadde, en beginnende het ijs te ontsluyten, heeft den vorst soodanig hernomen, dat men in de maend February 1621 over alle stroomen konde te voet en te wagen gaen. (*Chron. F. J. de Castro;* aussi: *Chr. v. Vlaend.*) **Vdl.** — Grosze Kälte durch ein Monat hindurch im Jäner. Es gefroren alle Flüsse, selbst die Südsee auf 12 und mehrere Meilen. Die Schiffarth der Venetianer wurde gesperret. (*Th. Europ.*) Man konnte von Constantinopel trocknes Fusses nach Iskodar kommen. (*Forster*) **P.** — Ende Dec. fing es an zu frieren, der frost stunde gerade zwei monat, war ein harter frost, da Rhein und Ruhr waren zugefroren. (*Ess. Stadtchr.*) **Vdl.** — There was a frost fair on the Thames. (*Walter Thornbury*) **Ba.** — 1621 var her (Gulland) en forferdelig stor Vinter. (*Hans Strelow*) **Sp.**

1622. (Les informations ne sont pas claires et en partie certainement mal fondées). Hiver rigoureux? Dans l'Europe occ. il y a eu deux périodes de froid assez intense, mais courtes, en décembre et en février. — Les gelées furent très-fortes en Flandre [1]) et dans le nord de la France durant cet hiver. Les Hollandais perdirent la moitié de leur armée devant l'Ecluse par le froid et la faim (? E.) (*Mercure françois*) **A.** — Die Kälte war so grosz, dasz

---

1) Plusieurs informations concernant l'hiver de cette année me paraissent erronées. S'il y avait eu *deux* hivers consécutifs d'une telle rigueur en Hollande, ils auraient été mentionnés expressément. L'expédition du prince Maurice d'Orange contre Anvers, ou contre Hulst, fut en *novembre* 1622, et échoua à cause d'un froid subit. (Voy. *Wagenaar*, *Vaderl. Hist.* X, 445). Mais les historiens disent aussi qu'à la reprise des hostilités entre les Espagnols et les Hollandais — 1621–22 — les eaux formèrent de nouveau le principal allié des Provinces-Unies. (*Velius*, V, 323, *Hering* 46) — Il y a eu peut-être une courte période de froid assez intense. En Allemagne, l'hiver ne fut point rigoureux.

in den Niederlanden alle Wasser mit Eise dick bedeckt wurden (? E.). (*Theat. Europ.*) **P.** — **1621—22.** „Tanta aëris intemperies fuit, ut post transmissum alta glacie Tarnim [*Aquitaniae amnem*] legionarii haud pauci in via obriguerint..." (*Grammont*, Hist., Gall. XI. p. 506.) **N.** — „Anno 1622 was de koude in Nederland en door geheel Europa zoo groot, dat de Heeren Staaten-Generaal, om de stropingen der vijanden te beletten, genoodzaakt wierden, alle de rivieren 15 voeten breed te laaten opbijten. **H. V.** — „Intensissimum hoc integro fere mense (Janu°) frigus, ut etiam pars quaedam maris Baltici glacie abducta fuit". (*Calvisius Chronol.*) **H. V.** — **1622.** (? Comp. Hk. et Vel., 1621). In December vorst; na dooi wederom vorst tot in Februari. Alle Nederl. rivieren dichtgevroren. Men ging van Holland naar Friesland over de Zuiderzee. Prins Maurits' plan tot een aanslag op Antwerpen mislukt wegens den in Febr. terugkeerenden vorst. (*v. Reyd*, *Scriverius*) **Da.** — Var en meget kold Vinter. (*Mansa*) **Sp.** — Tableau de Seb. Vrancx au Rijksmuseum à Amsterdam (n^{0}. 2598): „L'Escaut prise devant le Steen à Anvers."

1624. Le froid ne fut pas excessif, mais dura longtemps, et fut accompagné d'immenses quantités de neige. En Allemagne, on eut deux périodes de froid, séparées par le dégel et la pluie vers Noël. — Cet hiver fut très-âpre; il fit tellement souffrir l'armée du prince d'Orange, qu'il empêcha de réussir la tentative de ce prince contre la ville d'Anvers [1]). Il tomba d'immenses quantités de neige qui causèrent de grands désastres. (*Mercure françois*). L'hiver dura, en Angleterre, du milieu de décembre au milieu de janvier, et en Allemagne le Danube fut gelé. (*Short*) **A.** — **1624.** Eine nicht so viel strenge, als lang anhaltende Kälte. Alle Flüsse gefroren zweymal. Das erste mal thauten sie um Weihnachten durch heftige Winde und Regen auf, welches grosze Ueberschwemmungen verursachte. (*Theat. Europ.*). Zu Padua war grosze Kälte, und häufiger Schnee. (*Toaldo*). Strenger Winter. (*A. Lips*) **P.** — Kolt og langvarig Vinter. (*Mansa*) **Sp.** — .... hoe datter in oude als int nieuwe jaer alsulcken vreeselycke snee in onze Nederlanden is ghevallen, ende noch meer gevallen is boven int landt... (*Nieuwe Tydinghen uit Antwerpen, Fe. 1624*) **Vdl.**

1625. Hiver tiède en général, peut-être assez rigoureux en Italie et en Angleterre, doux en Allemagne et en Suisse, surtout pendant le mois de janvier. Beaucoup de neige et une courte période de froid intense vers la fin de février. Printemps rude. — Januar 1625 war warm. **Wo.** Zu Padua war abermal ein solcher Winter. (*Toaldo*) **P.** — **1626.** „A severe winter followed the infectious summer of 1625." **Lo.** — **1625.** „Hiver long et rigoureux." **R.** — **1625.** ... Anderstwo (als in Italien), vielleicht in Deutschland, war der Winter so gelind, dass die Lerchen schon in Jäner sangen. (*Berlin*). **P.** — Post fere desperatam hiemem, Favonius mense Februario profusissimam nivem sparsit. Secutae deinde gelidissimae aliquot, leni Borea spirante, dies et praesertim ultima ipsa Februarii, quae totius anni hiemantissima et intolerabile paene frigore saevyit... (*Liberti Fromondi Meteorologica*, Anvers 1627) **Vdl.**

---

1) Erreur! Ceci arriva en nov. 1622.

1631. Hiver assez froid en Belgique? — Anni hujus saeva hiems belli progressum non impedivit. (*Auberti Miraei rer. belg. chron.*) **Vdl.**

1633. (Informations discordantes.) Probablement le commencement de la saison fut assez froid, les mois de janvier et février très doux. — Cet hiver fut très-rigoureux et commença de très bonne heure. Le *Mercure de France* rapporte que le 4 octobre 1632, le froid devint si vif entre Montpellier et Beziers que seize gardes du corps de Louis XIII, huit de ses Suisses et treize valets d'armée en moururent. **A.** — Usaedvanlig streng og stormfuld Vinter. (*Mansa*) **Sp.** — Clementia hyemis durat; aliqualis illuvies, sed 15 januarii vidimus pasci pecora nostra ultra Isaram et boare vaccas ac si ad vernalia pararentur gramina... (*Chron. Evershamense, Bruges*) **Vdl.**

1635. Période de froid rigoureux en janvier. Hiver court, probablement. — **1634.** Tempus valde impluvium... sed fumosum manet usque decembrim... (*Chron. Eversh., Bruges*) **Vdl.** — **1635.** A severe frost and heavy snow in January. (*Hatcher*) **Ba.** — Im Anfang des Jahrs war eine so grosze Kälte, dasz selbst die Wölfe erfroren, deren zwey nach Berlin sind gebracht worden. (*Th. Europ.*) **P.** — Gruelig skarp Vinter. (*Farstrup—Axelsen*) **Sp.** — Thames frozen over. (*W. Thornburg*) **Ba.** — In Zweden zeer streng. (*Nicander*) **Pf.** — In de maend January (1635) maekte het een soo felle koude dat men zelfs met geladen wagens over de Schelde voor Antwerpen konde passeren. (*Chr. F. J. de Castro;* aussi: *Curtis, Jaerboeken v. Brugge*). — Sub anni hujus initium, hiems supra modum saeviit. (*Aub. Miraei Chron.*) **Vdl.**

1636. Courtes périodes de froid, déc.-janv., et milieu de février; janvier très doux. — Januar war warm, ebenso Februar nur das Mitte kalt. (*Chron. Winterthur*) **Wo.** — La gelée commença en décembre 1635 et continua une partie du mois de janvier 1636. Les voitures traversaient la Meuse sur la glace. (*Quételet*) **A.**

1638. Aucune mention sur cet hiver, si ce n'est relativement à Provence. — Cet hiver fut si rigoureux en Provence que dans le port de Marseille l'eau gela autour des navires. (*Papon*, IV, 490) **A.**

1640. Hiver tiède en Suisse. — Januar und Februar warm, und kein liegender Schnee. (*Chron. Winterthur*) **Wo.**

1642. Un peu froid vers la fin de février, du reste hiver plutôt tiède. — Ende Hornung (févr.) und Anfang März kalt und viel Schnee. (*Chron. Winterthur*) **Wo.** — Der Winter 1642 war in beyden Continenten, besonders dem neuen, sehr kalt.[1]) In Italien began der Frost im September, wurde aber plötzlich durch ein Erdbeben, welchem eine Wärme wie im Sommer folgte, unterbrochen. (*Toaldo*) (!) **Schn.** Overmaade streng Vinter. (*Mansa*) **Sp.**[1])

1643. Hiver normal, plutôt tiède. — Jan. warm, Fe. etwas rauw. (*Chron. Winterthur*) **Wo.**

---

1) D'autres comptent l'hiver de 1642 parmi les hivers tièdes.

1644. Hiver rude mais pluvieux, froid vers le printemps, les rivières furent prises en mars, gelées jusqu'à la fin d'avril — I Januar var Limfjorden islagt. (*Slange*). **Sp.** — Na een buitengewoon drogen zomer was de winter van 1643—44 lang en streng; tot Maart waren de rivieren toegevroren. (*v. Reyd* II 183) **Da.** — November Schnee bis Ende des Jahres. Jan. kalt; abwechselnd noch bis 28 April Frost. **Wo.** — In Frankreich ein sehr strenger Winter. Durch 20 Jahre war der Schee nicht so häufig. (*Th. Europ.*) **P.** — 1643. Ein später aber Kalter Winter... Auch in Schweden war der Winter strenger als gewöhnlich. (*Th. Eur.*) **P.** — 1643. Erst spät trat im Winter 1643 strengere Kälte ein, sonst gab es vielen Regen. **Schn.**

1646. (Informations contradictoires.) Probablement assez froid dans le sud et le nord, assez tiède dans l'Europe centrale. — Ueberhaupt gelinder Winter. (*Chron. Winterthur*) **Wo.** — Kalter Winter. (*Toaldo*) **P.** — Extreme snow fell and very cold at Venice. (*Evelyn*) **Ba.** — Streng Vinter. (*Mansa*) **Sp.**

1649. Hiver tardif, gelées pendant tout le mois de février; tout l'hiver fut rude, printemps froid. — On semait encore des blés huit jours après la St. Martin (11 nov. 1648); au mois de janvier ils n'étaient pas encore levés. Il commença à geler le 1 février 1649 jusqu'au 1 mars; à la fin de mars il neigea sans interruption pendant neuf jours... Le 6 avril, il commença à geler très fort... (*Mémorial d'un bourg. de Doissart, Abbeville*) **Vdl.** — L'année 1649, il s'y fist un sy maulvais tempts que l'hyver commença dès la vendange l'an passé. Il ne cessa de geler et de faire froyd, jusqu'à la mitte (sic!) du mois de may 1649... (*Chron. de Plappeville de Metz*).

1651. Gelées intermittentes: décembre, la dernière partie de janvier et le mois de février furent froids, au moins dans le centre, le nord et le nord-ouest de l'Europe. — Dez. kalt, letzter Theil vom Jan. kalt und schneeig, dann Thauwetter, Febr. kalt. **Wo.** — Jan. 22. „Now was the Thames frozen over." (*Evelyn*) **Ba.** — Frosten var streng. (*Mansa*) **Sp.**

1652. Hiver doux en Hollande. — A° 1652 was het een zagte Winter... **H. V.**

1653. Décembre et janvier froids et neigeux. — La nuit du 29 au 30 déc. la Meuse fut fermée au pont de Maestricht, où la glace s'étoit amoncelée à la hauteur de deux hommes. (*Rels. véritables*) **Vdl.** — Kalter Winter. (*Toaldo*) **P.** — Jan. An exceeding hard frost of long duration. (*Evelyn*) **Ba.** — Dec. und Jan. kalt und schneereich. **Wo.**

1656. Hiver rigoureux en France et dans les Pays-Bas, il gela du 8 déc. jusqu'au 10 mars, avec deux interruptions d'environ une semaine chacune (18—28 déc. et 28 janv.—3 févr. env.). Le froid fut excessif au commencement de décembre; en Allemagne et en Bohème les rivières furent prises fortement. En Ecosse il tomba une immense quantité de neige. Dans l'Europe occidentale l'hiver ne paraît pas avoir été rigoureux. — Cet hiver fut très-rigoureux en France et en Allemagne. A Paris, „il gela le 25 et le 26 novembre 1655. Les premiers jours de décembre il neigea. Du 8 au 18 la gelée fut excessive. La Seine fut prise. Du 18 au 28 l'air fut humide. Le 29 la gelée recommença et dura jusqu'au 28 janvier 1656. Une nouvelle gelée reprit peu de jours après et dura jusqu'en mars; mais entre ces deux reprises le froid fut moins rigoureux qu'en décembre." (Manuscrit d'*Ismaël Boulliaud*, cité par *Pingré*, *Mémoires de l'Académie des sciences* pour 1789. En Allemagne, „le froid fut si vif, qu'à Wismar on vit arriver des chariots chargés et attelés de quatre chevaux, de la distance de cinq à six milles (10 kilomètres), ce qui n'avait été vu de bien des années; dans le pays, les puits étaient gelés jusq'au fond. En Bohème, plusieurs personnes furent trouvées gelées sur les grands chemins." (*Van Swinden*) **A.** — Ein harter Winter, dem in Schweden viele Jahre keiner gleich war. Im Jäner und Hornung war grosze Kälte in Deutschland, und häufiger Schnee; welcher, da er durch anhaltende Regen schmolz, an der Donau, Weser, Elbe u.s.w., grosze Ueberschwemmungen verursachte. Zu Prag war vom 9 bis 13 Febr. eine unerdenkliche Kälte. Zu Pressburg schnie es den 19 Märzen stärker als im ganzen Winter. (*Th. Europ.*) **P.** — In de Nederlanden van 8 Dec. tot 10 Maart, met twee tusschenpoozen van een week elk. **Da.** — Very cold in Scotland. The excessive snow and rain did great injury this winter. **Lo.**

1658. Hiver très rigoureux. En France, gelées du 24 déc. jusqu'au 18 février, presque sans interruption; très âpres du 20—26 et du 28—31 janv. et du 11—18 février. Hiver rigoureux du Danemarc jusqu'en Italie, où les rivières furent prises. A Rome il tomba une grande quantité de neige. Les ports d'Ostende et de Sluis furent bloqués par la glace. L'hiver fut long et rigoureux en Angleterre. — Cet hiver fut très-rigoureux en Europe, depuis la mer Baltique où Charles X, roi de Suède, fit passer de Fionie (Fuenen) en Zélande (Sjaelland), sur la glace, toute son armée: la cavallerie, l'artillerie, les caissons, les bagages, etc.; jusqu'en Italie où les rivières gelèrent assez profondément pour supporter les plus lourdes voitures. Il tomba, à Rome, une immense quantité de neige. (*Peignot*). A Paris, il gela depuis le 24 décembre 1657 jusqu'au 20 janvier 1658, de manière cependant que le froid ne fut pas alors extrêmement piquant. Le 20 janvier, par un vent impétueux de nord-est, il devint excessif: très-peu de personnes se ressouvenaient d'en avoir jamais éprouvé un si pénétrant. Tout fut glacé. L'âpreté du froid continua jusqu'au 26. Le 27 l'air un peu radouci fit espérer un dégel; mais le 28, le froid redevint aussi perçant qu'il avait été et dura jusqu'au février. Le 9 et le 10 février, la glace et la neige, qui était tombée en abondance, commencèrent à se fondre. Le lundi 11, à deux heures du matin, le vent étant remonté au nord et au nord-est, les eaux furent prises de nouveau, la gelée fut extrême; au lever du soleil il n'existait plus le moindre vestige de la fonte précédente. La rigueur du froid se fit sentir jusqu'au 18. Enfin le 19 février le vent soufflant du nord-ouest et ensuite de l'ouest la fonte de la glace et des neiges recommença et ne discontinua plus. Le 21 la glace qui couvrait la Seine s'entr'ouvrit. Le 22 la rivière commença à grossir. Le 27 et le 28 elle déborda; l'inondation fut plus grande qu'aucune de celles dont on avait mémoire. Depuis six heures du soir du 27 jusqu'à midi du 28, l'eau baigna les murs de l'église Saint-André-des-Arcs; il fallait une planche pour traverser la rue. Le 28 à midi les eaux commencèrent à baisser. La rigueur du froid avait fait périr plusieurs voyageurs; d'autres en furent quittes pour la perte de quelques membres. Durant la nuit du 28 au 1er mars, une grande partie du pont Marie fut emportée par le courant et plusieurs personnes périrent. Le jour suivant les derrières de quelques maisons voisines de la rivière furent pareillement emportés." (*Boulliaud*). En Provence, beaucoup d'oliviers périrent. (*Martins*, *Patria*) **A.** — Sedert den 20 Dec. van het jaer 1657 tot den 20 Febr. daernaer, heeft het in Vlaenderen een soo felle koude gemaekt, dat het water omtrent eene halve ure in de zee bevrosen was. Oock konde men seer gemackelyck met gelaeden waegenen in de haven van Ostende en Sluys over het water passeeren. (*Curtis*, *Jaerb. Brugge*; aussi: *Chron. v. Vlaenderen* e. a.) **Vdl.** — Harter Winter. (*A. Lips.*; *Toaldo*). Die Donau gefror zu Wien zweymal. (*Th. Europ.*) Der Sund gefror so stark, dasz man darüber reisen konnte. (*Bildersaal*) **P.** — In der Mitte Jäners fiel dermassen viel Schnee, dasz die Wege unwandelbar wurden, worzu so eine Kälte kam, dasz die gröszten Flüsze gefroren, und die schweresten Lasten trugen. Es fiel zu Rom durch einige Jahrhunderte nicht so häufiger Schnee, als in Anfang Febr., zu dessen Ende anhaltende Regen grosze Ueberschwemmungen an der Donau zu Wien, und fast allen Flüszen machten. (*Th. Eur.*) Harter Winter. (*Toaldo*) **P.** — Den 17 Jan. Schnee, der 4 Wochen liegen blieb. Noch in März kalt. **Wo.** — March 7. This had been the severest winter that any man alive had known in England. June 2. The wind northerly near six months. (*Evelyn*) **Ba.** — 6 Fe. var store Baelt tillagt, Svenskerne gik fra Langeland til Lolland. (*O. Nielsen*, *Københavns Historie*) **Sp.**

1659. Hiver normal; tiède en Angleterre? — Dans cet hiver il n'y eut ni gelée ni neige. (*Short*) **A.**

1660. Hiver rigoureux; janvier et février très froids, du nord jusqu'en Italie. Beaucoup de neige. — Cet hiver fut encore très-froid en Italie et en Provence. Les oliviers qui avaient repoussé périrent presque tous. (*Martins*) **A.** — Men voelde desen Winter wederom eenen fellen vorst en onzen aerdbodem sag men tot in Maerte overdekt met overvloedige sneeuw. (*Chron. v. Vlaenderen*) **Vdl.** — Een menigte sneeuw te Antwerpen. (*de Rouveroy*, *Chr. v. A.*) **Da.** — Abermals ein harter Winter. (*A. Lips.*) **P.** — Severe frost. Very cold winter. **Ba.** — 7 Januar var Kulden streng; 5 Jan.—20 Fe. laa Is i Kalleboerne. (*Nyt hist. Tidsskrift*) **Sp.**

1661. Hiver doux, printemps précoce, particulièrement dans les Pays-Bas et en Suisse. — Het jaer 1661 opende sig seer genadelyk op d'aerderyk, een groeyenden Somer beghinnende met Februarius, wanneer men 't graen in de hoven sag, hetwelcke men maer gewoon was te hebben in April. (*Chron. v. Vlaenderen*) **Vdl.** — Der Winter 1660—61 war mild. In Dez. blühten die Primulae. Am 21 Jan. sähte man den Hafer. (*Chron. Winterthur*) **Wo.**

1662. Hiver normal. — Weihnachten 1661 war so warm, dass die Erdbeeren blüheten. Später kalt. (*Chron. Winterthur*) **Wo.**

1663. Hiver rigoureux; le commencement de l'hiver fut très froid. La Tamise fut prise dès la fin de novembre. Beaucoup de neige. Froid jusqu'en mars, mais avec des périodes de dégel. — Pendant cet hiver, qui fut très-âpre, la gelée dura à Paris depuis le 5 décembre jusqu'au 8 mars. Cependant, durant ce long intervalle, le froid parut trois fois se radoucir. La Seine fut entièrement prise au mois de décembre 1662. (*Boulliaud*) **A.** — Koude winter. (*Galliot*) **Da.** — Ungewöhnlich tiefer Schee lag in diesem Jahr in Holland. **Schn.** — Dec. 1: Great frost, Thames frozen. (*Evelyn*) **Ba.** — Thames partially frozen over, end of Nov. Skates introduced from Holland. (*Pepys*) **Lo.** — Nov. und Dez. ziemlich viel Schee. Jan. und Febr. kalt und trocken. **Wo.** — Frosten lagde Sundet til ved Aarets Begyndelse. (*Nyt Archiv for Søvaesen*) **Sp.**

1665. Hiver rigoureux en Bohème et en Autriche, assez froid dans les pays de l'Europe occidentale, surtout en janvier et février. (Informations assez vagues). — Boulliaud cite cet hiver comme ayant été très-rude. En Belgique, il y eut des gelées très-intenses et il tomba des neiges abondantes. (*Quételet*). Au mois de janvier 1665 comme déjà en 1664, le froid fut si violent en Pologne que les vins les plus forts furent gelés, et plusieurs personnes perdirent de leurs membres; quelques-uns même la vie. (*Phil. Trans. XIX*)[1]) **A.** — Der strenge Winter wich jenem von 1658 weder an der Kälte, noch an der Dauer. Viele Flüsze Deutschlands blieben bis in Märzen gefroren, zu Wien waren durch den ganzen Jäner Schlittenfahrten, zu Paris war häufiger Schnee. (*Theat. Eur.*) **P.** — Von mitte Dec. ab kalt und viel Schnee, bis Marz und selbst April. **Wo.** — Der Winter war ausserordentlich streng, die Themse war ganz fest zugefroren; gegen Ende Merzes brach die Kälte plötzlich. **Schn.** — Koude Winter. (*Crommelin*) **H.** — Jan. 4: Excessive sharp frost and snow. (*Evelyn*). Sharp frost in January and February. (*Dr. Wallis*) **Ba.** — Limfjorden blev tillagt fra 24 Dec. til hen i Marts. (*Bircherods Dagbøger*) **Sp.**

1666. Hiver plutôt froid. — Nov. 15 der erste Schnee; Januar kalt bis mitte März[2]). **Wo.**

1667. Hiver rigoureux, surtout en Allemagne et dans les Pays-Bas. „Hiems duplex". En Allemagne les fleuves furent pris deux fois. Janvier fut froid; une gelée très âpre recommença le 18 mars et continua jusqu'au 26 de ce mois, de sorte que la Zuyderzée fut pleine de glace, et qu'on traversa à pied l'Y près d'Amsterdam. — Ein zweifacher Winter. Durch ganz Deutschland gefroren die Flüsze im Märzen abermal. Niemand erinnerte sich eines so kalten zweyten Winters. Der Weinstock verdarb hiedurch. (*Theat. Eur.*). Sehr kalter Winter. (*A. Lips.; Toaldo*) **P.** — Eerst op 16 Maart begon het, met een N.O. wind, zo sterk te vriezen, dat het Y den volgenden dag reeds vast zat, en den 18en belopen werd; de Zuider Zee raakte insgelijks bevroren, hetgeen luiden van hoogen ouderdom verklaarden, nooit zo ver in 't Winterseizoen beleefd te hebben.... den 26en zeilden wederom de waterschepen voor de stad. (*Commelin* II, 1184) **H.** — „In Januarij 1600 seven ent sestig — Doen vroost

---

1) Il est cependant remarquable que la rigueur de cet hiver ne paraît presque pas avoir donné lieu à des commentaires en Hollande et en France. Vanderlinden n'en dit rien pour la Belgique.

2) Cf. Baker, 1670.

en het snieuwde seer heftig — Stijf ses weeken stondt de vaert geheel stil — Drie weeken voer men weer geheel na wil; — Het voornaemste dat hier wort genoteert — Is datter sooveel ijs quam in de Meert." (*Anciennes publications concernant* Amsterdam). Van 18—26 Maart passeerde men het Y over het ijs. **Hk.** — Den 30 Maert kost men noch voor Lubeck aen de stadt over ijs wel een myl gaen. Eenige dagen te vooren quam van 't Eilandt Rughen tot Straelsondt een slede met sestien schepel rochen. Dit koude weder vermengt met machtige veel sneeus, tastte alle Noordesse gewesten aen en hervatte sich als men den winter meende g'uyt te zyn en 't vroor soo krachtig, dat men den 22 Maert met wagen en paerden over Mase reed. Den 15 Maert dertien maets van Dort (Dordrecht) met een smalschip na Sardam varende, quamen drie dagen van daer met schaetsen over 't ys t'huis. Men propheteerde dat gelyck 't jaar 1608, soo een kouden winter als oyt was, en den Treves daerop met Spangien wiert geslooten, dat dit ook een voorteken van vrede met Engelant was, den Hemel bracht het oock in de sterren mede. In Hollant, na datter een stercken winter gemaeckt had, stondt de scheepvaert ses weken stil, daer na voer men drie weken tot den 16 Maert, wanneer het 's nachts begost te vriesen, soo dat men den 18 te Amsterdam op het Y liep, tot den 26 dito, doe brack het ys, en op den selven dag zeylden, daer 't ys gelegen had, noch drie schuyten verby Amsterdam; maer het was al den 2 April eer men ergens konde varen door 't meenigvuldige ys. (*Almanach, Dordrecht, 1846*) **Ea.** — Jan. sehr kalt, Febr. kalt und schneereich, bis April. **Wo.** — Great frost, snow and winds prodigious at the vernal equinox... April 4 the cold so intense that there was hardly a leaf on a tree. (*Evelyn*) **Ba.** — Mrt 16 Is ligger mellem Skaane og Sjaelland. (*H. D. Lind*) **Sp.**

1669. Hiver tiède? — Cité par Flammarion et Speerschneider parmi les hivers doux. **Ea.**

1670. Hiver rigoureux. Froid excessif en janvier et février, surtout dans le nord et le nord-ouest de l'Europe. L'Escaut pris du commencement de janvier jusqu'au 5 mars. — Cet hiver fut rigoureux dans toute l'Europe. On traversa le grand et le petit Belt en traineau sans danger. Le Danube fut pris de façon à porter des hommes, des chevaux et des chariots. (*Carol. Rayger*). Il gela fortement en Italie et en France. Lorsque les membres de l'Académie des sciences constituée depuis peu d'années, firent en 1684 des expériences sur les effets de la congélation, pour comparer le froid de cette année à ceux des époques antérieures, le minimum de 1670 fut jugé le même que celui de 1684. (*Histoire de l'Académie*, t. I p. 390.) *Boulliaud*, dans son journal manuscrit, ne dit autre chose de l'hiver de 1670 sinon que le froid fut excessif dans les mois de janvier et de février, et que sa violence fit périr un grand nombre d'arbres. **A.** — Hiver des plus rigoureux. Pluies, froids cuisants. (*A. Delort*) **Ro.** — .... maer op de 8 November (1669) met overvloedige sneew, agter welcke volgde eenen fellen vorst. (*Chron. v. Vlaend.*) — De mémoire d'homme on n'a pas vu de gelée si aspre que cette année (1670): on passa sous le pont de Meuze le 15 janv. et on fit le 23 un grand feu sur la Sambre. (*Chron. Namuroise*) — In 't jaer 70 ghynck men over de Schelde op den nieudach 70 tot op den vijften Maerte.... ende was so sterck dat men met waghens en peerden over reet. (*Handb. W. Scheirre, Termonde*) **Vdl.** — Strenge und lang anhaltende allgemeine Kälte, es gefroren beide Belten. Dér Hunger machte die Wölfe in Brabant wüthend. Auch die ältesten Leute erinnerten sich keines solchen Winters. (*Theat. Eur.*) **P.** — Dec. 26 London. Colder than for 5 or 6 years, freezing quickly for some days. Coldest date Dec. 26th after which a great snow. Much colder than 1665 and 1666. (*Dr. Beal*) Hard frost at Christmas. **Ba.** — Frost most intense this winter. **Lo.** — Sund og Baelterne lagde til. (*Mansa*) Meget streng, midt i Marts kunde dristig køres over Store Baelt met Slaede. (*Borrebye*) **Sp.**

1672. Hiver rigoureux et long, du 24 novembre jusqu'au 4 mars (dans les Pays-Bas) avec quelques interruptions. Très froid vers la fin de décembre. Beaucoup de neige dans la seconde semaine de mars (en Suisse) — L'hiver fut rigoureux: la gelée dura trois mois. (*Mézeray*) **A.** ... 25 dec. 1671 ... prae nimo frigore quod tantum erat, ut glacies homines et currus portaret. (*Arch. S. Germain, Tirlemont*) — In dit jaer begon den winterschen vorst van den 24 november, ende heeft geen eynde genomen ten zij den 4 Maert van het volgende jaer, ten waer men wilde bekennen dat een a twee dagen den vorst had opgehouden ... en gedurende dien tijd onzen aerdbodem ghans met sneeuw was overdekt. (*Chr. v. Vlaenderen*) **Vdl.** — Dez., Jan. und Febr. kalt, um 8 und 9 März viel Schnee. **Wo.** — Den straenge Kulde indtraadte forst i Februar. **Sp.**

1673. Hiver tiède jusqu'à la fin de janvier. Beaucoup de neige en février et en mars (en Suisse). — Der Winter 1672—73 war gelinde bis Ende Jan. In Febr. und März viel Schnee. (*Chron. Winterthur*) **Wo.**

1674. Hiver tardif, rigoureux dans les Pays-Bas et dans le nord. La période froide ne commença que le 1 février, mais dura jusqu'au 6 avril. En Hollande, la plage de la mer du Nord était couverte de glace en février; au commencement d'avril on passait encore la Zuyderzée pour aller à l'île de Marken. Beaucoup de neige en avril. — Cet hiver a été remarquable en Hollande par sa rigueur et par l'époque tardive à laquelle il a commencé (mois de février); le 4 avril on allait encore à patins sur le lac de Harlem. (*Van Swinden*) **A.** — Late winter. Op 1 Febr. zijn de rivieren en de Zuiderzee toegevroren. De Noordzee was, zoo ver men zien kon, een ijsveld. Nog op 3 April gingen zes man over het ijs van Uitdam naar Marken, den 4den reed men nog schaatsen op het Haarlemmermeer. Maar 7 Apr. zwommen de jongens in de Haarlemsche vaart. Toch waren den 13den nog schepen bij Medemblik door het ijs bezet. (*Commelin* II, 1184, *Duyn*, 36) **H.** — In het begin van de Lente heevter omtrent Gent sulk eene groote menigte van sneeuw gevallen en soo hard gevrosen, dat hij langen tijd na Paeschen nog niet gedooyt en gesmolten en was. (*Ms. belge, 199D O.R.*) **Vdl.** — Thirteen days of drifting snow in March in Scotland. (*Somerset Mag.* XXIV) **Ba.** — Mrts 24 Frosten streng, den havde i 2 samfulde Maaneder vaeret haard nok. (*Birchenrods Dagbøger*). *Hannow* siger fra Slutningen af Januar til 25 Marts slaedede man over Putziger Bugt til Hela. **Sp.** — Vinteren var meget straeng paa Färöerne. (*Andersen, J. F. Roeder*) **Sp.**

1677. Hiver froid depuis le commencement de décembre jusqu'au milieu de janvier, surtout dans les Pays-Bas et dans le nord de l'Europe. Pendant 3 semaines (déc.-janv.) on passa en Belgique la Meuse sur la glace. — Cet hiver fut très-rigoureux en France. Le froid fut surtout très vif depuis le 2 déc. jusqu'au 13 janv. 1677: „La terre fut couverte de neige et la Seine fut prise pendant trente-cinq jours consécutifs. L'air fut ensuite humide. En février on éprouva quelques gelées, mais elles ne furent pas fortes; les pluies furent fréquentes. La température fut la même en mars. Le ciel fut presque toujours couvert. Le commencement d'avril fut encore froid et humide; vers le milieu du mois la température fut plus douce; mais bientôt après les fraîcheurs recommencèrent et durèrent jusqu'au 22 mai." (*Boulliaud*). La Meuse fut traversée sur la glace depuis Noël jusqu'au 15 janvier avec des voitures pesamment chargées. (*Galliot, Histoire de Namur*) **A.** — ... mais le mois de décembre (1676) a encore esté très froid. (*Chron. Séb. de Blanchard, Luxembourg*). Groote vorst in den winter. (*Chron. v. Vlaenderen*) **Vdl.** — „Op 19 Dec. zijn Claes Aries Caeskoper, Meyndert Arent, Jakop Blau en Jak. Buur op schaatsen gereden van Haarlem over Saandam(?)– Pampus – Monnikendam – Edam – Purmerend – Ouwedijk – Hoorn – Enkhuizen – Medemblik – Alkmaar, naar Haarlem terug, van 4 u. 's ochtends tot half negen 's avonds; 12 steden op één dag." (*Alg. Konst- en Letterbode* 1823) **Hk.** — Baelt og Sund anden Gang i denne Vinter tillagt, saa at man kunde gaa derover. (*Bircherods Dagbøger*). **Sp.**

1678. Hiver tiède (en Suisse). — Der Herbst 1677 war ziemlich kalt. Der Winter gelinde, mit wenig Schnee. (*Chron. Winterthur*) **Wo.**

1679. L'Escaut aurait été pris depuis le 26 déc. 1678 jusqu'au 23 févr. 1679. (Renseignement très douteux) — Als men schreef 1678 heeft de Schelde toeghevrozen op den tweeden Kersdach ende is toe gebleven tot op 23 February 1679. (*Handboek W. Scheirre, Termonde*, aussi dans *Chron. Blanchard* et *Jaerb. Brugge*) **Vdl.**

1680. Hiver tiède? L'hiver de 1680 paraît avoir été froid dans les pays centraux et méridionaux, mais plutôt doux dans l'Europe occidentale. — Il n'a pas du tout gelé en hyver. (*Chron. Namuroise*) **Vdl.** — Cet hiver a été très-rude en Italie et en Provence. Dans cette dernière contrée les oliviers pèrirent. (*Martins*) **A.** — Strenger Winter. (*A. Lips.; Toaldo*) **P.** — Der Winter 1680 war sehr kalt. **Schn.**

1681. Hiver assez froid et rude, mais il n'est pas fait mention de gelées extraordinaires en France et dans les Pays-Bas. — Kalt und viel Schnee in Nov., Dec. und bis 8 Febr. **Wo.** — An extraordinary sharp and cold spring. (*Evelyn*) **Ba.** — Streng Vinter paa Färøerne. (*Andersen*) **Sp.**

1682. Hiver pluvieux. — Im Anfang kamen beständige warme Regen, mitten im Jäner entstunden hieraus grosze, und sehr schädliche Ueberschwemmungen. (*Theat. Europ.*). Von einer nachgekommenen Kälte finde ich nichts. **P.** — In de maendt van Januarii hebben soo groote stormwynden gewoet uit den Noord-Westen ... (*Jaarb. v. Veurne*, e. a.) **Vdl.** —

1684. Hiver rigoureux; très rigoureux dans le nord et le nord-ouest. A Paris le froid très vif ne dura qu'une semaine, vers le milieu de janvier, mais en Suisse, en Hollande et surtout en Angleterre la période de froid dura plus longtemps. Les lacs de Constance et des Quatre Cantons furent pris. On traversa la Zuyderzée sur la glace avec des traîneaux et des carosses de Harlingue à Amsterdam; en Angleterre l'intensité du froid égala presque celle de l'hiver de 1709; la Tamise fut prise du 23 déc. jusqu'au 7 février. Hiver peu remarquable dans l'Europe centrale et dans le sud. — Cet hiver a été rigoureux dans toute l'Europe. Un froid très-vif dura à Paris depuis le 11 janvier jusqu'au 17. Pendant ces sept jours la liqueur descendit dans la boule du thermomètre bien avant où elle n'était pas encore parvenue pendant d'autres hivers. Les académiciens virent geler le vin dans l'espace de 10 à 12 minutes. (*Histoire de l'Académie* I, 390). Il tomba une quantité extraordinaire de neige dans le midi. Les effets du froid furent très-graves, surtout en Angleterre. La Tamise, à Londres, fut si fortement gelée pendant une grande partie de cet intervalle qu'on y érigea des cabanes et des loges; on y tint une foire qui dura deux semaines, et dès le 9 janvier les voitures la traversèrent et la pratiquèrent dans tous les sens comme la terre ferme; on y donna un combat de taureaux; une chasse au renard, et sur la glace vis à vis de White Hall, on fit rôtir un boeuf entier. La mer sur les côtes d'Angleterre, de France, de Flandre, de Hollande, fut gelée dans l'étendue de quelques milles, au point qu'aucun paquebot ne put sortir des ports ou y entrer pendant deux semaines. La plupart des oiseaux périrent; on n'en vit aucun l'été suivant; grand nombre de chênes éclatèrent dans les forêts; la gelée détruisit presque toutes les plantes et l'espérance des laboureurs. (*Phil. Transactions*, XIV). Plusieurs personnes furent victimes de la violence du froid, qui était telle qu'à Londres on éleva dans les principales rues de grands bûchers allumés pour soulager les habitants forcés de sortir de chez eux. (*Gazette de France*). En Hollande et en Belgique, toutes les rivières furent prises en février et en mars. (*Van Swinden; Quételet*) **A.** — The longest frost on record; Jan. 5th very intense. On Fe. 4th the ice on the Thames was 11 in. thick. Nearly all the birds perished. **Lo.** — Elms, ash and walnuts cleft by the frost, and many oaks. The oaks, in being cleft, made a noise like a gun. Yews and hollies in some plases killed, and in many places lost their leaves. Rosemary, etc. generally killed, and common herbs and flowers killed. (*Jac. Bobart*) **Ba.** — Dec. 23. The Thames frozen. Jan. 1. The weather continuing intolerably severe, streets of booths were set upon the Thames... 6th. The river quite frozen. 9th. I went from Westminster Stairs to Lambeth. 16th. The Thames was filled with people and tents, selling all sorts of wares as in the city. Jan. 24th. The frost continuing more and more severe, the Thames before London was still planted with booths in formal streets, all sorts of trades and shops furnished and full of commodities, even to a printing press, where the people and ladies took a fancy to have their names printed, and the day and year set down when printed on the Thames. Coaches plied from Westminster to the Temple... Nor was this severe weather much less intense in most parts of Europa as far as Spain. Fe. 5th. It began to thaw, but froze again. 8: The weather was set in to an absolute thaw and rain, but the Thames still frozen. 10th. After 8 weeks missing the foreign posts, there came abundance of intelligence from abroad. April 4th. Hardly the least appearance of any spring. (*Evelyn*) [1]) **Ba.** —

---

1) Sur la rigueur de cet hiver en Angleterre, voy. aussi: *R. Plot* dans *Phil. Trans.* for 1684, p. 66. Le froid doit avoir été un peu moins intense en Angleterre que celui de 10—14 Jan. 1709.

Van Vlieland kwamen zes menschen in een koetswagen tot Harlingen aan, en uit Vriesland reed men met sleden, wagens en karossen over de Zuiderzee na Amsterdam. **H. V.** — ... Ende 't vroos so straf, als dat men het van menschen gedencken gesien hadt... De see is op de custen soo verre als dat men sien mocht toegevrosen geweest... (*Jaerb. Veurne*, aussi: *Chron. Blanchard*, *Chron. Brux. 1040-1779*, *Chr. v. Vlaend.* etc.) **Vdl.** — Op de Maas bij Luik trokken de wagens over het ijs. **H.** — De Schelde bleef van Nov. tot Maart toegevroren (? Ea.). Aan de kust van Normandië zag men ijs. **Hk.** — Von Weihnachten bis Febr. sehr kalt, der Bodensee gefror. **Wo.** — Von 6 Horning bis 5 Mrz. is der Stanzstader See [Lac des 4 cantons] zugefroren... dass man von Stansstad mit Pferd und Schlitten uf Hergiswihl und von da in Luzern gefahren... **Bü.** — Strenger Winter. (*A. Lips.; Toaldo*). Ich glaube es gehöre hieher, was das Berlin. von 1684 angemerket hat, dasz das Adriatische Meer gefroren, und folglich ein strenger Winter, wenigstens dorten, gewesen sey. **P.** — „den graesselig uformodentlige Vinters store Ulelighed. (*Bircherods Dagbøger*). — Sidst i Marts kørtes over Limfjorden fra Vesterbølle-Salling. (*Farstrup og Axelsen*) Ednu i Marts kørte man over Limfjorden (Danem.). Man mente, det var den haardeste Vinter siden 1608. **Sp.**

1685. La seconde partie de l'hiver fut rigoureuse en Suisse et en Angleterre, froide seulement en France et dans les Pays-Bas. — Dec. 23: The weather being cold and freezing,... many persons perished in the snow on the Downs. (*Easton*). — A frost began at Christmas and lasted 91 days. (*Bobart*). — Jan. 1. It proved so sharp weather and so long and cruel a frost that the Thames was frozen across, but the frost was often dissolved and then froze again.... Such two winters and summers I had never known. (*Evelyn*) **Ba.** — Den 11 Meert... sulcke afgryselycke coude... Dan het en duerde maer twee daghen als wanneer de windt keerde naer den Zuid-Westen ende wierd subiet warm weer. (*Chron. Clooster bij Vorst*, pr. Brux.) **Vdl.** — Im Januar oder Horner ist der Vierwaldstätter See wiederum gänzlich zugefroren, 5 bis 6 Wochen lang. **Wo.** — Vinteren var haard. (*Mansa*) **Sp.**

1688. (Renseignements douteux). Il me semble que les faits mentionnés par Lowe et Short se rapportent à 1685. — Jan^y.: Frost very severe in England. The Thames frozen. **Lo.** — L'hiver fut très-rigoureux en Allemagne. (*Short*) **P.**

1689. Froid intermittent, hiver plutôt pluvieux. — Ein sehr veränderlicher Winter, der oftmalige und anhaltende Regen brachte. (*Nova Han.*) **P.**

1690. Hiver tiède et très pluvieux en Allemagne. — Ein sanfter, regnerischer Winter. Man konnte daher den ganzen Winter hindurch an der Vestung Ratzeburg arbeiten. Im Jäner waren Winde, Wetter, und gewaltige Regengüsse, den 21ten zu Berlin, den 24ten zu Kölln, den 31ten zu Heidelberg. Zu Dinant sank wegen des feuchten Wetters eine ganze Bastey. (*Nova Han.*) **P.**

1691. Courte période de froid dans les Pays-Bas, vers Noël 1690. — In de Kersdagen van 1690 begost het soe te vriesen, dat alle de rivieren in Vlaenderen toeliepen, oock de Schelde voor Antwerpen. (*Chron. Clooster bij Vorst*, pr. Brux.) **Vdl.**

1692. Hiver assez rude, surtout en février, mais pas très froid. — Le 16 février, il geloit si fort, et il avoit neigé abondamment, ... 24 de février qu'il a commencé à pleuvoir et à dégeler. (*Chron. namuroise*) **Vdl.** — Very cold winter. (*Chambers*). — April 24th. Very cold and unseasonable weather, scarce a leaf on the trees. (*Evelyn*) 1) **Ba.** — Harter Winter. (*Toaldo*) — Im Februar fielen die Wölfe um Wien herum Menschen und Vieh an, auch die gewafneten waren nicht sicher. Vier Knechte, die aus Wien nach dem Walde fuhren, konnten sich mit ihren Axten und Hebebäumen nicht erwehren, sondern wurden sammt ihren Pferden von ihnen zerrissen. (*Th. Eur.*) **P.**

1693. Hiver plutôt tiède? (Renseignement douteux). — Mentionné dans une *Chron. holl. anon.* **Hk.**

1694. Hiver froid avec beaucoup de neige dans l'Europe centrale et méridionale; rien de remarquable pour l'Eur. occidentale. — Strenger Winter. (*Berlin.*) — Sogar in Spanien und Italien war hoher Schnee, und grosze Kälte. (*Th. Eur.*) **P.** — Le 22 janv. grande neige qui resta gelée jusqu'au 25 janv. (*A. Delort*) **Ro.**

1695. Hiver très long, des gelées depuis octobre jusqu'en mars, quelquefois très fortes; il tomba une grande quantité de neige. Le froid se fit sentir dans l'Europe centrale, vers l'est et le nord-ouest. — Cet hiver fut très-rude. *Homberg* rapporte avoir fait geler le vinaigre. Le thermomètre de La Hire, pendant toute la gelée, a été entre le 15e et le 20e degré. (— 12 à — 8°5 centigr.) hormis le 7 février, qu'il est descendu à 7 degrés (— 17°9 centigr.). (*Histoire de l'Académie* II. 231) **A.** — Ungemein kalter, lang anhaltender, und vielen Schee bringender Winter. Die Kälte fieng im Oktober an, stieg bis in December, und dauerte den ganzen Märzen hindurch. Sie war so grosz, dasz überall viele Leute erfroren. Der Costnizer See war 100, der Wälschneuburger über 300 Jahre nicht so auf einmal mit Eise bedeckt worden. Im April fiel zu Casal noch vom neuen ein tiefer Schnee, zu Lemberg war noch im Junius Schnee zu sehen. Den 30ten Märzen gieng zu Wien endlich die Donau auf, und that einigen Schaden an der Brücke. Im Neapolitanischen aber waren die drey Wintermonate stürmisch, und regnerisch, brachten daher grosze Ueberschwemmungen. (*Theat. Eur.*) **P.** — „War ein gar kalter Winter mit vielem Schnee... Am 10 Hornig (Fe.) hat es anfangen zu regnen" **Bü.** — „Il tomba de la neige à la hauteur d'une table." **Bi.** — La neige ne fond qu'à la fin de février. (*A. Delort*) **Ro.** — Jan. 13. The Thames frozen over. Jan. 20. The frost and continual snow has now lasted near five weeks. Fe. 3. The long frost intermittent, but not gone. March. The latter end sharp and severe, cold with much snow and hard frost. (*Evelyn*) **Ba.** — Vinteren begyndte i Oktober og varede til hen paa Foraaret Kaldtes: „det store Frostaar". (*Mansa*) **Sp.**

1696. Hiver plutôt froid. Selon les chroniques suisses, l'hiver fut tiède, doux même jusqu'en janvier; les chroniques anglaises font mention d'un froid excessif dans la der-

1) „Commenced a series of extraordinary bad seasons; they have been traditionally referred to as the barren years at the close of the 17th century." (Note de Baker).

nière partie de janvier. — Au commencement de l'année 1696, le froid fut excessif en Angleterre, dans les Pays-Bas et dans la basse Allemagne [1]. Le docteur *Derham* dit que le thermomètre du collège de Gresham, à Londres, descendit à une température équivalant à — 16°9. (*Philosophical Transactions*) **A.** — Anfang des Winters gelinde; am 2 Jan. formerlich heisz. Dann aber ein kälter März. (*Chron. Winterthur*) **Wo.** — Jan. 26. Intense frost. In London temp. 9° below zero. **Lo.** —

1697. En Allemagne, en Suisse et dans le nord de l'Italie gelées très vives avec d'immenses quantités de neige. En Angleterre le mois de février fut rigoureux. — Ungemeine Kälte und Schnee nicht nur in Deutschland, sondern auch in warmen Ländern. In Spanien war von Mannsgedenken die Kälte nicht so grosz, um Genua erfroren alle Bäume; In der Schweiz hatte Niemand einen so häufigen und lang anhaltenden Schnee erlebt. In Deutschland und Schweden war die Kälte auszerordentlich, und lang anhaltend. (*Th. Europ.*) **P.** — Febr. 7. Severe frost continued with snow. Soldiers in the armies and garrison towns frozen to death on their posts. (*Evelyn*) **Ba.**

1698. Hiver assez froid, surtout dans sa dernière partie. — L'hiver fut froid, le printemps partiellement. (*Notes J. Hervianus, de Hermalle, Liège*) **Vdl.** — Jan. 26. Ice 8 inches thick. Fe. 26. Ice 4 inches thick; northeast wind nearly all through February. Cold, very backward spring. (*Evelyn*) **Ba.** — „The coldest year between 1695 and 1742" (? — E.) **Lo.** — Eine fast gleiche Beschaffenheit [wie 1697] hatte auch der nächste Jahrgang. **Schn.** — Streng og lang Vinter. (*Mansa*) **Sp.**

1699. Hiver plutôt froid, intermittent, pas remarquable. — „Van 9 Nov. tot 15 Maart gestadig winter, maar met dooipoozen". (*J. L. Schuur*) **Da.** — Harter Winter. [2] (*A. Lips.*) **P.** — Warmer Winter bis März. **Bü.** — Severe frost. **Ba.**

1700. Hiver tiède, courte période de froid. — Huius anni adeo languida fut hiems, ut vix ad paucos in Decembri dies visa sit glacies in moenium fossis nec umquam satis firma ad sustinendos inambulantes. (*Papebroeck, Ann. Antverpienses*) — Il n'a gelé que quinze jours ou trois semaines. (*J. Hervianus*) **Vdl.** — Winter gelinde. (*Chron. de Winterthur*) **Wo.**

1701. Hiver doux et pluvieux dans les Pays-Bas. — Le fléau des souris a duré jusqu'au printemps, parce que l'hiver avait été fort doux, il fut en outre pluvieux et venteux. Le printemps fut pareil... (*Notes J. Hervianus, de Hermalle*) **Vdl.**

1702. Hiver doux, pluvieux, avec beaucoup de vent. — L'hiver a été fort pluvieux et venteux; il n'a gelé que huit à dix jours. Le mois de janvier a été meilleur que celui d'avril en certaines années. Les bêtes ont pu pâturer jusqu'après Noël. (*Notes J. Hervianus, de Hermalle*) **Vdl.** — Sehr gelinder Winter in Italien. (*Toaldo*) Auch in Deutschland kann er nicht streng gewesen sein. **P.**

1) Selon Bü. et Wo. l'hiver fut tiède.
2) ? — „Nach einem sehr milden Winter..." **Schn.**

1703. Quelques jours de gelée au commencement de janvier. Du reste, hiver très doux. — Le commencement de l'année 1703 a été fort doux, pluvieux et fâcheux; cinq ou six jours de gelée aux Rois. Le reste de janvier et février trop doux. (*Notes J. Hervianus, de Hermalle, Liége*) **Vdl.**

1704. Hiver doux, printemps précoce. — La grande quantité de neige tombée depuis dimanche a donné occasion à des courses de traineaux (à Bruxelles), trois jours de suite. (*Relations véritables du 25 janvier*). La nature de l'année 1704 a esté bonne et fort-avancée. Car nous avons vu icy (aux environs du Chastelet) des chesnes feuillés déz le 24 du mois d'avril, ce qu'on n'avoit pas vu de longtemps. (*Chr. Séb. de Blanchard, Luxembourg*) **Vdl.**

1706. Hiver neigeux et pluvieux, plutôt tiède. — Les pluies survenues aux neiges qui étoient tombées en très grande quantité, les ont fait fondre tout à coup.... (*Relations vérit. 12 févr.*) **Vdl.** — Harter Winter. (*Berlin.*) **P.** — Winter ziemlich warm. **Bü.**

1707. Hiver doux (en Belgique) — Point d'hiver, le printemps froid... (*Notes J. Hervianus*) **Vdl.**

1708. Hiver très doux, assez pluvieux, courte période de gelée au commencement de décembre. — En cette année, il y eut encore moins d'hiver que l'année précédente (en Belgique)... L'hiver s'est passé tout doucement par des temps de pluie; à la St. Nicolas, il a fait une petite gelée d'environ quinze jours, puis il a commencé à dégéler; aux fêtes de Noël il faisait le plus doux temps du monde. (*Notes J. Hervianus*) — Le mois (janvier) a été extraordinaire par la température de l'air (en Picardie)... J'ay vu quantité de légumes dans les jardins fort avancés... Dès le 20 du mois, les cornouillers étaient fleuris, et tout cela dans la campagne. (*Journ. F. J. le Clerc de Bussy*) **Vdl.** — Im ganzen sehr gelinde. **Pf.** — Gelinde, regnerisch. (*Chron. Winterthur*) **Wo.** — ... Der Frühling ziemlich spät. **Bü.**

1709. Un „grand hiver", un des plus rigoureux des temps modernes, et qui, peut-être, ne le cède en sévérité qu'à ceux de 1608 et de 1830. Toutefois, le premier tiers de la saison fut plutôt doux, avec quelques jours de gelée seulement. Entre le 3 et le 5 janvier, le froid commença à sévir avec un vent du N.E. dans toute l'Europe centrale et occidentale; dans les pays méridionaux il fut relativement plus sévère que dans la France septentrionale et la Hollande. Tous les fleuves et lacs furent pris, même l'Ebre en Espagne. En Hollande le Waal fut pris pour la seconde fois en mars; la Zuyderzée demeura couverte de glace jusqu'à la fin de février. Les maxima du froid (considérables mais non excessifs) tombèrent entre les 11—13 I et 24—26 II. La rigueur de l'hiver se fit sentir de Stockholm et Riga jusqu'à Naples et Cadix. En Angleterre il gela pendant 3 mois, mais le froid n'y atteignit pas le degré de sévérité dont on se plaignait partout ailleurs. En Ecosse et en Irlande, l'hiver ne fut pas rigoureux. Hiver sec, du reste, avec peu de neige en France, mais beaucoup de neige en

Prusse, en Hollande et en Angleterre. — Un des plus rigoureux dont on ait gardé le souvenir, ... en France, en Italie, en Allemagne, en Espagne, en Angleterre et dans tous les pays du nord. Les fleuves les plus rapides de France, même ceux du Midi, furent entièrement pris. Les mers et les golfes qui baignent les côtes méridionales de l'Italie et de la France furent gelés. Vers la fin de janvier, on traversait sur la glace les lacs de Constance et de Zurich avec des voitures chargées. A Paris, il gela fortement du 4 au 14 janvier, moins fortement jusqu'au 20, pour reprendre à cette date. La gelée recommença en février, moins forte; le 13 mars le thermomètre redescendit encore à — 6°. Relativement, le froid était plus intense dans le Midi de la France qu'à Paris, et moindre en Hollande, en Angleterre et en Prusse que dans la France. A Londres il gela du jour de Noël à la fin de mars. La Meuse fut prise à Namur à 1m 60 de profondeur. (*v. Swinden, Journ. de Phys.*). L'Ebre, en Espagne, fut glacé. Le 8 avril la Baltique était encore couverte de glace aussi loin que la vue, aidée de lunettes, pouvait s'étendre. Plusieurs espèces d'insectes et de petits oiseaux furent presque anéantis en Angleterre et dans le Nord. Jusqu'à 20 espèces d'oiseaux de la zone glaciale furent vus et tués sur les côtes d'Angleterre. (*Derham*). Beaucoup d'arbres forestiers furent gelés jusqu'à l'aubier, et 20 ou 30 ans plus tard on retrouvait dans la coupe d'un vieux tronc la marque de la cicatrice de 1709 („faux aubier"). Les lauriers, cyprès, oliviers, châtaigniers, les noyers les plus vieux et les plus forts, moururent en grand nombre. Après le dégel, lorsque la gelée reprit, tout fut anéanti. La Provence perdit ses orangers et ses oliviers. (*Buffon, Duhamel du Monceau, de Gasparin*). Le vigne disparut dans plusieurs parties de la France. Les blés souffrirent tellement qu'une famine et une mortalité inouïes succédèrent bientôt à ces calamités... On fit le pain nommé „de disette", on fit aussi du pain d'avoine, enfin on mangea la racine d'arum, le chiendent, l'asphodèle... On ordonna aux citoyens et aux communautés de déclarer exactement leurs approvisionnements en grains et denrées, sous peine de galères et même de mort. Des inondations considérables furent la suite d'un dégel sans exemple. La Loire rompit ses levées et ensevelit tout sur son parcours. **A.** — Duhamel et Buffon assurent que cet hiver eut des suites tellement désastreuses, qu'on en apercevait encore les effets 25 ans après. ... Tous les blés périrent... On ne mangea dans Paris que du pain bis pendant plusieurs mois. Plusieurs nobles familles, à Versailles même, se nourrirent d'avoine, madame de Maintenon en donna l'exemple. Que l'on se figure la misère du peuple, quand les grands, à la cour, étaient réduits à cette extrémité! Louis XIV vendit de la vaiselle d'or pour une valeur de quatre cent mille francs. Jamerai Duval raconte l'état déplorable où il s'est trouvé pendant cet affreux hiver: il avait alors 15 ans. Pauvre, mendiant, sans ressource, sans feu, attaqué de la petite vérole, il ne trouva d'abri que dans une étable, où l'haleine des moutons et la chaleur du fumier lui sauvèrent la vie. „Pendant que j'étais comme inhumé dans l'infection et la pourriture (dit D.), l'hiver continuait à désoler la campagne par les plus terribles dévastations. Derrière la bergerie il y avait plusieurs touffes de noyers et de chênes fort élevés, qui étendirent leurs branches sur le toit qui me couvrait. Je passais peu de nuits sans être éveillé par des bruits subits et impétueux pareils à ceux du tonnerre ou de l'artillerie, et quand, au matin, je m'informais de la cause d'un tel fracas, on m'apprenait que l'âpreté de la gelée avait éte si véhémente, que des pierres d'une grosseur énorme en avaient été brisées en pièces, et que plusieurs chênes, noyers et autres arbres s'étaient éclatés et fendus jusqu'aux racines.... G.-P. — Jener berühmter Winter, welchen man um ihn von allen übrigen zu unterscheiden, den kalten nannte. Nach der Anmerkung der Franzosen, wie wir schon erinnert haben, war ihm seit 1608 keiner gleich, doch mit dem Unterschiede, dasz dorten ein fruchtbarer Sommer gefolget, A°. 1709 aber das meiste der Früchte durch die Kälte zu Grunde gegangen ist. Den 3 Dezemb. vorigen Jahrs fieng eine mittelmäszige Kälte an; liesz aber nach 3 Wochen nach, so dasz ein anhaltender Regen folgte. Vom 6 Jäner aber bis den 25 war sie ungemein heftig; wo, bey einigem Nachlasze, durch ganz Europa viel Schee viel, sonderlich den 6 Febr. Dieser schmolz zwar zum Theil einige Tage darauf, durch blasende Mittagswinde. Es wurde aber die Kälte durch einen Nordwind abermal so stark als den 6 Jäner, und hielt bis den 6 Märzen an; da eine Milderung, aber den 10 und 11 wiederum ein gewaltiger Schnee und rauhes Wetter folgte; so dasz der ganze Winter bis in den vierten Monat angehalten, und sowohl in den wärmesten als kältesten Ländern Europens ungemeinen Schaden angerichtet hat. Wild, Vögel, und Menschen erfroren in Menge. Im Pariser Bisthume sind bey 2000 Menschen ums Leben gekommen. Nicht allein alle Flüsze und Seen, sondern selbst die Meere überfroren auf viele Meilen. Die Erde gefror über 3 Ellen tief. Sehr viele, besonders Oelbäume, verdorrten. Merkwürdig ist, dasz bey einer so grossen und allgemeiner Kälte zu Constantinopel weder Eis noch Schnee, sondern ein überaus gelinder Winter war. (*Th. Europ.*, *Bildersaal*, *An. Lips.*). Es war doch dieser Winter nicht durch die Grösse, sondern durch das Anhalten seiner Kälte so merkwürdig. Das Thermometer stand zu Paris nur — 15, nach dem Zeugnisse des P. Cotte. Ich fand aber anderstwo — $16^1/_2$. Bey uns war es A. 1767 und 1776: — 17°. P. — Besonders fiel am 25 Januar, 6 Februar, 10 und 11 Merz eine unerhörte Menge Schnee, ja noch am 17 May sah man solchen zu Oedenburg fallen. Nicht nur die Ostsee war mit Schnee bedeckt, sondern auch Venedig war auf 7000 Fusz mit Eis umgeben. In Italien war der Boden drey Ellen tief gefroren und alle Oelbäume giengen zu Grund. Schn. — C. H. Pfaff caractérise l'hiver de 1709 de la manière suivante: 1. Im October war schon eine frühe Kälte eingetreten, die Nov. und Dec. waren aber allenthalben milde und regnichte Monate. Doch fanden im Dec. einige Frosttage statt, und es wehten stürmische Winde. — 2. Die ersten Tage des Januars waren allenthalben mit Ausnahme der eigentlichen nordlichen Länder, gelind, und bey herrschendem Südwind regnicht. — 3. Allgemein trat die heftige Kälte in ganz Europa unter denselben Umständen und zur nämlichen Zeit ein: sie ging von dem grossen nordöstlichen Continente Europas und Asiens aus; früher scheint sie sich in den, diesem Continent näher gelegenen Ländern, namentlich in Preussen, eingestellt zu haben, und im Verhältniss der südwestlichen Lage etwas später, doch im Ganzen mit keinen grössern Unterschiede als von 2 Tagen. Nord und N.O. brachte die Kälte in Deutschland und England, wie in dem südlichsten Frankreich und Italien. — 4. In ganz Europa stieg die Kälte auf dieselbe Weise, und die kältesten Tage fielen allenthalben entweder auf den 11, 12 oder 13 Januar. Die Intensität des Frostes schien verhältnissmässig in den südlicher Ländern noch grösser zu seyn als in den nördlichen. Das Maximum des Frostes, das in Europa in diesen Winter statt fand, lässt sich aus Mangel an genauen thermometrischen Beobachtungen nicht wohl bestimmen, doch war dieser Winter im ganzen überhaupt nicht so sehr durch einen ausserordentlichen Grad von Kälte als durch die lange Dauer, und späte Wiederkehr einer übrigens doch auch heftigen Kälte ausgezeichnet. — 5. Ueberall dauerte diese erste Frostperiode gleich lang bis zum 24 oder 25 und das Thauwettes trat überall mit demselben Südwest ein, doch in den südlichen Gegenden um einen Tag früher als in den nördlichen. — 6. Ueberall fiel die grösste Intensität der zweyten Periode des Frostes im Februar auf den 24, 25 und 26, und zum Theil noch auf den 27sten. — 7. Die südlichen Länder ausgenommen, war auch der März allenthalben noch ein heftiger Wintermonat. — 8. In hygrometrischer Hinsicht zeichnete sich dieser Winter durch grosse Trockenheit und verhältnissmässig wenigen Schnee aus, und namentlich war die lange Periode der heftigen Kälte ohne bedeutenden Schnee.[1] **Pf.** — Den 5 Jan. des nachts heeft het soo gruwelijk beginnen te vriesen, dat op dry dagen tijts de Schelde is toegevrosen... Den XI verheft haer de koude noch door grooten windt. Terwijl ik dit schrijve, voor het vier zittende (11 jan.) vriest den inkt in de penne.... 19 jan.: het vriest noch zoo gruwelijck... naerdat het vijf of zes daghen een weynich hadde ontvrosen... Daarop ghevolgt is den sneeuw, die op 5 febr. door den grooten windt soo dick heeft ghelegen... Den 9 begint het wederom te ontvriesen,... tot den 16en; de schepen hadden (weder) beginnen te vaeren... Tenzelven daeghen tsavonds begost het wederom te vriesen; den 20 zijn de rivieren wederom innavigabel. Tot 3 maerte heeft het continuelyck ghevrosen. Den 8en was het ijs in de Schelde gheheel wegh.... Den 10 M. wederom sterck ghevrosen. Dit is nu den 4en winter van dit jaer. Op 12 mrt de Schelde wederom toegevrosen, den 15en ging men nog over dat ijs en des avonts heeft het ontvrosen, en des anderen daeghs heeft men geen ijs meer in de Sch. connen mercken. (*Blomme*, *Chr. de Term*, e. a.) **Vdl.** — Den 5en Januari was het 's morgens ten zeven uur buiten zacht weer, na het saisoen gerekend, en dit duurde tot omtrent 9 uuren des voorm., wanneer de lucht op eens begon te veranderen, en in zeer korten tijd zo fel koud wierd, dat het scheen dat de menschen schielijk van de Mallebaar tot Coromandel (?) dat is, van de Somer in de Winter kwaamen... Van den 5en tot den 25 van de maand was het zonder ophouden bij uitneemendheid koud. De wind eerst O., dan N.O. met sneeuw en felle koude (7 Jan.), daarna nog felder koud (13 Jan.), wind N.O. en N.; wind O., felder koud als ooit (21 Jan.); redelijk gevrooren, wind N.O. (22 Jan.); schielijke dooi met sterken regen, de wind Z. In Dec. 1708: 8 vriesdagen, in Jan. 1907: 21, in Febr. 18, in Maart 14, t'zaamen 61 dagen. (Vgl. 77 in 1739—40). In de koudste dagen van Louwmaand konden, zoo ver als ons geheugen strekt, de menschen bijna niets van belang uitvoeren, yder schrikte om zijn neus buiten de deur te steeken, uit vreeze voor de scherpbijtende wind en kou. Men zag ook bijna geen menschen op het ys, schoon dat 't zoo vast als 't land was.... In dezen winter kwam er zeer veel sneeuw uit en door de lucht vallen. Te Haarlem moesten op de groote Markt verscheiden straaten of doorgangen gemaakt worden, op dat de inwooners dezelve passeeren konden.... Genoegzaam alle leevensmiddelen sloegen rijkelijk in prijs op, het brood omtrent tweemaal den prijs.... Een zeer groot getal boomen wierden door de nijpende vorst gedood. Men zegt

---

1) Pour la comparaison des hivers 1709 et 1740. Voy. 1740.

dat de groote Boerhaven, in den winter dezes jaars, in de Akademie Tuin te Leiden er (met de kwik Thermometer van Fahrenheit) de eerste proeven mede zou genomen hebben, maar ook dat hij deeze nieuwe thermometer een weinig onvolmaakt bevond.[1]) **Duyn.** — Van Maaslandsluis wierd 17 January geschreven, dat de Maas tot aan den Briel toe geheel vast lag, hetwelk zelfs in de harde winter van den Jaare 1684 niet geschied was.... Op 19 Jan. reed men reets van Stavoren met paarden en sleeden naa Enkhuizen over de Zuiderzee, en daar waren eenige menschen niet alleen van daar, maar ook van Harlingen direct tot Amsterdam aangekomen.... 9 February was de Maas tot aan Vlaardingen toe bevaarbaar, en door de W.N.W. winden was er veel Ys aan strand voor Schevelingen komen aandrijven, dat zig meer dan ooit op den anderen gezet had. 10 February lag de Zuiderzee nog zo vast alsof het een dijk was... 22 Febr. dijkbreuk boven Herwijnen, de Tielerwaard geheel onder water... 25 Febr. zat de Maas voor Rotterdam vast, zoodat men met paard en slede daarover reed. De Lek had daags te vooren beginnen vast te zitten... 8 Maart lag de Maas voor Rotterdam nog vast, ook te Gorinchem, doch daar wierd het zeer onsterk, ook had men schietschouwen gereed gemaakt om daar over te varen... 13 Maart zat de Merwe voor Gorinchem wederom vast... 28 Maart is de Merwedijk omtrent Hardinxveld doorgebroken, de geheele Alblasser-waard ondergeloopen... 3 April, het jacht van de Admiraliteyt van Amsterdam, de 1 deezer maand na Vriesland zeilende, ontmoette zo veel ijs tusschen Enkhuizen en Stavoren dat het daar niet door kon komen, moetende na Amsterdam te rug keeren. **H. V.** — 17 January ontfong men tot Amsterdam tijding van Hamburg dat men met wagen en paarden over de rivier de Elve reed.... 24 Jan. van Bourdeaux dat de rivier de Garonne dicht en vast lag,... 12 Jan. van Elseneur dat de Sond in twee etmalen geheel was digt geraakt, zoodat men van E. naa Schoonen konde gaan.... 29 Jan.: brieven van Venetien van den 10 dezer maand, dat de wateren daaromtrent zodanig bevroren waren, dat geen gondels meer konden varen, en zo had de regeering honderd mannen uit het Tuighuis gezonden om het ijs tusschen die stad, en Fusine en Mestre, van waar de posten overgezet worden, te breeken.... 2 Febr. van Weenen dat veele reizigers op de wegen dood gevroozen waren.... 21 Jan. van Zurich dat de meiren Constans en Zurich sterk waren toegevroozen.... 14 Febr. uit Genua dat men op schaatzen reed.... den 22 Febr. lag de Elve wederom zo vast toegevroozen dat men er met paard en sleede overreed.... 8 Maart werd van Romen geschreven dat alle die groente rondom die stad door de sterke vorst bedorven was.... 1 Mei was bij Dantzic de zee nog zo vol ys, dat de scheepen aldaar niet konden aankomen.... **H. V.** — Le jours des Rois, les gelées commencèrent et continuèrent sans interruption jusqu'à la fin de février, de sorte que le vin se gélait dans les tonneaux... Les figuiers, les grenadiers, les oranges, les oliviers périrent presque tous. (*A. Delort*) **Ro.** — Am 2 Jan. sehr kalt, am 14 der obere, am 21 der untere Zürichsee zugefroren. 29. I. geht der See auf. (*Chron. Winterthur*) **Wo.** — Remarkably severe winter to a very late period in the spring. (*Whistlecraft*) — A frost with heavy snow from December till March. (*Dugdale*) — Thames frozen over, but not suffi-

1) N. Duyn, qui se souvenait très bien des *deux* hivers, 1709 et 1740, estime le premier le plus rigoureux. (*Hist. Aanm.* p. 29, 34)

ciently permanent to allow a frost fair, although several persons crossed on the ice. (*W. Tornbury*) **Ba.** — Jan. 9. Extremely cold. Frost so intense that in less than 24 hours rivers froze so as to bear loaded wagons. Cattle, sheep, and birds perished. Great quantities of snow fell, and the storm (?) continued for three months. A backward spring. **Lo.** — Very severe in S. of England (*Bishop of Carlisle*). Thermometer: 0° Fahr. at Upminster on Dec. 30. London: min. Jan. 3, 1909. The Thames full of ice, but not solid like Jan. 10, 1684, when coaches drove over. **Lo.** In Edinburgh frost from early in October to the end of April; not severe but with much snow (*Sir R. Sibbald*). In Dublin harder than usual (*S. Molyneux*) — „Scarcely felt in Scotland and Ireland". (*Bishop of Carlisle*) **Ba.** — Der var Is i Hovedfarvandene fra Begyndelsen af Januar til Begyndelsen af April. Sund og Baelter frøs til. Man gik over Sundet c. 10 I—c. 9 IV; ogsaa over Lille Baelt gik man. Østersøen var tillagt; i Marts gik man fra Bornholm—Skaane; i April gik Isen afterhaanden. **Sp.**

1710. Hiver tiède? (Renseignement douteux) — Gelinder Winter. (*Berlin.*) — Wenigst gegen den vorhergehenden sehr kalten! **P.**

1711. Hiver normal? Beaucoup de neige dans la dernière partie de janv. et après le 10 févr. — 23 u. 24 Jänner viel Schnee; bis 8 u. 9 Hornung warmer Wind und Regen... Am 10 Horn. hat der warme Wind nachgelassen, der kalte aber wieder angestossen und ein solcher grosser Schnee zu Boden gelegt, dass gleichsamb Niemand mehr hat wandeln können... Der Schnee hielt bis ingehenden April. **Bü.**

1714. Hiver très pluvieux. — L'hyver continuellement humide et pluvieux depuis le mois de novembre 1713 jusque mois de may suivant. (*Chron. Séb. de Blanchard, Luxembourg*) **Vdl.**

1716. Assez sévère dans toute l'Europe, du Danemarc jusqu'en Espagne et dans l'Italie méridionale, de la Silésie jusqu'en Angleterre, surtout à Breslau, à Londres, à Paris, etc. Le froid fut le plus intense à partir du milieu de décembre jusqu'au commencement de février. L'Oder, la Meuse, la Tamise furent prises. Beaucoup de neige dans le nord et le sud-est de la France. — Hiver très froid du 20 déc. jusqu'au 31 janv. A Paris —20° le 22 janvier. Neiges très abondantes pendant ce mois. Froid excessif en Angleterre, où la Tamise fut prise à ce point qu'on établit à Londres des boutiques sur la glace. **A.** — En Hollande l'embouchure de la Meuse fut prise de Brielle jusqu'à Maassluis (près Rotterdam) de sorte qu'on traversa à pied la rivière entre ces deux places; la Zuyderzée gela. A Berlin les sentinelles furent trouvés mortes de froid; les chevaux s'affaissèrent dans la rue. On vit des cours d'eau geler qui en 1709 n'avaient pas été pris. A Breslau le froid du mois de janvier comparé à celui de janv. 1709 fut estimé de 76 : 71. En Savoye et en Dauphiné la neige avait 20 pieds d'épaisseur. Les loups firent beaucoup de mal dans le midi de la France. A Paris le froid était plus intense qu'en 1709 (*La H.*), à Hambourg, 3° de moins. (*Mentzer*) **A.** — Op den 13 Dec. 1715 heeft het beginnen soo sterk te vriesen dat, kersmisse daernaer, alle rivieren beloopen wierden met schaetsen ende andersints, 't gene soodanigh heeft ghecontinueerd dat de Schelde tot voor Antwerpen bereden conde worden met waeghens. Dese vorst heeft geduert tot in het beginsel van de maendt van February 1716... (*Blomme,*

Chron. de Termonde) **Vdl.** — En janvier de l'année 1716, il y tombat une quantité de neige si excessive et qui dura presque tout le mois de febrier, que de mémoire d'homme il n'en avoit pas paru de semblable. (*Chron. de S. de Blanchard*) **Vdl.** — En janvier, il tomba presque 20 pieds de neige. Le 16 février le Rhin se couvrit de glace. **Bi.** — Kalter W. (*Th. Europ.*) **P.** — Sowohl in England, wo man auf die Themse einen Jahrmarkt hielt, als auch in Spanien und Italien war der Winter sehr streng, und ausser seiner Trockenheit besonders durch kalte Nebel, mit denen zuweilen freundlichere Sonnenblicke wechselten, auf welche dann plötzlich wieder Schneestürme folgten, ausgezeichnet. **Schn.** — Great frost. Nov. 24 fair on the river Thames. Frost till 9 Fe. '16, during the whole of which time the river Th. was frozen over, and in Jan. strongly frozen. **Lo.** — Cold dry spring... Wheat scarcely to be seen at end of March. (*Lisle*) **Ba.** — Streng i Begyndelsen of Aaret. Sundet frøs til i Januar, men in Februar gik Isen atter bort. **Sp.**

1718. Hiver un peu froid en Allemagne? — Kalter Winter. (*A. Lips.*) **P.**

1719. Hiver doux en France et en Italie. — Cet hiver fut remarquable par sa douceur en France et en Italie. A Paris, le thermomètre ne marqua souvent que + 2°2 en janvier comme plus basse température des 24 heures; il ne descendit au-dessous de zéro qu'un seul jour, le 2. La plupart des arbres portèrent, en février et en mars, des fleurs... A Marseille, on cueillit le 18 déc. des cerises et des pommes parfaitement mûres... (*Maraldi, Mém. Ac. 1720*) **A.**

1722. Hiver tiède en Allemagne. — Gelinder Winter. (*Berlin.*) **P.**

1723. Dans l'Europe centrale, l'hiver paraît avoir été plutôt froid. — Les vignes souffrirent beaucoup le 10 févr., le 10 avril et le 20 mai, en Alsace. **Bi.** — Der Winter war ziemlich trocken und kalt. **Schn.**

1724. Hiver tiède en Allemagne. — Gelinder Winter. (*Berlin.*) **P.**

1725. Hiver doux dans les Pays-Bas. — ... Les mois de novembre et décembre 1724 n'ont donné aucune gelée ni presque pas de neige. — ... Janvier, febvrier et mars furent doux et tempérés, presque sans neige ni gelée et assez secs. (*Chron. de Séb. de Blanchard*) **Vdl.**

1726. Hiver assez froid dans le Midi et rigoureux dans le nord de l'Europe. En France et en Allemagne, le froid a été modéré. — Périodes de froid: en Allemagne du 1—9, 20—29 I, 1—8, 15—27 II, 6—21 III. Danemark: janv. et févr. Dans le midi de la France le froid fut de courte durée. En Holl., en France et en Angl., le froid ne fut pas excessif. — Froid vif en Suède: du 15 I—15 II en Hongrie; en Italie même dans le sud; pendant la 2e partie de janv. en Espagne. (*Bouillet, Mém. Ac. Sc. 1738; Maraldi, Phil. Trans. 1740*) **A.** — Il y eut cette année un hiver très pluvieux. (*Ephém. de Querrieux, Picardie*) **Vdl.** — Le Rhin fut pris à Cologne, le Main à Francfort, l'Elbe à Hambourg, le Waal en Hollande, du 22—24 I, la Seine fut prise en février. Le Donau fut pris à Ratisbonne. Les lagunes de Venise se couvrent de glace. Les orangers dans le Midi de la France souffrent beaucoup. En Allemagne beaucoup de neige pendant la 1re moitié de janvier, après une fin de déc. pluvieuse: il neigea encore en février à Naples, en mars à Turin. A Cologne le max. du froid tomba au 24 I; l'Elbe près de Hambourg fut traversé le 19 I avec des voitures. Le Sont ne fut pas pris, bien qu'il y eût beaucoup de glace; le 16 II il fut rouvert à la navigation. **Pf.** — Hiver rigoureux dans le Nord. On passa en traineau de Copenhague en Scanie (Suède)[1]. A Paris, le froid fut modéré; mais à Montpellier et à Marseille il fut très vif, et quoiqu'il n'aît pas duré longtemps il fit périr quantité d'orangers. (*Mém. Acad. Sc. 1726*) **A.** — I Danmark hersker der i Jan. og Febr. streng Kulde. **Sp.** — In Teutschland war der Winter kalt. (*Berliner Jahrbuch*) **Schn.**

1729. Hiver long et rude, en France des gelées fortes du 24 déc. au 22 janv. Froid aussi en Hollande et en Angleterre, printemps tardif. — Hiver très rude dans toute l'Europe. En Poitou, il gèle fortement du 24 déc.— 22 janv. sans interruption; l'encre gèle à la plume, même auprès du feu (il n'y avait pas de poêle). Une pièce d'eau de 1 à 6 pieds de profondeur fut glacée jusqu'au fond. Plusieurs personnes périrent sur les chemins. (*Pingré*) En Provence, les oliviers périrent. En Hollande et en Allemagne, un grand nombre d'arbres furent détruits. Le froid sévit avec la même rigueur en Angleterre. Paris: min. — 15°, 19 I; Utrecht — 16°; Londres — 11°. **A.** — L'hiver de 1729 at esté très rude et le plus fort en gelée depuis 1709, et a duré si longtemps qu'au 29 de mars on n'avait pas encore semé aucun marsage, la gelée n'ayant pas permis aux charrues de labourer; le 8 et 9 de mars le froid étoit si grand qu'à peine y pouvoit-on résister. Le 6 avril, il a tombé une si grande neige qu'aucun bestail n'a pu sortir avant le 7 may. (*Chron. S. de Blanchard, Luxembourg*) **Vdl.** — Onze binnen- en buitenrivieren lagen, aan alle kanten, zwaar met ijs bevloerd, wordende begaan en bereden... Overstroomingen in Februari. Den laatsten Febr. was er zo veel drijfijs in de Zuiderzee, dat een schip voor 't Vlaak vastraakte. Koud in Spanje, Noord-Italië, Zuid-Frankrijk... Te Antrin in Ierland duurde de hevige vorst van midden Dec. tot half Januari, het Loug-neag vroor toe. **H.** — Streng in Europa; sehr kalt 16—20 Jan. **Pf.** — Strenger, doch unbeständiger W., mit einer zu Wien nicht leicht erlebten Kalte. Die Donau überfror zum drittenmal... (*Bildersaal*) **P.**

1730. Hiver doux en Angleterre. — Depuis la mi-décembre de 1729 le temps devint doux et clair comme en avril. Il n'y eut ni neige in gelée jusque vers la moitie de janvier... (*Short*) **A.**

1731. Hiver plutôt tiède, mais très froid dans une partie de l'Europe occidentale. — Un des hivers les plus rigoureux. (*Van Swinden*). Apre en Italie. (*Toaldo.*) A Paris l'hiver n'a pas été fort rude, mais le froid a duré longtemps. (*Mém. Ac. Sc.* 1731). Paris — 7° (25, I); Londres — 17°; Berlin — 21°. **A.** — La troisième décade du mois de janvier fut assez froid en Allemagne, en Hollande, en France et en Italie. En Hollande et en Angleterre l'hiver fut asser rude et dura jusqu'à la mi avril. Le Lek fut pris un ou deux jours. En Hollande il gela du 14—17 I et du 2 II—20 II, mais pas très fortement. Beaucoup de neige en janvier. **Ea.** — Et l'hiver at esté si rude qu'en plusieurs cantons de ce pays de

1) ? — Comp. Pf. et Sp.

Luxembourg et aux pays Verdunois, Clermontois et autres, les seigles ont manqué. (*Chr. S. de Blanchard, Luxembourg*) **Vdl.**

1732. La caractère général de cet hiver ressemble à celui de 1731. Dans l'Europe occidentale, l'hiver ne paraît pas avoir été beaucoup plus froid qu'à l'ordinaire; en Angleterre il fut plutôt tiède. — Celsius dit que le 7 I surpassa en Suède en rigueur le froid de l'an 1709. Gelées fortes du 29 XII—15 I. Les loups et les lapins sortirent des bois; des hommes périrent. (*Misc. Berol.* V) **Pf.** — Van Swinden met encore cet hiver parmi les hivers remarquables par leur rigueur, mais à Paris le thermomètre n'est pas descendu au-dessous de — 7° 5. **A.** — Les vignes gelèrent dans les vallées comme sur la montagne. **Bi.** — En Angleterre, J. F. et M. furent doux, décembre un peu plus froid (*Huxham*) — Beaucoup de neige en Italie. Naples 29 XII—3 I; 3° de gelée. **Ba.**

1738. Le commencement de janvier très froid, du reste, hiver normal. — Op driekoningen-avondt begon het te vriezen, zoo dat men naer zes dagen te Temsche de Schelde op 't ijs kon overgaen. (*Khronyk Van de Velde*) **Vdl.** — Moy. mens. de la temp. à Haarlem:[1]) Dec. 3.1, Jan. 1.1, Fe. 3.5. **Duyn**

1739. Hiver et printemps pluvieux. — Den 1 Mey werden hier de biddagen afgelesen, dewelke ingestelt waren om den geduerigen regen te doen ophouden, die meer als acht maenden geduert hadde, te weten sedert Augustus 1738. (*Chron. F. J. de Castro*) **Vdl.**

1740. Hiver extrêmement rigoureux. La saison froide dura (en France) depuis le mois d'octobre 1739 jusqu'en mars 1740. — Le froid fut d'une rigueur exceptionelle entre le 8 et le 12 janv. (env. —19° C. le 11) et entre le 23 et le 26 févr. (env. —14° C. le 25); du 29 déc. jusqu'au 9 mars, le thermomètre marqua rarement plus de 1 ou 2 degrés C. au-dessus de zéro. Première période de froid 24—28 nov. '39. Printemps assez précoce (Haarlem). En Hollande, la glace atteignit 26 pouces d'épaisseur. La Zuyderzée fut prise entièrement, de même la mer devant Ostende. En France, le froid fut beaucoup moins rigoureux qu'en 1709, mais dura plus longtemps. Le vent du N. E. apporta les plus grands froids. Cet hiver a sévi sur toute l'Europe. — 1740 gehört in die Klasse der ausserordentlich strengen Winter... Der Winter von 1709 behauptet [jedoch] alles zusammengenommen, den Rang vor dem W. von 1740, so wie dann auch seine Wirkungen im organischen so wie im unorganischen Reiche, seine Verheerungen unter Menschen, Thieren und Pflanzen, viel furchtbarer waren. **Pf.** — Cet hiver fut surtout remarquable par la longue durée du froid. A Paris, d'octobre à mars, 75 jours de gelée, dont 22 consécutifs. En Angleterre le froid fut encore plus vif; la Tamise fut complétement prise. La Zuyderzée gela entièrement. A Leyde, Musschenbroek mesura en février une épaisseur de glace de 0m67. Les effets du froid sur les végétaux furent moins graves qu'en 1709; la récolte des blés ne fut pas autant compromise. La

---

1) Nic. Duyn („*Van drie strenge winters*", etc., 1746) donne des observations thermométriques et autres pour tous les mois des années 1735—1742 inclusivement.

mortalité fut énorme... il y avait des villages de Poitou à qui la moitié de leurs habitants a été enlevée... Beaucoup de bétail périt en Angleterre dans la première partie de janvier. Comme en 1709 le dégel fut accompagné d'inondations désastreuses. Le pont de Rouen fut emporté par les glaces. (*le P. Cotte* e. a.) **A.** — A un mois de janvier très-rigoureux succéda un mois de février dans lequel le froid ne cessa pas de se faire sentir. Tous les jours la liqueur descendit au-dessous de la congélation, puis remonta et resta très-peu au-dessus... Le froid violent, — 12°6 (— 15° C.) qui se fit sentir le 25 févr., presque égal au plus grand de janvier (le 10, — 12°8), vint dans un temps où on ne devait pas l'attendre. Un très grand vent du nord produisit, du 23 au 24, une augmentation de froid considérable et subite. Enfin, jusqu'au 9 mars inclusivement, la liqueur descendit chaque jour au-dessous de zéro, et dans le reste du mois elle ne remonta pas à des termes où elle s'élève dans les années ordinaires. (*Réaumur*, dans les *Mém. de l'Ac. d. Sciences p.* 1741) **A.** — Der Winter war sehr kalt. In Teutschland übertraf die Kälte die im Jahr 1709, doch nimmt Rozier den tiefsten Thermometerstand nur zu — 15° Reaum. an. Bey Mainz war auf dem Rhein ein Scheibenschiessen. **Schn.** — Sundet var i Januar og Februar tilfrosset; man kørte over det med Fragtvogne. Hjorte gik fra Sjaelland til Skaane, og Ulve fra Skaane til Sjaelland. (*Schouw*) **Sp.** — A Haarlem (Hollande), le grand froid commença dans le nuit du 4 au 5 janvier 1740. Cette première période dura jusqu'au 29 (min: — 1°6 Fahr., — 18°6 C., le matin du 11 janv.). Le 14, 15 et 16 janv. la temperature monta peut-être un peu au-dessus de zéro (centigr.), de même le 22 et le 30, le reste du mois elle demeura au-dessous. Du 31 janv. au 8 févr. quelques degrés F. au-dessus de 32. Dégel du 11—14 févr. Autour de zéro jusqu'au 22 févr. Nouvelle période de froid intense du 23—26 février (min: — 6°7 F., — 10° C. le 25). Duyn compte 67 jours de gelée (61 pour 1708—09). — De wind begon 's middags den 4 January omtrent regt oost te waaijen, 's avonds was ze noordoost, 's morgens den 5 weer regt oost, en dit duurde tot 's middags den 13 van die maand. De 4 en 5 had de wind maar één kragt, de 6 en 7 een (of) twee kragten, de 9 drie (à) vier, de 10 bleef de wind met 4 kragten blaazen (kr. 4 = stormachtig)... Het was op den 9, 10 en 11 Jan. zo ongemeen kouwd, dat men zig bij een groot vuur naauwlijks verwarmen kon... 's Morgens den 11 was het allerkoudst, want toen stond de kwik nagenoeg op twee graaden onder nul... Wat de tweede groote koude betreft (23—26 Fe), het kwik stond den 25 's morgens op 6½, den 26 's av. op 27 gr. De wind was tot 's av. den 25 N.O., den 26 O., W. en N.W.... De heeren Noppe en Adr. Spinder verhaalden ons, dat 't op Halfwegen, bij het Huis te Zwanenburg, van 5 tot 10 Jan. 7½ duim dik gevroozen had, en dat de vorst van 's morgens den 9 tot 's anderendaags 's morgens in een bijt 3½ duim dikte ijs had gemaakt... Op 25 of 26 Febr. vroor het in een etmaal te Crommenie 2 d. en 10 lijn. Den 12 Maart wierd ons verhaald dat het ijs, op zommige plaatsen in de Haarlemmer meer, noch omtrent 20 duimen dik bevonden wierd. Den 17 Maart, nadat de trekschuiten meer dan 10 weken achtereen in het ijs bekneld hadden gelegen, ondernaamen zig de Amsterdamsche en Haarlemsche schippers om (het ijs) met kragt van een te scheuren; bij Amsterdam werd het ijs noch omtrent 13 duimen dik in de vaart bevonden... Schoon dat het dien 10 Maart begon te dooijen, zo bleef 't nochtans niet alleen die geheele maand vrij koud, maar zelfs in de geheele volgende grasmaand, altans tot den 27, dat we dit schryven, zo kan men niet zeggen dat men een eenige warme dag (volgens deeze tijd) gehad hebbe. Het barre weeder duurde tot 22 Mei... **Duyn** — Niet tegenstaande zedert 10 dagen verscheide sleeden uit Vriesland (te Enkhuizen) zijn gekomen over de Zuiderzee, so munt toch gepasseerde Vrijdag — 27 Fe. 1740 — daarin boven anderen uit: dien dag zijn hier van Stavoren alsmeede van veel andere plaatzen in Vriesland, 160 sleeden aangekomen over de Zee, daar nooit exempel van is geweest. Dien dag waren ook op zee wandelende na gis bij de 3000 à 4000 menschen, om die sleedevaart te zien; het was ook of deze stad (Enkhuizen) van Vriezen was opgepropt, zijnde het ijs van hier op Stavoren zeer goet om te rijden, zo dat men in een en een half uur van hier derwaards koomen kon... Ook is een vrouwsperzoon van Hinloopen, op een priksleetje, tot deze Stad gekomen, en dien zelven dag 's namiddags om 3 uuren, wederom naar Stavoren en verder naar Hinloopen geprikt. (*Opr. Haarlemsche Courant van 1 Mrt 1740*, bij Duyn) Zonder van grootspreken beschuldigt te worden mag men zeggen dat we een winter hebben gehad van zes maanden lang, dat is van den 22 van Slagtmaand 1739 tot den 22 van Bloeimaand 1740... 't Was deeze dag, 22 Mei, dat we het eerste jonge blaadje van de lindenboomen die voor ons huis staan, zagen te pronk staan (op 24 April de eerste blaaderen van onze kastanjeboom... In andere landen klaagden ze meede van de langdurige kou (Parijs, Florence, Keulen, Weenen, Napels). Alle gewassen bevroren, behalve peen en klaver, tegen den wind beschut... Te Petersburg bouwde men een ijspaleis met 4 kanonnen uit ijsblokken, een kogel, daaruit geschoten, ging op 60 treden afstands door een plank van 2 duim dikte heen. (*Notes manuscr. chez D.*, 47). De Zeeuwsche kusten waren met ijs bezet. **He.** — ... dat de Sneeuw, in deze laatste winter, na de groote kou te rekenen, zeer weinig neederviel. Op Hitland (Shetland) had 't nauwlijks een half duim dik gevroren. Ook te Bergen in Noorwegen was het niet buitengemeen koud geweest. **Duyn** — 7 Febr. schreef men van Hamburg dat de Elve en andere rivieren nog zonder eenig gevaar met de zwaarste geladene vrachtwagens gepasseert werden... De Rijn bleef bij Ments, Caub en andere plaatsen nog met dik en vast ijs bezet. Brieven van Venetien melden dat het daar om 4 Maart, des morgens ten 6 uuren ongemeen sterk gesneeuwd had, dat tot 's middags geduurt had. (*Journal, 4 janvier — 31 Mars 1740*) **H. V.** — Le lac de Zurich pris du 14 au 29 janv. **Wo.** — L'hiver a commencé huit jours avant la Toussaint 1739, auquel temps il a gelé pendant dix ou onze jours, de telle sorte que les glaces rouloient sur la rivière de Meuse; il a encore recommencé à geler huit jours avant la St. André (22 nov.), la Meuse ayant lors esté glacée et fermée. Le 5 de l'an 1740, il a recommencé à geler de nouveau de telle force, que le 10 ensuivant ladite rivière a encore esté fermée, ayant resté en cet estat jusqu'au onze mars en après, que les glaces ont commencez à descendre vers les 4 heures de l'après-midi. Les 6—11 janvier. il a gelé très fort, les 24—26 févr. de même. (*Registre aux transports de Jambes 1722—1742* (*Namur*) **Vdl.** — Comparaison avec 1709. En comparant les deux hivers rigoureux 1708/'09 et 1739/'40, *C. H. Pfaff* dit: 1. Tous les deux furent précédés d'une année froide et très humide; 2. Tous les deux s'étendirent sur toute l'Europe; 3. La rigueur du froid ne commença, dans ces deux hivers, qu'en janvier, mais dura jusqu'à la fin de mars; 4. Le maximum du froid tomba sur le 11 janvier environ, en 1740 (7—15 janv.), une recrudescence se fit sentir vers le 25 février et vers le milieu de mars. — Le froid sévit, en 1709, pendant tout le mois de janvier, redevint intense en mars; pour le mois de février il fut moins rigoureux en 1709 qu'en 1740; 5. Dans le nord et l'est de l'Europe, 1740 fut plus sévère que 1709; de même dans l'Eur. centrale, le midi et le nordouest, mais en France, surtout dans le midi de la France, 1709 fut beaucoup plus rigoureux que 1740. 6. Dans les deux cas, ce fut le vent du N. E. que apporta les plus grands froids; aucun des deux hivers n'eut beaucoup de neige. Tout considéré, l'hiver de 1709 fut plus sévère que celui de 1740. **Pf.** — Observ. du thermomètre à Paris: Réaumur donne: temp. moy. déc. '39; 5°28, jan. '40: — 2°03, févr. — 2°83, mars 4°68; mais (dit Renou) l'emplacement défectueux (du thermomètre) et le changement de lieu empêchent de ne rien tirer de satisfaisant de cette série. Ses minima sont sans doute trop élevés. Haarlem: Duyn indique les moy. suivantes: nov: 34°8, déc. 40°0, janv. 24°4, fé. 26°1, mars 36°0 (Fahr.) *Voy. notre diagramme de la température*, Haarlem (Hollande) 15 nov. 1739—15 mars 1740, d'après Nic. Duyn (*Hist. aanmerkingen van drie meer dan gemeen strenge winters* (1709, 1740, 1742) — Haarlem, 1746 p. 204) **Ea.**

1742. Hiver rigoureux, surtout en France: la Seine fut prise dès le 27 déc., cette période de gelée dura jusqu'au 25 janvier. L'Escaut pris fortement du 25 déc. jusqu'au 10 janvier. — Van den eersten Kersdagh tot den 10 January 1743 was de Schelde voor Themsche soo toegevrosen, dat men daer over heeft gegaen. (*Chron. F. J. de Castro*) **Vdl.** — Janv. 1742 fut à Paris le plus rigoureux depuis 1709 (? — E.) Du 2 au 25 janvier gelée presque ininterrompue, déjà le 27 déc. la Seine fut prise; le 11 et 12 mars le therm. indiqua — 5°6. (*Maraldi, Mém. Ac. Sc.* 1742, 43). A Leyde — 13° le 8 janv.; l'hiver fut moins rude qu'en France, mais dura plus longtemps. En April encore — 4° (*v. Sw.*) En Suède, rigoureux jusqu'à la fin de janvier; rigoureux en Angleterre du 19 XII au 12 I: le 11 janv. le minimum de 1740 fut presque atteint. **Pf.** = Ein ziemlich strenger Winter begann schon Ende 1741 und währte den ganzen Januar. Es fiel eine ungeheure Menge Schnee, wobey man zugleich Erdbeben spürte, und das Wetter blieb über alles Menschen Gedanken rauh bis im May. **Schn.** — Le thermomètre de Nic Duyn à Haarlem, marqua 12° Fahr. le 8 et le 9 janvier 1742. (*Drie Str. Winters* p. 94) **Duyn**

1744. Le mois de janvier fut très froid; hiver moins long et moins rigoureux que celui de 1742. — Apre, moins rigoureux et moins long que l'hiver de 1742. Quelques semaines de gelée assez forte. Seine prise le 11 janv.; maximum du froid le 14 I: — 10°. (*Mém. A. Sc.* '44) **A.** — Strenger und langer Winter. In Jan. „selbst zu Madrid eine ungewöhnliche Kälte; zu Evora in Port. häufiger schnee". (*Bildersaal*) **P.** — Ein sehr tiefer Schnee, selbst auch in Portugal, der im Frühjahr 1744 schnell schmolz, richtete so grosse Ueberschwemmungen an, dass sie die vom Jahr 1729 noch übertrafen. **Schn.**

1745. Hiver plutôt froid mais peu remarquable; janvier assez froid en Angleterre, en France, en Italie et surtout dans l'Allemagne du Sud. — Très sévère dans l'Allemagne du Sud. (*Krafft*) A Tubingue et à Stuttgart — 20° le 21 janv. **Pf.** — A Paris — 12°8 le 14 I. Hiver court, pas de neige. (*Mém. A. Sc.*) — A Toulon

— 9° le 23 et 24 I! (*Mém. Ac. Sc.* '45) **A.** — En Italie hiver froid et long. (*Toaldo*) Froid en Angleterre, le min. le 25 I. (*Huxham*) En Suède de même: — 22° le 28 II. **Pf.**

1746. Hiver tardif. Périodes de froid vers le milieu des mois de février et de mars. A Paris — 9° le 15 févr. La Seine charria deux fois: 14—16 févr. et 13—14 mars. **A.** — In de maend Maerte hadden wij grooten vorst en veel sneeuw. (*Chron. F. J. de Castro*) **Vdl.**

1747. Hiver froid du commencement jusqu'au milieu de janvier; février plutôt doux. Printemps tardif en Angleterre. — En Allemagne — 18° en janvier; pas de gelée en février, — 7° en mars. (Tubingue), — 10° le 13 I (Leipsic). Hiver doux en Suède. (*Hjorter*, *Schw. Abh.*) Rude en Angleterre jusqu'en janvier et de nouveau de la fin de février jusqu'en avril. (*Huxley*, *Lowe*) A Paris — 5° le 16 I, puis assez doux jusqu'en mars: — 12° le 15 III. **Pf.** — Grand froid au commencement de janvier. (*Relations véritables, n⁰. du 17 janvier*) **Vdl.**

1748. Hiver normal plutôt froid, gelées tardives assez fortes au commencement de mars. — Nous avons encore autant et plus souffert que les deux années précédentes par les froidures et mauvais temps. (*Chron. des curés d'Emael, Limbourg*) **Vdl.** — Hiver tardif: très froid en mars, surtout le 8 III. A Leipsic très froid du 7—14 III. (*Krafft*) En Suède: 5 III — 15 III. En Angleterre: comme en France. **Pf.** — A Paris: min. de la temp. le 12 III — 14°. La Seine charrie le 7 III. Le froid tardif est nuisible à l'agriculture. (*Mém. Ac. Sc.* '48, '49) **A.**

1749. Hiver tiède et pluvieux. — Il n'a pas fait d'hiver cette année, mais il a plu trois ou quatre mois sans cesser, et l'hiver a été très humide. (*Livre de raison d'un maïeur d'Abbeville*) **Vdl.**

1750. Hiver normal, probablement, dans l'Europe occidentale, froid dans l'Europe centrale. — Le 22 jan. grande quantité de neige qui ne fond qu'un mois après. (*A. Delort*) **Ro.** — Der Winter war sehr kalt. **Schn.** — Kälte in Oesterreich, Böhmen und Schweden. (*Toaldo*) **P.**

1752. Hiver assez rude mais très variable. Froid en déc. et février, surtout dans le midi de la France et en Angleterre. — En Angleterre: „Severe, from Jan. 26 — Fe. 8." (Comp. 1759! — Ea.) **Lo.** — Au pays toulousain très froid de déc. jusqu'en avril. (*Clos*) A Paris: assez rigoureux en déc. et février. **A.**

1754. La fin de janvier et le commencement de février assez froids (en France), du reste hiver pluvieux; le mois de mars très froid en Allemagne. — Forte gelée du 9 au 21 mars... (*Cölnische Kronik*) **Vdl.** — On pourrait peut-être classer cet hiver parmi les hivers froids. **Pf.** — France: déc. pluvieux; période de froid du 27 I au 10 II, min. de temp. le 30 janv. (— 10°). Les arbres eurent beaucoup à souffrir. Beaucoup de neige en mars. **A.** — In England severe from Jan. 24th to the middle of February, with snow. **Lo.**

1755. Hiver froid dans le nord de l'Italie et le midi de la France. Périodes de froid en janvier et février en France et en Allemagne. — L'hiver le plus remarquable entre 1740 et 1776 à cause du froid intense dans les parties méridionales de l'Europe. **Pf.** — La lagune de Venise porta des hommes. Beaucoup de neige dans le midi de la France, où les oliviers périrent en grand nombre. La Meuse sortit de son lit le 17 III après des chutes de neige abondantes. (*Quét.*) En France: comm. de janv., 22—29 I et 5—12 II. La Seine fut prise 3 fois. Min. de la temp. le 6 I: — 16°. **A.** — A Francfort s.l.M., à Gottingue, à Hambourg, le froid fut sévère durant janv. et févr. La Main fut prise du 7 II au 6 III. **Pf.** — Kalter und schneeichter Winter. See um Venedig gefror 2 mal... (*Toaldo*) **P.** — Cette année 1755, nous n'avons pas eu d'hiver: il n'a pas gelé, mais il a plu et fait du vent pendant 8 mois. (*Livre de raison d'un bourgeois d'Abbeville*) (? — Ea.) — Grand froid au commencement de janvier et février. (*Relations véritables du 8 janv. et du 12 févr.*) **Vdl.**

1757. Hiver long et assez rigoureux. — En 1757 nous passâmes l'hiver le plus grand et le plus froid qu'il y ait eu depuis plus de 40 ans (?) selon le rapport des anciens. Il a gelé près de 7 semaines sans discontinuer... (*Livre... Abbeville*) [± 10 déc.—26 janv.] — Sedert den feestdagh van Alderheyligen van het jaer 1756 tot den 19 Februarius van 't jaer 1757 (?) syn al de rivieren vervrosen geweest. (*De kleine chronycke van J. A. J. de Castro*) **Vdl.** — L'hiver a commencé de bonne heure et fini tard, avec quelques intermittences de temps doux. **A.**

1758. Hiver normal. — Neiges assez abondantes. La Seine charrie du 21 jusqu'au 26 janvier. (*Mann*) **A.** — Froid rigoureux en Italie et en Espagne. (*Toaldo*) **A.**

1760. Hiver assez froid, surtout dans le nord. — Le froid fut surtout sévère dans le Nord. A Pétersbourg il commença le 3 oct. et fut excessif le 28 XII et le 6 I. Le mois de décembre fut rigoureux en Norvège, le froid excessif dura jusqu'au 6 I (— 16°). Février et mars avaient une temp. moyenne. (*Hellandt, Schöning*) **Pf.** — En Suisse des temp^s. basses en déc. (8—23) et févr. (*Acta Helv.*) En France hiver tiède. **A.**

1763. Hiver rigoureux, surtout en décembre et janvier. Les fleuves de l'Europe occidentale restèrent gelés pendant plusieurs semaines. Très froid en Italie. — En France le froid dura depuis nov. 1762 jusqu'à la fin de janvier 1763. (*Duham. de Monceau*) La Seine fut prise durant 34 jours à partir du 29 déc. La Loire a été prise non loin de son embouchure, mais d'après les observations de La Condamine, le temps se maintint doux aux Sables d'Olonne (*Peignot*). Dans le midi de la France l'hiver fut doux. (*Clos*) — A Bruxelles les traîneaux à cheval, les cabriolets et les voitures allaient sans risque sur les canaux. (*Abbé Mann*) — A Londres, la Tamise fut gelée à pouvoir la passer en voiture. (*Abbé Mann*) — De la Hollande, on passait la mer (Zuyderzée) en traîneau sans danger jusqu'en Frise. — A Rome, le froid fut assez vif pour geler toutes les fontaines de la ville. **A.** — A Bruxelles, le froid de cet hiver dura sans relâche près de 7 semaines, ayant commencé dans les premiers jours de déc. 1762 et étant fini la nuit du 28 au 29 janv. 1763... Pendant cette gelée, le vent venoit constamment de l'est. (*Abbé Mann*) **Vdl.** — A very hard frost, from Dec. 25 till the 29th of January. (*Boyle*) **Ba.**

1764. Hiver doux. — Endlich kommt nach einer langen Pause abermal ein Winter, den man einen gelinden nennen kann.[1]) Er fieng zwar kalt an, den 29ten Decemb. stund hier (à Vienne) das Thermometer — 9½; es liesz aber die Kälte gar bald nach und folgte eine solche Wärme, welche ein gäher Süd-West verursachte, dasz das Thermometer den 30ten Nachts auf 13 stand. Jäner und Hornung waren sehr gelind. Der kälteste Tag des Jahrs war der 4te März, aber auch da stieg die Kälte nur auf — 6. Doch dauerte eine schwache Gefrier den ganzen Märzen hindurch. **P.**

1766. Hiver froid, surtout dans le sud-ouest de l'Europe. — Forte gelée en Belgique du 26 déc. 1765 au 19 janv. 1766. (*Abbé Mann*) **Vdl.** — Severe Winter. (*Penny Mag.*) **Ba.** — Kalter aber sehr unterbrochener Winter. **P.** — L'hiver fut rigoureux dans toute la France. Il gela durant 36 jours consécutifs. (*Duhamel*) La Seine fut prise à partir du premier janvier 1761. Le Gave et les autres rivières du Midi furent prises. Le Rhône fut gelé; au pont St. Esprit on le passait en voiture. La récolte fut compromise: beaucoup d'oliviers furent endommagés dans le Languedoc. A Madrid on allait à patins sur la glace et à Cadix il tomba de la neige. (*Hist. de l'Ac. d. Sc. p. 1766, Mémoires ead. 1767, 1776, Journal de Phys. t. VII, v. Swinden, Poederlé, Abbé Mann*) **A.**

1767. Hiver assez froid. — En France, le mois de janv. était froid, surtout 12—14. Débâcle de la Seine le 26. Les vignes et beaucoup de plantes gelèrent, mais la grande quantité de neige préserva les récoltes. Le Rhin fut congélé au point que des voitures chargées le passèrent entre Cologne et Deutz. **A.** — En Angleterre, après un mois de décembre très doux, un janvier très froid. Le 19 I: 7° Fahr. à Norwich. (*Carrington, Phil. Trans.* 1767) A Francker (Frise) — 16° le 7 I. (*v. Swinden*) Froid vif en Lombardie. (*Toaldo*) **A.** — En Belgique: Van 7 Jan. tot den 20 dito eene felle kouw en vorst. (*Memorie- of Kroniekboek, Opcanne bij Maestricht*) **Vdl.** — A Bruxelles, la gelée de cet hiver commença avec force le 6 janv.... Il tomba beaucoup de neige par intervalles jusqu'au 12 du mois... le 14 il y eut un faux dégel, mais le 16 la gelée recommença de nouveau avec force; dès le midi du 20 la gelée commença à diminuer... Le canal de Bruxelles étoit gelé à porter des traîneaux. Les ports d'Ostende et de Nieuport furent remplis d'énormes glaçons. (*Abbé Mann*) Il gela très fort les 17, 18 et 19 avril... On ne put pour ainsi dire se passer de feu jusqu'au 20 de juin... (*Poederlé*) **Vdl.** — Towards the end of December a violent frost began, which was very severe till 16th January following. The Thames was frozen so hard that navigation was entirely stopped. Roads in the country were quite unpassable, and many persons were found dead in the snow. (*Walter Thornbury*) **Ba.**

1768. Hiver assez froid. — Surtout dans l'Europe centrale, cet hiver s'approche d'un hiver très rigoureux. (? — Ea.) En Suède froid du comm. de déc. jusqu'à la fin de février, mais pas très rigoureux. (*Argentin, Phil. Trans.* 1768) **Pf.** — Froid en Hollande au comm. de janvier. (*v. Swinden, Ph. Tr.* '73) En Angleterre du 20 XII au 9 I. En France: froid du 5—14 janv. (*Mess.*) Février fut tiède. Le froid ne fut pas de longue durée et ne présenta pas beaucoup de neige. Froid très vif en Languedoc, où des sources

---

1) C'est très remarquable, en effet. Nous ne trouvons mentionnés que 1725, 1731? 1732? et 1749.

furent gelées qui ne l'avaient pas été en 1709... Les oliviers n'eurent point à souffrir du froid, parceque le dégel eut lieu graduellement. (*De Gasparin*) En Toulousais, les blés furent complétement gelés. **A.** — Le froid de cet hiver commença à Bruxelles vers la fin de déc. et finit le 10 janvier; il fut très rude du 2 au 6 janv. (*Abbé Mann*) **Vdl.**

1769. Hiver assez tiède. — Warm winter. (*Penny Magazine*). January and February frosty and rainy. (*Gilbert White*) **Ba.** — Wenn man die 5 ersten Tage des Hornungs (Februar) ausnimmt, in welchen die Kälte zweimal auf — 8° kam, ein gelinder Winter. Die gröszte Kälte des Jäners war — 2°. Im Hornung war nach den ersten 5 Tagen kaum eine schwache Gefrier. Im Märzen gefror es in der Stadt (Wien) gar nicht mehr. **P.**

1771. Hiver normal. — Hiver pluvieux; avril très froid. (*Poederlé*) **Vdl.** — La Seine charrie des glaçons pendant le mois de février. Neiges abondantes. **A.** — Im Lüneburgischen, Mecklenburgischen und der alten Mark war die Kälte so gross, dass die Flüsse und sonderlich die Elbe fast bis auf den Grund gefroren... (*Bildersaal*) Hier zu Wien war der Winter ziemlich gemässigt... **P.** — Severe frost till the last week in January. To the first week in February rain and snow. To the end of Febr. spring weather. (*Gilbert White*). Thames entirely frozen over at Fulham in January. (*Boyle*) **Ba.**

1772. Hiver assez tiède. — Een ongemeene groote menigte van vallende sneeuw en sterke NO. en NW. wind op 16 January... D' ongemeen langdurige koude duurde tot 16 Juny... Door de langdurige koude in 't voorjaar is er weinig geschot in 't velt gekomen. (*Job Baster*, *Waarn. te Zierikzee; Zeeuwsch Genootschap*, IV) **Vdl.** — En France, déc.; février et mars furent très doux. **A.** — Cold winter and spring. Great snow in Scotland. To the end of the first week in Febr. frost and snow. (*White*) **Ba.**

1775. Hiver assez tiède. — Van 16 tot 17 Nov. heeft het weder sig gedisposeert tot vriezen, ende de vorst heeft soodaniglyk toegenomen dat alle de binnenwaeters toegevrozen waren. Op het laetste van de gemelde maend heeft den vorst ons verlaten ende de waeters syn voor dry a vier daeghen geopent geweest. Immers tot 10 Dec., als wanneer de waeters wederom toegevrozen syn geweest tot den 10 January. Voort warm weder tot den 26 Jan., waerna noch dry daegen vorst en alsoo heeft de Winter ons voor dat jaer verlaten. (*Blomme, Chr. Termonde*) **Vdl.** — Cet hiver a débuté par des froids intenses. La Seine couverte de glaçons, à partir du 27 nov. **A.** — Janvier froid et humide, vent dominant SO.; Février doux et très humide, SO., OSO.; Mars humide et froid, vent OSO. (*Poederlé*) **Vdl.**

1776. Hiver à peu près normal, mais avec des gelées extraordinaires en janvier, pendant 3 semaines. [Hiver très remarquable. Rarement le résultat de la méthode scientifique et l'estimation populaire ont été en désaccord à un tel degré. D'après notre méthode, le coefficient de température descend à peine au-dessous de la moyenne (41); selon l'estimation populaire, 1776 compte parmi les hivers rigoureux. Même si l'on voudrait accorder une grande prépondérance au coefficient d'intensité et à la station centrale (Paris), cette valeur ne descendrait pas plus bas que 35 (hiver froid). L'influence des 3 semaines de gelée très forte est toujours presque éclipsée par le caractère plutôt tiède du reste de l'hiver, mais cette période assez courte a cependant suffi pour produire les phénomènes d'un hiver rigoureux, et c'est comme tel qu'il est resté dans la mémoire des contemporains. Ainsi, une estampe très connue a perpétué le trafic et les divertissements sur la glace de la Meuse devant Rotterdam, janvier 1776 — Ea.] — La gelée qui arriva au mois de janvier est une des plus extraordinaires dont on a connaissance, mais plutôt par la grande intensité du froid que par sa durée... Cette grande gelée commença dans les Pays-Bas et en France la nuit du 8 au 9 janvier et dura jusqu'au 2 février. En Flandre il neigeoit avec peu d'interruption depuis le 11 janvier jusqu'au 16 de ce mois et pendant tout ce tems il régna un vent d'est au nord-est, qui amonceloit extraordinairement la neige très fine et sèche à mesure qu'elle tomboit. Il geloit pendant tout cet intervalle, mais avec peu de force. Le 19 jusqu'au 22 la gelée augmenta. Le 25 du même mois, le vent se fixa au nord-est et y resta jusqu'au 1er février, il devint fort et piquant à l'extrême... Le dégel se manifesta le 2 février et ne discontinua plus. Le 1er févr. une glace très salée de 6 à 8 pieds d'épaisseur bordoit la mer sur le rivage, et à 2 lieues plus ou moins de la côte, on voyoit flotter un vaste banc de glace qui paroissoit à perte de vue sans interruption... (*Abbé Mann*) **Vdl.** — L'embouchure de la Seine, sur une largeur de plus de 8000 mètres, se montre, le 29 janvier et les jours suivants, toute couverte de glace ainsi que cette partie de la mer comprise entre la baie de Caen et le cap de la Hève, en sorte que du Havre la mer paraissait couverte de glace jusqu'à l'horizon. Cette glace était rompue par le flux et le reflux, ce qui donnait à notre mer l'apparence de la Baltique. Les mendiants qui couchent dans les granges eurent les pieds gelés, d'autres ont péri le long des chemins; on en a même trouvé de mort dans les maisons. Beaucoup de vieillards ont été frappés de mort subite. On a entendu des chênes se fendre avec bruit, j'en ai vu à Vrigny. (*Duhamel de Monceau*) **A.** — Cet hiver a été rigoureux dans toute l'Eur., le froid a surtout sévi pendant le milieu de janv., et les neiges furent très abondantes. (*Messier*, *Etude comparative*). — Min. de température: Paris 29 I — 19°1, Denainvs 29 I — 17°5, Nancy 1 II — 22°5, Franeker — 21°9, Hambourg — 21°3, Francfort 28 I — 21°3, Bruxelles 28 I — 21°1, Rotterdam 29 I — 20°4, Berlin — 21°4, Lyon 1 II — 21°9, Zurich 29 I — 18°7, Poitiers — 13°5, Londres 31 I — 10°8, Montpellier — 7°5, Brest 27 I — 6°0, Vienne 29 I — 23°8, Stockholm 15 I — 22°5, Padoue — 13°2, Perpignan — 0°6. — Le Rhin, la Seine, le Rhône, la Saône, le Medway etc. furent pris presque complétement. En Flandre, l'eau-de-vie gèle; a Paris, le vin gèle dans les caves. Sur les côtes maritimes, la glace eut jusqu'à 2.m 40 d'épaisseur. Le Tibre gela d'un bord à l'autre à Pérouse, ce qui est très rare. Les lagunes de Venise furent prises. Aux environs de Paris, un grand nombre d'arbres se fendirent du haut en bas. Beaucoup d'hommes périrent. A Paris Louis XVI fit allumer de grands feux dans les rues. En Provence le froid ne fut pas assez intense pour faire souffrir les oliviers. **A.** — A Bologne (It.) le froid se fait ressentir vers le milieu et vers la fin de décembre; il s'étend d'abord vers le sud. Le 3 janv. '76, le Tibre était gelé près de Perugia... Le froid passa ensuite au nord, dans les pays boréaux, sans affecter les pays interjacents. Le 6 janv. le Belt charriait déjà des glaces, quoiqu'on n'en vît pas encore dans le Sond. L'Elbe commença à se fermer à Hambourg le 6 janv. Le froid était déjà excessif à Varsovie le 6; cependant il ne se faisait pas sentir alors ni en Suisse, ni en

France ni en Hollande ni en Angleterre. Il ne commença dans les deux premiers de ces pays que vers la mi-janvier, et ce ne fut que vers le même temps que la gelée qui avait commencé faiblement le 2, augmente en Hollande... Peu de jours après, ce froid monta tout d'un coup à un degré de force extraordinaire, et il devint presque général sur toute l'Europe... Ce froid augmenta violemment à 2 reprises, mais tous les pays n'en ont pas essuyé le plus grand degré à la même époque, quoiqu'il ait été plus violent partout à la première époque qu'à la seconde. (*Van Swinden*, à Franeker, Frise) **A.** — 4 Fe. 1776. Van alle gewesten niet als klagten over den seer sterken vorst en koude die sig in den Nederlanden doet gevoelen sedert den 12 Januarii, naer dat de aerde overdekt was met swaeren sneeuw. Tot Maessluys liggen de zee-monden toegevrosen, en voor Rotterdam rijd men met sleeden en peerden over de Maes. (*Wekel. Nieuws uit Loven*). — Décembre fut humide et froid, vent dominant SO, OSO; Janvier très froid et sec, ENE; Février très humide et froid, vent SO; Mars froid et assez sec, NNO, E; assez froid jusqu'en juin. (*Poederlé*) **Vdl.** — Der Winter übertraf besonders im Januar noch den von 1740 durch seine Kälte; zu Hannover stand das Quecksilber im Fahrenheitischen Thermometer mehrere Grade unter null. **Schn.** — Rudolstadt (Allem.): Ein und dreizig Tage ununterbrochenes Frostwetter. Strasbourg: Die Dicke des Rheineises bei Strassburg war 20 Zoll. **Pf.** — Zu Ende Januars war eine grosse Kälte in ganz Europa. (*Toaldo*) Zu Wien bis 19 gelind... Ich rechne daher diesen Winter unter die schneereichen aber übrigens, was die Kälte belangt, unter die mitleren. **P.** (à Vienne). — Very cold winter (*Whistlecrafft*). To Jan. 24 dark, frosty weather, with much snow. (*G. White*). The greatest fall of snow happened that was ever remembered (*Boyle*) **Ba.** — De vorst begon 3 Jan., den 27 twee gr. onder nul Fahr. Op de Maas voor Dordrecht zag men weder de vermaken die het ijs opleveren kan. (*Sels*) **Ea.**

1777. Hiver normal mais plutôt froid. Beaucoup de neige. — Den 3 Januari heeft het soo sterk gesneeuwd als men bij menschen gedencken gesien heeft... den 9 dito wederom. Den 4 Februari is wederom veel en overvloedigen sneeuw gevallen. In deze dagen (rond den 9) was het seer fel koudt... Den 15 en 16 is wederom veel sneeuw gevallen en 't is tot den 20 helder weer geweest met felle kouw en vorst, doch den 21 heeft het beginnen te regenen en is allen desen overvloedigen sneeuw op seer korten tijdt wegh geweest. (*Memorie- of Kroniekboek, Opcanne bij Maestricht*). — Dec. 1776 froid, S; janvier froid et humide, N et O.; févr. très froid et assez sec, E et S; mars assez froid, SO et E. (*Poederlé*) **Vdl.** — To Jan. 10, hard frost; to 20th foggy with frequent showers. To Febr. 18 hard, dry frost, with snow. (*Gilbert White*) **Ba.** —

1778. Hiver plutôt tiède. — Zag men in de maend Januari en Februari de knaepen int veld in hun hemde laborieren... (*Memorieboek van G. Kempeneers*) **Vdl.**

1779. Hiver assez doux en France et en Belgique, courte période de gelée en janvier. — L'hiver fut extrêmement doux en France et le baromètre resta très-élevé pendant cette saison. (*Mém. s. l. mét.*) **Co.** — De waters hebben door den vorst toegelegen, geheel de maent van January, nochtans sonder dat den koude excessief was, waernaer het weder geheel aengenaem geweest is, sonder noch voorderen vorst te hebben. (*Blomme, Chron. Termonde*). — Na nieuwjaersdag eenen kleynen droogen vorst van 8 a 10 dagen met heldere logt, aghtervolgt van een droogen doey, ende de helderheyd der logt heeft sonder regen aangehouden tot 7 Meert. (*Wekel. Nieuws uit Loven*). — Le froid de ce mois (de janvier) a été peu considérable. (*Poederlé fils*) **Vdl.** — Frost and howers to the end of Januari; to April 21 warm, dry weather. (*Gilbert White*) **Ba.**

1782. Hiver plutôt tiède jusqu'en février. Des gelées assez fortes en février et mars. — Pendant le mois de déc. et de janvier, le tems a été fort doux, mais pluvieux et humide; à peine avons-nous eu quelques jours de petite gelée... Au commencement de février le tems a changé, les vents ont tourné au nord et après au nord-est et nous avons eu des neiges abondantes et des gelées très fortes. Le 16, le thermomètre de Réaumur a marqué 10 degrés et demi (— 13°1), le 17, le froid a été un peu moindre. (*Abbé Chevalier*, à Bruxelles) **Vdl.** — Sehr unterbrochener aber anfangs des Jahrs und in der Mitte des Hornungs (Jan.) sehr kalter Winter. **P.** — To the end of the year... frequent rains. To Febr. 4th, open, mild weather. To 22nd, hard frost. To the end of March cold, blowing weather... (*Gilbert White*) **Ba.**

1783. Hiver assez tiède. — Nach dreyen strengen (1771, 1776, 1782) und 10 mittelmässigen, endlich abermal ein gelinder Winter. Nur den 4 und 5 Jäner stieg die Kälte auf — 5. Den 26 und 27 auf — 3. Uebrigens war den ganzen Monat entweder gar keine oder eine schwache Gefrier. Der 10, 11 und 12 waren wahre Frühlingstage. Der Februar war sehr regnerisch. Es schnie zwar vom 16 bis 17 die ganze Nacht, und den darauffolgenden Tag hindurch, doch berührte das Thermometer nur 3 mal den Eispunkt. Es kamen im Märzen eine gelinde Gefrier, und noch etwas Schnee nach. **P.** — Hiver très doux. Huit jours de gelée en décembre; en janvier le therm. n'a marqué que cinq fois au-dessous de zéro, en février trois fois. (*Poederlé*) **Vdl.** — To Jan. 16th rainy, with heavy winds. To 24th, hard frost. To the end of the first fortnight of February, blowing, with much rain. (*G. White*) **Ba.**

1784. Hiver très rigoureux et très long, qui sévit dans toute l'Europe jusqu'en Écosse et au Portugal, mais surtout dans l'Europe centrale. Le Danube reste gelé pendant tout le mois de février. La Zuyderzée fut prise tout-à-fait; la Seine ne gela pas complétement. Le froid dura du commencement de novembre jusqu'en avril (température douce du 21 au 29 févr.), et fut assez intense (du 8 décembre au 21 février, Pays-Bas; du 23 déc. jusqu'au 24 févr., Eur. centrale), sans être excessif. Neiges abondantes. — Cet hiver, mémorable surtout par sa longueur, a sévi dans toute l'Europe. A Paris, 69 j. de gelée consécutifs. En Suède, Danemarc, Allemagne, Hollande, en Pologne, Angleterre, Irlande, dans le Portugal, même aux Etats-Unis, froid rigoureux, neige, désastres. (*Abbé Mann, Merc. françois*) — En France, neiges abondantes du 26 XII au 17 II. (*Cotte, Journ. de Phys. XXV*) Le vin gela dans les caves; la terre était gelée à 65 cm. de profondeur. La Seine charrie, mais sans prendre complétement. La débâcle de la Loire, Marne etc., occasionne de grands désastres. La saison ne se rétablit que le 12 mai. — Le Danube resta gelé pendant tout le mois de février;

depuis 30 ans, il n'avait été fermé si longtemps à la navigation. — En France, plusieurs individus ont péri dans les neiges, le gibier mourait de faim, les loups affamés se répandaient dans les villages; plusieurs personnes ont été dévorees. Les chemins dans la campagne, les rues dans les villes, étaient encombrées de neige; la misère était extrême, surtout aux champs, on manquait de tout: de pain, de bois et d'argent. (*Le P. Cotte*, *Journal de Phys. XXV*) **A.** — Le mois de novembre 1783 a été froid et humide; le 7, 8, 9, 13, 27, 28 jours de gelée; vents impétueux et pluie; décembre a été sec et très froid, même excessivement vers la fin: vents du nord-est à l'est, 28 jours de gelée. Dégel le 2 janvier; des le 5 le froid a été vif et sensible, 23 jours de gelée; février 21. Le plus grand degré de froid, le 30 janvier, fut de — 15° 6. Du 21 au 29 févr., la température a été fort douce. Pendant le mois de mars, le mercure est descendu 20 fois au-dessous du terme de congélation. Avril très froid, mai chaud et sec. la végétation en général étoit retardé au moins d'un mois. La durée de cet hiver, d'après mes observations, a été ici de deux mois et dix jours sans dégel formel, quoique l'intensité du froid ait quelquefois diminué. (*Poederlé*) — Den 8 dec. 1783 heeft het beginnen te vriesen ende gecontinueerd tot den 21 Fe. 1784. Den grootsten ende sterksten koude heeft geweest den 29, 30 en 31 Dec.... De Schelde is bevrosen geweest van den 18 Dec. en is opengegaan den 25 February 's nachts... Geheel de maend Meert, uitgesonderd den 14[en], heeft ons niet geleverd dan vorst, met sneeuw en hagel. (*Blomme*, *Chron. Termonde*) **Vdl.** — En Allemagne: 110 jours de gelée, dont 73 presque consécutifs à Carlsruhe; 51 cons. à Berlin, où l'épaisseur de la glace dans les lacs fut de 26—27 pouces. Temp. moyenne en Bavière — 3°. Quantité considérable de neige. Au Danemarc: le Sont pris jusqu'en février. Les Belts n'ont pas été pris complétement. En Hollande: la Zuyderzée fut gelée tout-à-fait. Neiges très abondantes. En Angleterre 51 j. d. gelée à Londres. **Pf.** — Es dauerte die Kälte vom 23 December bis zum 24 Februar, während dieser Zeit lag ein 6 Schuh tiefer Schnee, auch in Spanien war der Winter kalt. **Schn.** — Ein Winter, dessen Kälte und Lange noch in frischer Gedächtniss ist. Er fing eigentlich 23 Dec. an, und dauerte bis 24 Feb. **P.** — To Dec. 18th, grey soft weather, with a few showers; to the end of the year, hard frost. To Febr. 19 hard frost, with two thaws, one on Jan. 14, the other Febr. 5th. To Febr. 28, mild with fogs. To March 3, frost; to 10 sleet and snow; to April 2, snow and hard frost... (*Gilbert White*) **Ba.**

1786. Hiver tardif, assez froid. — Déc. 1785, température très froide vers la fin, 15 jours de gelée (*Poederlé*) — Den 20 Fe. heeft het beginnen te vriezen... Op weynige dagen waren den Dender en de Schelde toe vervrosen; den 6 van Meert was den thermometer gedaelt gelijk met het jaer 1746, en heeft den vorst soo blijven dueren tot den 11 Meert... De Schelde is blijven toeliggen tot den 18 Meert 's nachts. (*Blomme*, *Chron. Termonde*) **Vdl.** — To Dec. 23rd, rain; to the end of the year, hard frost. To Jan. 7, frost and snow. To 13, mild, with much rain; to 21, deep snow. To Fe. 11 mild, with frequent rains. To March 10, hard frost. To April 13, wet, with intervals of frost. (*G. White*) **Ba.**

1788. Hiver tiède. — Température fort humide et douce, assez froide au commencement du mois de déc. 1787. (*Poederlé*) — Januarius mensis temperies inusitate calida et sicca; Februarius mensis constitutio nec frigida nec humida; nebulae frequentiores. (*Ephemerides Soc. met.*

Palatinae; obs. Bruxell.) — Nous avons peu d'exemples d'un hiver aussi doux que celui que nous venons de passer. (*Arch. du Conseil du gouv. gén., Bruxelles*) **Vdl.** — To Jan. 13, mild and wet; to Jan. 18 frost. February was frosty, with frequent showers. To March 14, hard frost. (*G. White*) **Ba.**

1789. Hiver très rigoureux dans toute l'Europe. Gelées presque ininterrompues depuis la dernière semaine de nov. jusqu'au 13 janvier. Le Rhin pris dès le 11 décembre. Froid très intense vers la fin de déc. et en janvier. Sur les côtes de la Hollande, la mer est couverte de glace. Beaucoup de neige. Après la mi-janvier, hiver pluvieux. — Cet hiver a été un des plus rigoureux et des plus longs (?) qui aient sévi dans toute l'Europe. A Paris 50 jours de gelée consécutifs (25 XI — 13 I) avec interruption d'un jour (25 XII). Epaisseur de la glace à Versailles 0^{m} 60. Plusieurs puits très profonds gelés, le vin gèle dans les caves. La Seine prise du 26 XI jusqu'au 20 I, le Rhône pris à Lyon, la Garonne à Toulouse. On traverse le Rhin avec des voitures chargées. La Tamise est gelée jusqu'à Gravesend; le fleuve fut couvert de boutiques. Le Shannon fut pris à Limerick. Le lac Léman près de Genève gelé pendant 15 jours en janvier. La mer gèle à Marseille (bassin), et sur les côtes de l'Océan dans une étendue de plusieurs lieues; on traverse le port d'Ostende à pied et à cheval; la mer est prise à 4 lieues des fortifications de cette place. Les voitures traversent le Grand Belt sur les glaces, il ne reste libre dans le Sund qu'env. 200 m. entre Cronenborg et Helsingborg. Près de Constantinople les glaces dans la mer étaient si abondantes que les navires n'osaient approcher. — Beaucoup d'hommes succombent sur les chemins. Les oliviers etc. moururent presque tous dans le Midi. Les poissons meurent, les oiseaux succombent, en partie de faim. Les blés furent garanties par la neige. La débâcle de la Loire, Saône, Dordogne produisit de grandes pertes. Les neiges furent partout très abondantes, notamment en Autriche et en Italie. Les rues de Rome encombrées pendant 12 jours. Beaucoup de neige à Constantinople. A Lisbonne les rigueurs de l'hiver durent 3 semaines. **A.** — Il y eut trois époques bien tranchées pour les minima extrêmes: dans une partie de l'Allemagne vers le 18 déc. 1788; dans une très grande partie de la France le 31; dans le nord de l'Europe vers le 5 janv. 1789. Le froid de cet hiver a sévi cruellement sur les hommes et les animaux; les végétaux furent aussi atteints d'une manière grave. Dans le pays toulousain le pain gela dans presque tous les ménages. A Lemberg en Galicie, 37 personnes furent trouvées mortes de froid en trois jours à la fin de décembre. Les oiseaux qui habitent ordinairement le Nord se montrèrent dans plusieurs partie de la France. Les poissons périrent dans presque tous les étangs à cause de la profondeur qu'atteignit la glace. Beaucoup d'arbres fruitiers furent profondément maltraîtés, une partie des vignes gelèrent. Le dégel, comme en 1709, eut lieu subitement par un vent du sud qui succéda sans transition au vent du nord, et fit un mal considérable... Certains arbres se fendirent du haut jusqu'en bas. Les oiseaux des champs sont morts d'inanition à cause de la neige. (*Abbé Mann, Peignot, Clos, De Gasparin, Mém. Ac. d. Sc., Gazette de Fr.* etc.) **A.** — Cet hiver produisit des gelées aussi fortes qu'en 1709, grands dommages causés aux oliviers. Le therm. est descendu à 12 degrés au-dessous de zéro. (*A. Delort*) **Ro.** — La première petite gelée se fit sentir en ville (Nieuport) le 16 nov. 1788...

Le 24 nov., le vent tourna au nord-est, d'où il ne varioit presque pas pendant la quinzaine suivante... et en même temps commença la grande gelée de cet hiver... Du 24 nov. jusqu'au 21 déc. le mercure n'est jamais monté, en aucune heure des jours de cet intervalle, au-dessus du point de congélation. Le dégel commença le 24 déc.; à 7 heures du matin du 26 la gelée reprit subitement de nouveau. Le 30, le thermomètre se trouvoit à — 16 degrés R. (— 20° C.) Dans la matinée du 13 janv. le vent tourna du NE. au S. et le dégel se déclara pour de bon avant 10 h. du matin. Le vent de bise qui souffla du 26 déc. au 13 janv. eut une violence qui le rendit presque insupportable... Pendant cette gelée, il est tombé de la neige, l'épaisseur ordinaire de la glace a été de 22 pouces, la plupart des poissons dans les étangs ont été gelés. La mer à Ostende était couverte d'une glace ferme dans la distance de plus d'une demi-lieue de la côte. Un grand nombre d'arbres se sont fendus par la violence du froid... Des oiseaux de la zone glaciale se sont montrés sur la côte de Flandre. (*Abbé Mann*) **Vdl.** — The coldest December (1788) on record. (*G. Brumham*) To the end of the year, hard frost. To Jan. 13, hard frost; to the end of the month, mild with showers. To the end of Febr., frequent rain, with snow showers. To March 13 hard frost, with snow. (*Gilbert White*) A very hard frost, which lasted 12 weeks. (*Easton*) Thames frozen in winter of 1788—9, and fair held on it from Shadwell to Putney. (*W. Thornbury*) **Ba.** — Der Rhein schon am 11 Dez. zugefroren. Dicke des Eises i. d. Donau bei Wien 24 Zoll. **Pf.** — Op het Hollandsch Diep reed men met schaatsen tot Drimmelen. **Hk.**

1791. Hiver très doux. — Novembre a été doux, et gelées vers la fin... Déc. s'est presque passé sans gelée. Janvier a été extraordinairement doux et très pluvieux. En février il y a eu quelques petites gelées dans le commencement; la fin a été douce et pluvieuse. Mars a de même été très doux. — De mémoire d'homme, on ne se souvient pas d'avoir vu un hiver aussi peu froid. (*G. Schamp, ms. Bibl. roy., Brux.*) Tot het lesten van het jaar is het altijt soet weder geweest, doch veel sneeuw gevallen en van tijt tot tijt kleinen vorst, etc. (*Blomme, Chron. Termonde*) **Vdl.** — No frost either in winter or spring. (*Gloucester Notes*) **Ba.**

1795. Hiver long et rigoureux dans toute l'Europe. Gelées fortes depuis la mi-décembre jusqu'à la fin de janvier, la gelée a repris en février. — Cet hiver a été remarquablement long et rigoureux dans toute l'Europe; surtout en France, en Allemagne, Hollande, Angleterre, dans la Midi de la France et en Italie. Le froid se prolongea jusqu'au delà du commenc^t du printemps. A Paris, le 25 janvier: — 23°5 (— 10° Fahr.), le plus grand froid qui eût jamais été observé. Le Main, l'Escaut, le Rhin, la Seine gelés au point que des voitures et des corps d'armée les traversèrent en plusieurs endroits. La Tamise fut prise près de Whitehall. [Ici le place le récit légendaire des dragons de Pichegru, qui se seraient emparés de la flotte hollandaise, emprisonnée dans la glace près de l'île Texel. [1]] — La débâcle

1) Un tableau par Ch. Delort: „Prise de la flotte hollandaise par les hussards de la République en 1794" semble avoir fait naître cette légende, perpétuée e. a. par Denison's *History of Cavalry*. Le général F. de Bas (*Bijdragen Historisch Genootschap* VII, 1884) a démontré que le récit de ce fait d'armes extraordinaire n'a aucun fondement.

des rivières, du Rhin en particulier, causa de grands dégats. (*Moniteur universel, Clos, Magasin encyclopédique* I). **A.** — En nov. 1794, gelée du 17 au 20, ensuite pluies et tempêtes. Dec. depuis le commencement a été modéré, les gelées ont commencé le 17; sur la fin du mois, il y a eu des très fortes gelées, principalement les 24 et 25, avec un grand vent de nord-est, qui fut suivi de neige. Janvier: la gelée a été presque continuelle et le froid extraordinaire, sans beaucoup de neige, jusqu'au 26, ce jour il en est beaucoup tombé. Le 17 février, le vent est retourné au NE. et il a encore gelé fortement; dans les derniers jours il y a eu beaucoup de pluies. Mars a été assez modéré, le commencement pluvieux et la fin assez belle et douce; avril a été froid et humide, may a été extraordinairement froid. Cet hyver a été un des plus rigoureux de ce siècle. (*G. Schamp, ms. Bibl. roy. Brux.*) **Vdl.** — A Berlin, il y eut 63 jours de gelée, dont 41 sans interruption. Le Rhin et le Main pris dès le 27 décembre. **Pf.** — Excessively severe winter, the coldest January on record. (*Brumham*). The frost began about the middle of December, was excessively severe in January, and continued till the end of March. (*Salisbury Journal*) **Ba.** — Up to March 21st, unusually severe weather. Jan. 25 the thermometer was far below zero [Fahr.]. (*Whistlecraft*) **Ba.** — Van Kersmis 1794 tot in Maart 1795 toont de winter zijn vermogen, en baant aan het Fransche leger een gemakkelijken overtogt. Tevergeefs trachtte men bij Papendrecht een sleuf water open te houden. (*Sels*, 233) **Ea.**

1796. Hiver très doux; le mois de janvier se passe presque sans gelées, courte période de froid en février et mars. — L'hyver de 1795—96 a été un des plus doux de se siècle; personne ne se souvient d'en avoir vu un avec aussi peu de gelées. En nov., il a un peu gelé vers la fin. Dec. s'est presque passé sans gelée et a été extraordinairement doux et pluvieux. Janvier s'est passé sans neiges et gelées, ce qu'on n'a jamais vu de mémoire d'homme. Févr. a été doux et pluvieux jusqu'au 23 et ce n'est que depuis ce jour qu'on peut compter que l'hyver a commencé et n'a duré que jusqu'au 9 mars. Le 6 mars a été le jour le plus froid de cet hyver, car du 10 jusqu'au 20 il a fait de très belles journées de printems. (*G. Schamp, ms. Bibl. roy. Brux.*) **Vdl.** — The warmest January on record. (*Brumham*) The winter of 1795—'6 seems to have partaken of none of the severity usual to the season. (*Knapp*) **Ba.** — Der mildeste Winter in Berlin, von 1766 bis 1917. Kleiner Nachwinter 26 Febr. — 9 März. **Hl.**

1798. Hiver doux. — L'hyver a été d'une douceur extraordinaire. Dec. s'est presque passé sans gelées. En janvier il n'y a eu que 10 jours de suite des gelées et pas bien fortes, ensuite des pluies... Février a été peu froid, 6 jours de gelée avec un peu de neige du 18 au 23. Mars, jusqu'au 10, il a fait beau et doux... petites gelées et giboulées pendant le reste de ce mois. Avril: 1 et 2 neige et glace, le reste moyen. (*G. Schamp, ms. Bibl. roy. Brux.*) **Vdl.**

1799. Hiver rigoureux dans toute l'Europe, surtout entre Noël et la mi-février. Les grands fleuves ont été pris. En France, le froid n'a pas été excessif. — Depuis le 17 jusqu'au 26 nov. 1798, il y a eu des gelées assez fortes et un peu de neige, ensuite pluie. Décembre: le commencement pluvieux, du 10 au 15 fortes gelées, ensuite 8 jours de pluie, ce qui fut suivi de froids extraordinaires, principalement pendant les fêtes de Noël (vent NE.). Janvier a été excessivement froid jusqu'au 20, lequel jour le dégel est venu, ensuite il a plu continuellement pendant plusieurs jours... Février a été excessivement froid jusqu'au 14, alors le dégel a été complet... Mars a été assez modéré pour le froid, mais les 3 derniers jours, avec les 4 premiers d'avril, la gelée a repris avec force pour terminer ce long et rude hyver. Le 1, 2 et 3 avr., les fenêtres dans les maisons étoient couvertes de glace étant exposés au nord, ce qu'on n'avait encore vu jusqu'à présent en avril... Le 16 may, il y a eu de la glace. (L'été de 1799 a été extraordinaire par sa froideur)... (*G. Schamp, ms. Bibl. roy. Brux.*) **Vdl.** — Le froid a été rigoureux durant cet hiver dans toute l'Europe. La Seine fut prise depuis le 29 déc. jusqu'au 19 janvier, mais sans pouvoir porter des piétons. La Meuse, l'Elbe, le Rhin furent gelés plus solidement que la Seine. On traversa la Meuse en voiture, à la Haye (?) et à Rotterdam, les boutiques des marchands et toutes sortes de spectacles furent établis sur le fleuve. Un régiment de dragons traversa la glace près de Mayence. Près du Rhin et en Suisse, des sentinelles périrent à cause du froid. Les oliviers dans la Ligurie furent perdus; dans le Languedoc une grande partie de la récolte fut détruite. (*Moniteur universel, etc.*) **A.** — Den 25 Dec. wurde der Frost so heftig (Friemersheim, Prusse rhénane), dass sich Niemand einer solchen Kälte zu erinnern wuste (*H. F., Tagebuch 1798—99, Crefeld*) — Te Rotterdam 26 en 27 Dec.: 0° Fahr. (*Cantzlaar*) **Ea.** — Sundet blev isdaekket 4 II, der siges intet for 29 III da der var Drivis indtil 11 V: den 11 Maj er antogelig Rekørden for Isens seneste Tilstedevaerelse i Sundet. **Sp.** — Cold winter and spring. (*Whistlecraft*) **Ba.**

1800. Hiver froid. Gelées assez fortes vers la fin de décembre et en février, le mois de mars a été très rude. — La Seine fut prise entre le 21 déc. et le 14 janv. Le maximum du froid eut lieu le 31 déc. ou le 1 janv. Pas rigoureux dans le Midi, exc. en déc., mais la plupart des figuiers périrent. (*Journ. ms. des crues de la Seine, Moniteur univ., Clos*) **A.** — A Carlsruhe, il y eut 81 jours de gelée, dont 23 ininterrompus, à Halle, 78 (31), à Leyde, le 30 déc. — 15°, à Londres, le 30 — 7° C. **Pf.** — Fortes gelées depuis le 13 déc. 1799. „Ce mois doit être regardé comme le plus rigoureux qui a jamais existé." (?) Janvier: froid jusqu'au 3; dégel et pluie jusqu'au 20, ensuite 3 jours de gelée. Le 8 février, la gelée a repris avec force jusqu'au 21, vers la fin du mois le tems s'est mis à la gelée, accompagné de beaucoup de neiges. Mars a été extraordinairement froid jusqu'au 10, les rivières ont été gelées, le 11 dégel et pluie. Depuis le 13 jusqu'au 20 il y a encore eu de petites gelées pour terminer ce rude hyver, un des plus rigoureux (?) dont on se souvient. (*G. Schamp, ms. Bibl. roy., Brux.*) **Vdl.** — A severe frost at Christmas. (*Brumham*) Severe weather and deep snow in February. (*Hone*) A cold, backward spring. (*Tooke*) **Ba.** — Baron Kraijenhoff mat, in Februari, op het ijs tusschen Marken en Monnikendam een basis van 5650 m., ten dienste eener triangulatie. (*Kr., Précis hist. d. opér. géodés. en Hollande*) **Ea.**

1801. Hiver tiède. — Décembre a été variable, vers le milieu quelques petites gelées, le reste du mois a été extraordinairement doux pour la saison. Janvier très doux: il n'y a eu de petites gelées que le 24, 25 et 26 et peu de neige. Février: on peut dire que cette année le court hyver qu'il a fait n'a duré que huit jours, depuis le 10 jusqu'au 20, et il est tombé beaucoup de neige; le 21, le tems s'est remis à la pluie. Mars s'est passé sans gelées. La végétation était considérablement avancée. (*G. Schamp, ms. Bibl. roy. Brux.*) **Vdl.** — Wet, warm winter. (*Lawrence*) **Ba.**

1802. Hiver normal, plutôt froid. — La Meuse, le Waal et le Rhin gelèrent, sur la Tamise la navigation fut interrompue par la glace. La Saône fut gelée à Dijon. En France, inondations à la suite du dégel. (*Moniteur universel, Peignot*) **A.** — Après le 10 déc., quelques gelées peu fortes et de la neige. Le jour de Noël il a fait doux. Janvier a été très froid, avec de fortes gelées et beaucoup de neige, le 16 le froid était extraordinaire; le restant du mois quelques petites gelées. Février a été assez froid jusqu'au 17, ensuite le tems s'est radouci. Mars: quelques petites gelées entre le 3 et le 16; avril a été froid, le 12 glace et neige; may extraordinairement froid jusqu'au 20. (*G. Schamp, ms. Bibl. roy. Brux.*) **Vdl.**

1803. Hiver froid, surtout entre le 10 janvier et le 15 février, les fleuves gelèrent. — Décembre a été très doux jusqu'au 24, ensuite quelques jours froids. L'hyver a été rude depuis le 10 janvier jusqu'au 15 février, le reste très doux et très court. En trois jours, avec un vent violent de NE., toutes les rivières étoient gelées. Le tems s'est radouci à la fin du mois de février. Mars a été très froid jusqu'au 14, depuis le 20 il a fait très chaud pour la saison. (*G. Schamp, ms. Bibl. roy. Brux.*) **Vdl.** — L'hiver fut assez tardif, mais très rigoureux. La Meuse, l'Élbe, la Seine gelèrent. La Seine fut prise du 17 janv. jusqu'au 17 février. Tous les ports furent pris par les glaces. Des voyageurs moururent de froid en Hollande et en Allemagne. Le Sund gela et le 30 janv. plus de 6000 personnes le traversèrent. Beaucoup de neige en Autriche. (*Journ. de Paris, Quételet*) **A.**

1804. Hiver tiède. — L'hyver a été extraordinairement (?) doux et très tardif. Il a gelé dans le commencement de novembre; le reste du mois a été pluvieux et peu froid. Décembre a été très doux pour la saison et pluvieux. Janvier: des gelées pendant dix jours et de la neige, mais depuis le 12 le tems a été extraordinairement doux. Février: depuis le premier jour jusqu'au 12 le tems a été doux pour la saison; il a gelé assez fort le 14. Mars: il a fort gelé jusqu'au 16 et le 21, 22 et 23, le reste du mois a été modéré. April a été très froid, may variable. (*G. Schamp, ms. Bibl. roy. Brux.*) **Vdl.** — A particularly mild winter. Wind almost constantly west or south. (*Report*) **Ba.**

1806. Hiver tiède avec peu de gelées après le milieu de décembre. Beaucoup de neige en mars. — Il y a eu de fortes gelées vers le milieu de nov. 1805. De même vers le milieu de déc., mais vers le 21 la saison a été peu froide. L'hyver 1805—06 a été très extraordinaire par le peu de gelées qu'on a eu depuis le 21 déc. Janvier s'est presque passé sans gelée, de même que février, qui a été doux pour la saison, et il n'y a presque pas eu de neiges, ce qui est très rare. Pendant la moitié de mars il est tombé plus de neige que dans les autres mois de l'hyver. Avril a été très froid... (*G. Schamp, ms. Bibl. roy. Brux.*) **Vdl.**

1809. Hiver normal. — La Seine a charrié du 20—29 déc. et le 19 et 20 janvier. Plus grands froids à Maestricht le 22 déc. (— 10) et le 17 janvier (— 15). L'hiver a été doux dans le Midi. **A.** — Depuis l'année 1799 on n'a pas eu un mois de décembre aussi froid que cette année, et il est tombé jusqu'à deux pieds de neige dans les rues, les 18 et 22; pendant les fêtes de Noël la gelée étoit très forte. Janvier a été très froid, principalement les 16—19, et il a beaucoup neigé jusqu'au 25, alors le temps s'est radouci. Février a été très doux pour la saison; mars, excepté 4 ou 5 jours de gelée dans le commencement, a été beau, et doux vers la fin... Avril a été très froid; le 1r may, tous les arbres étoient encore sans feuilles. (*G. Schamp, ms. Bibl. roy. Brux.*) **Vdl.**

1810. Hiver froid. La Meuse reste gelée pendant une grande partie de janvier; froid en Suisse et dans le midi de la France en février. — Cet hiver a été très froid dans toute l'Europe, même dans le Midi. A Avignon le 22 févr. — 9°. La Seine charria du 15 au 25 janv. et du 29 janv. au 2 févr.; la Meuse a été prise dans les derniers jours de déc. et elle est restée gelée pendant une grande partie de janvier, le lac a été pris près de Genève le 22 févr., le Danube, l'Inn etc. gelèrent près de Passau, la Dwina fut entièrement prise dès le commencement de nov. 1809. (*Peignot, Quételet, Clos, Moniteur univ., G. de Paris, Gazette de Fr.*) **A.** — Novembre a été très froid et il est tombé beaucoup de neige vers le milieu du mois; décembre au contraire a été doux pour la saison et pluvieux. L'hyver a été froid et tardif. Janvier a été excessivement froid et les gelées ont été fortes et continuelles; il a peu neigé. Février a été extraordinairement froid, surtout vers la fin, et il est tombé beaucoup de neige. Mars a été doux et pluvieux jusqu'au milieu et la fin très froide; avril a été sec et froid, le 11—13 il y a eu de la glace; may a été très froid et très sec. (*G. Schamp, ms. Bibl. roy. Brux.*) **Vdl.**

1811. Hiver assez froid, surtout vers le commencement de décembre. — Cet hiver fut encore assez rigoureux, cependant le froid fut modéré en Provence. La Meuse gelée du milieu de déc. au milieu de janvier; la Loire charria; le Waal et le Leck furent congelés. Les glaces interrompirent la navigation dans la Baltique, le Sund fut presque tout à fait pris. (*Quételet, Bouvard, Moniteur universel*) **A.** — A very severe frost set in at the beginning of January. On the 8th the Thames was so much frozen, that there was only a narrow channel in the centre free from ice. (*Thornbury*) Jan 11: The northern roads impassable from a heavy fall of snow. (*Boyle*) **Ba.**

1813. Hiver froid, surtout en novembre et décembre et pendant la seconde moitié de janvier. — Le mois de déc. 1812 fut extrêmement rigoureux.[1]) L'année fut anomale pour les saisons et dés astreuse pour les récoltes. Température min., à Maestricht le 14 déc. — 17°, le 25 janv. — 9°. (A Molodeczno, en Russie, le 6 déc. — 37° suiv. Larrey). A Paris la Seine charria plusieurs fois, en décembre. Dans le Midi il y eut de fortes gelées dans le dernier tiers de janv. et le premier tiers de février. L'hyver 1912—13 a été hâtif, très rude et fort long. La gelée a commencé le 19 novembre et le tems est resté très froid et très sec jusqu'à la fin, le vent du nord-est ayant dominé. Décembre a été extraordinairement

---

1) Cet hiver est à jamais mémorable par les terribles désastres de la retraite de l'armée française après la prise et l'incendie de Moscou. (Voy. *De Ségur, Hist. de la campagne de Russie.* Extraits chez Arago, VIII, p. 304).

froid et a beaucoup surpassé les autres années. Au commencement de janvier le froid a diminué, mais depuis le 10 jusqu'à la fin il y a eu de fortes gelées. Ce mois a été très sec. Février était l'opposé du mois précédent: il a été doux pour la saison; mars a été froid et sec, vers le milieu il y a eu des gelées très fortes et de la neige. On ne se souvient pas d'avoir eu un hyver avec autant de jours de gelée. (*G. Schamp, ms. Bibl. roy. Brux.*) **Vdl.**

1814. Hiver très froid, mais sans gelées extraordinaires. Très rude en Angleterre. — Les cinq derniers jours de l'an et le commencement du mois de janvier ont été très froids, le 23 il faisait — 10° de gelée; il a beaucoup neigé. Février très rude au commencement, le froid s'est continué en mars, le 7 mars — 5 degrés; il y a ensuite eu beaucoup de neige. Depuis le 20 il a fait beau et doux.... On ne se souvient pas d'avoir eu un hyver avec autant de jours de forte gelée que celui de 1814. (*G. Schamp, ms. Bibl. roy. Brux.*) **Vdl.** — On Jan. 8 a frost set in, unexampled for its duration and severity. The frost continued with little intermission till March 20. Febr. 3 a sheep was roasted and the whole space between London and Blackfriars bridges had become a complete fair. (*Hughson*) — In Ireland the weather was nearly as severe. (*Boyle*) **Ba.** — ... Waarbij een zeer strenge en langdurige winter kwam. (*Scls*, 259) **Ea.**

1816. Hiver précoce, assez froid, printemps arriéré. Gelées fortes au commencement de décembre et de février. — L'hyver 1815—16 a été encore plus hâtif que l'an 1812, très rude au commencement, le milieu très pluvieux et la fin extraordinairement froide et très longue. Depuis le milieu jusqu'à la fin de novembre 1815, il a gelé toutes les nuits, et le 30 la rivière près de l'Appelbrugge et près de Hautleye (Gand) était entièrement fermé par la glace, le vent du nord a dominé. Le 7 déc. les gelées out repris, le matin du 8 le thermomètre a été à — 9°, toutes les rivières ont été gelées en une seule nuit. Le reste du mois a été très froid. Janvier pluvieux et peu froid; les 4 derniers jours gelée assez forte. Le commencement de février a été rude, le 10 le thermomètre était à — 10°, avec vent nord-est très piquant, toutes les rivières ont été fermées par la glace, ce qui fut suivi d'une abondance de neige surtout les 17 et 18, ensuite des pluies et tems variable. Mars très froid au commencement; saison arriérée. (*G. Schamp, ms. Bibl. roy. Brux.*) **Vdl.**

1817. Hiver assez doux depuis le mois de janvier. — Le mois de nov. 1816 a été tres froid, avec des gelées depuis le 22, par un vent de nord-est. Décembre pluvieux, mais le 20 le tems s'est remis à la gelée assez forte. Janvier a été extraordinairement doux: les violettes étaient en fleurs comme en avril; il n'y a eu que 8 jours de petite gelée, du 9 au 16 de ce mois. Vers le milieu de février les feuilles des arbustes commençaient à pousser, il n'y a eu que deux jours de très petite gelée. Mars a été plus froid que février, avril fut froid depuis le 10, ce qui a fait un tort considérable aux fruits et légumes. (*G. Schamp, ms. Bibl. roy. Brux.*) **Vdl.**

1819. Gelées assez vives en décembre, du reste, hiver plutôt tiède. — Durant cet hiver le froid ne fut un peu vif que dans le mois de décembre. La Meuse fut prise le 17 décembre après 6 jours de gelée. L'Elbe charria à la fin de décembre. Le froid fut assez vif à Madrid. (*Moniteur universel*, *Quételet*) **A.** — L'hyver de 1819 a été extraordinairement sec jusqu'au 10 janvier, avec des gelées soutenues en décembre, ensuite pluvieux et moyen, janvier a été peu froid; des giboulées en février et mars. (*G. Schamp, ms. Bibl. roy. Brux.*) **Vdl.**

1820. Hiver rigoureux, de l'Angleterre jusqu'en Italie et dans le nord. Un froid très vif survint vers le milieu de janvier, mais ne dura pas longtemps. Les grands fleuves furent pris. — Depuis plus d'un siècle on n'a pas vu un hyver aussi rigoureux et aussi long (? — E.) Il y a eu des gelées vers la fin de nov. et au commencement de déc., le froid devint excessif les 8 et 9..... Janvier fut plus froid que le même mois en 1776, '78, '95 et '99. Après un court intervalle, la gelée a repris les 22—25, ensuite inondations. Février a de même été très froid, le tems a été doux du 22 au 26, mais le vent de nord-est est revenu le 26 avec de fortes gelées. Depuis le 3 jusqu'au 20 mars forte gelée, suivie de pluies froides et tempêtes. La saison n'a jamais été aussi arriérée qu'au 1 avril de cette année. Vers la fin froid et gelées... (*G. Schamp, ms. Bibl. roy. Brux.*) **Vdl.** — Le froid a été extrêmement vif pendant cet hiver dans toute l'Europe, quoique ses rigueurs extrêmes n'aient pas duré longtemps. La Seine fut entièrement prise du 12—19 janv.; la Saône, le Rhône, le Rhin, le Danube, la Garonne, la Tamise furent congelés de manière qu'on put se promener sur la glace. La glace de la Tamise, près de Kew, atteignit $0^{m}50$. L'Arno fut gelé en partie. Les lagunes de Venise furent congelés. On passe d'Arrö en Fionie, de Svendborg à Langelang sur la glace de la mer (Danemarc). Le Sund est pris, on passe en traîneau de la Suède en Danemarc. Beaucoup d'oiseaux du nord se montrent sur le littoral français. Les loups se montrent dans les rues de Pétersbourg et du Bucharest. En Russie, France et en Allemagne beaucoup de voyageurs, sentinelles etc. périrent. Les vignes souffrirent beaucoup en France, les orangers d'Hyères et de Nice durent être coupés, ils n'avaient pas tant souffert depuis 1787. **A.** — Le 10 janvier, les troncs d'un grand nombre de mûriers éclatèrent tout du long avec bruit. „Nous remarquâmes que les fentes, qui avaient de 4 à 10 millimètres de largeur, étaient toutes tournées vers le midi; sans doute parce que le bois est plus lâche, et que la sève, plus abondante de ce côté que du côté du nord, rompit, en se gelant, les vaisseaux et les fibres végétales. Comme les arbres les plus jeunes avaient probablement plus d'élasticité dans leur texture, et les vieux plus de force, ce furent particulièrement les arbres de dix à trente ans qui éprouvèrent cet accident. Les fentes restèrent ouvertes jusqu'au dégel et se renfermèrent parfaitement; l'écorce s'est scellée et les arbres n'en vivent pas moins." (*d'Hombres-Firmas*) Une quantité extraordinaire de neige tomba en Suède. Rome fut pendant 3 jours couverte de neige. **A.** — De winter was een der koudste, welke men in vele jaren beleefd had, daar hij... in langdurigheid de harde winters van 1795 en 1798 ['99] overtrof. (*Sels*, 243) **Ea.**

1821. Hiver assez froid. — Cet hiver n'a été un peu rigoureux que dans le nord de la France et une partie de l'Allemagne. La Seine fut prise du 31 déc. jusqu'au 7 janv.; le Rhin fut gelé, le 3 janv., à Dusseldorf, des voitures de poste le traversèrent sur la glace. **A.** — L'hyver 1820—'21 fut encore très rigoureux (?) et très sec. Quelques gelées avant le 23 déc.; depuis le froid était excessif surtout les 30 et 31 et le 1r janvier. Le thermomètre a été à — 12° R., ce qui a duré jusqu'aux Rois (6 janv.). Ensuite pluie et inondations; février très froid depuis le 26, vent nord-est. La saison était retardée. (*G. Schamp, ms. Bibl roy. Brux.*) **Vdl.**

1822. Hiver doux dans toute l'Europe. — En Angleterre on vendait dans les rues de Londres des violettes et des primevères au milieu de décembre.., A Paris, à la fin de l'année 1821 il ne gela pas un seul jour. En janvier il y eut cinq jours de gelée, en février trois. **A.** — L'hyver a été très pluvieux et tempétueux et extraordinairement peu froid. Le 7 déc. il y a eu de la glace, ensuite des pluies continuelles. Janvier a été doux, en tout il n'y a pas eu 10 jours de gelée. Février a été de même. La végétation était très précoce. (*G. Schamp, ms. Bibl. roy. Brux.*) **Vdl.** — Sehr milder Winter in Berlin, vom 10 Nov. bis Ende März, nur 4 kalte Tage in Jan. **Hl.**

1823. Hiver rigoureux en France et dans les Pays-Bas. Deux périodes de gelées très fortes: 27 déc.—8 janv. et 14—29 janv. — Cet hiver fut rigoureux en France et en Belgique. A Paris, 53 jours de gelée dont 21 consécutifs, du 8 déc. au 2 janv. (interrupt. 11 et 12 déc.), et du 9 au 25 janv. Dans la France centrale, la gelée ne fut pas très forte. La Seine fut prise deux fois, 30 déc. au 8 janv. et 15 au 29 janv.; le Neckar de même, on le traversa en voiture. Il en fut de même du Rhin. La Meuse a été prise du 17 déc. au 30 janv., l'Escaut n'a fait que charrier de très gros glaçons. On a passé le Lek (le Rhin — E.) devant Wagueningue avec les plus pesants fardeaux. Beaucoup de neige en Piémont et les Etats romains. A Rome le 30 décembre: — 4 degrés. (*Annales de chimie et de phys.*, *Moniteur universel*, *Bibl. univ. de Genève*, *Quételet*) **A.** — Jamais (! — E.) on n'a éprouvé un hyver aussi long et aussi rude. Depuis le 10 déc. jusqu'au 18, brouillards continuels accompagnés de fortes gelées et vent nord-est. Depuis le 20 toutes les rivières ont été gelées dans la ville (de Gand), ce qui a duré jusqu'à la fin du mois de janvier. Du 9 au 12 janv. le froid a été très vif, vent N.E; le 26 il a neigé. En février de dégel est enfin venu, mais la gelée a repris le 4 et le 6; du 10 au 12 le tems s'est radouci, le reste du mois très pluvieux. Le 19 mars abondance de neige. Le thermomètre a tous les jours été au-dessous de 0, depuis le 6 déc. jusqu'au 2 février. Depuis deux siècles et plus (!) on n'a éprouvé un aussi rude hiver. (*G. Schamp*) **Vdl.** — De Januari-maand was de koudste sedert 1709. (*Olland*) **Ea.**

1824. Hiver assez tiède. — En France, l'hiver de 1823—24 fut beaucoup moins froid que dans les années moyennes. Le minimum fut — 4°8 le 14 janvier. **A.** — L'hyver a été peu froid, pluvieux et tardif. Déc. et janvier ont été peu froids, avec 15 jours de suite de gelées peu fortes. Févr. les 1—3 gelée, ensuite giboulées et pluie froide. Le 2 et 3 mars il a beaucoup gelé. Le saison étoit aussi retardée que l'année passée. (*G. Schamp, ms. Bibl. roy. Brux.*) **Vdl.**

1825. Hiver tiède. — Pluies excessives en nov. et déc. Janvier pluvieux et peu froid, mais vers la fin il y a eu des neiges et des gelées peu fortes. Vers la fin de février gelées assez fortes, les 27 et 28 abondance de neige. Mars a été très froid avec de fortes gelées vers le milieu, et vent nord-est. (*G. Schamp*) **Vdl.** — De Winter was zacht en regenachtig geweest. Overstroomingen in Nederland. (*Elberts, Geschied. d. Vaderlands*) **Ea.**

1827. Hiver froid, surtout depuis le milieu de janvier jusque vers la fin de février. Beaucoup de neige. — Hiver remarquable par l'enorme quantité de pluie et de neige, tombée en Allemagne et en France, (notamment en Provence), en Italie et jusqu'à Constantinople. A Paris 51 j. de gelée, dont 33 consèc., froid du 3 au 6 janv. et du 17 janv. au 25 février. A Maestricht le 15 févr. — 18°, à Avignon le 21 janv. — 11°, à Londres le 3 janv. — 9°, à Madrid le 24 janv. — 3°6. La Meuse fut prise complétement devant Dinant et Maestricht. En Provence, les neiges ont été abondantes jusqu'au milieu de février. Les myrtes, lauriers et roses sont morts, les oliviers souffrirent peu. (*Ann. de chimie*, *Bibl. univ. de Genève*, *Mon. univ.*, *Clos*, *Martins*, *Gasp.*) **A.** — Décembre fut très peu froid, il y avait seulement sept jours de petites gelées. Janvier a commencé par de fortes gelées et de la neige, le 18 le vent tourna au nord et nord-est, gelées extraordinaires du 21 au 28, énorme quantité de neige le 23. Février très rigoureux, surtout du 15 au 19. On n'a jamais eu autant de neiges que pendant cet hiver. (*G. Schamp, ms. Bibl. roy. Brux.*) **Vdl.**

1828. Hiver tiède. — Décembre a été extraordinairement peu froid, il a beaucoup plu. Janvier: quelques jours de gelée et de la neige jusqu'au 17, ensuite le tems a été beau et peu froid. Février a été le mois le plus froid de cet hyver, les gelées ont été très fortes vers le milieu, principalement 12—14, suivi de neiges. Depuis le 10 mars on a commencé à ressentir le printems, et la saison a été plus précoce que les 5 années précédentes. (*G. Schamp, ms. Bibl. roy. Brux.*) **Vdl.**

1829. Hiver froid dans les Pays-Bas et en Allemagne, moins rude en France et dans le midi. — Cet hiver ne fut pas aussi rude en France qu'en Belgique, en Allemagne et dans les provinces Danubiennes. L'hiver a été doux à Marseille et sur la côte de Provence, mais pas dans le pays toulousain. A Maestricht le 17 janv. — 18°, le 12 févr. — 11°; il y eut des gelées jusqu'à la fin de mars. La Meuse fut prise du milieu de janvier jusqu'au milieu de février, le Rhin gela également. La navigation du Danube fut interrompue par les glaces. Il tomba des neiges abondantes jusqu'en Espagne. (*Ann. de chim.*, *Bibl. univ. de Genève*, *Clos*, *Martins*, *de Gasparin*) **A.** — Décembre pluvieux et moins froid que novembre. Le 6 janvier la saison très rude a commencé, qui a duré jusqu'au milieu de mars. Il y a eu beaucoup de neige, toutes les rivières ont été fermées par la glace, les 22 et 23 le froid étoit excessif. Le froid a repris en février et duré jusqu'au 13; il a fait froid encore le 18 févr. et au commencement de mars, jusqu'au 18 et même 25 mars. La saison était fort retardée. (*G. Schamp, ms. Bibl. roy. Brux.*) **Vdl.**

1830. Un „grand hiver", un des plus rigoureux connus dans l'histoire. Le froid a duré sans interruptions notables depuis le 14 novembre jusqu'au 22 février, et fut intense (sans être excessif) à trois reprises: vers la fin de décembre, le milieu de janvier et le commencement de février; il commença plus tôt en Allemagne et dans les Pays-Bas qu'en France. L'hiver s'étendit sur toute l'Europe, mais sa rigueur ne fut pas extrême dans le nord, en Angleterre et en Italie; elle fut exceptionelle en Espagne et au Portugal. — Cet hiver a été le plus précoce et le plus long des hivers de la prèmière partie du XIXe siècle; sa continuïté a été particulièrement funeste à l'agriculture dans les contrées méridionales. Ses rigueurs, sans être extrêmes, s'étendirent sur toute l'Europe: un grand nombre de fleuves furent congelés, et le dégel fut accompagné de désastreuses débâcles et de grandes inondations; beaucoup d'hommes et d'animaux périrent; les travaux des champs demeurèrent longtemps suspendus. A Paris, gel du 17—22, 24—25 XI, 6 XII—19 I, 28 I—7 II, 11 II—22 II, 7—10 III (77 jours de gelée, dont 32 furent consécutifs). En Provence (Alais) les temp. extrêmes furent moins basses qu'en 1820, mais le froid dura plus longtemps. Toulouse: du 25 déc. au 17 j., moindre en février. En Suisse l'hiver fut excessif sur les points élevés, à Fribourg 115 j. d. g., 69 consécutifs. En Prusse: déc. et janv. En Hollande, comme en France; à Maestricht, on compta 3 ou 4 periodes de gel et de dégel entre le 3 déc. et le 10 mars. En Suède et en Danemarc, le froid, intense et continu en décembre, faiblit en janvier. En Italie et en Corse le froid ne fut pas extrême, mais l'hiver était exceptionnel en Espagne et au Portugal. Hiver précoce en Moldavie et en Boulogne. Sur les bords de la mer Noire de grands froids dès le 11 décembre. — Températures extrêmes: Paris 28 XII — 14°, 17 I — 17°, 6 II — 16°; Maestricht 26 XII — 18°, 31 I — 18°, 3 II — 19°; Berlin 23 XII — 21°, 31 I —20°; Orange 26 XII — 12°, 8 I — 12°; Toulouse 29 XII — 15°; Bâle 3 II — 27°; Mulhouse 3 II — 28°; Londres 28 XII — 7°6, 6 II — 9°1; Marseille 28 XII — 10°, 2 II — 10°, Madrid 31 XII — 11°, Rome 1 I — 2°. — Les glaces du Belt n'interrompirent la navigation que pendant 12 jours, mais des traîneaux le traversèrent sur une largeur de 7 à 8 lieues en décembre. La Meuse fut prise 28 XII—22 I, 30 I—9 II, le Rhin notamment le 2 II à Brisach; La Loire, la Vienne, l'Inn, la Garonne, le Danube etc. gelèrent. On traversa le Rhône sur la glace, on patina sur l'Adour (Bayonne). — A la fin de janvier il y avait 0m50 de neige dans les rues de Berlin. A Alais, dans le Midi de la France, „la première neige successivement recouverte ne disparut complétement dans quelques endroits qu'après 54 jours. C'est beaucoup dans nos climats, où le plus souvent elle se fond en tombant, ou peu après." (*d'Hombres Firmas*). Dans certaines vallées en Espagne on mesura 3 mètres de neige. A Yverdun (Vaud) en Suisse, on éprouva le phénomène de rayonnement appelé nuit „de fer" pendant lequel le thermomètre descend en quelques heures de — 10° à — 20°. On vit aussi tomber cette neige dite „polaire", à cristallisation peu serrée, particulière aux températures très basses. La lac de Genève fut pris jusqu'à la ligne qui va de Sécheron à Montalègre. Le port d'Odessa fut pris dès le 8 XII; dans le port de Bordeaux les navires eurent beaucoup à souffrir des glaces. — Beaucoup de personnes périrent en Allemagne, en France, en Espagne même. Les effets de cet hiver furent très funestes aux végétaux, beaucoup d'arbres périrent, on a dû resemer les terres en orge, le mal fait aux oliviers en Provence a été plus grand qu'en 1820, il en fut de même des vignes. C'est surtout la durée du froid qui a été funeste. La débâcle des fleuves a causé de grands dégâts en plusieurs lieux. (*Clos*, *Bibl. univ. de Genève*, *de Gasparin*, *Quételet*) A. — Le 10 janvier, devant Schiedam, la glace de la Meuse se rompit au moment où plus de 400 personnes étaient dessus; deux individus seulement périrent... A Paris, le maire du 7e arrondissement et celui du 10e firent établir des chauffoirs publics à partir du 15 janvier. Beaucoup de voituriers disparurent dans les neiges, qui avaient atteint dans certains points de la Normandie 2 mètres d'épaisseur. On fut obligé d'envoyer en Alsace des soldats à la poursuite des malheureux qui pillaient les bois et les forêts pour se chauffer; il y eut même le 10 février une émeute à Guebwiller, amenée par la répression du vol du bois. Le roi Charles X crut devoir accorder une amnestie pour les délits forestiers commis pendant la durée de l'hiver. A Avignon, dès la fin de décembre, les ateliers furent fermés et les théâtres suspendus à cause de la rigueur de la saison. A Montreuil, le 1er janvier, deux hommes furent ramassés morts de froid; à Marseille, le 12 janvier, on trouva cinq individus qui avaient également succombé sur la voie publique; un postillon, des militaires etc. Des contrebandiers périrent en voulant se hasarder à franchir certains passages dans les Pyrénées. A Berlin toutes les voitures étaient transformées en traîneaux dès la fin de décembre; les décès s'élevèrent considérablement; les hôpitaux et les maisons de travail se remplirent de malheureux accablés par la misère et le froid... En Espagne les communications se trouvèrent suspendues; des factionnaires, des bergers et des voituriers succombèrent, la mortalité des troupeaux fut énorme, on porte à 14,000 têtes de bétail les pertes de l'Andalousie. A la Peña d'Orduna 14 muletiers et 35 mulets moururent de froid. Les loups, chassés en bandes nombreuses dans les plaines par la neige des montagnes, firent de cruels ravages parmi les troupeaux et dévorèrent un grand nombre de personnes. **A.** — Jamais on n'a vu [en Belgique] un hyver aussi long et aussi rigoureux. Novembre 1829 fut très froid depuis le 14, avec vent nord-est, le 25 abondance de neige. Le mois de décembre a été le plus rigoureux depuis 1799: tous les jours il a gelé, depuis le premier jusqu'à la fin. Depuis le 12 janvier les gelées ont été très fortes, le 20 abondance de neiges et tempête, continuation de la gelée jusqu'à la fin du mois. Le 31 le thermomètre a été au maximum de froid (— 18°1 C.) avec un vent de nord-est. Février continuation des fortes gelées et neiges. Le 2 le thermomètre à — 17°5. Le 11 févr. la température a changé subitement, pluie et dégel, mais le 12 la gelée a recommencé et duré jusqu'au 22; depuis le 23 grandes pluies suivies d'inondations. La fin du mois la température s'est beaucoup radoucie. Mars a été sec et modéré, les derniers jours il a fait chaud. (*G. Schamp, ms. Bibl. roy. Brux.*) **Vdl.** — De winter 1829—30 is waarschijnlijk de strengste geweest van vele honderden van jaren. De koude duurde langer dan in 1709. In Dec. '29 kwam in Oost-Friesland geen enkele dag voor met een gemiddelden warmtegraad boven 0° C. (*Olland*) **Ea.**

1834. Hiver très doux. — Temp. moy. Zwanenburg (pr. Haarlem) déc. 7°, jan. 6°, févr. 3°; Paris 8°, 7°, 4°; Bâle 7°, 7°, 4°. **Ea.**

1835. Tiède. — Hiver d'une grande douceur en Europe. A Paris, 24 jours de gelée dont 6 consécutifs. **A.**

1836. Hiver normal, plutôt froid. — Cet hiver fut assez sévère sans être exceptionnel en Belgique (?) et dans le nord de la France. A Paris, 54 jours de gelée dont 9 consecutifs. (le 2 janv. — 10°). Il y eut des gelées très fortes en Russie. A Constantinople, pendant les premiers jours de janvier, on eut un froid excessif qui surpassa celui de 1812 et qui fit périr plusieurs personnes. **A.**

1838. Hiver rigoureux, surtout vers le milieu de janvier. Le Rhin, le Rhône etc. gelèrent. — Hiver tardif; A Paris, 65 jours de gelée, dont 26 consécutifs. Très froid après la mi-janvier: Paris, 20 I — 19°, Bruxelles 16 I — 19°. Genève 11 et 15 I — 25°, Orange 20 I — 14°, Londres 16 I — 12°. La Seine fut prise du 18 janv. au 8 févr., le Rhône fut gelé à Avignon, le Rhin et le Neckar de même. La Tamise fut encombrée de glaces. La Dwina était couverte de glaces dès le 7 nov., le 30 déc. le froid sévissait à St. Pétersbourg. Pendant ce temps on jouissait à Paris d'une température printanière, le thermomètre marquait + 10° à + 11°. A partir du 7 janv. la temp. s'abaissa rapidement... La température du mois de janv. 1838 est une des plus basses qu'on ait observées à Genève depuis 43 ans. **A.** — De winter begon eerst in Januari, maar met zeer lage temperaturen, tot half Febr. (*Olland*) **Ea.**

1841. Hiver assez rigoureux. Gelées assez fortes en décembre et dans la première moitié de janvier; le froid reprend dans la première semaine de février. Le Waal (Hollande) fut pris deux fois. — A Paris 59 jours de gelée, dont 27 consécutifs (du 5 déc. au 10 janv. avec une courte interruption), puis du 30 janv. an 10 février. Temp. la plus basse: à Bruxelles le 16 déc. — 13°, le 9 janv. — 11°, à Orange le 16 déc. 13°, le 10 janv. — 12°, à Toulouse le 17 déc. — 8°, à Marseille le 9 janv. — 4°. — La Seine fut prise dès le 16 déc. à Paris et à Rouen; la Loire dès le 19 déc. Le 15 décembre 1840 — le jour où les cendres de Napoléon I furent ramenées solennellement à Paris — fut d'une rigueur extrême, et dans la population énorme qui s'était assemblée pour voir le spectacle, il y eut de nombreuses victimes du froid. Sur le chemin de fer de Mulhouse à Tann, trois convois furent arretés, l'eau dans les pistons s'étant gelée. **A.** — Tusschen den 22 en 23 December 1840 zette zich de rivier de Waal beneden Nijmegen bij het Fort Krayenhoff, en even zoo boven deze stad aan Sprokkelenburg: zoodat het voor de stad open water bleef, hetgeen echter op den 29 December zoo sterk was digtgevroren, dat hetzelve veilig ook met rijtuigen werd gepasseerd. — Den 17 Januarij 1841 ging de Waal los met eene hoogte van 7 ellen, veroorzakende eene dijkbreuk in den Ooyschen dijk. Ook den 8 Februarij zette de Waal op dezelfde manier boven en beneden de stad vast, latende blank water voor de stad, hetwelk den 10 dito zoo digt was toegevroren, dat de vlakte veilig gepasseerd werd, met eene koude van 7 graden Fahrenheit. Den 14 dito ging de Waal voor de tweedemaal los, veroorzaakte te Deest eenen ijsdam, welke den 17 dito opruimde. Den 26 dito begon het op nieuw te vriezen, welke vorst tot den 4 Maart aanhield. (*Almanach*) **Ea.**

1842. Hiver normal, excepté dans le midi de la France. — Hiver remarquable par des gelées intenses dans le midi de la France et des froids inaccoutumés en Espagne et en Algérie. Température douce jusqu'à la fin de décembre. Du 8 au 16 janvier on ressentit dans le Midi des froids très vifs. A Bruxelles le 8 janv. — 13°, à Toulouse — 11°, à Orange le 13 janv. — 9°. La Saône et la Garonne sont prises, le 8 janvier on patinait à Toulouse sur le canal.

1845. Hiver rigoureux, très long, avec beaucoup de neige. Le froid se fit sentir de la Suède jusqu'au Maroc et fut particulièrement vif en Hollande, en mars, jusqu'au 24 de ce mois. — Cet hiver, mémorable par sa longueur et l'immense quantité des neiges qui tombèrent pendant plusieurs mois, s'est fait sentir en Suède, en Angleterre, en Allemagne, en France, en Italie, en Espagne et jusque sur la côte septentrionale de l'Afrique. **A.** — La Seine ne fut pas prise, mais la Saône, la Loire, le Neckar, le Rhin commencèrent à charrier; la Serpentine (Hyde Park, Londres) fut complétement gelée dès le 9 décembre. Il tomba une énorme quantité de neige sur une grande partie de l'Europe, les Ardennes, le Jura, les Pyrénées furent couvertes d'une couche de neige triple de celle des hivers ordinaires, les routes dans le Midi en furent encombrées; de même en Allemagne les chemins de fer furent enterrés en plusieurs lieux. Les côtes d'Espagne à Tarifa furent couvertes de neige, les montagnes du Maroc, près de Tetuan, offrirent le même phénomène. **A.** — Le 21 mars, on passait encore les canaux de la province de Groningue sur la glace avec des voitures chargées. **Ea.** — In 1845 was de maand Februarij buitengemeen streng. Den 12 Maart is eene kar, die eene zwaarte van vijf tot zes en twintig honderd pond geladen had, te Hardinxveld over de Merwede gereden, komende van Waalwijk en bestemd naar Rotterdam. Dit is zoo veel te opmerkelijker, aangezien het den oudsten mensch niet heugt, dat zulks vroeger gebeurd is. Dezen zelfden dag ging van het eiland Urk naar Vollenhove eene met een paard bespannen vrachtslede de Zuiderzee over. Ook zag men den 15 Maart eene narreslede met 5 personen de rivier in alle rigtingen passeren. — Eenige dagen vroeger zag men aan het Meerdervoortsche veer ossen van 800 à 1000 oude ponden de rivier passeren. (*Almanach publié à Dordrecht*). **Ea.**

1846. Hiver doux. — De winter 1845—46 was zeer zacht in de Nederlanden; in Engeland waren vooral Jan. en Fe. zachter dan gewoonlijk, evenzoo in het zuiden van Frankrijk. In midden-Frankrijk was alleen December bepaald zacht. **Ea.**

1847. Hiver froid. — Cet hiver fut très prolongé en France, et rigoureux en Provence, en Suisse et en Espagne. A Paris on compta 60 jours de gelée, dont 10 consécutifs: 12—17 XI, 2—19 XII (av. interruption du 5—8 XII), 24 XII—3 I, 10 I—15 III, avec des alternatives de température assez élevés. Le 19 déc.: seul jour où le froid fût intense (— 15°), à Pau — 10°, à Orange le 14 XII — 9°, à Marseille le 19 XII — 3°. Il tomba dans tout le Midi et en Espagne beaucoup de neige. **A.**

1851. Hiver tiède. — In Zeeland: „de zachte winter van '50 op '51." In de eerste dagen van Maart begon men op hooge en krachte gronden in Groningen boonen en zomergarst uit te zaaien... Veel regen en een schraal voorjaar met veel nachtvorst. Het gewas benadeeld. Winter zonder vorst. (*Versl. Landb. Nederl.*) En Bourgogne, les vendanges furent en retard. (*Ann. mét. France 1851*) **Ea.**

1852. Hiver tiède. — „Door het geheel uitblijven van vriezend weder... „Evenals het voorgaande jaar gaf de buitengewoon zachte winter aanleiding tot... (*Versl. Ldb. Nederl.*) **Ea.**

1853. Hiver remarquable: en général plutôt doux qu'à l'ordinaire, mais très froid après la mi-février, jusqu'au commencement d'avril. — Als over een gevolg van den zachten Winter klaagde men in Groningen over vermeerdering van de insecten. „Gedurende den zachten winter... de vrij strenge vorst (en guurheid) in het voorjaar." Een winter zonder vorst, en betrekkelijk felle vorst begin voorjaar. Zachte winter begin, sneeuw en vorst einde seizoen. (*Versl. Ldb. Ned.*) **Ea.** — Tot 11 Febr. zacht herfstweer. Den 12 Febr. begon het nog sterk te vriezen, zoodat men 18 Febr. reeds van Winschoten naar Groningen kon rijden. Met 1 April werd het eerst goed dooi. (*Chron. manuscrite*) **Ea.** — In Februari en Maart te voet over het ijs van het Y, van het Tolhuis naar Amsterdam. (*Honig*) **E.** — [Een zonderlinge winter. Van November tot Maart was geen enkele maand ook maar bij benadering normaal: de eerste drie waren sterk erboven, de twee andere sterk beneden de gemiddelde temperatuur over een halve eeuw; en dit was in de geheele Klimaatprovincie het geval. De *positieve* afwijkingen over Nov., Dec. en Jan. tesaam bedroegen te Parijs 11°8, in de Bilt 11°0, te Bordeaux 9°5; de *negatieve* in de daarop volgende maanden Febr. en Mrt. tesaam Par. 6°4, d. B. 8. 6, Bord. 5 5. Gemiddeld was voor den geheelen winter het warmte-surplus aanzienlijk; toch is dit een goed voorbeeld van de eenzijdigheid van den „coefficient moyen", en van het gevaar, alléén uit de maandgemiddelden een slotsom te trekken aangaande het karakter van een bepaalden winter. De som der afwijkingen van het gemiddelde, Nov.—Mrt. pos. en neg. tesaam wordt voor Parijs (18°) alleen overtroffen door den winter van 1880, toen deze 21°4 bedroeg. Dus een winter die tegelijk te warm en te koud was! Te Greenwich weken Jan. en Febr. niet aanzienlijk van de normaal af.] **Ea.**

1854. Hiver très froid, surtout en Allemagne, en France et dans le sud-ouest de l'Europe. — Cet hiver a offert les caractères d'un hiver rigoureux des régions tempérées de l'Europe. Il s'étendit de novembre en mars et amena des congélations nombreuses des rivières. Le Sund demeura libre. En France, les gelées commencèrent dès le 10 XI sur le littoral du Pas-de-Calais, dans l'Oise etc... Du 26—31 déc. se produisirent tous les minima absolus de la température de l'hiver. A Paris 47 j. de gelée, à Orange 65. Le froid, modéré en Belgique, s'étendit sur l'Allemagne, l'Angleterre, la France, l'Espagne, la Lombardie. La congélation de la Seine s'est accomplie à des températures très moderées, à cause des eaux fort basses. D'autres rivières, en Allemagne, furent gelées plus fortement. On traversa la Vistule en voiture à la fin de décembre. En Angleterre les parties d'eaux des parcs furent couvertes de glace. Le Rhin charria le 26 XII, la Garonne le 28. A Barcelone tous les étangs furent glacés. On patina à Madrid. Depuis le 15 XII jusqu'à la fin des froids il y eut une chute de neige d'une abondance inaccoutumée en Hollande, en Angleterre, en Belgique, dans la Prusse rhénane, dans toute la France, en Espagne et en Lombardie. Le service des chemins de fer fut interrompu sur plusieurs lignes. **A.** — Koude in het voorjaar. (*Versl. Landb. Ned.*) — December zeer koud; Januari en Febr. nauwlijks beneden de normaal; in Frankrijk bleef de maand Januari zelfs daarboven. (*Notes ms.*) **Ea.**

1855. Hiver rigoureux dans le nord, les Pays-Bas et l'Angleterre, beaucoup moins froid en France. Hiver tardif. En Hollande, les rivières restèrent prises pendant 6 semaines à partie du 19 février. — Cet hiver s'est montré assez rigoureux dans la Russie méridionale, en Danemarc [aux Pays-Bas! — E.] en Angleterre, en France, en Espagne, en Italie. Il a été d'une longueur inaccoutumée. Les gelées ont commencé en octobre dans l'est de la France et se sont prolongées jusqu'au 28 avril dans la même région. **A.** — Paris 50 j. d. g. dont 17 consécutifs, Orange 51, Marseille 14. La Seine charria le 19 janvier, mais ne fut pas prise; la Saône, le Rhin (à Mannheim) furent pris. Il est tombé une certaine quantité de neige en France, Suisse, Espagne, Lombardie, jusqu'en Afrique. Il paraîtrait que cet hiver n'ait pu être funeste aux produits de l'agriculture, les froids de janvier ne dépassant pas ceux d'un hiver un peu rude; mais les minima de janv. masquent celles de février, mars et avril, qui, bien que moindres, ont été particulièrement désastreux pour nombre de végétaux et de récoltes en terre. Dans le Midi, les oliviers etc. ont beaucoup souffert. **A.** — Door een gestrenge vorst in de 2e helft van Febr., die aanhield tot het einde van Maart... [Daarna] droogte, maar „koud en guur". In Nederland sterke ijsgang, door dijkbreuken gevolgd. Het ijs te Wezel den 4[en] Maart nog niet in beweging: volg. dag doorbraken langs onze rivieren. Groote schade, daar laat in 't jaar overstroomd, en de grond nog geheel bevroren.... De strenge en laat in het voorjaar aanhoudende vorst, die telkens voor een korten tijd met dooiweer afwisselde. (*Versl. Landb. Nederl.*) — Het begon (te Dordrecht) te vriezen op Konings-verjaardag, 19 Februari; de rivier lag spoedig dicht en bleef zes weken vastliggen; in de Paaschvacantie dreven nog schotsen in het water. (*Notes ms.*) **Ea.** — Reeds in Nov. een voorwinter van 10 dagen, in Januari gevolgd door den eigenlijken winter, die tot begin Maart aanhield, en vooral in Febr. zoo streng was... (*Olland*) **Ea.**

1858. Hiver normal en général, plutôt tiède dans le nord, mais très froid (en janvier) dans le sud-ouest de la province climatérique. — Cet hiver offre le type d'un hiver d'une rigueur moyenne de la zone tempérée. Nov. et déc. furent doux en Europe. Au nord de la Loire, en décembre, la campagne offrait le coup d'œil du printemps, les primevères, les violettes, les anémones étaient en fleur. Janvier fut au contraire plus froid que la moyenne, et présenta dans le Midi une suite de gelées qui dura de 20 à 30 jours. En France il y a eu deux minima: 5—8 et 24—29 janv. A Paris 57 j. de gelée, à Toulouse 52, Marseille 8, Nantes 33. Beaucoup de rivières de France se sont prises à des températures très modérées par suite de la sécheresse. Le Rhône et la Saône furent arrêtés à deux reprises. En Lombardie, le Tanaro fut traversé par des caissons d'artillerie. Le Danube et les ports russes de la mer Noire étaient gelés en janvier. Pas de neige en France. Sécheresse inaccoutumée et très nuisible à l'agriculture. Beaucoup de neige en Piémont, Italie, Turquie, Asie Mineure „De véritables tempêtes de neige se sont produites pendant un mois du côté du Bosphore, de la mer Noire etc." (*Journ. d. Déb.* 3 févr. '58) Les loups ont fait irruption jusqu'aux portes de Constantinople. **A.** — Het voorjaarsweder was schraal, en werkte te nadeeliger op de gewassen, omdat eene zachte winter vooraf was gegaan... (*Versl. Ldb. Ned.*) **Ea.** — Januari, Februari en Maart waren te koud; vooral Februari. (*Honig*) — Naar het Zuiden toe was de koude grooter in Januari dan in Februari 1858. In het ZW. der klimaatprovincie, te Bordeaux, Toulouse enz., was de Januari-kou zelfs buitengewoon. **Ea.**

1860. Hiver assez froid. A l'exception de janv. tous les mois avaient une temp. au-dessous de la normale. — Behalve Januari waren alle maanden van November tot Maart te koud; vooral Februari, welke maand naar het zuiden toe betrekkelijk nog kouder werd. (*Notes ms.*) **Ea.**

1861. Hiver assez froid, surtout en janvier, avec plusieurs périodes de dégel. Hiver normal dans les régions méridionales de l'Eur. occidentale. Au printemps, inondations terribles dans les Pays-Bas. — De lage warmtegraad in de laatste helft van 1860 bleef onafgebroken gedurende de drie eerste weken van 1861 aanhouden, zoodat het water met ijs bedekt bleef (8 Jan. — 16.5°). Sneeuw 20 Dec. en volg. dagen, afwisselend tot 25 Jan. Dooi 25 I—1 II, vorst 1—3 II, daarna dooi; vorst 11—14 II, ijs en sneeuw 15 Febr., vervolgens dooi. Maart was betrekkelijk warm, April zeer koud. (*Versl. Landb. Nederl.*) — Dec. en Jan. koud. (*Honig*) — De Januarimaand was kouder, in Holland, dan die van 1891. De koude der eerste maanden van dezen winter verminderde, van het noorden naar het zuiden der klimaatprovincie gerekend. Januari was echter overal veel te koud, ook in Engeland, maar niet in Provence, waar de geheele winter normaal was. In Nederland groote overstroomingen. (*Notes ms.*) **Ea.**

1863. Hiver doux. — In Dec. '62 was de temperatuur afwisselend, meest boven normaal; stormachtig. Jan. was eer warm dan koud, het water was niet met ijs bedekt. Ook Fe. bijna onafgebroken boven normaal, evenzoo Mrt. en Apr. De winter 1862—63 was dus, over het algemeen, zeer zacht. (*Versl. Ldb. Nederl.*) **Ea.**

1865. Hiver assez rigoureux. Très froid depuis le 15 déc. jusqu'au commencement de janvier et pendant tout le mois de février. Le température basse se maintint jusqu'au 1 avril. — Dec. 1864 was, behalve 5—12, te koud. De binnenwateren waren met ijs bedekt van 15 XII—12 I. Sneeuw van 21 XII—6 I. Dooi van 4—18 I, zoodat de sneeuw wegsmolt en het ijs uit de binnenwateren verdween, maar deze vroren opnieuw dicht van 23 I—24 II. Ook Febr. koud: 14/15 II: — 14°. Nog 6 Mrt—4 Apr. hevige koude, terwijl nu en dan de binnenwateren bevroren. 20 Maart — 9°. Van 22 tot 27 Mrt veel sneeuw. „Hoewel de winter streng was, en er nog al wintergewassen, vooral in de noordelijke provinciën, verloren gingen, belette de sneeuwbedekking echter, dat hij zulk een nadeeligen invloed op den landbouw uitoefende als de winter van het vorige jaar." (*Versl. Ldb. Ned.*) — Jan., Febr. en Maart koud. (*Honig*) — In December 1864 begon het te sneeuwen en tegen Kerstmis flink te vriezen. Het was een strenge winter met langdurige vorst én steeds schaatsenrijden. In Maart 1865 lag er nog ijs in de slooten, 26 Maart nòg, maar 1 April kwam eensklaps het mooie weer, de zomer scheen aangebroken. De geheele maand April was droog, zonnig en mooi. (*Notes ms.*) **Ea.**

1866. Hiver doux. — Nov. 1865 was betrekkelijk warm. Dit warme weer was een voortzetting der warmte sedert Sept. 1865, die tot in Mei 1866 aanhield. Gedurende Dec. 4 ijsdagen; droog. In Jan. slechts 13 I een vorstdag; regenachtig; in Febr. 6 vorstdagen, alleen op 21 en 22 wat strenger. Maart normaal. April vrij warm. De winter was nog zachter dan die van 1863... te warm, met weinig regen in December maar zeer veel in Jan. en Februari. Maart en Apr. leverden niets bijzonders op, wat warmte en gevallen regen aangaat. (*Verslagen Ldb. Ned.*) **Ea.**

1867. Hiver pluvieux, plutôt froid en déc. et janv., très doux en février. Beaucoup de neige en janvier. — Nov. vrij warm en buitengewoon nat; Dec. koud (1, 2 en 9, 21—25) overigens warm; Jan. vrij koud, vorst 1—7, 12—23 (23 — 11°). In de rivieren eenig drijfijs, maar niet vast. Sneeuw in de heele maand Januari, sneeuwstorm 15/16. Febr. warmer dan eenige Fe. maand sedert 20 jaren. Maart droog en koud, ook April guur en koud. (*Versl. Ldb. Ned.*) — Januari koud, ook Maart eenigszins. (*Honig*) — Sneeuw na midden-Januari, ook in Frankrijk, Engeland, N.O. Europa tot Zweden. **Ea.**

1869. Hiver très doux, mais avec des périodes de gelée dans la 2e moitié de janvier et en février. — Dec. 1868 was warm en regenachtig. Jan. warm tot den 10en, toen wind O. en vorst tot den 27en; „zelfs schaatsenrijden". Slap weer tot 11 Febr. Daarna, met tusschenpoos 16—18, vorst tot 27 Febr., de laatste 5 dagen vrij sterk. Gemiddelde warmte echter boven de norm. Veel regen. De eerste helft van Maart was koud. Na 16 Mrt. geen vorst, sneeuwbuien. April vrij warm, in de laatste dagen zomerwarmte. (*Verslagen Landb. Nederl.*) **Ea.** — Nach 1796 der mildeste Winter in Berlin seit 1766. **Hl.**

1870. Période de froid vers le milieu de février, du reste hiver assez tiède. — Nov. 1869 was vrij warm en regenachtig, Dec. iets beneden den norm, in de eerste en laatste dagen onder het vriespunt. Jan. was bijzonder warm; slechts tegen het einde eenige dagen vorst. Midden Fe. ruim 14 dagen strenge vorst, die de rivieren dicht deed vriezen, met O. wind. Sneeuw was er dezen winter slechts omstreeks 21 Febr. Maart was nog koud. (*Versl. Ldb. Nederl.*) — Januari (?) en Februari koud. (*Honig*) **Ea.**

1871. Hiver rigoureux; les rivières restèrent prises depuis le commencement de décembre jusque vers le 20 février. Courtes périodes de dégel. — De laatste dagen van Nov. 1869 koud, vooral door nachtvorst. De winter was overigens „koud en gestreng". Laatst Dec. vrij strenge vorst tot begin Jan., daarna vorst, na eenige dagen dooiweer, waarna opnieuw de vorst inviel. Begin Fe. dooi, gevolgd door zeer strenge vorst, omstr. 11 Febr. „In Dec. vrozen de rivieren dicht en bleven in dien toestand tot in 't begin van Fe., toen zij begonnen los te gaan, maar bij de invallende koude weder tot den 20sten vastvrozen." Dec., Jan. en begin Fe. oostelijke winden overheerschend. Eenige sneeuw laatst Jan., die wegens vorst lang bleef liggen zonder echter eene bedekking voor den plantengroei op te leveren. Na den strengen winter een zeer warme, droge maand Maart. (*Versl. Ldb. Nederl.*) — Een tamelijk lange, doch niet bijzonder strenge winter, die reeds half Dec. van het vorige jaar aanving, en ongeveer met het einde van Jan. (?) van dit jaar eindigde. Ook een lang en koud voorjaar. (*Wey.*) De binnenvaart heeft gedurende 60 dagen stilgelegen, in Holland, tusschen 21 Dec. en 19 Februari. (*Not. Moutwijnbeurs Schiedam, Nieuws v. d. Dag 21 Jan. '91*) **Ea.**

1873. Hiver assez doux. — Januari vrij stormachtig. „De zachte luchtgesteldheid deed verschillende boomen en struiken reeds knoppen en de Japansche kwee bloeien in 't midden van Januari." 26 Jan. O wind, en kouder, waardoor de sneeuw van 21 Jan. af een paar weken bleef liggen.

Maart zacht, April zeer koud. (*Versl. Ldb. Nederl.*) — Gedurende Sept., Oct. en Nov. veel regen; geen nachtvorsten. Schade aan de bloembollen, door water dat niet af te voeren was wegens kanaalwerken Y. In Dec. geen vorst. Jan. was bijzonder zacht en over 't geheel vrij helder. Hyacinten komen 6 Jan. hier en daar reeds boven 't dek, evenzoo eenige vroege tulpensoorten. Einde Jan. viel de vorst in, niet zeer streng, maar vrij lang van duur. Ongev. drie weken ijs in 't water, de buiten-werkzaamheden gestaakt. (*Weyenbergh*) **Ea.**

1874. Hiver tiède, avec quelques jours de gelée assez forte en février. — Nov. iets warmer dan norm., ook alle wintermaanden, Dec. 2°, Jan. zelfs meer dan 3° boven het gemiddelde van 25 jaar. (*Versl. Ldb. Nederl.*) — Pas omstr. 8 Febr. viel de vorst in, maar niet streng. Drie of vier dagen lang stond de therm. 's nachts op 14—15° F. vorst, overdag boven het vriespunt. Het najaar en het begin van den winter waren zoo zacht dat tot in 't laatst Dec. zonder stoornis anemonen, ranunkels enz. geplant werden, wat andere jaren in Fe. of Mrt. pleegt te geschieden. (*Weyenbergh*) — Iets kouder naar het zuiden toe. **Ea.**

1875. Hiver plutôt froid, courtes périodes de gelée en nov. et déc. (du 22 et au 2 janv.), gelées fortes depuis le 18 févr. jusqu'au 7 mars. — Nov. 1874 was iets beneden het gemiddelde. Hoewel de winter over het algemeen niet streng was, leden het wintergraan en het koolzaad zeer veel van de strenge vorst op het einde van Fe. en het begin van Maart... (*Versl. Ldb. Nederl.*) — Februari en Maart koud. (*Honig*) — Omstr. 26 Nov. vrij strenge vorst: „de hal dringt 2 of 3 duim den grond in". Duurt 4 dagen, daarna regen en stormachtig. Tot half Dec. zacht weer. 21 of 22 valt vorst in, duurt tot 2 Jan. met 'n kleine sneeuwlaag. Daarna dooi: met planten v. anemonen, gladiolus wordt voortgegaan. Tot 't laatst zacht weer, Z. en ZW. wind. Februari zacht tot ong. den 18en, toen NNO. wind en vrij hevige vorst, tot 7 Mrt. Den 8en was alle hal uit den grond en al het ijs uit het water. Van 10 Mrt. af guur weer tot laatst April. (*Weyenbergh*) **Ea.**

1876. Hiver froid, du commencement de décembre jusqu'à la mi-février. — „De winter onderscheidde zich door vrij strenge en langdurige koude, van begin Dec. tot half Februari." Van 4 tot 17 Jan. vroor het vrij sterk bij hoogen barometerstand. Van 15 tot 11 Mrt. zeer zachte weersgesteldheid; 28 Mrt tot 21 Mei koud en droog. (*Versl. Ldb. Ned.*) — 28 Nov. valt de vorst in, met sneeuwbuien, in twee dagen is de scheepvaart gestremd. Gedurende Dec. aanhoudende vorst. 4 Dec. de scheepvaart op de Zuiderzee gestremd. 4/5 Dec. hevige sneeuwstorm, laag 4.5 voet dik, 8 Dec. dooi. Januari eerst zacht, 7 Jan. wind NO., vorst tot 18 Jan. Korte dooiperiode, dan tot 3 Fe. vorst maar niet hevig, de scheepvaart echter gestremd, ook 't buitenwerk op de velden. 3 Fe. dooi, regen, sneeuw, de geheele maand afwisselend weer, maar niet koud. Maart over 't geheel vrij zacht, en regenachtig. (*Weyenbergh*) — De binnenscheepvaart in Holland gedurende 13 dagen (10—22 Jan.) gesloten. (*Not. beurs Schiedam*) **Ea.**

1877. Hiver très doux, surtout dans les Pays-Bas et le nord de la France. — Dec. en Jan. waren gemiddeld 2°, Febr. zelfs bijna 3° Fahr.

warmer dan in vorafg. jaren. „Behalve de hooge temp. was ook vooral opmerkelijk de buitengewoon groote hoeveelheid regen die in den winter viel." (*Versl. Landb. Nederl.*) — Tot 23 Dec. triestig maar zacht weer: op 23 Dec. de wind NO. met sneeuw en hagel. Dan vorst en zoo sterk dat den 26en zelfs op vaarten en groote wateren werd schaatsen gereden. 27 Dec. regen, wind ZO., weldra het ijs weg en tot einde van 't jaar regen en mistig. De geheele maand Jan. afwisselend, met 'n paar dagen vorst. Febr. evenzoo in 't laatst hagel en sneeuw. Begin Maart eenige dagen felle vorst met krachtigen wind uit NO. 't Doorloopend zachte weer in aanmerking genomen, waren de bloembollen over 't geheel achterlijk. Veel vocht en nevel liet den plantengroei stilstaan. (*Weyenbergh*) — 2 Februari was een zomersche dag. (*Notes ms.*) — Te Parijs en naar het Oosten toe is de winter van 1877 de warmste geweest in de 65 jaren 1852—1916. **Ea.**

1878. Hiver tiède, assez pluvieux. — In Dec. en Febr. was de temp gemiddeld te hoog, meer regen dan gewoonlijk. (*Versl. Ldb. Nederl.*) — Nov. en Dec. „gunstig" weer, zeer weinig nachtvorst; alleen in 't laatst van Dec. eenige dagen van vorst, maar die de buitenwerkzaamheden niet belemmerden. Jan. even gunstig; ook Febr., echter toen meer regenachtige dagen. Na 8 Maart werd 't weer ongunstig, hagel en sneenw met nachtvorsten, wind NW. en NO. overdag nevel en kou. (*Weyenbergh*) **Ea.**

1879. Hiver assez froid; plusieurs périodes de gelée entre le 8 déc. et le 24 mars. — Laatst Nov. koud. De temperatuur was in Dec. lager dan normaal. Voortdurend bleef een weinig sneeuw liggen. Jan. bijna 3° Fahr. te laag, Febr. $1^1/_2$° (*Versl. Ldb. Ned.*) — Januari en Februari waren te koud. (*Honig*) — 8 Dec. vorst met wat sneeuw, geen strenge vorst; na 26 Dec. dooi. Van 20 Dec. eenig schaatsenrijden op verdronken land en plassen. Dan weer regen en wind. 3 Jan. 2 à 3° vorst, dan regen, den 7en Jan. 6 à 7° tot 13 Jan. met NO. wind, 11 Jan. 16° F. vorst, voorts afwisselend. Meest nevelige lucht. Den 19en werd op verdronken land, den 22en op de vaarten gereden. 27 Jan. tot 6 Febr. vriezend, dan dooi, zoodat 10 Fe. 't ijs uit de vaarten was verdwenen. 21 F. opnieuw vorst tot 28 Febr. Ook 22—24 Mrt. vorst. (*Weyenbergh*) — Van 10 Januari tot 8 Febr., dus gedurende 30 dagen, was de binnenscheepvaart in Holland gestremd. (*Not. Beurs Schiedam*) **Ea.**

1880. Hiver très rigoureux et précoce, surtout en France et dans l'Europe centrale. Dès le commencement de décembre, toutes les rivières furent prises. En Angleterre et dans les pays du nord, le froid n'a pas été excessif. Dernière période de froid dans les premiers jours du mois de février. — Le plus rude de tous les hivers du XIXe siède a été, *pour la France*, celui de 1879—80. En déc., le thermomètre est descendu à—30° à Langres, à—24° à Montsouris-Paris. Le pôle de froid a stationné sur la France, à l'est de Paris, et la Russie ne subissait que 4°, quand la France en subissait 30. Il y a eu en France une cinquantaine de personnes mortes de froid. On a compté à Paris 75 j. d. g., dont 33 consécutifs. La temp. moy. de déc. été de — 7° 4, en revanche février a été très chaud. La Seine, l'Yonne, la Loire ont été prises. On se souvient de l'étrange spectacle de la Loire et de l'embâcle polaire qui s'en est suivie à Saumur. Les neiges ont été considérables à Paris même. (*Cam. Flammarion*) — Dans les régions orientales et septentrionales de l'Europe l'hiver n'a pas été d'une rigueur extraordinaire. — In Frankrijk, Zwitserland en Italië is het naar evenredigheid kouder geweest dan in Nederland. In Tunis viel sneeuw. Het Noorden bleef van de koude meer bevrijd. De luchtdrukverdeeling bracht in Engeland warmte, in Pruisen, Saksen, Oostenrijk kou. — Op 25 Nov. lagen de vijvers in het Vondelpark te Amsterdam reeds geheel dicht. 7 Dec. was de kou algemeen in Europa, ook in Italië, zelfs in N. Afrika; Midden-Europa leed onder een „Siberische kou". Op 8 Dec. vertoonde de Zuiderzee bij Enkhuizen één ijsvlakte. Den 10[en] werd te Parijs in de open lucht boven sneeuw een temperatuur van — 28° C. geregistreerd. Vóór 30 Jan. een nieuwe vorstperiode; men ging van Urk naar Kampen over het ijs der Zuiderzee. Op 10 Febr. was bij Durgerdam (Amsterdam) alles weer open water. (*Journ. contemp.*) — De binnenvaart op de Hollandsche wateren is gedurende 53 dagen door het ijs gestremd geweest: van 4 Dec.—3 Jan. en van 19 Jan. tot 9 Februari. (*Not. beurs Schiedam*) **Ea.** — Reeds in Nov. 1879 werd schaatsen gereden o. a. op een ondergeloopen polder bij Dordrecht. In Dec. reed schr. dezes over de geheel bevroren rivieren Noord en Maas van Dordrecht naar Rotterdam, vervolgens een eind de breede Lek op en naar Dordrecht terug. Al deze rivieren waren vast bevroren. Op gladde ijsvlakten zeilde men met ijsschuitjes. (*Notices ms.*) **Ea.** — Het opmerkelijkst van Dec. was de hoeveelheid sneeuw en de doorgaand heerschende koude, met weinig O. winden. Door de sneeuw werd het verkeer, in vele steden zelfs aanmerkelijk, belemmerd; niet zoozeer wegens de groote hoeveelheid als omdat alle sneeuw bleef liggen en, als bij de gletschers, tot een ijsmassa overging. Drie dagen regen aan het eind der maand bevrijdden ons ten laatste van die ijskorst. Het dreigen van de gezwollen, met ijs verstopte rivieren deed het nieuwe jaar met bedruktheid en groote zorg tegemoetgaan. Deze Decembermaand was de koudste sedert 1848, echter niet de koudste van *alle* maanden. De hoeveelheid neerslag was, niettegenstaande de sneeuw, beneden den norm. De toeneming van de koude naar het Zuiden was zelfs binnen ons land merkbaar: Groningen 5°, Utr. 6°, Maastricht 8° beneden het gemiddelde. Van Januari weinig belangrijks te melden: de temp. nog beneden het gemiddelde. (19 I — 12°) Vrij droog. Van 27 Dec. —6 Jan. stond de thermometer boven het gemiddelde, daarna dalend, laag genoeg om ijs te vormen in de Lek en de benedenrivieren opnieuw te doen bevriezen. Februari was boven den norm, „nadat *15 achtereenvolg. maanden* een te lagen thermometerstand hadden gegeven," nog koud gedurende de eerste vijf dagen, ook 9, 16, 24 en 25 Febr. Maart was ten deele warm, evenzoo April, Mei te koud. (*Versl. Landb. Ned.*) — Omstreeks 20 Nov. sloeg 't weer plotseling om, vorst, en den 22[en] waren enkele slooten reeds moeilijk bevaarbaar. Geen strenge, maar aanhoudende vorst. Het buitenwerk belemmerd. 30 Nov. zware sneeuwval. Vorst duurt voort. 7 Dec. opnieuw een massa sneeuw. Daarna een enkele maal 30° Fahr. vorst, toen 'n paar dagen dooi, vervolgens 8—15° vorst; afwiss. strenge en minder strenge vorst tot 28 Dec.: dooi met regen en ZW. wind. In Jan. duurt de dooi voort, de scheepvaart na 'n week heropend. Maar 11 Jan. opnieuw vorst met NO. wind en 14 reeds vrij druk schaatsenrijden. 20 Jan dooi, maar van 23 Jan. tot 2 Febr. vriezend met O. wind, 3 Fe. dooi, 4—6 vorst, 8—10 dooi met veel regen, zoodat het ijs in de groote rivieren spoedig verdween. (*Weyenbergh*) **Ea.**

1881. Hiver normal, avec une période de froid assez vi depuis le 5 jusqu'au 27 janv. — December 1880 was regenachtig en guur, maar gematigd van temperatuur. Sneeuw van 11 Jan. af, vooral 18 en 19. Vorst op 6 Jan. en van 10—27 Januari. De Febr. temp. was iets beneden het gemiddelde, vooral 14 en 15 Fe. te koud. (*Versl. Ldb. Nederl*). — Reeds 4 Nov. vrij sterke vorst: in Friesland wordt al op verdronken land gereden. Tot het einde der maand echter gunstig weer, geen nachtvorst. 17 Dec. vorst met NO. w. Dan weer ZW. en het overige der maand zeer zacht, met regen. Den 5 Jan. vriezend, 'n enkele maal 12° F., afwisselende windrichting. Ik nam 15 Jan. 's morgens 28° F. vorst waar; ijs van drie duim dikte. Na den 15^{en} werd overal schaatsen gereden; op 18 Jan. vrij veel sneeuw. 27 Jan. viel de dooi in, Febr. was grauw en koud met N.O. wind, ook Maart schraal. (*Weyenbergh*) — Binnenscheepvaart in Holland gestremd gedurende 23 dagen: van 14 Jan. tot 5 Februari. (*Not. beurs Schiedam*) **Ea.**

1883. Hiver doux. — Nov. en Dec. waren warm, Jan. en Fe. zacht tot warm, Maart koud. Na een natte Dec. een droog jaar tot Juli toe. „Er blijkt dus, dat wij een warmen winter gehad hebben, met een gemiddelde hoeveelheid regen." (*Versl. Landb. Nederl.*) — De 2^{e} helft van Maart was koud. (*Honig*) — Op 14 Nov. sneeuw; tot 19 Nov. iets vriezend, daarna afwisselend weer. In Dec. veel regen. In Jan. het begin nog regenachtig. Op 6 Jan. 'n paar graden vorst, tot den 14^{en}, daarna weer dooi. De maand gaat voorbij zonder flink winterweer. In Febr. dergelijk weer, maar nu enkele dagen zon; op 6 Mrt. vorst tot den 24, laatstelijk vrij fel: eenige schepen in de Zuiderzee vastgevroren. „Wegens dit doorloopend zacht winterweer waren de buitenwerkzaamheden vrijwel bij." (*Weyenbergh*) **Ea.**

1884. Hiver très doux, presque sans gelée.—Nov. 1883 was iets te warm, maar in 't begin koud en mistig. Dec. ong. normaal, maar Jan. al zéér warm, Febr. en Mrt. mede te warm. „De winter was bijna zonder vorst voorbijgegaan, terwijl in Jan. gedurende 23 dagen veel regen gevallen was." (*Versl. Landb. Nederl.*) — In Nov. en Dec. hoegenaamd geen vorst, alleen ong. 6 Dec. een weinig sneeuw. Op 1 Jan. vriezend weer, maar 2 Jan. regen en Z.W. Nog éénmaal 'n paar graden vorst, overigens wind en regen, soms stormachtig. Op 2 en Febr. 'n paar graden vorst, laatst Fe. vrij strenge vorst. Maart begin dooiend, dan wat sneeuw. Half Mrt. bijzonder zacht. (*Weyenbergh*) **Ea.**

1886. Hiver plutôt froid, mais sans gelées intenses. — Nov. 1885 was vrij koud, Dec. gemiddeld, en droog, Jan. vrij koud, Febr. zéér koud en Maart nog koud. Buitengewoon veel regen viel in Januari, vrij veel in Maart. (*Versl. Landb. Nederl.*) — Op 20 Mrt voor 't eerst eenige verandering van weer: tot dusver onverpoosd winter gehad; de veldarbeid, bijna vanaf 't najaar, geheel opgehouden. Veel sneeuw gehad, doch zelden strenge vorst. Altijd sleepend, met veel koude. (*Den Haan*). Omstreeks half Januari begon 't eigenlijk eerst met eenige kracht te vriezen. Niet streng: het schaatsenrijden op de groote wateren bleef gevaarlijk. In Febr. en Maart hield de vorst met NO. wind aan tot 20 Mrt. (*Weyenbergh*) — In de winters 1882 tot 1886 is de binnenscheepvaart in Holland geen dag door ijs gestremd geweest. (*Notities beurs Schiedam*) **Ea.**

1887. Hiver assez froid, période de gelées fortes du 15 au 24 janvier. — Vooral Jan. en Maart koud; ook Febr. onder het gemiddelde. In Zuid-Frankrijk was Februari de koudste maand; in Engeland was de winter vrijwel normaal. Omstreeks midden Januari werd overal schaatsengereden. (*Notices ms.*) — Januari en Februari waren te koud. (*Honig*) — De binnenscheepvaart in Holland door ijs gestremd van 17 tot 24 Januari. (*Not. beurs Schiedam*) **Ea.**

1888. Hiver rigoureux. Dans toute l'Europe occidentale, et même en Provence, la température était au-dessous de la normale à partir de nov. jusqu'en mars. Le froid se fit sentir dès novembre et la glace persista dans les rivières jusqu'au milieu de mars. — Overal in onze klimaatprovincie waren alle wintermaanden beneden de normale temperatuur, zelfs te Marseille; vooral Febr. en Maart. In Nederland een koude November; Februari zeer koud, ook Maart koud. Afwisselende, maar koude winter, met lage minima, veel ijsdagen en vrij veel vorstdagen. (*Notices ms.*) — Den 7^en^ Maart nog wel 'n half voet ijs in 't water. Voortdurend nachtvorsten. Op 15 Mrt. open water, maar den 19^en^ sneeuwstorm. Pas op 30 April voor 't eerst wat mooi weer. Gebrek aan gras voor 't vee. De 15e Mei was de eerste mooie lentedag. „Sedert den herfst van 't vorig jaar bijna onafgebroken winterkoude, door ouden van dagen nooit beleefd." (*Den Haan*) — Scheepvaart in Holland gestremd van 28 Fe. tot 7 Mrt. (*Not. beurs Schiedam*) **Ea.**

1891. Hiver très rigoureux, presque un „grand hiver"' Dans la partie septentrionale de la province climatérique il fut beaucoup plus sévère que celui de 1880. Les grands fleuves furent pris solidement, le lac Léman était couvert de glace ainsi qu'en 1830, le Rhône fut pris pour une grande partie, en Angleterre 32 jours de froid intense. Courtes périodes de dégel; du reste froid sévère depuis le 26 nov. jusqu'au 24 janvier. La rigueur de cet hiver s'étendit de l'Ecosse jusqu'en Espagne. — L'hiver de 1890—91 sera inscrit parmi les hivers mémorables, tant par sa précocité que par sa rigueur. Il a commencé le 26 novembre. Jusqu'au 25 la temp. était restée assez chaude, mais le 26 le thermomètre descendit à — 2°3 (parc S. Maur, Paris) sans s'élever au dessus de — 0°8. Le surlendemain 28 nov., il descendit à — 15°0, minimum qu'il n'a pas dépassé depuis. Il y a eu dégel du 2 jusqu'au 9 déc., puis regel, puis dégel du 19 au 22, puis regel, puis dégel le 31 au soir jusqu'au 5 janvier et regel du 6 jusqu'au 12 au soir; enfin dégel définitif le 21. Du 26 nov. au 3 déc. la moyenne de la journée a été inférieure à zéro, il en a été de même du 8 au 18 déc., du 23 au 31, du 6 au 12 janv. et du 15 au 20 janv. Le therm. n'est resté perpétuellement au-dessous de zéro que pendant 9 jours de suite au maximum, du 10 au 18 déc., ainsi que du 23 au 31. Depuis le 26 nov. jusqu'au 24 janvier, l'eau est resté gelée sur les lacs et petites rivières sans discontinuïté, et sur la Seine de Paris à Couflans, du 12 au 24 janvier. (Pendant cette période du 26 nov. jusqu'au 24 janv. le vent, dominant, à Paris, a été du N, NE on E durant 44 jours en les hautes pressions qui ont regné sur toute l'Europe à la fin de novembre ont subsisté pendant les mois suivants.) La journée du 19 janv. a été l'une des plus froides de l'année pour l'ensemble de l'Europe. La courbe de — 5°

passe à Marseille, au pied des Pyrénées et remonte par Rochefort pour traverser la Manche entre Cherbourg et le Havre. C'est là une caractéristique d'un froid extrêmement rare. Le 17, la zone de froid 0° enveloppait Belgrade, Rome, Madrid, Quimper, Bristol et Edinbourg, avec un minimum de —20° sur Dantzig. A Toulon, le 19, le vieux port à été bloqué un instant. Le canal de la Durance, qui alimente la ville de Marseille, était pris sur tout son parcours; les étangs de Carente et de Berre étaient gelés. A la Rochelle, le vieux port a été gelé en partie, ce qui n'était pas arrivé depuis 60 ans. A Nantes le port a été gelé du 17 au 22 janvier. (*Cam. Flammarion*) **Ea.** — In Engeland heerschte 32 dagen strenge vorst. Zuid-Frankrijk: te Nizza laatst Jan.: —13°; de Rhône lag grootendeels vast. Zwitserland: Het meer van Genève met ijs bedekt (voor 't eerst sedert 1830). Duitschland: de Rijn tot Keulen vast. De Donau werd begin Jan. met wagens bereden. Ook bij Triëst, in N. Italië en N. Afrika veel ijs. (*Journaux contemp.*) **Ea.** — Dec. en Jan. waren véél te koud. (*Versl. Landb. Nederl.*) — Op 26 Nov. '90 begon de algemeen bekende strenge winter. Strenge vorst; het ijs werd ongemeen dik. Op 30 Dec. bij een zware sneeuwbui ondragelijk koud. Den vorigen dag in een poldertocht een groote bijt gehakt om 10 uur 's morgens; 's middags om 2 uur moest deze weer geopend worden: in 4 uur tijd was een Rijnl. duim (26^{mm}) ijs gemaakt. Een gesloten ijzeren bol, met water gevuld, aan de Wageningsche Landbouwschool opgehangen, barstte met een knal na eenige minuten. Op 23 Jan., na ruim 8 weken vorst, dooiweer met sterken regen en wind. Eerst 1 April eigenlijk einde van den winter, van 26 Nov. 1890 af! (*Den Haan*) — In Holland is de binnenscheepvaart door het ijs gestremd geweest gedurende 53 dagen (1871: 60 dagen, 1880: 53 dagen): van 1 Dec. tot 22 Januari. (*Notit. beurs Schiedam*) — De winter begint in Nederland 25 Nov. Zeer lage Dec.-temperaturen: Utrecht gem. —4°6 C. (in Dec. '79: —3°3, echter Febr. '55: — 5°3). De „uitstralingstemperatuur" was 19 Dec.: —20°0 C. — Men ging laatst Dec. te voet en per as over de breede Merwede tusschen Gorcum en Woudrichem. Op 30 Dec.: Tegenwoordig een zoo felle koû als sedert Dec. '79 niet is beleefd; erger zelfs. Van ochtend stond de thermometer op 2° Fahr. (— 16°7 C.) Alles ligt ook dicht; op de rivier voor de stad (Dordrecht) groot ijsvermaak. Begin Jan. heeft zich een ijswal op het zeestrand bij Scheveningen vastgezet. Dooiperioden ± 4 en 11 Januari. (*Gunneweg* et *Notices ms.*) **Ea.**

1893. Hiver froid, surtout dans le nord de l'Europe. — De maand Januari was zeer koud, ook Dec. was koud geweest; de winter als geheel beneden de gemiddelde temperatuur; Nov. en Maart waren echter, vooral naar het zuiden toe, te warm. (*Honig*) **Ea.** — An exceptionally hard winter, in which was measured the lowest temperature ever measured in this country (Danemarc). (*Isforholdene*, p. 126) **Sp.**

1895. Hiver rigoureux. La dernière partie du mois de janvier et la première moitié de février furent excessivement froids. Depuis le 27 jusqu'au 30 janvier la rigueur de l'hiver s'étendait de Haparanda en Suède (—31° C.!) à Cette (—8°). En France le froid persista, dans les autres pays l'hiver s'adoucit après le 10 février. Il tomba une énorme quantité de neige. L'hiver fut exceptionnel des deux côtés de la Manche et dans les régions occidentales de la France. — Le 27 janvier: à Paris — 5°5, à Marseille — 1°; 29 janv.: à Nancy — 22°8, à Cette — 8°; 30 janv.: à Paris — 11°, à Lorient — 5°; 31 janv.: à Marseille — 10°. Du 2 au 9 février on a registré à Paris des minima très bas, jusqu'à — 14° C. La Seine fut prise le 10 févr. Température moy. de février à Paris — 4°2; on doit remonter jusqu'à l'hiver de 1740 pour rencrontrer un minimum pareil. Le 7 février — 19°4 à Vendôme. Il a neigé beaucoup entre le 8 et le 10 févr. (*Ann. Soc. Mét. France* 1895) — En Belgique: froid très rigoureux en janvier et en février (*Lancaster, Rev. Clim. annuelle*). A Bruxelles le 31 janv.: — 13°9. La temp. moy. du mois de février a été de 7°6 au-dessous de la normale. — En Hollande: février fut très froid et neigeux. Le même nombre de jours de gelée qu'en 1891, mais la dernière partie de l'hiver a été plus rigoureuse. Exception faite pour quelques jours de dégel, la période froide s'étendit depuis le 4 janvier jusqu'au 10 mars. A Groningue le 28 janvier: — 19°3. — Angleterre: A Greenwich le 8 février: — 14° C., le record depuis un demi-siècle. Le thermomètre resta 11 jours au-dessous de zéro. Depuis 1855 la Tamise n'avait pas été encombrée de glace comme en février 1895. — Allemagne: A Hambourg le 28 janv.: — 12°, le 12 février: — 15°; à Carlsruhe le 28: — 17°, à Prague: le 12 févr. — 18° C. A Vienne (Autr.) le 6 févr.: — 17°2. Cependant la température moy. du mois de février à Vienne (— 5°3) n'a pas atteint les minima de 1830, '42, '58 et '70; le froid n'a pas été si intense qu'en Europe occidentale. (*Met. Zeitschr.*) — Comp: *Babinet, Rés. des obs. centralisées p. l. Service hydrom. du bassin de la Seine*, 1895; *Ann. Soc. Mét. Fr.* 1895; *P. Marschal, Les grands froids en Belgique, Ciel et Terre, avril* 1895; *M. Farman, Le froid de janv. et fevr., Cosmos*, mars 1895; *Meteor. Zeitschrift* févr. 1895.) **Ea.**

1898. Hiver tiède. Le mois de mars fut très froid. — Met Kerstmis eenige dagen vorst. De twee eerste maanden van dit jaar gaven lenteweer, doch nu (25 Mrt) een dikke laag sneeuw, met strenge koude. Hier en daar [was] reeds vee in 't land; wordt weer gestald. (*Den Haan*) **Ea.**

1899. Hiver doux, en France et dans les Pays-Bas. — En France, 1899 a été un des 3 ou 4 hivers les plus doux depuis le milieu du XIXe siècle; en Hollande, tenant compte de nov. et de mars, l'hiver le plus doux de toute la série de 65 ans; les 3 mois furent approximativement aussi doux que ceux de 1869 et de 1877. (*Notices ms.*) **Ea.** — Tot hiertoe (10 Jan. '99) is deze winter nog zachter dan zijn voorganger. Reeds bloeien hier en daar de madeliefjes. De spreeuwen zijn al uit warmer streken teruggekeerd en zingen hun opwekkend morgenlied. Ook zagen we al een eksterpaar druk bezig met het bouwen van een nest. Zondag vlogen zelfs de bijen rond in den zonneschijn. Begin Dec. zaten wij met open deuren aan de koffietafel. (Veluwe, Pays-Bas, *Journal contemp.*) **Ea.**

1901. Hiver plutôt froid dans sa dernière partie. — Vrij koud, lauwe vóór-, koude na-winter. Februari koud, ook Maart. De wintertemperatuur lag echter, als geheel genomen, niet ver beneden het gemiddelde. (*Notices ms.*) **Ea.**

1907. Hiver froid. Un grand nombre de jours de gelée en déc. et février et quelques jours très froids en janvier. —

Vrij koude winter, met een groot aantal vorstdagen en eenige zeer koude dagen. Dec. en Febr. bleven tamelijk veel onder het gemiddelde. (*Notices ms.*) — In Januari 4 dagen hevige koude. (*Honig*) **Ea.**

1909. Hiver le plus froid depuis celui de 1895, avec une temp. moy. plus basse qu'en 1907. Déc. et févr. furent les mois les plus froids. En France, on compara cet hiver à celui de 1871. — De winter was, in zijn geheel genomen, zeer koud, de koudste in de rij kwakkelwinters of warme winters na 1895. De gemiddelde temperatuur was vrij veel lager dan 1907. De minima waren zelfs, gemiddeld, even laag als in den winter van 1891, maar het aantal ijsdagen en zeer koude dagen was niet groot. Het aantal vorstdagen was zeer hoog. Dec. en Fe. waren de koudste maanden. Te Parijs naderde de winterkou tot die van 1871, alle maanden waren onder het gemiddelde, vooral Fe. en Maart. (*Notices ms.*) **Ea.**

1910. Hiver tiède, surtout dans le nord et l'est de la province climatérique. — Nadat Nov. zeer koud had ingezet, was de winter 1909—10 vrij warm, vooral naar het oosten en noorden van het klimaatgebied toe. Vooral de maanden December en Februari waren ver boven het temperatuur-gemiddelde. (*Notices ms.*) **Ea.**

1912. Hiver tiède, sans gelée en décembre, mais avec quelques jours de froid très intense au commencement de février. — Tot 7 Januari een „winter zonder kou", zoodat vóór Nieuwjaar de sneeuwklokjes en hazelaars al bloeiden. In de Bilt was gedurende de maand December de thermometer niet onder het vriespunt gedaald. In Januari werd het kouder, vrij veel sneeuw, en den 28[en] zette een vrij hevige kou-periode in; 2 en 3 Febr. zelfs 20° C. vorst, een record voor die maand in Nederland sedert 60 jaar. Op 3 Fe. begon het echter reeds te dooien en de temp. van die maand, ook van Maart, lag boven het gemiddelde. In Holland was Dec. 1911 de warmste Dec.-maand sedert Dec. 1880; in Frankrijk was de winter warmer dan die van 1899. (*Notices ms.*) — En Allemagne il gela fortement vers le milieu de janvier. Beaucoup de neige en Angleterre et au Pays de Galles. A Paris, l'hiver de 1912 fut presque aussi chaud que celui de 1877. (*Notices ms.*) **Ea.**

1913. Hiver doux, avec des périodes de froid vers le milieu de janvier et du 15 au 26 février. — In de noordelijke provinciën van Nederland had het den 27 September reeds knap gevroren, maar tot begin Jan. bleef het weer zoo zacht, dat kruiskruid, muur enz. „bloeiden alsof het April was" (*Heimans*). Op 13 Jan. eindelijk „winter" en 15—26 Fe. tamelijk strenge vorst, zoodat schaatsen werd gereden. Maar van Jan. tot April daalden de maandgemiddelden niet tot normaal. April was koud. Een zachte winter dus. (*Notices ms.*) **Ea.**

1915. Le premier hiver après le commencement de la grande guerre fut plutôt tiède. — De „eerste oorlogswinter", 1914—15, was aan den zachten kant. Laatst Nov. en laatst Dec. ternauwernood een vliesje ijs in de grachten. Merkwaardig dat van alle drie wintermaanden de beide eerste decaden boven, de derde beneden de normale temperatuur lagen. (*Notices ms.*) — „Zwar, die Hasel blühte diesmal schon am Neujarstag und die erste Lerche liess sich schon am 9 Febr. hören..." (*Journal contemp.* Berlin) — Beaucoup de neige dans les Vosges. (*Journ. contemp.*) **Ea**.

1916. Hiver très doux, surtout dans les Pays-Bas et en France. Le mois de janvier fut d'une douceur exceptionelle. Courtes périodes de gelée en novembre et en février. — In Holland waren de drie eigenlijke wintermaanden, tesaam genomen, bijna even warm als die van 1877; te Parijs telden ze het hoogste warmteoverschot sedert 1852, alleen 1877 uitgezonderd. Een koude November, een warme December, een zeer warme Januari-maand. Jan. is de warmste geweest sedert 1849 in Utrecht waargenomen, terwijl 27—28 Nov. een der laagste Nov. temperaturen was geregistreerd! Nov. was meer dan 2 gr. onder, Jan. meer dan 4 gr. boven normaal. — In het laatst van Nov. werd een paar dagen schaatsengereden, en van 21—23 Fe. was er eenige vorst. (*Notices ms.*) — Overigens „een byzonder zachte winter". (*J. P. Thijsse*) **Ea**.

* *

CARACTÉRISTIQUE PROVISOIRE DES HIVERS 1917—1928.

1917. — Hiver rigoureux. Temp. à peu près normale jusque vers la mi-janvier. Très froid dans la 2e moitié de janv. et le commencement de février. Hiver plus rude encore dans l'Europe centrale.

1918. — Normal; décembre assez froid.

1919. — Normal. Période de gelée (3 semaines) en janvier et février.

1920. — Hiver doux, surtout dans sa seconde partie.

1921. — La première partie de l'hiver assez froid, janvier très doux.

1922. — Froid, vent du nord-est.

1923. — Assez tiède.

1924. — Hiver très froid.

1925. — Hiver tiède.

1926. — Froid au commencement, gelées intermittentes, févr. fut doux.

1927. — Hiver assez doux.

1928. — Une partie de nov. et déc. très froide, janvier et février doux.

CLASSIFICATION DES HIVERS

(EUROPE OCCIDENTALE)

Nombre approx. p. mille 1)	FRANÇAIS	ANGLAIS	HOLLANDAIS	ALLEMAND	DANOIS	LATIN	Coef. d. temp. moy approx. 2)
9	Grand hiver, H. excessivt. rigoureux	Exceptionally severe winter	Harde, uiterst strenge w.	Harter, äusserst strengerW.	Forfärdelig haard Vinter	Maxima Hiems	4
22	H. très rigoureux	Very severe w.	Zeer strenge w.	Sehr strengerW.	Meget streng V.	asperrima H.	10
83	H. rigoureux	Severe w.	Strenge w.	Strenger Winter	Streng V.	H. aspera	22
134	H. froid	Cold w.	Koude w.	Kalter Winter	Kold V.	—	35
109	H. normal plutôt froid	Normal rather c.	Normale w., naar d. k. kant	Normaler, ziemlich kalter W.	Normal V., snarest kold	—	42
264	Hiver normal	Normal winter	Normale winter	Normaler Winter	Normal Vinter	—	50
127	H. normal plutôt tiède	Normal, rather m.	Norm. w., naar d. zachten k.	Normaler, ziemlich gelinderW.	Normal V., snarest mild	—	57
203	H. tiède	Mild w.	Slappe winter	Gelinder Winter	Temmelig mild V.	—	68
40	H. doux	Very mild w.	Zachte winter	Milder Winter	Mild Vinter	H. suavis	79
9	H. très doux	Exceedingly mild w.	Zeer zachte w.	Sehr m. (warmer) Winter	Meget mild V.	H. suavissima	88

1) Voy. p. 31.
2) Exception faite pour les déviations extrêmes, trop peu nombreuses, ces valeurs ont été empruntées à la statistique 1757—1916.

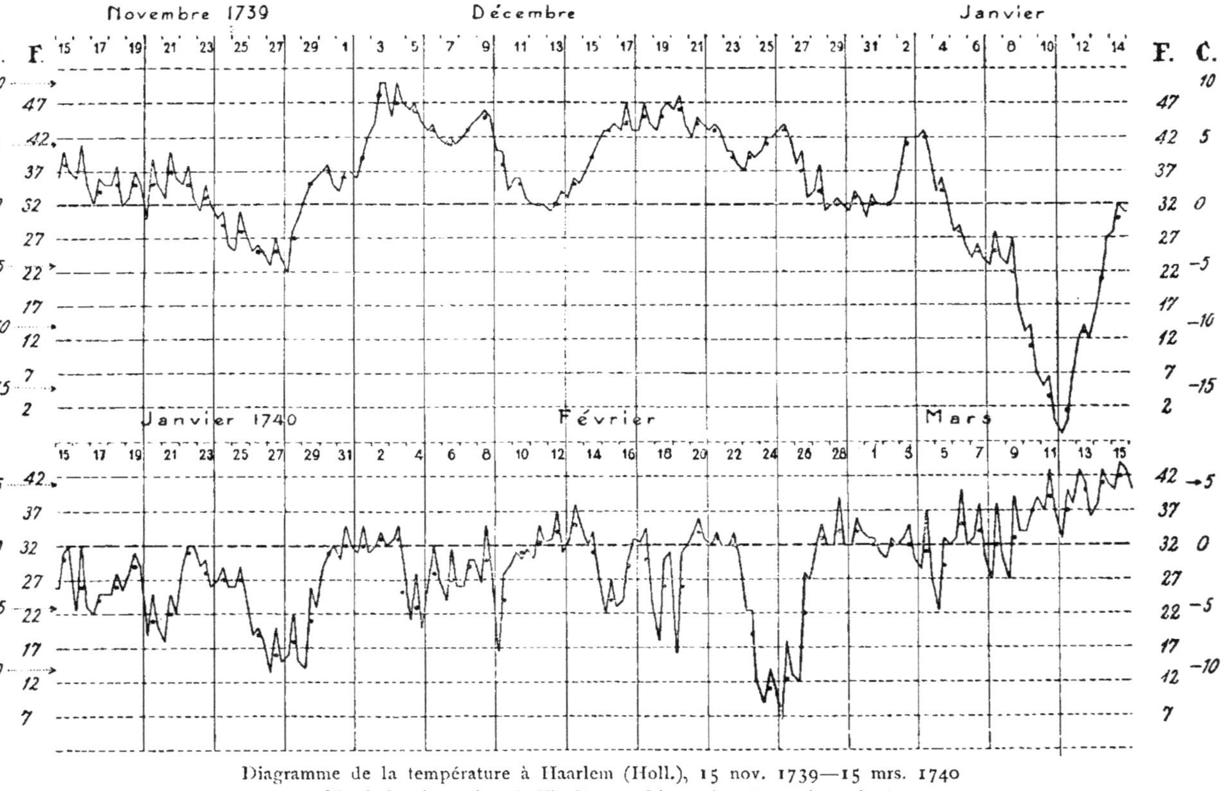

Diagramme de la température à Haarlem (Holl.), 15 nov. 1739—15 mrs. 1740
(D'après les observations de Nic. Duyn, 3 fois par jour, heures incertaines)

BIBLIOGRAPHIE

Cette Bibliographie comprend 3 parties:

A. Les compilations, qui ont été consultées principalement pour les données historiques contenues dans cet ouvrage;

B. Quelques études modernes sur les observations thermométriques, etc.

C. Les sources: chroniques, ouvrages historiques, etc.

Il serait impossible de tenir ces trois rubriques rigoureusement séparées. La plupart des chroniqueurs et historiens ne se bornent pas à relater les faits dont ils ont été témoins, mais sont aussi des compilateurs. D'autre part, des compilateurs comme Pilgram, Pfaff, Arago (Barral), Norlind, Speerschneider, Vanderlinden, accompagnent leurs tables de remarques critiques et de discussions intéressantes.

Pour le classement alphabétique on a pris l'initiale du *prénom* des auteurs du moyen-âge, l'initiale du nom de famille pour les auteurs modernes; on n'a pas tenu compte des mots *Ann.*, *Cal.*, *Chron.*, *Vita*, *Anonym.*, etc. ni de *le*, *la*, *de*, *St.* etc. devant les noms propres. — Exemples: **R**oberti Altiss., Philippe de **C**omynes, Anon. Rer. **D**anicarum Chr., Anon. **E**rfordiensis, Pierre de l'**E**stoile, le **B**eau, Chron. **A**ugustanum, Mém. p. servir à l'histoire de **F**rance et de Bourgogne.

Quelques titres sont précédés d'un ? ou d'une astérique *, indication de la valeur soit douteuse soit très grande des informations données; pour ces appréciations critiques et les détails biographiques nous avons suivi les autorités suivantes:

(db) Allgem. Deutsche Biographie, Bayer. Akad. v. Wiss., Leipzig 1875—1910,
(eg) Ersch & Gruber, Allg. Encyclopaedie 1818—1830,
(ge) La Grande Encyclopédie, Paris, Lamirault,
(gr) Graesse, Trésor de livres rares et précieux, 1867,
(le) Leslie Stephen & Sidney Lee, Dict. of Nat. Biography, London 1885—1901,
(mu) S. Muller Fz., Lijst v. Noord-Nederlandsche Kronyken, Utrecht 1880,
(pe) Hier. Pez, Scriptores rerum Austriacarum,
(pf) C. H. Pfaff, Ueber d. str. Winter vorzügl. d. XVIII Jahrh., Kiel 1809,
(pi) A Pilgram, Unters. ü. d. Wahrscheinliche der Wetterkunde, Wien 1788, [1])
(po) A. Potthast, Bibl. historica Medii Aevi, Berlin 1896,
(pr) H. Pirenne, Bibl. de l'histoire de Belgique, Brux. et Gand 1902.
(no) A. Norlind, Einige Bemerkungen über das Klima .... Lund et Leipzig 1914.
(vdl) E. Vanderlinden, Chron. d. événements mét. en Belgique, Bruxelles 1924.

Dans quelques cas, **(ea)** précédant le titre, indique que la valeur plus ou moins grande de l'ouvrage nous a frappé au cours du présent travail.

On pourra encore consulter les ouvrages suivants: Fontes Rer. Germanicarum, Mon. Germaniae hist. ed. Pertz, Publ. d. l. comm. royale d'histoire de la Belgique, Script. Rer. Danicarum med. aev., Scr. Rer. Suecicarum, etc.

---

1) Souvent d'après Pez, qui lui-même est „?" selon Potthast. Cependant, les remarques de Pilgram m'ont paru fondées dans un grand nombre de cas. — Ea.

L'indication du lieu où la chronique a été composée ou de la région à laquelle elle se rapporte, est *importante* pour se former une opinion sur la valeur que les informations peuvent avoir pour notre „province climatérique".

Nous avons omis un grand nombre de titres qu'on trouve dans l'ouvrage de Baker et autres livres qui traitent de régions voisines de celle qui nous occupe spécialement, de même en general les titres et numéros de journaux ou pamphlets consultés par les auteurs modernes. Du reste, dès que pour une région quelconque on possède des séries d'observations thermométriques d'une exactitude satisfaisante, les indices „populaires" perdent une grande partie de leur valeur.

ARAGO, FR. et BARRAL, J. A., *Sur l'état thermométrique du globe terrestre.* Oeuvres de Fr. Arago, tome VIII, Notices scientifiques 5 — Paris, 1858. (Amplification d'une étude antérieure par Fr. Arago: Notice scientif. Annuaire d. Bureau des Longitudes pour 1825) — **A.** — Général.

BAKER, T. H., *Records of the Seasons*, Prices and Agricultural Produce and Phenomena Observed in the British Isles; London, Simpkin, Marshall & Co. (1883?) Libr. Br. Museum 08755, e, 18 — **Ba.** — Angleterre.

BILLING, *Chronique des hivers rigoureux en Alsace* (1063—1788) Revue d'Alsace X, Colmar 1859 — **Bi.** — Alsace.

BÜNTI, Lorenz, Voy. Deschwanden.

COTTE, LOUIS, *Notice des grands hivers dont il est fait mention dans l'histoire, partic. 1799* (Journ. de phys., XLVIII, Par. 1799); Id. *Mémoires sur la météorologie.* — **Co.** — Général.

DARINGS, J. H., *De strengste winters in de Nederlanden.* Belg. Museum v. d. Nederd. Tael- en Letterkunde. (J. F. Willems) V., Gent 1841 — **Da.** — Belgique.

DESCHWANDEN, C., Witterungs-Notizen aus Lorenz Bünti's Stanzer Chronik. V. J. S. Naturf. Ges. Zürich, X, 1865 — **De.** — Suisse.

DUYN, NICOLAAS, *Historische aanmerkingen van drie strenge winters* (1709, 1740, 1742) — Haarlem [1746] — **D.** — Hollande, etc.

EASTON, C., Notices ms. et renseignements divers concernant les hivers depuis le milieu du XIXe siècle — **Ea.** — Pays-Bas, etc.

FLAMMARION, C., *L'hiver de 1890—91*, etc. — „l'Astronomie" X, Févr. 1891. — France, etc.

GAUTHIER, RAOUL, *L'hiver de 1909 et quelques hivers rigoureux à Genève*, Extrait du „Globe" XLVIII. Genève, Soc. gén. d'imprimerie, 1909. — Suisse.

Id. *Hivers chauds, années très humides et très sèches* — Extrait du „Globe", L., Genève, Soc. gén. d'imprimerie, 1911. — Suisse.

HARTKAMP, A. TH., Collection de documents sur les hivers rigoureux. — **Hk.** — Hollande.

HELLMANN, G., *Die milden Winter Berlins seit 1720.* (Zeits. K. Preuss. statist. Bureaus, 1884) — **Hl.** — Allemagne.

Id. *Untersuchungen über milde Winter* (Das Wetter, XV, 1898) — **Hl.** — Allemagne.

HENNIG, *Katalog bemerkenswerter Witterungsereignisse* (— 1800). Berlin 1904 (Abh. K. Preuss. Met. Inst., Bd. II, 4) — **Hn.** — Allemagne, etc.

HERING, J. H., *Tafereel van harde winters*, Amsteldam, Jac. v. d. Burgh & Zn., 1784 — **H.** — Hollande.

HISTORISCH VERHAAL van ... HARDE WINTERS, inzonderheid van den Jaare 1709 et 1740. Door Een Liefhebber. (Anon. et sans date, mais: 1740) Amsterdam, A. v. Huyssteen en Steeve v. Esveldt. — **H. V.** — Hollande, etc.

LOWE, E. J., *Natural Phenomena and Chronology of the Seasons.... since A. D. 220.* (London, Bell & Daldy, 1870) — **Lo.** — Angleterre.

NEIKTER, JAC. FR., *Rigidiores Hiemes*, ex annalibus, praesertim medii aevi, collecta (Nova Acta Upsal. VI, 1799) — **N.** — Pays du nord, etc.

NORLIND, ARNOLD, Einige Bemerkungen ueber das Klima der historischen Zeit, nebst *einem Verzeichnis mittelalterlicher Witterungserscheinungen*, — 1499. (Lund-Leipzig, 1914) — **No.** — Europe centr., France, Belgique.

PEIGNOT, G., *Essai chronologique sur les hivers les plus rigoureux* depuis 396 av. J. C. jusqu'en 1820, etc. (Paris et Dijon, 1821) — **G.-P.** — Général.

PFAFF, C. H., *Ueber die strengen Winter, vorzüglich des XVIII Jahrhunderts.* Kiel, 1809 — **Pf.** — Général.

PILGRAM, ANTON, *Untersuchungen über das wahrscheinliche der Wetterkunde.* Wien 1788 — **P.** — Europe centrale, etc.

QUÉTELET, L. A. J., *Sur le climat de la Belgique*, Bruxelles (1857). Belgique.

ROCHE, *Le Climat actuel de Montpellier*, 1882 (Notices d'André Delort, 1670—1789) — **Ro.** — Montpellier, France.

SCHNURRER, F., *Chronik der Seuchen* in Verbindung mit den gleichzeitigen Vorgängen in der physischen Welt. Tübingen, Chr. Osiander, 1823—25. — **Schn.** — Général.

SPEERSCHNEIDER, C. I. H., *Om Isforholdene i Danske Farvander i aeldre og nyere Tid, Aarene 690—1860.* Publik. fra det Danske Met. Institut; Meddelelser n⁰ 2, Kjøb., G. E. C. Gad, 1915. — **Sp.** — Pays du nord, etc.

SWINDEN, J. H. v., *Observations* sur le froid rigoureux ... 1776; Id. *Dissertation* sur la comparaison des thermomètres; Amsterdam, M. M. Rey, 1778; Id. *Lettres s. l. grands hivers* (Journal de Physique I). Hollande, etc.

VANDERLINDEN, E., *Chronique des événements météorologiques en Belgique*, jusqu'en 1834. Bruxelles, Hayez, 1924 — **Vdl.** — Belgique et régions limitrophes.

WOLF, R., Auszüge aus verschied. handschr. *Chroniken der Stadsbibliothek in Winterthur.* Vierteljs. Naturf. Gesells. in Zürich X, 1865. — **Wo.** — Suisse.

ANGOT, A., Premier Catalogue des observations météor. faites en France depuis l'origine jusqu'en 1850. — Ann. Bur. Central Météor. de France, 1895. (Bibliographie, sources.)

Id. Sur une mode de classification des hivers. Ann. d. l. Soc. météorol. de France, 1913. Classification.

Id. Études sur le climat de la France. — Annales du Bureau Central météorologique de France; 1897, 1900. France et régions limitrophes.

BERGHOLZ, PAUL, Ergebnisse der meteorologischen Beobachtungen in Bremen, 1803—1894. — Brème, Allemagne.

BÖGNER, Ueber strenge Winter in den Jahren 764 bis auf die neueste Zeit, Frankfurt a. M. 1841. (Principalement d'après Schnurrer, suivant Köppen). — Allemagne, etc.

BRÜCKNER, Ed., Klimaschwankungen seit 1700. — Geogr. Abhandl. IV, 2. 1890. — Général.

BUCHAN, A., The Temperature of London for 130 years from 1763 to 1892. J. Scot. Meteor. Soc., Series 3, Vol. IX, 1891. — Angleterre.

BUYS BALLOT, C. H., Les changements périodiques du temps 1729—1846. Utrecht, 1847. — Général.

Id. Gemidd. temperatuurwaarnemingen in Europa, naar vroegere waarnemingen, tot Nov. 1870. — Ned. Meteorol. Jaarboek v. 1871, Utrecht 1875. — Général.

CELORIA, GIOV., Sulle variazioni per. e non per. della temper., Milano 1874. — Général.

CLUZOT, Histoire et Météorologie. (Revue hist. et philosophique, 1906.) — Bibliographie.

DEVILLE, STE- CLAIRE, Note... sur la périodicité des grands hivers de Renou. (C. R. Paris, LXXII, 1871.) — France.

DOVE, H. W., Ueber lang andauernde Winterkälte, insbesondere die in Wien, von 1870—71. (Monatsber. Ak. Berlin 1871, Zts. Met. Wien, VIII, 1872.) — Autriche, etc.

EASTON, C., Periodicity of Winter Temperatures in Western Europe, since A. D. 760. (Proceedings Kon. Akademie van Wetenschappen te Amsterdam, XX, 8.) — Europe occidentale.

Id. Rangschikking der winters (Classification des hivers). — „Hemel en Dampkring", XX, mai 1922. — Classification.

EVERDINGEN, E. VAN, IJswinters. — „Hemel en Dampkring," XXI, 2, Febr. 1923. — Classification.

GLAISHER, JAMES, Sequel to a Paper on the Reduction of the Thermometrical Observations. (Phil. Trans. 1850, II) — Angleterre.

GROSSE, W., Beiträge zur Klimabeurteilung Bremens. Bremen, Illing u. Lücken 1911. — Brème, Allemagne.

HAGER, H., List of famines, severe winters etc. 1100—1315 (Proc. Lit. Phil. Soc. Manchester XX, 1880—81). — Angleterre, etc.

HANN, J. v., Handbuch der Klimatologie. — Général, zones climatériques.

HARTMAN, CH. M. A., Le climat des Pays-Bas, B. Température de l'air. — Publ. de l'Inst. Roy. Mét. des Pays-Bas, n° 102. Utrecht, Kemink & fils 1918. — Observ[ns] mét. 1852—1917. Discussion Zwanenburg 1743—1860. —Pays-Bas.

HELLMANN, G., Wetterprognosen und Wetterberichte d. XV u. XVI Jh. (Neudrucke N° 12) Berlin 1899. — Id. Denkmäler mittelalterlicher Meteorologie (Neudrucke N° 15) Berlin 1904. — Moyen-âge; facsimilés.

Id. Das Klima von Berlin, II. Lufttemperatur. Berlin 1910. — Berlin.

Id. Die milden Winter Berlins seit 1720. (Das Wetter, 1898.) — Id. Ueber strenge Winter. (Sitzungsber. K. Preuss. Akad. d. Wiss. 1917.) — Classification.

HILDEBRANDSSON, H. H., Beitrag z. e. Verzeichnung der strengen Winter Europa's (Zeits. Met. Wien, XVI, 1881) — Général.

HISTOIRE de la météorologie en Belgique. (Annuaire mét. de l'Observatoire royal, 1901—1903.) — Bibliographie.

HOPKINS, On irregularities in the winter temperature of the British Islands. (Proc. Phil. Soc., Manchester, I, 1857—60). — Angleterre.

KÖPPEN, WL., Annalen d. Hydrogr. u. marit. Meteorologie XXV, ii, 1917; Id Meteor. Zeitschrift XXXV, 3, 4. — Général.

KÖPPEN, WL., Ueber mehrjährige Perioden der Witterung (2 Aufsätze). IV, Die strengen Winter Europa's. (Zeits. d. Österr. Ges. für Meteor. XVI, 1881). — Classification.

LANCASTER, A., Annuaire météorologique pour 1905, Obs. roy. de Belgique. „Température", p. 175. Observ. à Brux.-Uccle 1833—1904. — Belgique.

LOEWE, J. K. C., Tabelle der Kälte-Extreme in den Wintern 1709, '38, '40, '55, '67, '76, '85, für 39 europäischen Orte. (Phys.-oekonom. Zeitg., Halle, 1785). — Général.

MOLL, G., Eenige berichten over hevige winters in deze landen. (Bijdragen tot de natuurk. wetensch. V, 1830). — Pays-Bas.

MÖRIKOFER, W., Klimatische Normalwerte für Basel. (Vhd. Naturf. Ges. in Basel XXVII, 1916). — Bâle, Suisse.

MOSSMAN, R. C., The Meteorology of Edinburgh. (Proc. R. Soc. Ed. XXXIX, 1.) — Édinbourg, Écosse.

MUELLER, W. C., Ausserordentl. Wärme und Kälte... seit 500 Jahre, nach Bremer, Hamburger u.a. Chroniken, Bremen 1823. — Allemagne.

PINGRÉ, A. G., Mémoire sur quelques grands hivers du dernier [XVIIe] siècle. (Mém. de Paris, 1789). — France.

PLANTAMOUR, Nouv. Etudes sur le climat de Genève, 1876. — Genève.

PROCTOR, R. A., Cold Winters. (Gentlemans Magazine, XXII, London 1878). — Général.

RENOU, E., Périodicité des grands hivers. (Annuaire de la Soc. météorologique de France, IX, 1861.) — France.

Id. Études sur le le climat de Paris, III, Température. Annales du Bureau Central Météor. de France 1887. (Paris 1889). — Paris.

RIGGENBACH, ALB., Die Geschichte der meteorol. Beobachtungen in Basel. Basel, Reinhard, 1892. — Bâle, Suisse.

ROTTÉE, Tableau chronol. des phénomènes météor. obs. dans le pays qui forme aujourd'hui le dépt. de l'Oise. (Ann. Soc. Mét. de France, 1858). — France.

VAN DER STOK, J. P., Het Klimaat van Nederland. (Tijdschrift Kon. Ned. Aardrijkskundig Genootschap, Leiden, Brill, XXXV.) — Pays-Bas.

STRUB, WALTER, Die Temperaturverhältnisse von Basel. Basel, Em. Birkhäuser 1910. — Bâle, Suisse.

SUPAN, A., — Die Temperaturzonen der Erde. Grundzüge der Phys. Erdkunde, 4e Aufl. — Général; zones climatériques.

VERSLAGEN van den Landbouw in Nederland [aan den Min. v. Binn. Zaken]. 's-Gravenhage, v. Weelden & Mingelen. (Rapports offic. concernant l'agriculture). 1851—1891. — Pays-Bas.

VINCENT, J., Bibliographie des traités de météorologie. (Ann. mét. de l'Observatoire royal de Belgique, 1905.) — Bibliographie générale.

VOGEL, Die alten Chroniken der Stadt u. Landschaft Zürich (Z. 1845). Suisse.

WARD, ROB. DE C., The Climatic Zones and Their Subdivisions (Bull. American Geogr. Soc., 1905) — Id. The Classification of Climates. Ibid. 1906. — Général; zones climatériques.

Abbeville, Livre de raison d'un bourgeois d'Abb. (XVIIIe siècle.) Ed. A. Tillette. — VDL. — *France septentrionale.*
Id. Livre de raison d'un maieur d'Abb. 1543—1613. — VDL. *France septentrionale.*
Adelmus Benedictinus = Eginhard († 840) Eginhardi Annales. — N, A. — *France, etc.*
Chron. Admuntensis ap. H. Pez. — 1250 — P. — *Mon. Admont. pr. Kremsmünster, Styrie.*
Chron. S. Ado † 875 = Chr. sive Breviarium chr^{m} (— 869) — P. — *Vienne, France.*
Chron^{a} S. Aegidii = Chron. minor auct. Minorita Erphordense, ap. Pistorium. (— 1474) — P. — *Allemagne septentr.*
Kron. v. d. Agnietenberg. Thomas à Kempis. — Ed. Rosweyde, 1621. — *Zwolle, Pays-Bas.*
Aimonius (Aymon), † 1008, monachus Floriacensis, „Historia Francorum". (— 653) — N, A. — *Fleury, Bourgogne, France.*
Chron^{a} Alberici, monachi Trium Fontium, a monacho novi Mon. Hoiensis interpolata. — VDL. — Trois-Fontaines, *Huy, Belgique.*
Albertis Metensis Chronicon ± 1030. — P. — *Metz, Lorraine.*
J. H. Alsted. Thesaurum chronologiae, 1628. — P. — *Herborn, Nassau, Allemagne.*
Anna Comnena Alexiados, Histoire de l'empereur Alex. I Comnenus (1069—1118) — N. — *Byzance.*
Ann. Altahenses. (H. Steoro) c. cont. (— 1334) — P. — Mon. *Nieder-Altach, Bavière.*
Annales Sancti Amandi. — VDL. — *Gand, Belgique.*
Chron. Andegavense. (678—1251) — A. — *Angers, France.*
Chron. Andrensis monast. (1024—1234) — A. — *Andres, Boulogne, France sept.*
Annalium Angliae excerpta. — No. — *Angleterre.*
Vitus Arnpeckius, (Arenpeck, prieur à Ebersperg) Chron. Austriacum, ap. Pez. (— 1488) — P. — *Autriche.*
Auberti Miraei Rerum belgicarum chronicon, Anvers 1636. — VDL. — *Belgique.*
Ann. Augienses. (709—954) — A. — *Reichenau, Allem. mér.*
Ann. Aug. (min.) = Annales Augustani minores. — No. — *Augsburg, Bavière.*
Catal. episc. Augustanorum et abb. S. Afrae. (— 1167) — SCHN. — *Augsburg, Bavière.*
Chron. Augustanum, ap. Freher (991—1102). — P. — *Augsburg, Bav.*
S. Augustinus † 430, Ed Migne, Paris 1841. — A. — *Empire romain.*
Historia Austriaca = cont. Zwetlensis? (— 1344) — P. — Mon. *Heil. Kreuz, pr. Vienne, Autriche.*
Chronicon Austriacum ap. Freher. (852—1327) — P. — Mon. *Heil. Kreuz, pr. Vienne, Autr.?*
Baker, Geoffrey, Chron. of England, 1re partie, d'après Adam of Murimuth. (— 1356) — A. — *Angleterre.*
Chronicon Balduini Ninovensis. Ed. De Smet. — VDL. — *Ninove, Belgique.*
Annales Basileenses. — No. — *Bâle, Suisse.*
Baster, Job, Waarnemingen te Zierikzee. — Uitg. Zeeuwsch Genootschap te Vlissingen. — VDL. — *Prov. de Zélande, Pays-Bas.*

Chronique du règne de Jean de Bavière. — Ed. S. Balau, Brux. 1913. — VDL. — *Belgique.*
Chronicon S. Bavonis scriptum... ab auct. anonymo (XVe siècle). — Ed. De Smet. — VDL. — *Flandre.*
Le Beau, Histoire du Bas-Empire. — N. — *Empire romain.*
Beda (Venerabilis Beda), Histor. ecclesiastica gentis Anglorum. (— 726) — P. — *Durham, Northumberland, Angleterre.*
Chron. Belgicum Magnum ap. Pistorium, (54—1474, partic. 1458—74) — N., P. — *Pays-Bas.*
Joh. Bembus Chronicon Venetum. (— 1339) — P. — *Italie septentr.*
Ann. Beneventani. (788—1130) — A. — Mon. de *Benevento, Naples.*
? pi. Berliner Lehrbuch, Hecker's, 1783 — P. — *Europe centrale.*
Kron. ms. d. abdij S. Bernardus a. d. Schelde. Ed. Becker, Studiën op godsd.... gebied, N. R. 23 Dl. 36, Utrecht 1891 (1237—1252). — *Flandre.*
Bernegger, Matth. — Observationes historico-politicae (1656). — A. — *Strasbourg, Alsace.*
* * po. Bernoldus Constantiensis, mon. S. Blasii, Berthold ap. Pez. (1059—1094) — P. — *Schaffhausen, Suisse.*
* po. Ann. Bertiniani (741—882) — A. — S. Bertin dioc. *S. Omer, France sept.*
Chronica mon. Sancti Bertini, auct. Joh. Longo de Ipra. — VDL. — S. Bertin, dioc. *S. Omer, France sept.*
Bevis, John († 1771) — Phil. Trans 58. — L., PF. — *Angleterre.*
Bicker Raye. Jac. — „Notitie", cit. Brouwer Ancher, „Nieuws van den Dag", 27 Dec. 1896. — HK. — *Hollande.*
? ? pi. Bildersaal der Weltgeschichte. — Cf. Strakosch, D. Geschichtsblätter XIX (1918) — P. — *Europe centrale.*
Bircherods Dagbøger (1658—1708) Kjøbenhavn 1846. — SP. — *Danemarc.*
Chronique de Sébastien de Blanchard. — Ed. Peters, 1898. — VDL. — *Gd. Duché de Luxembourg.*
Ann. abbatiae S. Petri Blandiniensis. — Ed. Vandeputte 1842. (— 1292) — A., VDL. — *Blandigny pr. Gand, Belgique.*
Blomme, Chroniques de Termonde. Term. 1900. — VDL. — *Flandre.*
? ? po. Hector Boethius, Hist^ae^ Scotorum. (— 1488) — N. — *Aberdeen, Ecosse.*
Bonfinii (A., Bonfinius † 1502) Rer. Hungaricarum (364—1495) — N. *Hongrie.*
Borrebye, Raritaet-Kamre, 1750 — SP. — *Danemarc, etc.*
Ann. Bosovienses; cont. Eccard. (1125—1195) — P. — Bosau pr. *Naumburg, Saxe.*
Boteri (Giov. Botero † 1617) Commentarius de rebus in Gallia gestis. — N. — *France.*
Bouillaud, ms. cité par Pingré, Mém. Acad. d. Sc. p. 1789. — G.-P., A. — *France.*
Dom Bouquet, Chronique anonyme. (XIIIe siècle) — G.-P. — *France.*
Bouillet, Mémoires de l'Académie des Sciences, Paris 1733 — PF. — *France.*
Brabantsche Chronyk. Ed. Piot. — VDL. — *Brabant.*
Tyge Brahe, Meteor. Dagbog (1582—1597) Ed. P. la Cour, Kjøbenhavn, 1876 — SP. — *Danemarc.*

Chronique de Jean Brandon, Ed. Kervyn de Lettenhove — Brux. 1870. — VDL. — *Belgique.*

Braun, Novi Comment. Ac. Petr. VII, 1755 — PF. — *Russie.*

Guillaume le Breton († 1227), De gestis Philippi Augusti. — A. — *France.*

Antiquitates Britannicae ap. Pez — P. — *Angleterre.*

Ann. Brunwilarenses (1000—1179) — A. — Brauweiler (Brunwilre) dioc. *Cologne.*

Chronique de la ville de Bruxelles (1040—1779; Voy. VDL. 89) — VDL. — *Bruxelles.*

Bullingeri, (H. Bullinger † 1575) Hist. sui temporis. — N. — *Suisse.*

Chronique d'Adrien de But. Ed. Kervyn de Lettenhove. Brux. 1870. — VDL. — *Belgique.*

*eg. Calvisius, S. — Opus chronologicum, 1605 — A., N. — *Thuringe, Allemagne.*

Annales Cameracenses — VDL. — *Cambrai, France septentr.*

Camerarius, J. († 1574) Bellum Schmalkandicum, ap Freher. — P. — *Leipsic, Allemagne.*

Fasti Campilil. = Necrologium Campililiense ap. Hanthaler, Rer. arch. Camp. II — N. — Mon. Lilienfeld, *Passau, Autriche.*

Du Cange (Ch. Dufresne, sieur du C. † 1688) Historia Byzantina, Paris 1680 — A. — *Europe (S. Est).*

Cantzlaar, Jan, Vrieskoude, in 't bijzonder over 1798—1799, Rotterdam, N. Cornel, 1799 (Monographie). — *Hollande.*

?ea. Chronique de François Joseph de Castro. — VDL. — *Flandre.*

J. A. J. de Castro, De kleine chronycke van — Ed. Dilis (VDL. 120) — VDL. — *Flandre.*

Catrou et Rouillé, Histoire romaine, Paris 1725 — A. — *Empire romain.*

Cedreni Annales, Synopsis hist., (— 1057) — A. — *Byzance.*

Celsius, A., Miscell. Berol. V, 1732, Schwed. Abhand. III 1740 (1701—1744) — PF. — *Suède.*

Abbé Chevalier, Observations sur la température de l'hiver de 1782. — Mém. Acad. de Bruxelles, IV. — VDL. — *Belgique.*

Chron. Anonymi = Chronologia An. Veteris, ap. Benzelium (Ericus Benzelius † 1743, Mon. Hist[a] vetera Ecclesiae Sueo-Gothicae) — (826—1405) — N. — *Suède etc.*

Chraft = Andreas presb. Ratisbonensis († 1439) — P. — *Bavière.*

?ea. Chambers, Ephraim († 1740). — Cyclopedia, 1728. — BA., L. — *Angleterre.*

Ann. Claustroneoburgenses = Cont. Cl. ap Pez. (1075—1388). — P. — Klosterneuburg près *Vienne, Autr.*

Clercq, Jacques du —, Mémoires, (1448—1467) — A. — *Arras, France septentr.*

Clos. Études sur la météorologie du pays toulousais. — A., PF. — *Toulouse, France mérid.*

Clouzot, Etienne — Les inondations à Paris, du VIe siècle jusqu'à 1650. („La Géographie", XXIII No. 2, 1911). *Paris.*

Annales Colbazenses. — No. — Colbaz, *Kammin, pr. Stettin, Allem.*

*pi. Ann. Colmar ap. Urstisius (1232—1303) — P. — *Alsace.*

Cölner Jahrbüchern des XIV und XV Jahrhunderts. — VDL. — *Cologne, Prusse rhénane.*

Annales Colonienses maximi. — VDL. — *Cologne.*
Annales S. Pantaleonis Coloniensis. — No. — *Cologne.*
*pa. Ann. Sa. Columbae Senonenses. (708—1218) — A. — Sennes pr. *S. Dié, Alsace.*
Commelin, C. — Beschrijvinge van Amsterdam, 2e éd. Amsterd. 1726. — H. — *Amsterdam.*
Comines, Philippe de, Mémoires (1464—1488) — A. — *France.*
Coppieters-Stochhove, Archives de S. Nicolas à Gand, 1904. — VDL. — *Flandre.*
Ann. Corbeienses. — No. — Corvey, *Paderborn, Westphalie.*
Dagboek van Cornelis en Philip van Campene. — Ed. De Potter, Gand 1870 — VDL. — *Flandre.*
Cornelissen, J. L., Chron. ms. — DA. — *Belgique.*
Cosmas Pragensis † 1125, Chronica Boemorm. — N. — *Bohème etc.*
Cranzius, A. (Alb. Krantz) † 1517, Wandalia — N. — *Prusse orient., Livonie.*
Crantz, David, The History of Greenland, 1767 (Geograph. Journal 1914 p. 303). — *Pays du nord.*
Du Crest, Acta Helvetica III (1709, '40, '42) — PF. — *Suisse.*
Crévier, J. B. L., † 1765. Histoire des Empereurs romains. — A. — *Empire romain.*
Cromeri, Martin Cromer (Kromer) † 1589. Polonia sive de situ... (1577) — N. — *Pologne.*
Crusius, Chr. C. (1715—1767), Opusculi ad historiam Altenburg 1767 — SCHN. — *Allemagne.*
Curtis, Jaerboeken der stad Brugge, Bruges 1765. — VDL. — *Flandre.*
Dalin, Olaf af —, Svea Rikes Historia (1747—62) — N. — *Suède.*
Anoni. Rerum Danicarum Chronologia ap. J. P. de Ludewig. (1046—1556) — N. — *Danemarc.*
Daniel, Le Père Gabriel, Histoire de France (1713) — A. — *France.*
Delort, André, Notices climatologiques — Ro. — Montpellier, *France mérid.*
Chroniques de S. Denys (Paris 1514) — A. — *Paris, France.*
Derham, W. († 1735) — „The History of the great frost in the last Winter 1708—09," Phil. Trans. 26. — PF., L. — *Upminster, Angleterre.*
Chr. Detmari. (Ditmari Chr.) Thietmarus, episc. Merseburgensis. (976—1018) — A. — *Merseburg, Allemagne sept.*
Notae Diessenses. — No. — Diessen, *Augsburg, Bavière.*
Ann. S. Dionysii Remenses — No. — *Reims, France.*
Le Mémorial d'un bourgeois de Doissart. — Ed. Ledieu.... — VDL. — *France septentrionale.*
?po. Chron. S. Dorotheae ap. Pez. — P. — *Vienne, Autriche.*
Dubravsky, Historiae Regn. Bohemiae (1550) — P. — *Bohème.*
Duhamel de Monceau, Mém. Ac. Sc. (1764—1776) — PF., A. — *France.*
*ea. Duyn, Nic. — Historische aanmerkingen van drie strenge winters (1709, 1740, 1742) Haarlem, [1743]. — *Hollande etc.*
Easton, James — Human Longevity, Salisbury, 1800 — Ba. — *Angleterre.*
Eckersberg's Journaler for København. (1827—1851) — SP. — *Danemarc.*
Eginhardi Annales = Einhardi Ann. — Voy. Adelmus.
Annales Egmundani — Ed. De Geer v. Jutfaas, Werken Hist. Gen. Utrecht, I — VDL. — *Egmond, Hollande.*

Ann. Einsidlenses. — No. — Einsiedeln, *Constanz, Suisse.*
Ann. Eichstettenses ap. Freher; „Gesta epist. Eichstettensium", Comp. Henricus de Rebdorf. — *Eichstadt, Bavière.*
Ann. Elnonenses maiores = Chron. Elnonense S. Amandi (534—1223) — A. — Elno, *Flandre.*
Breve Chron. Elnonense S. Amandi. — Ed. De Smet, 1841. — VDL. — Elno, *Flandre.*
Annales Elwangenses. — No. — Ellwangen, *Augsburg, Bavière.*
*po. Chron. Elwacense = Chr. Elwangense (— 1477) — Ellwangen, *Augsburg, Bavière.*
Chronique des curés d'Emael [VDL. N° 139], (1582—1815) — VDL. — *Tongres, Limbourg belge.*
? ca. Ubbo Emmius, Rerum Frisicarum Historia, Lugd. Batav. 1616 — D., N. — *Frise, Pays-Bas.*
Emonis et Menconis Chronicon — (Emo † 1237, Menko † 1275) Kron. v. Wittewirum, Ed. Feith, Acker Stratingh. Werken Hist. Gen. Utr. 4. (— 1295) — No., VDL. — *Frise.*
*po. Enguerrand de Monstrelet. Le premier volume... des chroniques de France. (1400—1444, cont. — 1516) — A. — *France et Flandre.*
Anon^s^ Erfordiensis, ap. Pistorium (— 1427) — P. — *Erfurt, Allemagne.*
Ann. S. Petri Erphesfurdensis. — No. — *Erfurt, Allemagne.*
Annales Erphordenses. — No. — *Erfurt, Allemagne.*
Eine Essener Stadtchronik (1593—1622) — VDL. — *Essen, Rhénanie.*
l'Estoile, Pierre de — Journal de Henri III, Journ. de Henri IV († 1611) — A. — *France.*
Chronicon Evershamense, Bruges 1847. — VDL. — *Flandre.*
? db. Falkenstein, J. H. v. († 1760) — Antiquitates Nordgavienses. — P. — *Allemagne du Nord.*
*ge. Félibien, Michel, Histoire de la ville de Paris (1725) — A. — *Paris.*
** po. Ann. Flodoardi (919—978) — A. — *Reims, France.*
Chron^a^ S. Florentii Salmuriensis (700—1236) — A. — Mon. S. Florent pr. *Saumur, France.*
Chron. Floriacense (surtout d'après les Ann. Augienses ([Po.]); 686—1060) — A. — Fleury, *Bourgogne, France.*
Chron. Fontanellense = Gesta abbatum F^ium^, c. cont. (645—850) — A. — Rouen, *Normandie, France.*
Annales Formoselenses — No., VDL. — Vormezeele, pr. *Ypres, Flandre.*
Ann. Fossenses (1123—1389) — A. — Fosses, dioc. *Liége, Belgique.*
Foullon, Historiae Leodienses. Liége, 1737 — VDL. — *Prov. de Liége, Belgique.*
Frachet, Voy. Girardi de Fracheto.
„Mémoires pour servir à l'histoire de France et de Bourgogne", Paris (1729) — A. — *Bourgogne, France.*
Historiae Francicae fragmentum. (814—1108) — A. — *France.*
*po. Frisingensis (Otto Fris) Chronicon seu rerum... (— 1146) — P. — *Freisingen, Bavière.*
Historia Frisica Winsemii. — Windesheim, pr. *Zwolle, Overijsel, Pays-Bas.*

Fritsch, Voy. Frytschius.
Froidmont Libert (Fromondus) † 1653, Meteorologicarum libri sex Antverpiae, 1627. — A., VDL. — *Belgique.*
Frytschius (Marcus), Meteororum... loci fere omnes... item catalogus prodigiorum... Norimbergae 1555. — P. — *Europe centrale.*
Fugger, Joh. Jac. — „Spiegel der Ehren" (1668) — P. — *Autriche.*
**po. Ann^s^. Fuldenses (680—901) — A., P. — Monast. Fulda, dioc. *Mayence, Allemagne.*
G. F. Galliot, Hist. gén. ecclés. et civ. de la ville et comté de Namur. (Liége, 1791) — DA. — *Namur, Belgique.*
Das Stadtbuch... von Gangelt. — VDL. — Sittard, *Limbourg néerlandais.*
Gasparin, A. E. P. de († 1862) Notes manuscrites (Commenc^t^. du XIXe siècle) — A. — *France.*
Id. Cours d'agriculture. — A. — *France.*
Gemma, Cornelius, De naturae divinis characterismis, 1575. — VDL. — *Louvain, Belgique.*
Girardi de Fracheto (Frascheto)]chronicon (— 1266, cont. — 1328) — A. — *Limousin, France.*
Memorieboek van Gent (1301—1393) Ed. Van der Meersch 1861. — VDL. — *Flandre.*
Godefridus mon. S. Pantaleonis, ap. Freher. (1164—1237) Voy. Ann. Col. — P. — *Cologne, Allemagne.*
Goethals, Jaerboek... van Kortrijk. Courtrai 1814. (VDL. N^0^ 155) — VDL. — *Belgique, etc.*
Goutsche chronykje, Het oude — = Chron. ofte hist. (i. v. Jan van Naeldwyck) — *Gouda, Hollande.*
Grischouw, Miscell Berol. VI — PF. — *Allemagne.*
Guignier, Histoire de la ville de Lessines. — VDL. — *Prov. de Hainaut, Belgique.*
Guil^i^ de Nangiaco chron. = Guillaume de Nangis (— 1300, d'après Sigebert — 1113) — A. — *S. Denis, France.*
Guilelmus de Podio-Laurentius = Guill. de Puy Laurens, Historia Albigensium s. Chron. s. bell. adv. Albigenses. (1099—1272) — A. — *France méridionale.*
Gunneweg, H., Notes manuscrites depuis 1858 jusqu'en 1904. — EA. — *Hollande.*
Haan, E. den — Notes manuscrites depuis 1880. — EA. — *Hollande.*
Hagen, Matth. — Chronica des Landes Oesterreich (— 1398) — SCHN. — *Autriche.*
Hamsfort, Chronol. sec. ap. Langebek. Dern. partie 16e siècle. — N. — *Slesvig, Danemarc.*
Hanow, M. C., Seltenheiten der Natur und Oekonomie, II (Leipzig 1753); — Id., Phil. nat. sive physica dogmatica, Halae Magdeburgi, 1768. — PF. — *Allemagne, Pays du nord.*
Hattum, B. J. van — Geschiedenissen der stad Zwolle (1767—73) — D. — Zwolle, prov. *d'Overijsel, Pays-Bas.*
Haverlant, Essai chronologique pour servir à l'histoire de Tournai. Tournai 1805. — VDL. — Prov. de *Hainaut, Belgique.*
Hellandt, Schwed. Abh. 1759. — PF. — *Suède.*
Journal de Henri III et de Henri IV. Voy. De l'Estoile.

Henricus de Rebdorf, Chronica s. Annales imper. et paparum. (1294—1362) Comp.: Ann. Eist. — P. — *Eichstadt, Bavière.*
Hepidani Annales = Ann. Sangallenses mai.
Herimanni contracti Chronicon = H. Augienses ap. Urstisium (764—1063) — P., A. — Monast de Reichenau, *Allemagne méridionale.*
Hermann von Hessen, Landgraf — Historia Meteorologica, Cassel, 1651 (1623—1646) *Hesse, Allemagne.*
Hertzog, A. Die Weinjahre des lothringer Moselthales, nach den Chroniken zusammengestellt. — VDL. — *Lorraine.*
Jean Hervianus de Hermalle-sous-Argenteau, Notes du curé — Ed. J. Geyssen. (1684—1714) — VDL. — Prov. de *Liége, Belgique.*
La Hire, Mém. de l'Acad. des Sc., 1710, — PF. — *France.*
*po. Codex Hirsaugiensis (— 1205, cont. — 1596) — N. — Mon. Hirsau, *Wurtemberg.*
Hoffmanni Ann. Babenbergensis (Chr. Hoffmann † 1735) Nova Scriptorum Collectio. (1137—1180) — N. — *Bamberg, Bavière.*
Holinshed (Hollingshead), Raph. — Chron. of England, Scotlande and Irelande, 1577. — BA. — Bramcote, *Warwickshire, Angleterre.*
Hollmann, Göttinger gelehrt. Anzeiger, 1755. — PF. — *Allemagne.*
D'Hombres-Firmas, Notes manuscrites (Commenc. du XIXe siècle.) — A. — Alais, Gard, *France mérid.*
Honig, Jac. — Notes manuscrites, rédigées dans la famille de — (depuis 1700) — EA. — *Hollande.*
Chronique du règne de Jean de Horne. Ed. S. Balau, Brux. 1913 — VDL. — *Belgique.*
Huxham, J. — Opera, Lips. 1773. (1692—1768) — PF. — *Angleterre.*
Hylkema, P. H. — De Ys-sport, Amsterdam, H. G. Bom. — HK. — *Hollande.*
De l'Isle — Novi Comm. Ac. Petrop. 1760. — PF. — *Russie.*
Annales Sancti Jacobi Leodensis. — VDL. — *Liége, Belgique.*
Chronique de Gilles Jamsin (1468—1492). Ed. De Chestret de Haneffe. — VDL. — Prov. de *Liége, Belgique.*
Bernardus de Jonghe, Gendsche Geschiedenis of Chronycke 1566—1585. Gand, 1752. — VDL. — *Flandre.*
Ann. S. Justinae Patavini. — No. — *Padoue, Italie.*
Vita Karoli Magni, voy. Eginhardi Ann[s].
Memorieboek van G. Kempeneers, 1861. — VDL. — *Louvain, Belgique.*
Cal. Kirchberg: Kirchberger Kalender f. gute u. schlechte Weinjahre, 1745. — P. — *Vienne, Autriche.*
Kirchberg († 1378) Chron. Melkelburgense ap. v. Westphalen. — N. — Melk, près *Passau, Autriche.*
Koelhoffsche Chronik, Cöln. — VDL. — *Cologne, Rhénanie.*
Kölnische Chronik (VDL. n[0] 198) Voy. C. — VDL. — *Cologne, Rhénanie.*
Kopp, Bulletin de la Soc. des sciences naturelles de Neuchâtel, IV et V. (1300—1700) — *Suisse.*
Krafft, G. W., Novi Commentarii Acad. Petrop. XII. — PF. — *Russie.*
Lambertus Schaffnaburgensis ap. Pistor. (— 1068, cont. — 1472) — P. — Mon. Hirschfeld, *Aschaffenburg, Allemagne.*
Lancelloti, Jacopino de Bianchi, (1469—1502) — P. — *Modène, Italie.*
Chron. Landtgraviorum Thuringiae ap. Pistorium = „Chr. Turingiae et Hassiae" = „Chron[a] und altes Herkommen d. Landtgraven zu Doeringen" (477—1479) — *Thuringe, Allemagne.*

Landulfi de S. Paulo, Historiae Mediolanensis. (1097—1137) — A. — *Milan*, *Italie*.

Ann. Laubienses = A. Lobienses (418—1054) — A. — Lobbes, dioc. *Liége*, *Belgique*.

Ann. Laurishemienses = Einhardi Annales cum Vita Kar. Mag. ap. H. a Nuenare, Col[ae] 1521 (— 829) — A. — *Empire franc.*

Ann. Laurissenses = Eginhardi Ann[s].

Anon[i] Leobiensis Chron. ap. Pez (935—1347) — P. — *Leoben*, *Styrie*.

Chron. Leodiense (400—1184) — A. — *Liége*, *Belgique*.

Annales Leodienses. — VDL. — *Liége*, *Belgique*.

Leonis Grammatici Chronographia, Leo Grammaticus „Asianus" (— 948) — N. — *Byzance*.

Lignamine, J. Ph. de — (Messanensis) ap. J. G. Eccardus (Ekhard) „Corpus hist. medii aevi", 1723, (1316—1419) — P. — *Italie*.

Linturii appendix ad Rolewinkii Fasciculum Temporum. (Joh. Linturius, plebanus Curiensis in Voitlandia, 1475—1514) — N. — *Chur*, *Suisse*.

Lipsius, J. (1344—1411), Chronicon. — P. — *Leipsic*, *Allemagne*.

Ann. Lobienses = A. Laubienses.

G. v. Loon, Aloude Hollandsche Histori der Keyzeren en Koningen... 's Gravenhage, P. de Hondt, 1734. — *Pays-Bas*.

G. van Loon, Antwerpsch Chronijckje, Leiden, 1743 (1500—1574) — D., VDL. — *Belgique*.

Chronique de Jean de Los (1440—1514). Ed. de Ram, 1844 — VDL. — *Belgique*.

Wekelijks Nieuws uit Loven (Journal hebdomadaire de Louvain). — VDL. — *Louvain*, *Belgique*.

Annales Lubicenses. — No. — *Lübeck*, *Allemagne*.

Ludewig, Reliquiae Manuscriptorum, 1720 — N. — *Francfort*, *Allemagne*.

Lubienietz (Stan. Lubienicki) Theatrum Cometicum... (1667—1681) — P. — *Pologne*.

* pi. Lupacz, Procopius, Ephemerides rerum Bohemicarum, 1584 — P. — *Bohème*.

Chronyk der Stad Maestricht en omstreken, Ed. Habets, 1864. — VDL. — *Limbourg néerlandais*.

Annales Magdeburgenses. — No. — *Magdeburg*, *Allemagne*.

? vdl. Magnum Chronicon, in quo comprimis belgicae res et familiae diligenter explicantur. Ed. Pistorius 1654. (XVe siècle) — VDL. — *Neuss*, *Rhénanie*.

Mairan, J. J. D. de — Traité de physique, 1731 — P. — *France*, *etc.*

* ea. Abbé Mann, Mémoire sur les gelées extraordinaires, Gand, 1792. — A., VDL. — *Belgique*, *etc.*

Mansa, Folkesygdomme og Sundhedsplejens Historie in Danmark, 1873. — Sp. — *Danemarc*, *etc.*

Maraldi, F. — Mém. Ac. d. Sciences 1726, 1740, 1742, 1743. — Pf. — *France*.

Chron. eccl. B. Mariae Virginis Bonae Spei (Engelbertus Maghe), 1704 — VDL. — *Belgique*.

Kron. v. h. clooster Maria Wijngaard te Weert (p. Maria Luyten). Ed. Creemers (1442—1587) — Vdl. — *Limbourg et Brabant néerlandais*.

Marii Episcopi Chronicon = M. Aventicensis s. Lausannensis † 594 (455—581) — A. — *France*.

Anonymum S. Martialis chron. = Chron. S. Mart. Lemovicensis (1207—1320) — A. — *Limousin, France.*
Martins, Ch. F., († 1789) Météor. et botanique de la France, dans „Patria", 1845 — A. — *France.*
*ge. Massaei Camerac. Chron. = Chronicorum multiplicis historiae (1540) = Massaeus Cameracensis (Masseeuw † 1546) — N. — *Cambrai, France.*
Matthaeus Westmonasteriensis, Flores historiarum... de rebus Britannicis. Cf. Sidney Lee's Dict. (— 1307) — N. — *Angleterre.*
Matthieu, Pierre, Histoire de France. (— 1604, cont. — 1631) — A. — *France.*
Andreae Mauroceni (? Mocenici) Libri VI belli Cameracensis, 1508 — N. — *France.*
Mayer, Chr. (Phil. Trans. 1768) — Pf. — *Allemagne.*
v. Meerbeck, Chronyke der gantsche Wereld. — Da. — *Général.*
*ea. Melis Stoke, Rijmkroniek, Ed. Huydecoper. Leiden, 1772; Ed. W. G. Brill, Werken Hist. Gen. Utr. 40, 42, 1885. — *Pays-Bas.*
Chron. Melkelburgense, voy. Kirchberg.
Chron. Mellicense ap. Pez (— 1564) — P. — Melk (Mellicium) pr. *Vienne, Autriche.*
Menkonis Chronicon = Emonis Chron.
Mentzer, Breslauische Sammlungen, 1718. — Pf. — *Allemagne.*
Kroniek van Hennen van Merchtem, Ed. M. Sacré, 1904. (1288 —1461) — Vdl. — *Flandre.*
Messier, Ch. Mém. de l'Acad. d. Sciences 1776, I. sq. — Pf. — *France.*
Messier, Ch. Observ. de la 1re comète de 1788, avec un détail abrégé du grand hiver de 1789 (Mém. Ac., Sc. 1789) — A. — *France.*
Annales Metenses. — No. — *Metz, Lorraine.*
Meteren, E. van — Belgische ofte Nederlandsche Historie van onzen tijden, Delf 1599. — *Pays-Bas.*
?pr. Meyeri Annales (J. Meyerus) Comment. s. ann. rerum Flandricarum, Antv. 1561. (— 1477) — A. — *Flandre.*
?ge. Mézeray, Histoire de France, Paris, 1643—51 — A. — *France.*
Le Mire, Albert (Aubertus Miræus, † 1640) — A. — *Anvers, Belgique.*
Chronicon Moguntianum. — Vdl. — *Mayence, Allemagne.*
Annales Moguntini. — No. — *Mayence, Allemagne.*
Chrn Moissiacense (IVe siècle — 840) — A. — Moissac (Cahors) *France méridionale.*
Molinet, Jean, Chronique, cont. par Chr. Chastelain (1476—1506) — A. — Valenciennes, *France.*
Molyneux, Sam. († 1728) Phil. Trans. — L. — *Angleterre.*
Chron. coenobii Mortui Maris. (1113—1234) — A. — Mortemer, *Oise, France.*
Ann. Mosomagenses. (969—1452) — A. — Mousson, *Ardennes, France sept.*
Chronicon Jacobi Muevin. Ed. De Smet. — Vdl. — Tournai, *Belgique.*
Musschenbroek, P. (1692—1761) — Mém. Ac. d. Sc. 1740; Phil. Trans. 37. — Pf. — *Hollande.*
Mutii Chronicon. (Mutius de Modoetia = Monza; 1290—1302) — N. — *Italie septentr.*
Jan van Naeldwyck, Chronike ofte hist. v. Hollant, v. Zeeland, v. Friesland.... („Het oude Goutsche Chronykje") Anon. 863—1437, J. v. N. — 1477. — Da., H. — *Gouda, Hollande.*

Chronique Namuroise (Vdl. 127) — VDL. — Prov. de *Namur, Belgique.*
Ann. Nazariani = Ann. Lauresham[s]. (709—791) — P. — Lorsch pr. *Heidelberg, Bade.*
Chronyke van Nederland 1027—1525, door twee Canonicken van Roode Clooster bij Brussel. Ed. Piot 1879. — VDL. — *Pays-Bas.*
Korte chronycke van Nederland van den jaere 1285 tot 1456. Ed. Piot. — VDL. — *Pays-Bas.*
Neplacho, Chron. v. Böhmen, ap. Pez (1262—1345) — P. — *Bohème.*
Nicander, H. — Nova Acta Scient. Upsal. 1781. — PF. — *Suède.*
Nicephorus Gregorus, Byzantina historia (1204—1329) — P. — *Byzance.*
Nicholas, prieur de Worcester († 1124) — BA. — *Worcester, Angleterre.*
Nicolai-Mareschalei Thurii Ann[s] Herulorum, ap. v. Westphalen — N. — *Holstein?*
Nielsen, O. — Københavns Historie og Beskrivelse. — SP. — *Danemarc.*
! eg. Nithard, Historiae s. De Dissensionibus (— 843) — A. — *France.*
Oefele, A. F. von (1706—1780). Rerum Boicarum scriptores... — SCHN. — *Bavière.*
Olaus Magnus, Historia de gentibus septentrionalibus, Roma 1555 — N. — *Scandinavie.*
Olivier van Dixmunde, Merkwaerdige gebeurtenissen... vooral in Vlaenderen en Brabant. (1377—1443) Ed. J. Lambin — D., VDL. — *Flandre et Brabant.*
Olland, A. G., De winters van 1743—1895. „Eigen Haard" v. 17 Apr. 1897. — EA. — *Pays-Bas etc.*
Onsorgius, Udalr., Chron. Bavariae (602—1422) — SCHN. — *Ratisbonne, Bavière.*
Memorie- of Kronykboek... in ons dorp Opcanne bij Maestricht. Ed. de Stuers 1887. — VDL. — *Limbourg néerlandais.*
Chron. Osterhoviense (— 1433) — P. — *Osterhofen pr. Passau, Bavière.*
Oudegherst, P. d'O., Annales de Flandre, Anvers 1571 (— 1477) — DA. — *Flandre.*
*ea. Chronyk der landen van Overmaes... door eenen inwoner van Beek bij Maestricht. Ed. Habets, 1870. — VDL. — *Limbourg etc.*
Ephem. societatis meteor. Palatinae. Observationes bruxellienses. Mannheim (1783—1795). — VDL. — *Bruxelles.*
Annales Palidenses — No. — Pöhlde, *Mayence, Allemagne.*
*ea. Palier, I. C., Waarnemingen over de koude in Januari 1767; Id. Januari 1768. *Well, Pays-Bas.*
? pi. Paltramus H. de — Chron. Austriacum ap. Pez. (1116—1453) — P. — *Autriche.*
Ann. S. Pant. Col., Voy. Ann. Col.
Papebroeck, Annales Antverpienses Ed. Mertens et Buschmann. — VDL. — *Anvers, Belgique.*
Papon, J. D. († 1803) Histoire générale de Provence (1777) — DA. — *Provence.*
Annales Parchenses. — VDL. — Parck pr. *Louvain, Belgique.*
Parcieux, Mém. Ac. d. Sc. 1768. — PF. — *France.*
Annales Parmenses maiores. — No. — *Parme, Italie.*
Chron. Parmae ap. Muratori Ant. It. = Chron. (abbrev.) civitatis Parmae. (1030—1445) — A. — *Parme, Italie.*
Paulus Diaconus. De rebus et gestis Langobardorum. (— 744) — A. — *Italie.*

Chronique des Pays-Bas... et de Tournai. Ed. De Smet (Vdl. No. 151) — VDL. — *Belgique, etc.*
Pepys, Sam. († 1703) — Diary, 1659—69. — Lo. — *Angleterre.*
Chron. S. Petri = Ann. S. Rudberti... (XVe siècle) — P. — Mon. S. Pierre, *Salzburg, Autriche.*
Piasecii Chronicon (1012—1284) — N. — *Plaisance, Italie.*
Pinard, C. P., seign. de Cramailles († 1605) Chronique historique et militaire. — A. — *France.*
Pirminii Gassari Ann. Augstburgenses ap. Menckenius. — N. — *Allemagne mérid.*
Pistorius, Joh., (1546—1608), Rerum Germanicum Scriptores, 1583 — P. — *Allemagne.*
Plemper, Beschrijving van Alphen. — H. — *Alphen, Hollande.*
* vdl. Baron de Poederlé, Notices météorologiques sur les années 1767—84 et 1785—87. (Vdl. Ns 172, 176, 180) — VDL. — *Belgique.*
Pontani (Joh. Is. Pontanus) Histae Geldriae, 1639. — N. — *Gueldre, Pays-Bas.*
Pontoppidan, E., (1678—1764) Danske Atlas. Kjøbenhavn 1763. — SP. — *Pays du nord.*
Dagboek van Jan de Potter 1549—1620, (Vdl. 92) — VDL. — *Flandre.*
Annales Pragenses. — N0. — *Bohème.*
Cal. Prag. = Chron. Bohemiae breve anon. ap Pez. (938—1283) — P. — *Bohème.*
Canonicorum Pragensium contin. (1140—1195) — A. — *Bohème.*
Chronique de Jean des Preis dit d'Outremeuse, Ed. Borgnet et Bormans, Brux. 1864. — VDL. — *Prov. de Liége, Belgique.*
Prosper Aquitanus (av. 425—463) — Epitome Chronicon. *Italie, etc.*
Annales Pruveningenses — No. — Prüfening, *Ratisbonne, Bavière.*
Ann. Quedlinburgenses = Chron. Quedl. (— 1025) — A. — *Quedlinburg, Allem. sept.*
Ephémérides de Querrieu (Vdl. N0. 177) — VDL. — *Picardie, France.*
Rabutin, Siège de Metz, 1553 — A. — *France orientale.*
Andreas Ratisbonensis, (— 1486) — P. — *Ratisbonne, Bavière.*
Réaumur, F. (1683—1757) Observations au thermomètre, Mém. Ac. Sc. 1741. — PF. — *France.*
?pi. Regionis Monachi Prumensis Annales = Chron. Regionis Ed. Pistorius, 1583 (— 907, cont. — 967) — VDL. — *Prum, Rhénanie.*
* vdl. Reineri Annales — VDL. — *Liége, Belgique.*
Relations véritables, Journal qui a paru depuis 1649 jusqu'en 1791. (Vdl. N0 207) — VDL. — *Belgique.*
Ann. Remenses (830—999, cont. — 1309) — A. — *Reims, France.*
E. v. Reyd (Reidanus) Historie der Nederlantschen oorloghen begin ende voortganck, Arnhem, 1628. (1583—1601) — DA. — *Pays-Bas.*
Reygersbergh, J. Jansz. — Die Cronycke van Zeelandt; Thantwerpen 1551 (1450—1550) — H. — *Zélande, Pays-Bas.*
?? pf. Reyher, Sam., Miscell. Berolinensis, I (1679—1709) — PF. — *Kiel, Allem. du Nord.*
Rhode, P. — Samlinger til de danske Øer Lolland-Falsters Historie I. Kjøbenhavn, 1776 — SP. — *Danemarc.*
Riccioli, G. B., Chronologia reformata († 1671). — P. — *Italie.*
Ricobaldus, Gervas — Pomerinus Ravennatis eccl. S. Hist. univ., ap Eccard. (700—1297) — P. — *Ferrare, Italie.*

Chronolog. Roberti Altissiodorensis. (R. canonic. S. Marani Autiss. (— 1211) — A. — *Auxerre, France.*

'po. Robertus abb. Montensis (Robert de Monte) cont. Sigeberti Chronographia (1100—1186) — N. — *Mt S. Michel, Normandie.*

Rodenhuis, P. — Notes manuscrites (1876—1903) — EA. — *Hollande.*

Rogeri de Hoveden (Rogerus de H. (Houedene) † 1210) Ann^s = Chr^a s. Annal. Anglicanorum. Ed. Stubbs 1871. (449—1201) — A. — *Angleterre.*

Rogers, J. E. Thorold — History of Agriculture and Prices in England (1251—1582). The Clarendon Press, Oxford, 1880. — BA. – *Angleterre.*

Chron. Rotomagense (— 1282, cont. — 1510) — A. — *Rouen, France.*

De Rouveroy, Excellente cronicke van Vlaenderen, Anvers 1531. — DA. — *Flandre.*

Rüssowens, Balthassar — Lijffländische Chrönika. — N. — *Livonie.*

Chron. Salisburgense ap. Pez, (1230—1386; 1473—1480) — P. — *Salzburg, Autriche.*

Cont. Sancr. = Ann. Austriac. Continuatio Sancrucensis secunda. — No. — Mon. Heiligenkreuz, *Salzburg, Autriche.*

Ann. Sangallenses mai. = Hepidani A^s. (709—1056) — A., N. — *S. Gallen, Suisse.*

Annalista Saxo, Moine bavarois, chroniqueur de Saxe. (785—1133). — P. — *Saxe.*

'po. Chron. Saxonicum, ap. Pertz. (767—1129) — A. — *Angleterre.*

Schamp—Van der Meulen (VDL. n⁰ 181). Bibl. roy. à Brux., Ms. 2768. — VDL. — *Flandre.*

D. Schardii Chron. vetus (1566); Scriptores rer. German. seu Historicum Opus (1574). — N. — *Bâle, Suisse.*

?po. Occo Scharlensis. Origines Frisiae, Kronyk v. Friesland (1742). — H. — *Frise.*

Uit het handboekje van Willem Scheirre. — Ann. Soc. arch. de Termonde 1898. — VDL. — *Termonde, Flandre.*

Schöning, Kjøbenhavnske Selskabs Skrifter IX, 1760. — PF. — *Pays du nord.*

Schouw, J. F., Naturskildringer, Kjøbenhavn, 1845, — SP. — *Danemarc, etc.*

Schouw, J. F., Skildring af Vejrligets Tilstand i Danmark. (Kjøbenh. 1826). — SP. — *Danemarc.*

Schütz (Kaspar S. † 1594) Historia rerum Prussicarum (— 1525) — N. — *Danzig, Prusse.*

Schuur, J. L. — Nederlands merkwaardigste gebeurtenissen. — DA. — *Pays-Bas.*

Marianus Scotus, Chronicon. (1086) — P. — *Mon. Fulda, Allemagne.*

P. Scriverius, Voy. Jan v. Naeldwyck.

Ségur, Ph. P. de († 1872) — Histoire de la campagne de Russie 1812. — A. — *Russie.*

Sels, J. Beschrijving der stad Dordrecht, 1854 (1re moitié XIXe siècle). — EA. — *Hollande.*

De Serres vel Serrani, Inventar. Hist. Gall. — N. — *France.*

Short, R., History of the Air (Phil. Trans. 1684). — PF., A. — *Angleterre.*

Sibbald, Sir R. (1641—1722) Scotia illustrata, 1684. — Lo. — *Ecosse.*

Sigeberti continuatio Aquicinctina (1149—1237). — A. — Anchin, *Cambrai, France.*

Chronijkje van Tilburg, Ed. W. Bezemer, „Taxandria" 1897. (1774 —1780) — VDL. — *Brabant néerlandais.*
Titus Livius, „Ab Urbe..." — A. — *Empire romain.*
Toaldo, Giuseppe — Saggio meteorologico, Padova 1770. — P., G.-P. — *Italie septentr.*
Ephémérides tongroises. — VDL. — *Limbourg belge.*
Torfaeus, S. — Series Dynastarum et Regum Daniae, Copenhague 1702. — N. — *Danemarc.*
TrazigeriChron. Hamburgense ap. v. Westphalen = Tratziger's Chron[a] d. Stadt Hamburg — N. — *Hambourg, Allemagne.*
Trithemius, (Tr., abbas Sponhemensis (Spanheim) † 1516) Chron. Hirsaugiense (830—1514) — P. — Hirschau pr. *Nürnberg, Bavière.*
Troels Lund. — Danmarks og Norges Historie, I. — SP. — *Pays scandinaves.*
Tschudi, Aeg. — Chron. Helvet. (1000—1470) — P. — *Suisse.*
?po. Gregorius Turonensis († 594), Hist. Francorum — P. — *Tours, France.*
Chron. SS. Udalrici et Affrae ap. Freher (1183—1265) — P. — *Augsburg, Bavière.*
Chron. Urspergense: Burchard v. Ursperg (1126—1229) — P. — *Ulm, Bavière.*
Valenciennes, Récits d'un bourgeois de —, Ed. Kervyn de Lettenhove 1877. XIVe siècle. — VDL. — *France septentrionale.*
Eximius Vande Velde, Khronyk Handschrift van —, Ed. De Cock. — VDL. — *Flandre.*
?ea. D. Velius, Chronyck v. Hoorn, 1617, 1630 (— 1630) — H. — *Hoorn, Hollande.*
?ge. Velly et Villaret, Hist. génér. de la France, cont. par Vill. et Garnier. (— 1759, cont. — 1785) — A. — *France.*
Chron. pontif. et imp. ex cod. Veneto. (— 1225) — SCHN. — *Italie septentr.*
Jaarboeken van Veurne en Veurne-ambacht, door Pauwel Heinderyckx. Ed. Edm. Ronse. — VDL. — *Furnes, Flandre.*
Vieilleville, F. de Scépeaux seign. de V. († 1571) Mémoires, publ. 1757. —A. — *France.*
Vincent de Beauvais († 1264), Speculum historiale. — A., N. — *France.*
Vinchant, Annales de la province de Hainaut. Ed. Descamps. — VDL. — *Hainaut, Belgique.*
Cont. Vind. Annalium Austriacorum continuatio Vindobonensis. — No. — *Vienne, Autriche.*
?po Chron. Virdunense = Hugo Flaviniacensis (1002—1102) — A. — Flavigne, *Verdun, France.*
Diarium Minoritarum Visbyensium = Ann. Fratum Minorum ap. Langebek (686—1525) — N. — *Suède, etc.*
?po. Joh. Vitoduranus (Joh. v. Winterthur) Chron. a Friderico II imp. (1290—1348) — P. — *Allemagne, Suisse.*
Vlaemsche Kronyk. Diversche zaken... getrokken uit zekere chronicken en andere boeken 1416—1598. Ed. Piot. — VDL. — *Flandre.*
Vlaemsche Kronyk (1566—1585) door De Kempenaere, Ed. v. Male. — VDL. — *Flandre.*
Chronyke van Vlaenderen. Ed. Wijdts, Bruges 1736. — VDL. — *Flandre.*
Chronyke van Vlaenderen (580—1467) — DA. — *Flandre.*

Kronyk van Vlaenderen 580—1467. Ed. Blomme et Serrure. — VDL. — *Flandre.*
Die excellente Chronyke van Vlaenderen, t' Antwerpen bij Willem Vorsterman 1531. — VDL. — *Flandre.*
Chronicke van desen Clooster bij Vorst, sedert den jaere 1682. (VDL. 84) — VDL. — *Forest lez Bruxelles.*
Vynckt, L. J. J. van der — Histoire des troubles des Pays-Bas. Ed. Torte, Bruxelles 1822. — DA. — *Pays-Bas.*
Ann. Waldemarianes et Vitiscolenses. — No. — *Danemarc.*
Walsingham, Ths. — Cron. Angliae, Ed. Stow, 1574 (1328—88) — BA. — *St. Albans, Angleterre.*
Chronik des Johann Wasserberch (1474—1575) — VDL. — *Duisburg, Rhénanie.*
Ann. Waverleiensis monast. (— 1291). — A. — *Farnham, Surrey, Angleterre.*
J. de Weerdt, Chronyke van Nederlandt, besonderlyck der stadt Antwerpen 1097—1565. Ed. Piot. — VDL. — *Anvers, Belgique.*
Chronik des Dietrich Westhoff. (750—1550) — VDL. — *Dortmund, Rhénanie.*
Weyenbergh, F. W. — Notes manuscrites 1871—1886. — EA. — *Hollande.*
White, Gilbert — A Naturalist's Calendar, 1795. (1720—1793). — BA. — *Angleterre.*
Whitlock, Sir B. (1605—76). Memorials of the English Affairs, 1707. — BA. — *Angleterre.*
? ? po. Wichindi Corbeienses Chron^n (Wedekind). — A. — *Corbie, Somme, France.*
Wiener Annalen. (1348—1404) — No. — *Vienne, Autriche.*
Wolff, Chr. de — Consideratio phys.-mathemat., Meletemata; Halae 1755. — PF. — *Halle, Allemagne.*
Wulfstan, (évêque de Worcester † 1095). — BA. — *Worcester, Angleterre.*
Würgengel, Matthias, † 1670. (XVIe siècle) — P. — *Hermannstadt, Transylvanie.*
? po. Ann^s Xantenses (640—873). — A. — *Xanten, Rhénanie.*
Zonarae Annales, Joh. Zonaras, Chronikon s. Epitome historias (— 1118). — *Byzance.*
? ed. Zopf, Chronologia, 1687. — A. — *Iéna, Allemagne.*
Zosimus (425?) Historia Romana. — *Italie.*
Annales Zwetlenses = Contin. Zw. I—IV. (1140—1386) — P. — Mon. Zwetl, dioc. *Passau, Bavière.*
Chron. Zwetlense (— 1349, cont. 1453). — P. — Mon. Zwetl, dioc. *Passau, Bavière.*

TABLEAU I. — Coefficients de températu

a = coeff. moyen (moy. mens.), b = coeff. d'inten

	BRÈME			DE BILT			UCCLE			PARIS			GREENWIC	
	a	b	c	a	b	c	a	b	c	a	b	c	a	b
1852	7.2	8.3	7.6	6.0	6.6	6.3	5.8	6.9	6.3	5.0	5.1	5.0	5.9	5.2
53	6.0	4.4	5.5	6.4	5.0	5.7	6.7	6.6	6.7	6.7	6.2	6.5	5.9	5.9
54	2.9	5.6	3.8	2.2	3.6	2.9	2.4	3.7	3.0	3.0	3.9	3.3	3.4	3.4
1855	1.4	1.6	1.5	1.5	1.3	1.4	1.5	2.7	2.1	2.7	2.9	2.8	1.4	1.4
56	4.1	4.6	4.3	4.8	4.6	4.7	4.9	4.8	4.9	5.4	4.4	5.1	4.4	4.9
57	4.5	4.3	4.4	5.1	4.5	4.8	4.8	5.4	5.1	4.8	5.4	5.0	4.4	3.4
58	3.7	5.2	4.2	4.5	4.2	4.4	4.2	5.1	4.6	4.0	4.8	4.3	4.8	4.9
59	5.8	6.0	5.9	6.7	6.0	6.4	6.0	6.1	6.0	5.8	6.2	5.9	5.9	6.6
1860	4.6	4.9	4.7	4.2	4.1	4.2	4.0	4.8	4.4	4.0	1.9	3.3	3.7	3.6
61	2.9	3.7	3.2	3.2	3.8	3.5	3.0	3.3	3.1	3.0	3.9	4.4	2.9	2.8
62	4.9	4.3	4.7	5.3	5.5	5.4	5.1	5.0	5.1	5.3	4.0	4.9	5.4	5.6
63	7.7	8.2	7.9	8.2	5.5	6.9	7.0	8.3	7.6	7.2	7.2	7.2	7.4	8.0
64	4.4	4.6	4.5	4.4	4.3	4.4	4.3	5.3	4.8	4.5	5.3	4.8	4.4	4.6
1865	1.9	3.7	2.5	2.0	2.5	2.2	2.2	3.5	2.8	2.7	4.2	3.2	3.3	2.3
66	8.1	9.3	8.5	7.9	7.7	7.8	7.0	8.3	7.6	5.9	7.0	6.3	6.7	6.5
67	6.7	5.8	6.4	6.4	5.8	6.1	6.0	5.5	5.8	6.7	5.4	6.3	5.4	4.0
68	5.3	5.8	5.5	4.9	5.4	5.1	4.5	5.0	4.7	4.0	4.0	4.0	4.6	5.3
69	8.3	6.0	7.5	8.3	6.7	7.5	8.4	7.0	7.7	8.8	5.5	7.7	8.7	7.5
1870	3.9	4.0	3.9	3.9	4.6	4.2	3.5	4.5	4.0	4.0	4.0	4.0	3.7	3.8
71	1.0	1.3	1.1	1.4	2.1	1.7	1.6	2.7	2.1	1.8	2.4	2.0	1.9	2.9
72	4.8	3.0	4.2	5.3	5.0	5.2	5.5	5.5	5.5	5.0	4.0	4.7	5.9	5.6
73	6.2	5.7	6.0	6.2	7.2	6.7	6.0	7.7	6.8	6.4	8.6	7.1	5.2	7.5
74	6.4	5.4	6.1	6.2	6.7	6.4	5.8	6.6	6.2	5.3	5.9	5.6	5.6	5.1
1875	3.4	3.2	3.3	4.0	3.1	3.6	4.2	4.3	4.2	4.2	4.1	4.2	3.4	3.5
76	4.2	3.7	4.0	4.2	3.3	3.8	3.7	3.1	3.4	3.7	3.0	3.4	4.4	4.4
77	7.7	2.9	6.1	8.3	6.1	7.2	8.6	7.1	7.9	6.7	7.1	6.9	8.5	6.8
78	7.2	6.7	7.0	6.0	8.0	7.0	5.5	7.3	6.4	5.2	6.1	5.6	5.9	6.5
79	3.7	2.2	3.2	2.2	3.5	2.8	2.2	4.3	3.2	3.2	4.5	3.8	0.9	2.4
1880	3.2	1.8	2.7	1.8	2.4	2.1	1.3	1.2	1.3	0.5	0.8	0.6	1.7	2.1
81	4.1	3.0	3.5	4.3	4.0	4.2	4.6	4.5	4.6	5.4	4.7	5.1	3.7	4.2
82	6.9	5.5	6.2	5.6	7.8	6.7	5.5	7.5	6.5	4.6	5.7	5.1	5.7	6.6
83	5.7	4.4	5.0	5.9	5.9	5.9	6.5	6.5	6.5	6.9	6.9	6.9	6.0	5.2
84	8.2	6.4	7.3	8.1	8.1	8.0	7.2	7.8	7.5	7.7	7.8	7.7	7.0	8.9

ers météorologiques 1852—1916.

oeff. général de température.

	ANGERS			TOULOUSE			LYON			STRASBOURG			Coefficient de température prov. climat.
	a	b	c	a	b	c	a	b	c	a	b	c	
2	5.0	3.2	4.4	4.2	3.9	4.1	5.0	5.2	5.1	5.7	5.8	5.7	55.2
3	7.4	5.9	6.9	5.7	6.4	5.9	6.9	4.0	5.9	7.9	4.5	6.8	62.2
4	3.7	3.7	3.7	3.9	0.9	2.6	1.8	0.8	1.5	1.6	2.7	2.0	29.5
	3.2	3 4	3.3	4.8	4.7	4.8	4.2	4.1	4.2	2.5	0.9	3.6	27.4
6	5.7	3.7	5.0	5.8	5.8	5.8	5.7	4.5	5.3	4.6	4.0	4.4	49.3
7	5.1	4.3	4.8	4 6	5.4	4.9	4.5	4.1	4.4	4.6	5.5	4.9	47.3
8	3.9	5.2	4.3	3.9	5.0	4.3	2.7	6.0	3.8	4.9	4 6	4.8	43.1
9	5.8	5.9	5.8	5.0	5.1	5.0	5.3	6.7	5.8	5.6	4.8	5.3	58.9
0	4.6	1.4	3.5	4.2	4.3	4.2	4.0	1.2	3.1	4.7	4.1	4.5	38.1
1	3.9	3 4	3.7	5.0	6.2	5.4	4.7	5.2	4.9	4.4	4.0	4.3	39.5
2	5.4	3.4	4.7	5.8	4.2	5.3	4.6	4.2	4.5	5.2	5.0	5.1	49.4
3	7.7	7.7	7.7	5.6	8.1	6.4	5.7	7.7	6.4	7.0	8.6	7.5	72.2
4	5.1	5.3	5.2	4.3	2.2	3.6	3.0	4.5	3.5	3.7	5.6	4.3	44.7
5	4.0	4.3	4.1	4.3	2.4	3.7	4.5	4.6	4.5	3.0	4.4	3.5	32.9
6	7.2	7.9	7.4	6.0	8.5	6.8	7.0	8.3	7.4	7.0	8.4	7.5	73.0
7	8.6	5.7	7.6	8.3	5.4	7.3	7.2	5.6	6.7	7.7	6.7	7.4	65.1
8	4.2	2.4	3.6	2.9	3.9	3.2	4.1	3.7	4.0	4.8	4.8	4.8	43.7
9	9.1	6.0	8.1	8.8	8.7	8.8	9.0	6.7	8.2	8.8	6.2	7.9	78.7
0	4.7	3.9	4.4	4.7	4.8	4.7	4.5	3.0	4.0	3.7	4.8	4.1	41.0
1	1.3	4.0	2.2	1.8	4.2	2.6	1.7	0.8	1.4	2.0	2.2	2.1	18.7
2	5.1	4.5	4.8	4.5	4.4	4.5	4.1	3.7	4.0	4.1	4.8	4.3	46.6
73	6.2	8.6	7.4	6.2	8.3	7.2	8.2	8.5	8.3	6 9	9.1	7.6	71.1
74	5.0	5.3	5.1	4.4	4.8	4.6	4.7	5.5	5.0	5.1	5.4	5.2	55.8
75	5.0	4.1	4.6	4.6	5.1	4.8	4.3	4.5	4.4	4.7	4.2	4.5	40.6
76	4.0	4.1	4.0	2 0	1.2	1.6	3.0	4.5	3.5	3.7	4.1	3.8	35.3
77	9.4	7.7	8.5	8.2	8.1	8.2	8.9	6.2	8.0	8.8	6.9	8.2	75.4
78	5.3	6.2	5.7	4.5	5.3	4.9	4.4	5.5	4.8	5.5	7.7	6.2	59.5
79	3.2	5.5	4.3	5.6	5.4	5.5	5.4	4.2	5.0	4.7	5.5	5.0	38.2
80	0.5	0.6	0.5	1.4	1.8	1.6	0.6	1.0	0.7	0.5	0.5	0.5	12.1
81	5.4	5.7	5.5	5.5	5.3	5.4	7.2	4.9	6.1	5.4	4.6	5.0	49.1
82	4.1	4.8	4.4	5.0	4.9	5.0	4.4	6.5	5.4	4.7	6.6	5.6	56.0
83	7.2	6.7	7.0	6.4	6.3	6.4	6.4	6.8	6.6	6.2	6.1	6.2	63.6
84	7.2	8.8	8.0	5.7	8.0	6.8	5 9	6.7	6.3	7.5	8.3	7.9	74.9

	BRÈME			DE BILT			UCCLE			PARIS			GREENWI…	
	a	b	c	a	b	c	a	b	c	a	b	c	a	b
1885	5.8	5.4	5.6	5.6	5.4	5.5	5.4	5.2	5.3	5.5	5.2	5.3	5.4	5.7
86	3.9	2.4	3.1	3.4	3.4	3.4	3.0	4.3	3.6	3.9	5.8	4.8	2.0	3.1
87	4.5	4.3	4.4	4.2	3.5	3.9	4.0	4.3	4.1	3.2	3.8	3.5	2.7	2.3
88	3.5	3.7	3.6	2.2	2.4	2.3	1.7	2.0	1.8	2.5	2.1	2.3	3.2	2.5
89	4.2	3.8	4.0	4.7	4.9	4.8	4.6	3.7	4.1	4.2	4.7	4.4	4.4	3.9
1890	4.5	5.1	4.8	4.7	5.2	4.9	4.2	4.7	4.4	4.7	4.9	4.8	5.0	5.4
91	0.6	1.5	1.0	0.6	1.1	0.8	0.7	0.8	0.7	0.8	0.9	0.8	0.6	0.8
92	4.6	3.7	4.2	4.9	4.3	4.6	5.1	3.3	4.2	5.6	4.0	4.8	4.6	3.3
93	1.9	2.8	2.4	3.9	4.4	4.1	2.7	3.6	3.1	3.2	2.8	3.0	3.7	3.6
94	5.3	5.0	5.2	5.3	5.1	5.2	4.9	4.8	4.9	5.2	4.8	5.0	5.3	5.0
1895	1.6	2.6	2.1	1.9	2.3	2.1	1.3	1.1	1.2	0.9	1.7	1.3	1.3	2.8
96	4.9	5.8	5.3	4.9	6.1	5.5	4.7	5.0	4.8	5.4	6.0	5.7	5.5	8.4
97	3.5	3.9	3.7	3.9	4.5	4.2	4.9	5.2	5.0	6.2	5.9	6.1	4.7	6.9
98	7.7	8.2	8.0	6.4	6.1	6.3	6.5	6.3	6.4	5.6	5.9	5.7	7.0	7.8
99	8.2	6.4	7.3	8.0	5.5	6.8	8.2	6.0	7.1	8.3	5.8	7.1	8.6	5.8
1900	4.4	4.2	4.3	4.3	4.0	4.2	4.3	3.3	3.8	5.1	4.7	4.9	4.4	4.4
01	3.9	4.3	4.1	4.3	3.9	4.1	4.7	4.1	4.4	4.9	4.6	4.8	5.4	5.2
02	5.3	5.6	5.4	5.0	5.0	5.0	5.4	5.0	5.2	5.2	5.5	5.3	4.7	4.4
03	5.9	5.1	5.5	5.6	4.4	5.0	5.9	4.4	5.1	5.8	4.6	5.2	7.2	7.1
04	4.7	6.8	5.8	4.3	5.1	4.7	4.4	4.7	4.5	4.4	5.1	4.7	4.7	6.6
1905	5.9	6.2	6.0	5.6	6.1	5.8	5.6	6.2	5.9	5.4	5.3	5.4	5.6	5.8
06	5.9	6.7	6.3	5.4	5.7	5.5	5.7	5.9	5.8	5.6	6.0	5.8	5.5	6.4
07	3.9	4.7	4.3	3.4	3.2	3.3	3.7	4.2	3.9	3.7	4.3	4.0	4.1	4.9
08	5.6	5.4	5.5	4.6	4.4	4.5	4.9	4.4	4.7	5.0	5.0	5.0	5.3	6.0
09	4.0	3.9	4.0	3.4	2.3	2.9	4.1	3.1	3.6	3.5	3.1	3.4	4.4	2.3
1910	6.4	7.8	7.1	6.2	6.7	6.4	6.7	6.1	6.4	6.5	6.6	6.5	5.6	5.5
11	6.6	8.3	7.4	6.0	5.9	6.0	6.0	5.3	5.7	5.6	6.1	5.8	6.0	5.9
12	5.6	5.4	5.5	6.7	5.5	6.1	8.4	5.9	7.2	8.8	7.7	8.3	7.0	6.5
13	7.2	7.7	7.4	6.7	7.4	7.0	8.1	7.8	8.0	8.2	8.2	8.2	7.7	7.9
14	6.9	7.8	7.3	5.8	6.8	6.3	5.5	5.4	5.5	4.9	5.0	4.9	6.0	7.7
1915	5.3	6.9	6.1	6.4	7.0	6.7	6.9	5.6	6.3	7.5	6.7	7.1	5.7	6.9
1916	7.7	6.8	7.2	8.1	6.9	7.5	8.7	6.0	7.4	9.2	6.4	7.8	8.3	6.5

	ANGERS			TOULOUSE			LYON			STRASBOURG			Coefficient de température prov. climat.
	a	b	c	a	b	c	a	b	c	a	b	c	
885	5.4	5.4	5.4	5.2	3.6	4.4	5.3	5.5	5.4	5.5	5.4	5.5	53.6
86	3.9	5.7	4.8	4.4	6.1	5.2	4.5	4.6	4.5	4.3	3.7	4.0	41.2
87	3.9	4.6	4.2	3.4	4.4	3.9	4.0	3.1	3.6	3.6	3.9	3.7	38.1
88	2.2	2.8	2.5	3.0	2.6	2.8	2.9	3.0	2.9	2.5	2.4	2.5	25.6
89	4.7	5.5	5.1	4.7	5.2	4.9	3.9	4.2	4.0	2.7	3.4	3.0	43.8
90	4.6	4.9	4.7	4.5	5.1	4.8	4.3	3.8	4.1	4.3	4.6	4.4	46.5
91	0.7	0.7	0.7	1.6	1.3	1.5	0.7	1.2	0.9	0.9	1.1	1.0	8.5
92	5.7	4.7	5.2	5.9	4.8	5.4	5.7	4.7	5.2	5.2	4.7	5.0	47.7
93	4.1	4.5	4.3	4.1	4.8	4.4	2.9	2.4	2.7	1.9	2.6	2.2	33.3
94	5.2	4.9	5.1	4.4	5.0	4.7	5.1	4.8	5.0	4.7	4.4	4.6	50.3
95	0.9	2.2	1.5	1.9	1.3	1.6	1.0	2.6	1.8	0.8	1.0	0.9	16.2
96	5.3	6.0	5.6	5.0	5.2	5.1	4.3	5.7	5.0	4.7	5.0	4.8	54.0
97	5.8	7.7	6.7	5.8	7.1	6.4	6.4	6.2	6.3	5.2	5.3	5.2	55.4
98	5.7	5.6	5.7	6.0	5.8	5.9	5.6	6.5	6.0	5.6	6.1	5.8	62.3
99	8.7	5.9	7.3	7.2	5.7	6.5	8.5	6.5	7.5	8.2	6.5	7.4	71.3
900	5.0	3.9	4.5	5.2	3.8	4.5	5.6	5.1	5.4	5.4	4.8	5.1	46.0
01	5.1	3.5	4.3	4.4	4.1	4.3	4.5	3.8	4.2	4.2	3.6	3.9	43.7
02	5.1	5.4	5.2	4.1	4.6	4.3	5.2	6.7	5.9	6.2	7.1	6.6	53.1
03	6.2	3.7	5.0	5.7	3.2	4.5	5.6	4.9	5.3	5.8	4.6	5.2	52.4
04	4.8	5.4	5.1	4.6	4.9	4.7	4.8	6.1	5.4	4.7	5.3	5.0	50.1
905	5.7	5.0	5.4	4.7	3.3	4.0	4.6	4.7	4.6	5.2	5.5	5.3	53.9
06	6.7	6.3	6.5	4.7	4.9	4.8	5.1	5.2	5.1	5.6	6.2	5.8	57.6
07	4.0	3.8	3.9	2.9	4.7	3.8	2.0	2.6	2.3	3.9	3.5	3.7	36.4
08	5.7	6.3	6.0	6.0	7.7	6.8	5.4	6.0	5.7	5.1	4.9	5.0	53.2
09	3.2	4.1	3.6	3.9	4.2	4.0	2.4	2.1	2.3	3.7	2.6	3.2	32.9
910	6.0	7.3	6.6	5.7	5.5	5.6	6.7	6.7	6.7	7.2	7.5	7.3	65.3
11	5.1	4.1	4.6	5.9	4.9	5.4	5.2	5.0	5.1	5.6	5.6	5.6	56.7
12	8.9	7.1	8.0	8.3	7.7	8.0	9.1	7.8	8.5	8.4	6.8	7.6	74.4
13	8.1	8.4	8.2	6.9	8.4	7.6	7.4	7.0	7.2	7.0	7.1	7.0	76.6
14	5.3	4.7	5.0	3.7	4.4	4.0	4.9	5.5	5.2	4.9	5.2	5.0	55.2
915	6.7	5.5	6.1	5.3	4.7	5.0	7.0	6.0	6.5	7.9	6.8	7.4	64.9
916	8.8	5.0	6.9	7.0	5.7	6.4	8.9	5.5	7.2	9.2	7.6	4.8	73.7

TABLEAU II. — Classification des hivers 1852—1916

Ordre décroissant de temp.			Ordre chronol. Nos 1—65	Ordre décroissant de temp.			Ordre chronol. Nos 1—65
1	1869	Hivers doux	1852 : 25	34	1862	Hivers normaux	1885 : 28
2	1913		53 : 16	35	1856		86 : 47
3	1877		54 : 59	36	1881		87 : 53
4	1884	Hivers tièdes	1855 : 60	37	1892		88 : 61
5	1912		56 : 35	38	1857		89 : 43
6	1916		57 : 38	39	1872		1890 : 40
7	1866		58 : 46	40	1890		91 : 65
8	1863		59 : 18	41	1900		92 : 37
9	1899		1860 : 52	42	1864		93 : 56
10	1873		61 : 50	43	1889	Hivers normaux plutôt froids	94 : 32
11	1910		62 : 34	44	1901		1895 : 63
12	1867		63 : 8	45	1868		96 : 26
13	1915		64 : 42	46	1858		97 : 23
14	1883		1865 : 58	47	1886		98 : 15
15	1898		66 : 7	48	1870		99 : 9
16	1853		67 : 12	49	1875		1900 : 41
17	1878	Hivers normaux plutôt tièdes	68 : 45	50	1861		01 : 44
18	1859		69 : 1	51	1879		02 : 30
19	1906		1870 : 48	52	1860	Hivers froids	03 : 31
20	1911		71 : 62	53	1887		04 : 33
21	1882		72 : 39	54	1907		1905 : 27
22	1874		73 : 10	55	1876		06 : 19
23	1897		74 : 22	56	1893		07 : 54
24	1914		1875 : 49	57	1909		08 : 29
25	1852		76 : 55	58	1865		09 : 57
26	1896		77 : 3	59	1854		1910 : 11
27	1905	Hivers normaux	78 : 17	60	1855		11 : 20
28	1885		79 : 51	61	1888	Hivers rigoureux	12 : 5
29	1908		1880 : 64	62	1871		13 : 2
30	1902		81 : 36	63	1895		14 : 24
31	1903		82 : 21	64	1880	H. très rigoureux	1915 : 13
32	1894		83 : 14	65	1891		1916 : 6
33	1904		1884 : 4				

TABLEAU III.

Coefficients de température des hivers 1757—1851

a = coefficient moyen (moy. mens. 3 m.); b = coefficient d'intensité;
c = coefficient de température.

	Zwanenburg			Paris (Obs.)			Greenwich			Toulouse			Bâle			C. d. T. général
	a	b	c	a	b	c	a	b	c	a	b	c	a	b	c	
1757	32	41	*35*	25	32	*27*	13	—	*13*	22	—	*22*	20	29	*23*	24.4
58	46	57	*53*	47	47	*47*	46	—	*46*	48	—	*48*	20	29	*23*	48.0
59	69	—	*69*	62	65	*63*	70	—	*70*	55	—	*55*	54	—	*54*	62.9
1760	34	42	*37*	32	41	*35*	22	—	*22*	32	—	*32*	46	55	*49*	36.8
61	77	—	*77*	69	73	*70*	79	—	*79*	72	—	*72*	55	54	*55*	70.2
62	50	44	*48*	54	67	*58*	52	—	*52*	56	—	*56*	43	43	*43*	51.2
63	27	25	*26*	29	33	*30*	14	—	*14*	27	—	*27*	20	14	*18*	24.5
64	84	—	*84*	86	71	*81*	88	—	*88*	82	—	*82*	82	—	*82*	74.7
1765	47	49	*48*	53	57	*54*	50	—	*50*	54	—	*54*	54	56	*55*	52.0
66	44	56	*48*	19	32	*23*	22	—	*22*	18	—	*18*	07	10	*08*	26.9
67	43	44	*43*	50	51	*50*	46	—	*46*	51	—	*51*	35	27	*32*	44.0
68	41	47	*43*	49	41	*46*	53	—	*53*	50	—	*50*	27	37	*30*	43.0
69	54	—	*54*	58	60	*59*	57	—	*57*	60	—	*60*	52	—	*52*	56.0
1770	60	—	*60*	57	49	*54*	60	—	*60*	59	—	*59*	43	50	*45*	55.1
71	54	54	*54*	54	46	*51*	55	—	*55*	56	—	*56*	52	56	*53*	53.2
72	54	—	*54*	62	66	*63*	41	40	*41*	67	—	*67*	58	—	*58*	57.5
73	62	—	*62*	60	50	*57*	48	54	*50*	65	—	*65*	53	51	*52*	57.6
74	60	—	*60*	65	73	*68*	46	47	*46*	69	—	*69*	67	—	*67*	63.3
1775	62	—	*62*	81	56	*73*	62	62	*62*	84	—	*84*	37	—	*37*	62.5
76	44	42	*43*	41	27	*36*	37	35	*36*	50	—	*50*	42	47	*44*	41.1
77	44	55	*48*	41	38	*40*	45	50	*47*	41	—	*41*	34	45	*38*	42.8
78	37	47	*40*	29	43	*34*	37	43	*39*	27	—	*27*	42	49	*44*	37.6
79	69	—	*69*	58	69	*62*	74	70	*73*	52	—	*52*	44	41	*43*	60.4
1780	24	49	*32*	44	51	*46*	30	29	*30*	44	—	*44*	48	39	*45*	39.8
81	43	50	*45*	46	55	*49*	50	59	*53*	47	—	*47*	53	57	*54*	49.0
82	49	47	*48*	54	48	*52*	52	51	*52*	56	—	*56*	69	—	*69*	54.6
83	56	55	*56*	60	55	*58*	49	57	*52*	67	—	*67*	69	57	*65*	59.1
84	09	08	*09*	05	04	*05*	05	08	*06*	12	—	*12*	24	31	*26*	11.2

	Zwanenburg			Paris (Obs.)			Greenwich			Toulouse			Bâle			C. d. T.
	a	b	c	a	b	c	a	b	c	a	b	c	a	b	c	général
1785	35	39	*36*	29	23	*27*	13	11	*12*	17	—	*17*	40	42	*41*	30.0
86	42	52	*45*	50	35	*45*	39	44	*41*	41	—	*41*	56	—	*56*	46.4
87	48	55	*50*	50	48	*49*	48	56	*51*	43	—	*43*	48	56	*51*	49.3
88	53	59	*55*	72	73	*72*	54	—	*54*	62	—	*62*	87	—	*87*	67.1
89	11	09	*10*	08	03	*06*	20	19	*20*	16	—	*16*	09	07	*08*	10.0
1790	70	—	*70*	67	68	*67*	69	—	*69*	57	—	*57*	62	—	*62*	66.1
91	62	—	*62*	69	67	*68*	57	—	*57*	58	—	*58*	69	—	*69*	64.3
92	47	54	*49*	52	29	*44*	39	44	*41*	53	—	*53*	60	—	*60*	49.3
93	55	—	*55*	47	65	*53*	52	75	*60*	48	—	*48*	53	—	*53*	53.8
94	56	59	*57*	53	69	*58*	59	58	*59*	54	—	*54*	77	—	*77*	61.2
1795	11	13	*12*	03	26	*11*	03	04	*03*	08	—	*08*	17	18	*17*	11.4
96	87	—	*87*	88	68	*81*	89	—	*89*	84	—	*84*	84	—	*84*	84.5
97	44	49	*46*	47	63	*52*	14	22	*17*	48	—	*48*	56	53	*55*	46.9
98	60	—	*60*	69	61	*66*	56	75	*62*	75	—	*75*	70	—	*70*	65.5
1799	07	14	*09*	20	19	*20*	24	31	*26*	15	—	*15*	42	46	*43*	21.4
1800	23	22	*23*	42	30	*38*	29	22	*27*	42	—	*42*	42	39	*41*	33.4
01	54	59	*56*	60	67	*62*	55	73	*61*	65	—	*65*	70	—	*70*	62.0
02	46	56	*49*	43	49	*45*	40	44	*41*	43	—	*43*	48	47	*48*	46.2
03	32	29	*31*	40	34	*38*	40	46	*42*	40	—	*40*	29	27	*28*	34.5
04	58	—	*58*	70	58	*66*	77	67	*74*	77	—	*77*	80	55	*72*	66.7
1805	32	32	*32*	43	49	*45*	24	50	*33*	43	—	*43*	40	—	*40*	38.7
06	67	—	*67*	69	53	*64*	69	—	*69*	72	—	*72*	74	—	*74*	68.3
07	84	—	*84*	80	62	*74*	77	—	*77*	70	—	*70*	69	—	*69*	75.8
08	52	—	*52*	41	39	*40*	45	50	*47*	41	—	*41*	49	—	*49*	46.2
09	43	42	*43*	65	52	*61*	52	55	*53*	69	—	*69*	45	—	*45*	52.4
1810	44	48	*45*	27	42	*32*	50	62	*54*	25	—	*25*	30	—	*30*	37.0
11	49	49	*49*	55	61	*57*	47	55	*50*	57	—	*57*	47	—	*47*	51.9
12	62	—	*62*	56	56	*56*	53	—	*53*	58	—	*58*	46	—	*46*	55.7
13	41	41	*41*	32	41	*35*	46	47	*46*	29	—	*29*	30	—	*30*	36.3
14	21	18	*20*	21	25	*22*	07	12	*09*	20	—	*20*	24	—	*24*	20.3
1815	47	49	*48*	60	61	*60*	50	51	*50*	65	—	*65*	55	—	*55*	54.9
16	43	48	*45*	41	33	*38*	30	53	*38*	41	—	*41*	42	—	*42*	41.2
17	69	—	*69*	72	51	*65*	60	69	*63*	79	—	*79*	67	—	*67*	67.8
18	54	—	*54*	53	56	*54*	49	50	*49*	54	—	*54*	54	—	*54*	53.5
19	55	58	*56*	57	68	*61*	59	—	*59*	39	—	*39*	50	—	*50*	54.9
1820	29	30	*29*	37	41	*38*	32	42	*35*	45	—	*45*	44	—	*44*	36.9

	Zwanenburg			Paris (Obs.)			Greenwich			Toulouse			Bâle			C. d. T. général
	a	b	c	a	b	c	a	b	c	a	b	c	a	b	c	
1821	42	48	*44*	45	34	*41*	50	59	*53*	47	—	*47*	42	—	*42*	43.9
22	83	—	*83*	84	84	*84*	86	—	*86*	48	—	*48*	74	—	*77*	78.3
23	11	13	*12*	30	46	*35*	37	43	*39*	20	—	*20*	27	—	*27*	25.4
24	69	—	*69*	60	68	*63*	51	60	*54*	37	—	*37*	59	—	*59*	60.5
1825	83	—	*83*	70	71	*70*	59	—	*59*	77	—	*77*	67	—	*67*	72.9
26	51	50	*51*	54	51	*53*	51	51	*51*	56	—	*56*	44	—	*44*	50.7
27	46	41	*44*	32	41	*35*	40	34	*38*	32	—	*32*	22	40	*28*	36.3
28	60	—	*60*	84	61	*76*	79	—	*79*	80	—	*80*	88	—	*88*	74.3
29	41	38	*40*	32	35	*33*	52	51	*52*	32	—	*32*	37	30	*35*	37.3
1830	06	02	*05*	01	06	*03*	11	17	*13*	02	—	*02*	02	02	*02*	4.3
31	44	49	*46*	51	46	*49*	45	46	*45*	52	—	*52*	50	59	*53*	48.8
32	51	54	*52*	52	51	*52*	55	67	*59*	53	—	*53*	54	—	*54*	53.2
33	51	52	*51*	53	57	*54*	60	69	*63*	54	—	*54*	55	53	*54*	54.0
34	90	—	*90*	87	78	*84*	88	—	*88*	83	—	*83*	97	—	*97*	88.7
1835	70	—	*70*	65	65	*65*	64	—	*64*	69	—	*69*	60	—	*60*	65.8
36	53	—	*53*	37	42	*39*	43	46	*44*	37	—	*37*	32	48	*37*	43.1
37	62	—	*62*	55	39	*50*	56	—	*56*	57	—	*57*	51	—	*51*	55.1
38	21	13	*18*	17	19	*18*	24	19	*22*	18	—	*18*	20	32	*24*	19.6
39	56	—	*56*	49	49	*49*	52	—	*52*	50	—	*50*	47	59	*51*	51.9
1840	62	—	*62*	58	48	*55*	56	—	*56*	72	—	*72*	69	59	*66*	61.1
41	29	29	*29*	16	22	*18*	20	27	*22*	49	—	*49*	10	19	*13*	23.8
42	50	51	*50*	44	52	*47*	50	56	*35*	47	—	*47*	44	43	*44*	46.1
43	57	58	*57*	54	56	*55*	64	59	*62*	69	—	*69*	67	—	*67*	60.1
44	60	59	*60*	48	53	*50*	59	56	*58*	49	—	*49*	46	56	*49*	53.5
1845	15	15	*15*	16	23	*18*	29	22	*27*	40	—	*40*	14	19	*16*	19.8
46	86	—	*86*	77	71	*75*	88	—	*88*	77	—	*77*	83	—	*83*	81.4
47	41	46	*43*	29	26	*28*	27	32	*29*	29	—	*29*	27	42	*32*	33.5
48	37	38	*37*	46	56	*49*	64	69	*66*	39	—	*39*	20	30	*23*	40.9
49	57	—	*57*	79	67	*75*	84	—	*84*	69	—	*69*	70	—	*70*	68.9
1850	41	41	*41*	50	47	*49*	43	60	*49*	49	—	*49*	48	49	*48*	46.4
51	64	—	*64*	55	66	*59*	77	—	*77*	49	—	*49*	55	58	*56*	60.7

TABLEAU IV.

Les hivers 1757—1916

Classés selon leur température (ordre croissant).

N°. d'ordre 1—160	Hiver	C. d. T.		N°. d'ordre 1—160	Hiver	C. d. T.		N°. d'ordre 1—160	Hiver	C. d. T.	
1	1830	4.3	Gd H. H. très rigoureux	26	1800	33.4		53	1868	43.7	
				27	1847	33.5		54	1901	43.7	
2	1891	8.5		28	1803	34.5		55	1889	43.8	
3	1789	10.0		29	1876	35.3		56	1821	43.9	
4	1784	11.2		30	1813	36.3	Hiver froid	57	1802	46.2 [2]	
5	1795	11.4		31	1827	36.3		58	1811	51.9	
6	1880	12.1		32	1907	36.4		59	1767	44.0	∨
				33	1760	36.8					
7	1895	16.2	∧	34	1810	37.0		60	1864	44.7	∧
8	1871	18.7		35	1829	37.3		61	1900	46 0	
9	1838	19.6		36	1778	37.6		62	1842	46.1	
10	1845	19.8	Hiver rigoureux	37	1860	38.1		63	1808	46.2	
11	1799	21.4		38	1887	38.1		64	1786	46.4	
12	1841	23.8		39	1879	38.2		65	1850	46.4	
13	1757 [1]	24.4		40	1805	38.7		66	1890	46.5	Hiver normal
14	1763	24.5		41	1814	20.3 [2]	∨	67	1872	46.6	
15	1823	25.4						68	1797	46.9	
16	1888	25 6		42	1861	39.5	∧	69	1857	47.3	
17	1776	41.1 [2]		43	1780	39.8		70	1892	47.7	
18	1820	36.9	∨	44	1875	40.6	Hiver normal plutôt froid	71	1758	48.0	
				45	1848	40.9		72	1831	48.8	
19	1766	26.9	∧	46	1870	41.0		73	1781	49.0	
20	1855	27.4		47	1816	41.2		74	1881	49.1	
21	1854	29.5	Hiver froid	48	1886	41.2		75	1787	49.3	
22	1785	30.0		49	1777	42.8		76	1792	49.3	
23	1865	32.9		50	1768	43.0		77	1856	49.3	
24	1909	32.9		51	1836	43.1		78	1862	49.4	
25	1893	33.3		52	1858	43.1		79	1904	50.1	

N°. d'ordre 1—160	Hiver	C. d. T.		N°. d'ordre 1—160	Hiver	C. d. T.		N°. d'ordre 1—160	Hiver	C. d. T.	
80	1894	50.3	Hiver normal	108	1769	56.0	Hiver normal plutôt tiède	136	1788	67.1	Hiver tiède
81	1826	50.7		109	1882	56.0		137	1817	67.8	
82	1762	51.2		110	1911	56.7		138	1806	68.2	
83	1839	51.9		111	1772	57.5		139	1849	68.9	
84	1765	52.0		112	1773	57.6		140	1761	70.2	
85	1809	52.4		113	1906	57.6		141	1873	71.1	
86	1903	52.4		114	1859	58.9		142	1899	71.3	
87	1902	53.1		115	1783	59.1		143	1863	72.2	
88	1771	53.2		116	1878	59.5		144	1825	72.9	
89	1832	53.2		117	1843	60.1		145	1866	73.0	
90	1908	53.2		118	1779	60.4		146	1916	73.7	
91	1818	53.5		119	1824	60.5		147	1828	74.3	
92	1844	53.5		120	1851	60.7		148	1912	74.4	
93	1885	53.6						149	1764	74.7	
94	1793	53.8		121	1840	61.1	Hiver tiède	150	1884	74.9	
95	1905	53.9		122	1794	61.2		151	1877	75.4	
96	1833	54.0		123	1801	62.0					
97	1896	54.0		124	1853	62.2		152	1807	75.8	Hiver doux
98	1782	54.6		125	1898	62.3		153	1913	76.6	
99	1815	54.9		126	1775	62.5		154	1822	78.3	
100	1819	54.9		127	1759	62.9		155	1869	78.7	
				128	1774	63.3		156	1846	81.4	
101	1770	55.1	H. n. pl. t.	129	1883	63.6		157	1798	65.5 [2]	
102	1837	55.1		130	1915	64.9					
103	1852	55.2		131	1867	65.1		158	1796	84.5	H. tr. doux
104	1914	55.2		132	1910	65.3		159	1791	64.3 [2]	
105	1897	55.4		133	1835	65.8		160	1834	88.7	
106	1812	55 7		134	1790	66.1					
107	1874	55.8		135	1804	66.7					

1) Douteux.

2) Tandis que le tableau II classe les hivers par ordre décroissant de leur température, le tableau IV les met par ordre croissant, en commençant avec l'hiver le plus froid dans cette période. — Comp. la note Tabl. VI p. 207, et le Registre.

TABLEAU V.

Classification des hivers 1205—1756

Ordre croissant de température. Données historiques.

[Hiver 1205 = H. 1204—05. — N'ont été insérés ici que les hivers considérés comme anormaux. — Le chiffre après le caractéristique populaire de l'hiver indique le coeff. de temp. approximatif]

1408, 1608, 1565, 1709, 1435	Grand hiver (4)
1306, 1364, 1225, 1740, 1595, 1236, 1205, 1571, 1514, 1423, 1621, 1658	Hiver très rigoureux (10)
1219, 1210, 1684, 1458, 1569, 1656, 1316, 1269, 1432, 1481, 1670, 1443, 1573	Hiver rigoureux, groupe A (17)
1587, 1672, 1358, 1716, 1399, 1511, 1465, 1677, 1546, 1544, 1695, 1591, 1394, 1217, 1667, 1363, 1303	Hiver rigoureux, groupe B (21)
1663, 1361, 1282, 1742, 1548, 1491, 1276, 1211, 1674, 1729, 1508, 1660, 1622, 1273, 1372, 1469	Hiver rigoureux, groupe C (25)
1685, 1653, 1460, 1524, 1644, 1403, 1351, 1624, 1420, 1389, 1649, 1503, 1462, 1214	Hiver froid, groupe A (28)
1744, 1286, 1635, 1506, 1614, 1726, 1731, 1555, 1255, 1522, 1600, 1229, 1340, 1697	Hiver froid, groupe B (31)
1288, 1606, 1494, 1732, 1292, 1616, 1344, 1651, 1329, 1310, 1499, 1257, 1381, 1234, 1215	Hiver froid, groupe C (34)
1325, 1692, 1755, 1487, 1496, 1698, 1385, 1603, 1665, 1533, 1561, 1745, 1378, 1636, 1492	Hiver froid, groupe D (36)
1259, 1584, 1699, 1558, 1353, 1318, 1752, 1746, 1631, 1416, 1339, 1334, 1519, 1431, 1314, 1242	Hiver froid, groupe E (38)
1748, 1342, 1534, 1688, 1589, 1681, 1238, 1536, 1250	Hiver normal (42)

1253		1598		1206		1295		1633		1349	groupe A (79)
1666		1738	Hiver normal (42)	1356		1711		1265		1662	
1694		1638		1504	∨	1643		1480	∨	1707	
1747		1404		1611	∧	1602				1515	
1216		1476		1585		1397	groupe C (66)	1331	∧	1609	
1541		1615		1430		1690		1714		1301	
1553		1575		1682		1439		1749		1421	
1296		1696	∨	1706	Hiver tiède, groupe B (63)	1596		1543		1661	
1612		(1)		1680		1539		1285		1367	∨
1723	Hiver normal (42)	1619	∧	1579		1262		1652	Hiver tiède, groupe E (74)		
1212		1300		1482		1445		1341		1365	∧
1517		1471		1500		1607		1528		1725	Hiver doux, groupe B (82)
1323		1730		1473		1467	∨	1302		1617	
1679		1693		1640				1456		1218	
1750		1274	Hiver tiède, groupe A (60)	1450		1604	∧	1704		1368	
1232		1505		1669		1521		1719		1530	
1428		1710		1337		1739		1701		1708	
1691		1642		1497		1208	Hiver tiède, groupe D (70)	1237		1249	
1580		1538		1673	∨	1537		1512		1703	
1610		1646				1461		1268		1427	
1241		1343		1625	∧	1227		1493		1529	∨
1754		1221		1689		1700		1287	∨		
1449		1724		1551	Hiver tiède,	1532			∧ Hiver doux	1409	Hiv. très doux (90)
1718		1278		1678		1328		1405		1507	
1438		1525		1613		1383		1702		1478	
1294		1722		1258		1531		1576		1289	

1) Les 43 hivers qui précèdent pourraient s'appeler „hiver normal plutôt froid", mais les raisons pour leur accorder une place à part sont peu concluantes. Nous nous sommes bornés à leur donner le coefficient 42. Aux 257 hivers, entre 1205 et 1756, dont il n'est pas fait mention dans les chroniques, annales ou journaux, et qui ne peuvent pas s'écarter beaucoup de la normale, nous avons attribué le coefficient 54: vingt-quatre entre ces dernières appartiennent *théoriquement* aux „hivers tièdes" (Voy. p. 31) sans que les matériaux à notre disposition nous mettent en état de les différencier des autres hivers à peu près normaux.

Ici se placent ces 257 hivers (Voy. Tabl. VI) qui ont reçu le coeff. de température 54.

TABLEAU VI.

Liste chronologique des hivers depuis 1205 jusqu'à 1916, et des hivers remarquables avant 1205, avec leurs coefficients de température — approximatifs jusqu'à 1756 — et des caractéristiques. (Données très incertaines avant 764)

Hiver	Coeff. de Temp.	Désignation populaire [1])	Hiver	Coeff. de Temp.	Désignation populaire	Hiver	Coeff. de Temp.	Désignation populaire
51	(66)	tiède	605	(36)	froid	845	21	rigour.
221	(21)	rigoureux	670	(36)	froid	846	36	froid
: 296 :	(10)	très rig.	690	(36)	froid	849	36	froid
329	(36)	froid	695	(10)	très. rig.!	856	21	rigour.
359	(10)	très rig.!	706	(36)	froid	858	36	froid
375	(36)	froid	709	(21)	rigoureux	860	10	très rig.
401	(21)	rigoureux	717	(36)	froid	863	66	tiède
411	(10)	très rig.	760	(21)	rigoureux	872	36	froid
419	(36)	froid	764	10	Grand Hiv.?	874	21	rigour.
432	(21)	rigoureux	791	36	froid	881	21	rigour.
443	(36)	froid	801	66	tiède	893	36	froid
462	(10)	très rig.	802	36	froid	908	36	froid
469	(36)	froid	808	80	doux	913	10	très rig.
: 473 :	(36)	froid	: 811	36	froid	928	21	rigour.
509	(36)	froid	813	36	froid	934	36	froid
545 :	(21)	rigoureux	822	10	très rig.	940	21	rigour.
554	(10)	Grand Hiv.?	824	36	froid	943	36	froid
559	(36)	froid	832	36	froid	947	36	froid
566	(21)	rigoureux	: 838	66	tiède	960	36	froid
584	(80)	très doux?	843	36	froid	964	36	froid
593	(21)	rigoureux	844	66	tiède	975	21	rigour.

1) Désignation populaire: Coeff. <5.5 correspond à „Grand Hiver"; 5.6—13.5 = H. très rigoureux; 13.6—25.9 = H. rig.; 26.0—38.9 = H. froid; 39.0—44.5 = H. normal plutôt froid; 44.6—54.9 = H. normal; 55.0—60.9 = H. norm. pl. tiède; 61.0—75.5 = H. tiède; 75.6—84.9 = H. doux; > 84.9 = H. très doux. — Jusqu'à 1757 les coeff. sont approximatifs; avant 1205 n'ont été employés que 10, 21, 36, 66 et 80. — : 811 signifie : peut-être 810; 811 : peut-être 812.

Hiver	Coeff. de Temp.	Désignation populaire	Hiver	Coeff. de Temp.	Désignation populaire	Hiver	Coeff. de Temp.	Désignation populaire
981	36	froid	1121	66	tiède	1215	34	froid
988:	36	froid	1123	66	tiède	16	42	norm. pl. froid
991	36	froid	1125	10	très rig.	17	21	rigoureux
994	36	froid	1126	36	froid	18	82	doux
999	36	froid	1128	36	froid	19	17	très rigoureux
1003	36	froid	1140	36	froid	1220	70	tiède
1011	36	froid	1141	66	tiède	21	60	norm. pl. tiède
1020	36	froid	1143	21	rigour.	22	54	normal
1033	21	rigour.	1148	36	froid	23	54	normal
1044	21	rigour.	1150	10	Grand Hiv.?	24	54	normal
1047	36	froid	1155	36	froid	:1225	10	très rigoureux
1049	36	froid	1164	36	froid	26	54	normal
1056	66	tiède	1166	36	froid	: 27	70	tiède
1057	36	froid	1170	66	tiède	28	54	normal
1060	36	froid	1172	80	doux	29	54	normal
1063	36	froid	1173	36	froid	1230	31	froid
1066	66	tiède	1177	36	froid	31	54	normal
1068	21	rigour.	:1179	21	rigour.	32:	42	norm.* pl. frd.
1069	36	froid	1182	66	tiède	33	54	normal
1070	66	tiède	1187	66	tiède	34	34	froid
1072	36	froid	1190	66	tiède	1235	54	normal
1074	10	très rig.	:1197	66	tiède	: 36	10	très rigour.
1077	10	Grand Hiv.?	:1201	36	froid	37	74	tiède
1079	36	froid	1203	36	froid	38	42	norm. pl. frd.
1093	36	froid				39	60	norm. pl. tiède
1095	66	tiède	1205	10	très rigoureux	1240	54	normal
1097	66	tiède	06	60	norm. pl. tiède	41	42	norm. pl. frd.
1099	36	froid	07	70	tiède	42	38	froid
1100	36	froid	08	54	normal	43	54	normal
1107	66	tiède	09	54	normal	44	54	normal
1108	36	froid	1210	17	rigoureux	1245	54	normal
1111	36	froid	11	25	rigoureux	46	54	normal
1113	36	froid	12	42	norm. pl. froid	47	54	normal
1115	36	froid	13	54	normal	48	54	normal
1117	66	tiède	14	28	froid	49	82	doux

Hiver	Coeff. de Temp.	Désignation populaire	Hiver	Coeff. de Temp.	Désignation populaire	Hiver	Coeff. de Temp.	Désignation populaire
1250	42	norm. pl. frd.	1285	74	tiède	1320	54	normal
51	60	norm. pl. tiède	86	31	froid	21	54	normal
52	54	normal	87	74	tiède	22	54	normal
53	34	froid	88	34	froid	23	42	norm. pl. froid
54	54	normal	89	90	très doux	24	54	normal
1255	31	froid	1290	54	normal	1325	36	froid
56	54	normal	91	54	normal	26	54	normal
57	34	froid	92	34	froid	27	54	normal
58	66	tiède	93	54	normal	28	70	tiède
59	38	froid	94	42	norm. pl. froid	29	34	froid
1260	54	normal	1295	66	tiède	1330	54	normal
61	54	normal	96	42	norm. pl. froid	31	74	tiède
62	66	tiède	97	54	normal	32	54	normal
63	54	normal	98	54	normal	33	54	normal
64	54	normal	99	54	normal	34	38	froid
1265	70	tiède	1300	60	norm. pl. tiède	1335	54	normal
66	54	normal	01	79	doux	36	54	normal
67	31	froid	02	74	tiède	37	63	tiède
68	74	tiède	03	21	rigoureux	38	54	normal
69	54	normal	04	60	norm. pl. tiède	39	38	froid
1270	17	rigoureux	1305	54	normal	1340	31	froid
71	54	normal	06	10	très rigoureux	41	74	tiède
72	54	normal	07	54	normal	42	42	norm. pl. frd.
73	25	rigoureux	08	54	normal	43	60	norm. pl. tiède
74	60	norm. pl. tiède	09	54	normal	44	34	froid
1275	54	normal	1310	34	froid	1345	54	normal
76	25	rigoureux	11	54	normal	46	54	normal
77	54	normal	12	54	normal	47	54	normal
78	60	norm. pl. tiède	13	54	normal	48	54	normal
79	54	normal	14	38	froid	49	79	doux
1280	54	normal	1315	54	normal	1350	54	normal
81	54	normal	16	17	rigoureux	51	28	froid
82	25	rigoureux	17	54	normal	52	54	normal
83	60	norm. pl tiède	18	38	froid	53	38	froid
84	54	normal	19	54	normal	54	54	normal

Hiver	Coeff. de Temp.	Désignation populaire	Hiver	Coeff. de Temp.	Désignation populaire	Hiver	Coeff. de Temp.	Désignation populaire
1355	54	normal	1390	54	normal	1425	54	normal
56	60	norm. pl. tiède	91	54	normal	26	54	normal
57	54	normal	92	54	normal	27	82	doux
58	21	rigoureux	93	54	normal	28	42	norm. pl. frd.
59	54	normal	94	21	rigoureux	29	54	normal
1360	54	normal	1395	54	normal	1430	63	tiède
61	25	rigoureux	96	54	normal	:31	38	froid
62	54	normal	97	66	tiède	32:	17	rigoureux
63	21	rigoureux	98	54	normal	33	54	normal
64	10	très rigoureux	99	21	rigoureux	34	54	normal
1365	82	doux	1400	54	normal	1435	5	Grand Hiver
66	54	normal	01	54	normal	36	54	normal
67	79	doux	02	54	normal	37	54	normal
68	82	doux	03	28	froid	38	42	norm. pl. froid
69	54	normal	04	42	norm. pl. froid	39	66	tiède
1370	54	normal	1405	79	doux	1440	54	normal
71	54	normal	06	54	normal	41	54	normal
72	25	rigoureux	07	54	normal	42	54	normal
73	54	normal	08	4	Grand Hiver	43	17	rigoureux
74	54	normal	09	90	très doux	44	54	normal
1375	54	normal	1410	54	normal	1445	66	tiède
76	54	normal	11	54	normal	46	54	normal
77	54	normal	12	54	normal	47	54	normal
78	36	froid	13	54	normal	48	54	normal
79	54	normal	14	54	normal	49	42	norm. pl. froid
1380	54	normal	1415	54	normal	1450	63	tiède
81	34	froid	16	38	froid	51	54	normal
82	54	normal	17	54	normal	52	54	normal
83	70	tiède	18	54	normal	53	54	normal
84	54	normal	19	54	normal	54	54	normal
1385	36	froid	1420	28	froid	1455	54	normal
86	54	normal	21	79	doux	56	74	tiède
87	54	normal	22	54	normal	57	54	normal
88	54	normal	23	10	très rigour.	58	17	rigoureux
89	28	froid	24	54	normal	59	54	normal

Hiver	Coeff. de Temp.	Désignation populaire	Hiver	Coeff. de Temp.	Désignation populaire	Hiver	Coeff. de Temp.	Désignation populaire
1460	28	froid	1495	54	normal	1530	74	doux
61	70	tiède	96	36	froid	31	70	tiède
62	28	froid	97	63	tiède	32	70	tiède
63	54	normal	98	54	normal	33	36	froid
64	54	normal	99	34	froid ?	34	42	norm. pl. froid
1465	21	rigoureux	1500	63	tiède ?	1535	54	normal
66	54	normal	01	54	normal	36	42	norm. pl. froid
67	66	tiède	02	54	normal	37	70	tiède
68	54	normal	03	28	froid	38	60	norm. pl. tiède
69	25	rigoureux	04	60	norm. pl. tiède	39	66	tiède ?
1470	54	normal	1505	60	norm. pl. tiède	1540	54	normal
71	60	norm. pl. tiède	06	31	froid	41	42	norm. pl. froid
72	54	normal	07	82	très doux	42	54	normal
73	63	tiède ?	08	25	rigoureux	43	70	tiède
74	54	normal	09	54	normal	44	21	rigoureux
1475	54	normal	1510	54	normal	1545	54	normal
76	42	norm. pl. froid	11	21	rigoureux	46	21	rigoureux
77	54	normal	12	54	normal	47	54	normal
78	90	très doux	13	74	tiède	48	25	rigoureux
79	54	normal	14	10	très rigoureux	49	54	normal
1480	70	tiède	1515	79	doux	1550	54	normal
81	17	rigoureux	16	54	normal	51	66	tiède
82	63	tiède	17	42	norm. pl. froid	52	54	normal
83	54	normal	18	54	normal	53	42	norm. pl. froid
84	54	normal	19	38	froid	54	54	normal
1485	54	normal	1520	54	normal	1555	31	froid
86	54	normal	21	70	tiède	56	54	normal
87	36	froid	22	31	froid	57	54	normal
88	54	normal	23	54	normal	58	38	froid
89	54	normal	24	28	froid	59	54	normal
1490	54	normal	1525	60	norm. pl. tiède	1560	54	normal
91	25	rigoureux	26	54	normal	61	36	froid
92	36	froid ?	27	54	normal	62	54	normal
93	74	tiède	28	70	tiède	63	54	normal
94	34	froid	29	84	doux	64	54	normal

Hiver	Coeff. de Temp.	Désignation populaire	Hiver	Coeff. de Temp.	Désignation populaire	Hiver	Coeff. de Temp.	Désignation populaire
1565	4	Grand Hiver	1600	31	froid	1635	31	froid
66	54	normal	01	54	normal	36	36	froid
67	54	normal	02	66	tiède	37	54	normal
68	54	normal	03	36	froid	38	42	norm. pl. froid
69	17	rigoureux	04	70	tiède	39	54	normal
1570	54	normal	1605	54	normal	1640	63	tiède
71	10	très rigoureux	06	34	froid	41	54	normal
72	54	normal	07	66	tiède	42	54	normal
73	17	rigoureux	08	4	Grand Hiver	43	66	tiède
74	54	normal	09	79	doux	44	28	froid
1575	42	norm. pl. froid	1610	42	norm. pl. froid	1645	54	normal
76	79	doux	11	63	tiède	46	60	norm. pl. tiède
77	54	normal	12	42	norm. pl. froid	47	54	normal
78	54	normal	13	66	tiède	48	54	normal
79	63	tiède	14	31	froid	49	28	froid
1580	42	norm. pl. froid	1615	42	norm. pl. froid	1650	54	normal
81	54	normal	16	34	froid	51	34	froid
82	54	normal	17	82	doux	52	74	tiède
83	54	normal	18	54	normal	53	28	froid
84	38	froid	19	60	norm. pl. tiède	54	54	normal
1585	63	tiède	1620	54	normal	1655	54	normal
86	63	tiède	21	10	très rigoureux	56	17	rigoureux
87	21	rigoureux	22	25	rigoureux	57	54	normal
88	54	normal	23	54	normal	58	10	très rigoureux
89	42	norm. pl. froid	24	28	froid	59	54	normal
1590	54	normal	1625	66	tiède	1660	25	rigoureux
91	21	rigoureux	26	54	normal	61	79	doux
92	54	normal	27	54	normal	62	54	normal
93	54	normal	28	54	normal	63	25	rigoureux
94	54	normal	29	54	normal	64	54	normal
1595	10	très rigoureux	1630	54	normal	1665	36	froid
96	66	tiède	31	38	froid	66	42	norm. pl. froid
97	54	normal	32	54	normal	67	21	rigoureux
98	42	norm. pl. froid	33	70	tiède	68	54	normal
99	54	normal	34	54	normal	69	63	tiède

Hiver	Coeff. de Temp.	Désignation populaire	Hiver	Coeff. de Temp.	Désignation populaire	Hiver	Coeff. de Temp.	Désignation populaire
1670	17	rigoureux	1705	54	normal	1740	8	très rigoureux
71	54	normal	06	63	tiède	41	54	normal
72	21	rigoureux	07	79	doux	42	25	rigoureux
73	63	tiède	08	82	doux	43	54	normal
74	25	rigoureux	09	4	Grand Hiver	44	31	froid
1675	54	normal	1710	60	norm. pl. tiède	1745	42	norm. pl. froid
76	54	normal	11	66	tiède ?	46	38	froid
77	21	rigoureux	12	54	normal	47	36	froid
78	66	tiède	13	54	normal	48	42	norm. pl. froid
79	42	norm. pl. froid	14	70	tiède	49	70	tiède
1680	63	tiède	1715	54	normal	1750	42	norm. pl. froid
81	42	norm. pl. froid	16	21	rigoureux	51	54	normal
82	63	tiède	17	54	normal	52	38	froid
83	54	normal	18	42	norm. pl. froid	53	54	normal
84	17	rigoureux	19	74	tiède	54	42	norm. pl. froid
1685	28	froid	1720	54	normal	1755	36	froid ?
86	54	normal	21	54	normal	56	54	normal
87	54	normal	22	60	norm. pl. tiède	57	24	rigoureux
88	42	norm. pl. froid	23	42	norm. pl. froid	58	48	normal
89	66	tiède	24	60	norm. pl. tiède	59	63	tiède
1690	66	tiède	1725	82	doux	1760	37	froid
91	42	norm. pl. froid	26	31	froid	61	70	tiède
92	36	froid	27	54	normal	62	51	normal
93	60	norm. pl. tiède	28	54	normal	63	24	rigoureux
94	42	norm. pl. froid	29	25	rigoureux	64	75	doux
1695	21	rigoureux	1730	60	norm. pl. tiède	1765	52	normal
96	42	norm. pl. froid	31	31	froid	66	27	froid
97	31	froid	32	34	froid	67	(44)	froid
98	36	froid	33	54	normal	68	43	norm. pl. froid
99	38	froid	34	54	normal	69	56	norm. pl. tiède
1700	70	tiède	1735	54	normal	1770	55	norm. pl. tiède
01	74	tiède	36	54	normal	71	53	normal
02	79	doux	37	54	normal	72	57	norm. pl. tiède
03	82	doux	38	42	norm. pl. froid	73	58	norm. pl. tiède
04	74	tiède	39	70	tiède	74	63	tiède

Hiver	Coeff. de Temp.	Désignation populaire	Hiver	Coeff. de Temp.	Désignation populaire	Hiver	Coeff. de Temp.	Désignation populaire
1775	62	tiède	1804	67	tiède	1833	54	normal
76	(41)[1]	rigoureux	1805	39	norm. pl. froid	34	89	très doux
77	43	norm. pl. froid	06	68	tiède	1835	66	tiède
78	(38)	normal	07	76	doux	36	43	norm. pl. froid
79	60	norm. pl. tiède	08	46	normal	37	55	norm. pl. tiède
1780	40	norm. pl. froid	09	52	normal	38	20	rigoureux
81	49	normal	1810	37	froid	39	52	normal
82	55	norm. pl. tiède	11	(52)	norm. pl. froid	1840	61	tiède
83	59	norm. pl. tiède	12	56	norm. pl. tiède	41	24	rigoureux
84	11	très rigoureux	13	36	froid	42	46	normal
1785	30	froid	14	(20)	froid	43	60	norm. pl. tiède
86	46	normal	1815	55	norm. pl. tiède	44	53	normal
87	49	normal	16	41	norm. pl. froid	1845	20	rigoureux
88	67	tiède	17	68	tiède	46	81	doux
89	10	très rigoureux	18	53	normal	47	33	froid
1790	(66)	assez tiède	19	55	norm. pl. tiède	48	41	norm. pl. froid
91	(64)	très doux	1820	(37)	rigoureux	49	69	tiède
92	49	normal	21	44	norm. pl. froid	1850	46	normal
93	54	normal	22	78	doux	51	61	tiède
94	61	tiède	23	25	rigoureux	52	55	norm. pl. tiède
1795	11	très rigoureux	24	60	norm. pl. tiède	53	62	tiède
96	84	très doux	1825	73	tiède	54	29	froid
97	47	normal	26	51	normal	1855	27	froid
98	(65)	doux	27	36	froid	56	49	normal
99	21	rigoureux	28	74	tiède	57	47	normal
1800	33	froid	29	37	froid	58	43	norm. pl. froid
01	62	tiède	1830	4	Grand Hiver	59	59	norm. pl. tiède
02	(46)	norm. pl. froid	31	49	normal	1860	38	froid
03	34	froid	32	53	normal	61	39	norm. pl. froid

1) Quelques hivers entre 1757 et 1851 — période pendant laquelle les observations thermométriques ont une valeur restreinte — présentent une divergation importante entre les résultats thermométriques et les mentions historiques; dans ces cas les indications historiques ont été suivies. Par contre après 1851 on a donné la préférence aux observations thermométriques, bien qu'il en résulte un certain manque d'uniformité dans la liste.

Hiver	Coeff. de Temp.	Désignation populaire	Hiver	Coeff. de Temp.	Désignation populaire	Hiver	Coeff. de Temp.	Désignation populaire
1862	49	normal	1881	49	normal	1900	46	normal
63	72	tiède	82	56	norm. pl. tiède	01	44	norm. pl. froid
64	45	normal	83	64	tiède	02	53	normal
1865	33	froid	84	75	tiède	03	52	normal
66	73	tiède	1885	54	normal	04	50	normal
67	65	tiède	86	41	norm. pl. froid	1905	54	normal
68	44	norm. pl. froid	87	38	froid	06	58	norm. pl. froid
69	79	doux	88	26	rigoureux	07	36	froid
1870	41	norm. pl. froid	89	44	norm. pl. froid	08	53	normal
71	19	rigoureux	1890	46	normal	09	33	froid
72	47	normal	91	8	très rigoureux	1910	65	tiède
73	71	tiède	92	48	normal	11	57	norm. pl. tiède
74	56	norm. pl. tiède	93	33	froid	12	74	tiède
1875	41	norm. pl. froid	94	50	normal	13	77	doux
76	35	froid	1895	16	rigoureux	14	55	norm. pl. tiède
77	75	tiède	96	54	normal	1915	65	tiède
78	59	norm. pl. tiède	97	55	norm. pl. tiède	1916	74	tiède
79	38	froid	98	62	tiède			
1880	12	très rigoureux	99	71	tiède			

ERRATA

Pg. 24, l. 20 lisez : 1205, a. l. d 1265
" " " 35 " 23 " 24

APPENDICE

Valeurs de $\frac{d}{e}$, qui ont servi à déterminer le „coefficient moyen" (moy. mens. de la température, hiver météorologique) 1852—1916, Europe occidentale. — Voy. p. 9.

Observ. m_{65}	Strasbourg 1.1	Brème 1.4	Uccle 2.2	Lyon 2.3	De Bilt 2.6	Paris 3.0	Greenwich 4.2	Angers 4.6	Toulouse 5.0
1852	0.8	1.5	0.9	0.0	1.1	0.1	1.0	0.0	—0.8
1853	2.0	1.1	1.4	1.5	1.3	1.4	1.0	1.8	0.8
1854	—2.4	—1.6	—1.8	—2.2	—1.9	—1.5	—1.3	—1.2	—1.1
1855	—1.8	—2.6	—2.5	—0.8	—2.5	—1.7	—2.7	—1.4	—0.2
1856	—0.3	—0.9	—0.0	0.8	—0.2	0.5	—0.6	0.7	0.9
1857	—0.3	—0.6	—0.2	—0.5	0.2	—0.2	—0.6	0.1	—0.4
1858	—0.0	—1.2	—0.8	—1.7	—0.5	—1.0	—0.2	—1.1	—1.1
1859	0.7	0.8	1.1	0.3	1.4	0.9	1.0	0.8	0.1
1860	—0.2	—0.3	—1.0	—1.0	—0.8	—1.0	—1.2	—0.3	—0.8
1861	—0.6	—1.6	—1.5	—0.2	—1.4	—1.5	—1.6	—1.1	0.1
1862	0.2	—0.0	0.1	—0.3	0.4	0.4	0.4	0.4	0.9
1863	1.6	1.9	1.6	0.8	2.3	1.7	1.8	1.9	0.7
1864	—1.2	—0.5	—0.7	—1.5	—0.6	—0.5	—0.6	0.1	—0.7
1865	—1.5	—2.1	—1.9	—0.4	—2.0	—1.7	—1.4	—1.0	—0.7
1866	1.6	2.2	1.6	1.6	2.0	1.0	1.4	1.7	1.1
1867	1.9	1.4	1.1	1.7	1.3	1.4	0.4	2.6	2.4
1868	—0.1	0.4	—0.6	—0.9	—0.0	—1.0	—0.4	—0.8	—1.6
1869	2.9	2.3	2.5	3.1	2.4	2.9	2.8	3.3	2.9
1870	—1.2	—1.1	—1.3	—0.4	—1.1	—1.0	—1.2	—0.2	—0.3
1871	—2.0	—3.0	—2.4	—2.3	—2.6	—2.2	—2.1	—2.7	—2.2
1872	—0.9	—0.1	0.5	—0.9	0.4	0.1	1.0	0.1	—0.5
1873	1.5	1.2	1.1	2.3	1.2	1.3	0.2	1.2	1.2
1874	0.1	1.3	0.9	—0.2	1.2	0.4	0.6	0.0	—0.6
1875	—0.2	—1.3	—0.8	—0.7	—1.0	—0.8	—1.3	0.0	—0.4
1876	—1.2	—0.8	—1.2	—1.5	—0.8	—1.2	—0.6	—1.0	—2.0
1877	2.9	1.9	2.7	3.0	2.4	1.4	2.6	3.7	2.3
1878	0.6	1.7	0.5	—0.6	1.1	0.3	1.0	0.3	—0.5
1879	—0.2	—1.2	—1.9	0.4	—1.9	—1.4	—3.2	—1.4	0.7
1880	—4.5	—1.4	—2.7	—3.8	—2.2	—4.6	—2.4	—4.7	—2.6

Observ. m_{65}	Strasbourg 1.1	Brème 1.4	Uccle 2.2	Lyon 2.3	De Bilt 2.6	Paris 3.0	Greenwich 4.2	Angers 4.6	Toulouse 5.0
1881	0.4	—0.9	—0.4	1.7	—0.7	0.5	—1.2	0.4	0.6
1882	—0.2	1.5	0.5	—0.6	0.7	—0.4	0.7	—0.9	0.1
1883	1.2	0.7	1.3	1.3	1.0	1.5	1.1	1.7	1.3
1884	1.8	2.3	1.7	1.0	2.1	1.9	1.6	1.7	0.8
1885	0.6	0.9	0.4	0.3	0.7	0.6	0.4	0.4	0.3
1886	—0.7	—1.1	—1.5	—0.5	—1.3	—1.1	—2.0	—1.1	—0.6
1887	—1.3	—0.5	—1.0	—1.0	—0.8	—1.4	—1.7	—1.1	—1.3
1888	—1.8	—1.3	—2.3	—1.6	—1.9	—1.9	—1.4	—1.8	—1.5
1889	—1.7	—0.8	—0.4	—1.1	—0.3	—0.8	—0.6	—0.3	—0.3
1890	—0.7	—0.4	—0.8	—0.7	—0.3	—0.3	0.0	—0.4	—0.5
1891	—3.4	—3.3	—3.4	—3.6	—3.5	—3.6	—3.5	—4.0	—2.4
1892	0.2	—0.4	0.1	0.8	—0.0	0.7	—0.3	0.7	1.0
1893	—2.1	—2.1	—1.7	—1.6	—1.1	—1.4	—1.2	—0.9	—0.9
1894	—0.2	0.3	—0.0	0.1	0.4	0.3	0.3	0.2	—0.6
1895	—3.5	—2.5	—2.7	—3.0	—2.1	—3.1	—2.7	—3.2	—2.1
1896	—0.2	—0.0	—0.3	—0’7	—0.0	0.5	0.6	0.3	0.0
1897	0.2	—1.3	—0.0	1.3	—1.1	1.2	—0.2	1.0	0.9
1898	0.7	1.9	1.3	0.7	1.3	0.7	1.6	0.9	1.1
1899	2.3	2.3	2.3	2.5	2.1	2.4	2.6	2.7	1.7
1900	0.4	—0.6	—0.7	0.7	—0.7	0.2	—0.6	0.0	0.3
1901	—0.8	—1.1	—0.3	—0.4	—0.7	—0.1	0.4	0.1	—0.6
1902	1.2	0.3	0.4	0.2	0.1	0.3	—0.2	0.1	—0.9
1903	0.9	1.0	1.0	0.7	0.7	0.9	1.7	1.2	0.8
1904	—0.2	—0.2	—0.6	—0.1	—0.7	—0.6	—0.2	—0.1	—0.4
1905	0.2	1.0	0.6	—0.3	0.7	0.5	0.7	0.8	—0.3
1906	0.7	1.0	0.8	0.1	0.5	0.7	0.6	1.4	—0.3
1907	—1.1	—1.1	—1.2	—2.0	—1.3	—1.2	—0.9	—1.0	—1.6
1908	0.1	0.6	—0.0	0.4	—0.4	0.1	0.3	0.9	1.1
1909	—1.2	—1.0	—0.9	—1.8	—1.3	—1.3	—0.6	—1.4	—1.1
1910	1.7	1.3	1.4	1.4	1.2	1.3	0.6	1.2	0.8
1911	0.7	1.4	1.1	0.2	1.1	0.7	1.1	0.1	1.0
1912	2.4	0.7	2.5	3.3	1.4	2.9	1.6	3.0	2.4
1913	1.6	1.7	2.2	1.8	1.4	2.3	1.9	2.2	1.5
1914	—0.0	1.5	0.5	—0.0	0.9	—0.0	1.1	0.3	—1.2
1915	2.0	0.4	1.5	1.6	1.3	1.8	0.8	1.4	0.4
1916	3.6	1.9	2.8	3.0	2.2	3.4	2.3	2.9	1.6

www.ingramcontent.com/pod-product-compliance
Ingram Content Group UK Ltd.
Pitfield, Milton Keynes, MK11 3LW, UK
UKHW020243180726
13839UKWH00001B/136

9 782329 563329